Studies on Development,
Human Rights and Rule of Law

发展、人权与法治研究

——加强人权司法保障

主　编　汪习根

执行主编　涂少彬　陈　旗

WUHAN UNIVERSITY PRESS

武汉大学出版社

图书在版编目(CIP)数据

发展、人权与法治研究:加强人权司法保障/汪习根主编. —武汉:武汉大学出版社,2015.12

ISBN 978-7-307-17098-8

Ⅰ.发… Ⅱ.汪… Ⅲ.人权—保护—司法制度—研究—中国
Ⅳ.D923.04

中国版本图书馆 CIP 数据核字(2015)第 259373 号

责任编辑:田红恩　　　责任校对:汪欣怡　　　版式设计:马　佳

出版发行:**武汉大学出版社**　　(430072　武昌　珞珈山)
　　　　(电子邮件:cbs22@ whu. edu. cn　网址:www. wdp. com. cn)
印刷:虎彩印艺股份有限公司
开本:787×1092　1/16　印张:18.75　字数:418 千字　插页:1
版次:2015 年 12 月第 1 版　　2015 年 12 月第 1 次印刷
ISBN 978-7-307-17098-8　　定价:40.00 元

发展、人权与法治研究
编委会名单

前　言

为了贯彻落实党的十八大关于全面深化改革的战略部署，党的十八届三中、四中全会两个重要决定重点强调了"完善人权司法保障制度"、"加强人权司法保障"，这表明中央对人权的司法保障提升到了一个全新的战略高度。本期《发展、人权与法治研究（第五期）》从理论与实务相结合的角度，重点探讨如何加强人权司法保障这一主题。

人权的应然、法定与实然三种形态的比例能够体现一国人权保障的现实状态。当前我国的社会主义法律体系已经建成，人权是这个体系的逻辑起点、重要内容与基本目标；同时，我国已经签署并批准了《经济社会与文化权利国际公约》，签署了《公民权利和政治权利国际公约》。尽管《公民权利和政治权利国际公约》尚待全国人大常委会批准中，但《国家人权行动计划（2012—2015 年）》明确指出："继续稳妥推进行政和司法改革，为批准《公民权利和政治权利国际公约》做准备"。事实上，国内法的立、改、废一直在朝尊重和保障人权方向迈进，传递了中国政府作出的庄重承诺，体现了中国在人权道路上迈出的坚实步伐。简言之，在人权保障的立法层面，我国已逐渐走向成熟。

实现人权之价值理念向制度规范以至社会实践的根本转变，是改善一国人权保障现实状态的关键步骤。人权立法有如一国政府承诺的人权清单，这个清单实现的重任就落在人权司法保障制度的完善与有效运行上。

从人权入法到人权司法的发展历史来看，即使是以人权为自我标榜的西方，人权保障的实际逻辑远不如人权文件宣示的那么高标。事实上，它是相当冷峻而现实的。早在1789 年，法国在大革命时期就颁布了《人权宣言》，西方世界也因此引发了近代人权立法潮流。然而，国际社会的人权真正得到大规模的改善乃是二战之后的事情。即便如此，在西方世界，人权保障仍是未竟之事业，远非尽善尽美！如果悬置意识形态争议来认识人权逻辑，我们就能发现，人权保障决非仅是拥有良好而崇高的愿望就能实现，它更多地受限于一国各类资源储备及其对人权战略的认识深度。易言之，仅有良好而崇高的人权保障愿望，甚至也有先行的人权理念与立法，但若缺失足够的人权保障客观条件和制度资源，也未必能够使人权得到有效保障，进而徒增有关人权问题的意识形态纷争。

毋庸讳言，新中国成立以来，我国的人权保障走过弯路。吸取历史教训、清除模糊认识、放眼自身发展的内在需求，正是科学地对待人权司法保障的先在逻辑。若非如此，我们如何确信加强人权司法保障是一项国家战略？何以消除司法主体的模糊认识与犹疑疑惑？怎样确保司法者准确接收并有效回应人权保障的官方信号？改革开放前，中国在国际竞争中受到挫折，加上西方不当地以人权为意识形态的竞争工具，使得人们对人权保障存在模糊认识。当今中国在国际竞争中走向成功，使得我们对自身的发展有着强烈的道路自信、理论自信、制度自信，中央此时发出完善人权司法保障制度的强音，绝非权宜之计与宣传策略。中国在国际竞争中的成功使得我们无惧西方对人权价值与理想的不当甚至歪曲利用，深刻体悟到认认真真完善人权司法保障制度是发自内心的呼唤和自我实现的要求，而非仅仅是对外在压力的策略性回应。

依据现代法政治学原理，尊重与保障人权是一国政府执政的基础性资源。人权是法治的起点和归属，法治所倡导的良法善治立基于人权这一根本价值。无人权，则无法治。政府合法性基础必将因为人权彰显和法治昌明而十分坚固，而司法则是通过矫正正义实现人权救济而为社会构筑起理性与公正的底线。改革开放的初始红利在执政资源的增量上主要表现在执政效能与经济发展的卓越效率上。通过经济发展，实现了公民在生存权与发展权上的帕累托改善。生存权与发展权两大基本人权的巨大进步也逐渐呈现出溢出效应，同时也增大了公民对其他人权的需求。而市场的盲目性与社会矛盾突发期的到来，为发展戴上了紧箍咒。来自社会的正当抑或非正当诉求在一个时期以信访、闹访、缠访为表现形态，构成一幅奇特的中国式纠纷解决景象。突破瓶颈、依法维权，树立维稳的前提是维权，维权的基础是法治这一法治思维和法治精神，把握法治化维权的尺度，是尊重法律权威、保障基本人权、依法推进治理，进而提升国家治理能力、完善国家治理体系的必由之路。而这既是最有效地满足公民人权诉求的需要，也是促进执政合法性迈上更高台阶的基本途径。我们一定要清醒地认识到，人权司法保障与政府权力之间的局部与微观进退不过是促成国家长治久安这个治国大均衡中的一个微小变量，法政权威一定要有宏观的思虑与跨时代的战略视野，认清权力与人权司法保障之间的进与退、微观和宏观的博弈关系，深刻认识社会管理的智慧，深谙保障人权与国家长治久安之间总体与宏观上的正相关关系，进而强化认识人权司法保障的大视野、大智慧与大方略。由于人权司法保障相对于人权保障的立法宣示更具有回应性、能动性、实践性与效率性，它不仅能落实规范层面的人权，更能够通过人权的司法保障对社会形成正面激励，通过人权的司法保障实现社会治理的正资本积累，进而实现社会的长治久安！

从本质上讲，人权从立法走向司法，是为了人民的尊严与幸福，实现发展成果普惠共享。如果仅仅从工具意义上来看待人权，把人权仅仅看成是促进经济发展的一个工具（虽然能这么看待人权已经是很合乎逻辑与正面的），那我们仍然容易陷入人权司法保障的歧途：我们会采取投机行为，选择性的保障一些人权，或者此时保障人权，彼时又忽视人权。尽管中国人民拥有的物质财富与一流的发达国家仍有差距，但随着中国经济持续快速发展，物质上的财富给人民带来的效用满足呈边际递减态势。与此同时，人民对个人尊严与幸福的要求则表现出强烈的需求，共享发展成果需要人权保障实现从立法走向司法保障。从法律权利的司法实现层面来保障人权，有助于人民的尊严与幸福从纸面走向生活。中国梦包含着人权梦。人权梦不仅是中国梦的重要目标，也是中国梦实现的现实途径。在实现中国人权梦的征程上，司法应当也可以大有作为！

在完善人权司法保障制度的理念与价值观上，社会日趋达致成一致。这些共识意义重大，来之不易！当下关切的焦点问题集中体现为：切实保护公民的诉权，维护诉讼参与人的表达权、知情权、辩论辩护权、申请申诉权；实现罪刑法定、疑罪从无、非法证据排除制度，坚决防止刑讯逼供、体罚虐待；进一步规范查封、扣押、冻结、处理涉案财物的司法程序，通过完善强制执行法确保申请人财产权利的实现和被执行人合法权利不受侵犯；健全错案防止、纠正、责任追究机制，从源头预防和在事后严格终生追责；逐步减少适用死刑罪名，依法保护生命权；废止劳动教养制度，维护人生自由权利；健全社区矫正制度，让越来越多的罪犯能够真正改过自新、回归社会；健全国家司法救助和法律援助制度，让每一个人都不会因为贫困而打不起官司；完善律师制度，构建新型律师、当事人、司法人员关系，通过保护律师权益来更好地保障当事人权利；实现诉访分离、依法终结涉法涉诉信访，依法维权。

实现这些共同目标，必须大力弘扬人权视野下的法治精神与法治视野下的人权精神，提升领导干部特别是司法人员的人权法治思维和依法保障人权的能力；将人权与法治社会建设融为一体，促进在全社会形成依法维权的新气象和新氛围；建立严格的人权保障制度监督保障体系以及严格落实对侵权行为的责任倒查和责任追究制度；对司法系统内部进行人权理念、价值观与技术层面的定期培训，树立科学理性的人权司法观；注重制度建设和制度创新，充分利用学界与实务界协同创新优势，为构建中国特色社会主义人权制度贡献智慧。

总体来讲，要强化人权司法保障，应当坚持如下原则：第一，尊重宪法与法治原则。一国的基本人权规定在宪法之中，宪法中除了有明示的基本人权，还有默示的基本人权。尊重宪法是人权司法保障的基础与最高法律要求。不仅如此，人权司法保障制度的完善还必须始终奉行法治原则，法治原则是人权司法保障的基本边界。司法必须有效回应社会关切、反映民意社情，但必须坚决防止人权保障游离于法治之外，不能一味地搞所谓"能动司法"、"社会司法"。第二，加强公民权利保障。公民权利是一切人权的起点。没有生命权，其他任何人权便无从谈起；没有自由权，其他权利也无以为继。对公民人身权、财产权利的保障要贯彻到从司法权运行的切入点一直到终点的全过程，从公民申诉、控告制度，司法救助制度，法律援助制度，检察监督制度，国家赔偿制度五大环节不断强化公民权利保障功能。第三，强化司法监督原则。要使人权司法制度化、常态化与长效化，必须加强对司法权力的制约与监督。在我国司法实践中，对人权的侵害多来自司法领域。法定的人权保护机关如果其权力得不到有效的制约与监督，人权司法保障制度则失去了可靠的制度与环节保障。第四，强化诉讼权利保障。长期以来，诉讼难是我国人权保障领域中的一个突出问题。立案登记制解决了立案难的问题，但提高诉讼效率，降低诉讼成本是今后保障诉讼权利更为重要的任务。第五，制度设计与运行的实效性原则。从微观上看，人权以利益为内容，而利益的冲突与矛盾是人权在司法上得以实现不可回避的现实难题。在主体上，体现为警方与嫌犯、检方与被告、控方与辩方、原告与被告之间的对立；在客体上，则是国家、社会与个人利益以及各司法主体及其与诉讼参与人之间的利益冲突；在价值上，表现为个案正义与社会公平、秩序、自由与效率的冲突。按照博弈论，在利益相互关联、冲突与制约的条件下，各种力量主体势必不断进行调整以达到最优而形成利益均衡状态，每一种力量都不会因为单方面改变而增加自己的利益。如果在人权司法制度与环境没有变化的情况下，如果人权司法各参与方坚持收益最大化的原则并理性面对现实制度与社会条件，那么这种平衡状况就能够长期保持稳定。这种人权司法保障的均衡被称之为纳什均衡。如果在人权司法保障制度中无法建立纳什均衡，就等于宣告这种制度是非常不稳定的，难以起到人权保障应有的功能。换句话说，如果在人权司法保障的制度设计中，对权力主体而言，有一方能够偏离人权司法保障的设计而获得利益，那么这种制度设计就可能走向扭曲与偏离，进而失去人权司法保障的功能与目标。而且，为了保障人权，必须对权力进行制约，强调权力制约的无漏洞。权力制约的有效性涉及两个方面，一是加大权力腐败的成本，二是加大权力腐败的必罚性。权力滥用的成本＝权力滥用被发现的几率×权力滥用法律附加的成本。权力制约的每一个环节必须施加有效的收益或成本，这样权力制约的纸面制度才能真正有效运行。

本文集正是基于以上思考，为真正实现政治决策与法治方略的高度统合，立足现实、立基国情、立论法治而完成的。这是集体智慧的结晶。当然，书中一定存在疏忽与错漏之处，非常欢迎学界同仁与社会读者不吝赐教。

2015 年 7 月

目　　录

◎ 第一部分　人权与司法一般问题研究

第一篇　论加强人权司法保障 ………………………………………… 汪习根 3
　　一、从人权到诉权的转变 …………………………………………… 3
　　二、从人权法律原则到法律规则的转变 …………………………… 4
　　三、从纸上的权利向行动中的权利的转变 ………………………… 7
　　四、从信访扩张到依法终结涉法涉诉信访的转变 ………………… 9

第二篇　论网络舆论权利的法理基础与性质 ………… 张德淼　高　颖 12
　　一、网络舆论权利的法理基础 ……………………………………… 12
　　二、网络舆论权利的法律渊源 ……………………………………… 14
　　三、网络舆论权利性质的多种评说 ………………………………… 16
　　四、网络舆论权利的性质与核心内容再认识 ……………………… 19

第三篇　论人权的司法化 ……………………………………… 杨汉臣 22
　　一、人权司法化与现代司法 ………………………………………… 23
　　二、人权司法化的理论基础 ………………………………………… 26
　　三、人权司法化的逻辑进路 ………………………………………… 27
　　四、人权司法化的实现障碍 ………………………………………… 29
　　五、结语 ……………………………………………………………… 31

第四篇　人权保障视角下的警察行政即时强制措施研究 ……… 张德淼　康兰平 32
　　一、警察行政即时强制措施的基础理论 …………………………… 32
　　二、我国警察行政即时强制措施实施中存在的问题 ……………… 35
　　三、我国警察行政即时强制措施的完善 …………………………… 42
　　四、结语 ……………………………………………………………… 47

第五篇　人权与私权环境下知识产权保护的平衡考量 ………………… 张　莉 48
　　一、知识产权双重属性的发展、丰富与完善 ……………………… 48
　　二、当代知识产权实现进程中的困境 ……………………………… 51

三、知识产权二元取向中的平衡考量 ……………………………………………… 54

第六篇　论老字号的知识产权保护策略 ……………………………… 滕　锐 57
引言 ……………………………………………………………………………………… 57
一、老字号的概念 ………………………………………………………………………… 57
二、老字号知识产权保护存在的问题 …………………………………………………… 58
三、老字号知识产权保护的策略 ………………………………………………………… 61

第七篇　联合国人权公约语境下非法证据排除规则的若干问题研究 ………… 黄　怡 65
一、确立非法证据排除规则的理论基础 ………………………………………………… 65
二、非法证据排除与刑事证明标准 ……………………………………………………… 67
三、非法证据的类型 ……………………………………………………………………… 68
四、非法方法的认定 ……………………………………………………………………… 70
五、排除非法证据之法定程序 …………………………………………………………… 72
六、结语 …………………………………………………………………………………… 74

第八篇　传统"抵命"观与命案中的赔偿模式 ……………………………… 易江波 75
一、调解与判决的逻辑：当代命案中的赔偿模式 ……………………………………… 76
二、表达与实践之间：中国法律传统中的命案赔偿模式 ……………………………… 78
三、作为中国法律传统特征的"通过命案司法的治理" ………………………………… 81
四、中国现代性与"通过命案司法的治理"的当代可能 ………………………………… 82

◎第二部分　人权司法保障制度研究

第一篇　错案追究制应向何处去 …………………………… 刘一纯　巩晓雯 91
一、错案追究制的界定与缘起 …………………………………………………………… 91
二、错案追究制的实践与存废争议 ……………………………………………………… 92
三、错案追究制与国家赔偿追责追偿制的关系 ………………………………………… 94
四、错案追究制向国家赔偿追责追偿制的回归 ………………………………………… 96

第二篇　论隐私权司法保障制度的完善 ……………………………… 崔四星 100
一、隐私权的性质与价值 ………………………………………………………………… 100
二、我国隐私权的保障制度的问题 ……………………………………………………… 101
三、通讯监听中隐私权的保障及司法规制 ……………………………………………… 102
四、大数据下个人信息中的隐私权的保障与司法规制 ………………………………… 104
五、隐私权宪法救济的司法化 …………………………………………………………… 108

第三篇　社区矫正情势下的缓刑撤销问题研究 ………………… 王　晖 111
　　一、社区矫正制度与缓刑制度 …………………………………………… 111
　　二、实践中社区矫正情势下的缓刑撤销的现状及困惑 ………………… 112
　　三、完善社区矫正情势下的缓刑撤销的对策——诉讼化程序的构建 … 114
　　结语 ……………………………………………………………………… 116

第四篇　论法官法律思维与经验判断之互补与趋同 …………… 王　力 117
　　引言 ……………………………………………………………………… 117
　　一、现状透析:"陪而不审""合而不议"履职现状令人堪忧 ………… 118
　　二、职能定位:以朴素的经验衡平弥补法律和法官思维的局限 ……… 121
　　三、比较研究:追根溯源变"陪审员"为"参审员"更符合制度理念 … 124
　　四、制度改革:让"外行"和"专家"优势互补共绘法治"中国梦" … 127
　　结语 ……………………………………………………………………… 131

第五篇　未成年人案件综合审判的功能与实现路径 …… 武汉市汉阳区人民法院课题组 132
　　一、未成年人案件综合审判工作的功能定位 …………………………… 132
　　二、未成年人案件综合审判工作的功能实现 …………………………… 135
　　结语 ……………………………………………………………………… 139

第六篇　论信访司法终结制度的构建 ………………………… 翟　凯 140
　　一、涉诉信访终结制度的产生与发展 …………………………………… 140
　　二、司法终局性与涉诉信访终结制度的关系 …………………………… 143
　　三、涉诉信访制度与司法终局原则的冲突 ……………………………… 145
　　四、确立司法终局是终结涉诉信访的治本良策 ………………………… 147
　　结语 ……………………………………………………………………… 151

◎**第三部分　人权与司法权理性运行研究**

第一篇　论现代科技发展与司法理性提升 ……………… 何士青　何　琛　张　菁 155
　　一、司法理性及其存在的依据 …………………………………………… 155
　　二、现代科技发展对司法理性的挑战 …………………………………… 157
　　三、司法理性在现代科技推动下提升 …………………………………… 160

第二篇　"加"功"真"效:减刑假释制度　前进的"五化"之路 …… 车志平 163
　　引言 ……………………………………………………………………… 163
　　一、实证与拷问:减刑假释的实证考察 ………………………………… 164
　　二、减刑假释工作不成熟的原因探析 …………………………………… 166
　　三、理论检视:域外减刑假释程序的基本构造 ………………………… 169

四、实践探索：上下求索减刑假释程序完善之道 ················· 170

五、路在何方："五化"之路的理想模式探寻 ·················· 171

六、结语 ··· 176

第三篇　比较与借鉴：法官职业保障制度的进路补善 ·········· 肖　杰 177

引言 ··· 177

一、法官职业保障概述 ······································ 178

二、现状与问题：我国法官职业保障制度相关规定及评价 ········· 179

三、比较与借鉴：对域外法官保障制度的比较法考察 ··········· 182

四、出路和思考：完善我国法官职业保障制度的构想 ··········· 186

五、结语 ·· 191

第四篇　裁判文书说理机制研究 ·················· 李国强　聂长建 192

一、裁判文书说理的激励机制 ································ 193

二、裁判文书说理的训练机制 ································ 195

三、裁判文书说理的倒逼机制 ································ 197

第五篇　和而不同：律师与法官之间 ······················ 张忠斌 200

一、他们是法律职业的共同体 ································ 200

二、彼此尊重弥足珍贵 ······································ 202

三、让我们携手走向法治的又一个春天 ······················ 206

第六篇　论恶意诉讼的法律识别和规制 ·············· 方正权　黎　锦 207

一、恶意诉讼：良法的偏离 ·································· 207

二、恶意诉讼的法律识别 ···································· 211

三、恶意诉讼的法律规制 ···································· 214

第七篇　从"被诉讼"到"司法公信" ·················· 周林波　龚　瑜 220

一、从"被诉讼"说起 ······································ 220

二、审视公众的意识基础与内心期待 ·························· 221

三、司法现实——法官与公众的双向困境 ···················· 223

四、审判组织的人文发展——从期待到信赖 ···················· 225

结语 ··· 230

◎第四部分　人权与治理研究

第一篇　论国家治理与中国特色社会主义法学话语体系 ·········· 任　颖 233

一、马克思主义的治理观 ···································· 234

　　二、国家治理体系与治理能力现代化建设 ……………………………… 235
　　三、中国特色社会主义法学话语体系 …………………………………… 237

第二篇　论依法治国在国家治理现代化中的作用 ……………… 周　昕 239
　　一、依法治国是国家治理现代化的必然要求 …………………………… 239
　　二、依法治国是全面深化改革的重要检验标准 ………………………… 240
　　三、依法治国对领导干部提出新的时代要求 …………………………… 242

第三篇　论法治的五维结构 ……………………………………… 马忠泉 244
　　导言 ……………………………………………………………………… 244
　　一、公平正义——法治的价值理念之维 ………………………………… 247
　　二、法律规范——法治的制度构建之维 ………………………………… 250
　　三、法律行为——法治的社会自治之维 ………………………………… 251
　　四、自由裁量——法治的权威决断之维 ………………………………… 253
　　五、正当程序——法治的权力约束之维 ………………………………… 254
　　结语 ……………………………………………………………………… 256

第四篇　国家治理现代化中的儒家元素及程序性包容 ……… 涂少彬　李振海 258
　　一、博弈论是国家治理现代化问题的显微镜与望远镜 ………………… 259
　　二、日常生活反观：国家治理现代化儒家文化维度的切入 …………… 261
　　三、儒家文化仍是我们当下的现实与命运 ……………………………… 263
　　四、以科学理性透明与严密的法律程序包容整合儒家文化 …………… 266

第五篇　《禁止酷刑公约》在中国的最新进展 ………………… 罗　姗 269
　　引言 ……………………………………………………………………… 269
　　一、禁止酷刑的紧迫性 …………………………………………………… 269
　　二、近年来中国在反酷刑事业上所作出的巨大努力 …………………… 272
　　三、反酷刑的其他制度保障 ……………………………………………… 277

第六篇　《刑法修正案（九）》彰显的人权价值 ……………… 李俊明 281
　　一、通过完善罪刑法定原则彰显公正与人权价值 ……………………… 281
　　二、特别重视弱势群体的人权保障 ……………………………………… 283
　　三、进一步强化对失信、背信行为的惩治 ……………………………… 284
　　四、加大了对恐怖和极端主义犯罪的惩治力度 ………………………… 284
　　五、再次减少了适用死刑的罪名 ………………………………………… 285

第一部分　人权与司法一般问题研究

一国人权的保护，立法是前提，司法是关键。司法不仅被动地为人权救济提供最后防线，还能通过人权救济的溢出效应促进人权由纸面清单转化为人权普遍享受的现实。就当前而言，我国人权的司法保障突破点在于，落实人权的普遍可诉化、细化人权保障规则、以人权司法救济统领其他领域的救济。人权的司法保障不仅是我国人权事业进步的关键所在，也是我国司法现代化的内在要求与基本前提。可见，司法保障人权，人权滋养司法。人权的司法保障有助于提升司法品质、维护司法权威、增进司法公信。从人权原则到制度规范与具体规则，从人权到诉权再到无罪推定、非法证据排除以及疑罪从无的落实，从人权司法程序的启动、运行与裁判文书的执行，无一不彰显了司法对人权的威力。在公法领域，我国警察行使即时强制权需要强化以法治原则在公共安全、秩序与行政相对人权利保护之间谋求平衡；在非法证据排除的规则上，应该参照联合国人权公约，设计更为科学、合理与细化的规则，以实现人权保障与刑事秩序保障之间的平衡；在刑事附带民事赔偿上，可以借鉴我国古代的刑事赔偿的制度，学习"通过命案司法的治理"模式来实现被害人的赔偿权。在私法领域，知识产权立法不应仅仅关照到其私权属性，还应重视其公权属性；而对我国老字号的保护，应用知识产权策略来提升其保护的密度与高度，进而促进老字号与市场经济的双重发展。

第一篇
论加强人权司法保障[*]
——十八届四中全会精神的人权解读

汪习根^{**}

摘　要：司法是人权救济的最后防线，人权司法保障的强化应当致力于实现四大转变：从人权上升为诉权，以保障知情权、陈述权、辩护辩论权、申请权、申诉权；从人权法律原则细化为人权法律规则，以落实罪刑法定、疑罪从无和非法证据排除制度；从纸上的权利现实化为行动中的权利，以强制执行维护法律权威和保障胜诉权利；从信访过分扩张转变到依法终结涉法涉诉信访，以达至维权的法治化和专业化。

关键词：人权　司法　法治

人权是法治的逻辑起点和根本归宿，全面推进依法治国在本质上是为了实现人的全面自由发展权利。为加快建设法治国家，党的十八届四中全会作出《关于全面推进依法治国若干重大问题的决定》（以下简称"《决定》"）①，强调"必须坚持法治建设为了人民、依靠人民、造福人民、保护人民，以保障人民根本权益为出发点和落脚点，保证人民依法享有广泛的权利和自由"。在第五部分"保证公正司法、提高司法公信力"中设专节重点部署如何"加强人权司法保障"，特别是要"增强全社会尊重和保障人权意识，健全公民权利救济渠道和方式"。为此，有必要从人权法哲学的高度研究人权司法保障的制度完善与实践之道。

一、从人权到诉权的转变

人权首先是以道德意义上的形式存在的，在上升为立法上的权利以后，依然是一种纸面上的权利，要获得司法保护，还必须在立法和司法之间构造一个连接点，即诉权，从而使人权的可诉性或可司法性得以实现。为此，《决定》在"加强人权司法保障"中将诉权置于首要地位，指出"强化诉讼过程中当事人和其他诉讼参与人的知情权、陈述

　＊　本文发表于《法学杂志》2015年第1期，特收录于此。

　＊＊　作者简介：汪习根，武汉大学法学院教授。

　①　《中共中央关于全面推进依法中国若干重大问题的决定》，载《光明日报》2014年10月29日。以下引文不再一一注明出处。

权、辩护辩论权、申请权、申诉权的制度保障"。从诉讼程序的启动看，为了解决立案难，有必要改变审查主义，采用登记主义。对此，《决定》指出："改革法院案件受理制度，变立案审查制为立案登记制，对人民法院依法应该受理的案件，做到有案必立、有诉必理，保障当事人诉权。加大对虚假诉讼、恶意诉讼、无理缠诉行为的惩治力度。完善刑事诉讼中认罪认罚从宽制度"。同时，为了排除地方保护主义的干扰，通过设立跨行政区划的法院和检察院，有利于防止地方国家机关对诉讼特别是行政诉讼的干预，从而有助于实现诉权。对知情权而言，不仅要以审判流程、裁判文书和执行信息三大公开平台为载体，做到司法信息主动公开，而且要拓宽主动告知诉讼参与人司法信息的范围，还要疏通知情权行使的渠道，并使之成为司法机关的法定义务。对陈述权而言，着力解决陈诉的完整性和真实性两大问题。克服对当事人，特别是犯罪嫌疑人、被告人不利信息尽量夸大、有利信息尽量删减的不良现象，建立和健全讯问过程全程录像和全面真实记录制度。在庭审中，应强化当庭陈述的功能，将口头陈述权和书面陈述权统一起来。司法陈述权不仅是一项诉讼法上的权利，更渊源于宪法上的表达权这一基本人权，具有法效力上的优位性。就辩护辩论权而言，应覆盖司法活动的全过程，虽然我国《刑事诉讼法》第 33 条明确规定，"犯罪嫌疑人自被侦查机关第一次讯问或者采取强制措施之日起，有权委托辩护人；在侦查期间，只能委托律师作为辩护人。被告人有权随时委托辩护人。侦查机关在第一次讯问犯罪嫌疑人或者对犯罪嫌疑人采取强制措施的时候，应当告知犯罪嫌疑人有权委托辩护人"。第 37 条规定，除了危害国家安全犯罪、恐怖活动犯罪、特别重大贿赂犯罪案件，对其他一切案件，"辩护律师持律师执业证书、律师事务所证明和委托书或者法律援助公函要求会见在押的犯罪嫌疑人、被告人的，看守所应当及时安排会见，至迟不得超过 48 小时"。但事实上，侦查机关往往以案件侦查之需和保密等为由，借故拖延律师会见和提供法律服务的时日，而在立法上如仅就条文进行字面解释，便可发现所存在的漏洞，即由于对不在 48 小时内批准会见的法律责任设定不够明确具体，导致该权利的及时行使缺乏有效保障。所以，应当进一步明确这一"批准权"履行不及时的法律责任及其具体形式。在申请主体上，应进一步明确当事人和代理人、监护人之间的关系，可以适当拓宽申请人的主体范围；在申请程序上，改变以往重申请、轻受理与处理的规范性要求，应当明确对申请的处理标准和要求、特别是对申请处理不当的法律责任形式和责任人，除了直接责任人外，合议庭的其他成员应当承担集体责任，建立在这种程序瑕疵基础上的裁判文书应列入可被撤销的范围。对申诉权的制度定位，应该重点解决法律权威和司法公正之间的矛盾关系，即在维护司法裁判的既判力和可塑性之间进行互动，在确保正义与人权的前提下，坚决改变无节制申诉和再审的制度缺陷。

二、从人权法律原则到法律规则的转变

法律原则是指在法的系统中具有稳定性、综合性和抽象性的原理和准则的总和。在

三中全会《决定》①的基础上，四中全会决定指出："健全落实罪刑法定、疑罪从无、非法证据排除等法律原则的法律制度。"具体应从如下方面进行制度完善：

关于罪刑法定，我国刑法第 3 条规定："法律明文规定为犯罪行为的，依照法律规定处罚；法律没有明文规定为犯罪行为的，不得定罪处罚。"应该说在定罪法定方面我国的刑事司法理念已经发生了根本转变，在量刑法定方面也日益完善，但是依然存在着不规范和自由裁量权过大的问题。在过去一个较长时期，在人本主义司法理念和情理法的关系纠结之中，刑事司法面对着强大的公众意见和媒体压力尤其是网络舆论导向，处于相当被动的应付状态。例如许霆案、孙伟铭案等②，无论是对我国刑法第 63 条第 2 款的适用，还是用以危险方法危害公共安全罪对交通肇事罪的替代，无一不说明了这一问题。从法理上讲，即是为了实现情理与法律的统一，从罪刑法定和被动司法转向了超越法条的能动司法，以结果为指引来寻求判决理由和法律依据，而不是以问题为导向从事实和法律出发来合乎逻辑地推导出判决结果。这种思维模式在本质上是对罪刑法定原则的破坏，应该引起足够的重视。

对于疑罪从无，1994 年最高人民法院《关于审理刑事案件程序的具体规定》中规定，"案件的主要事实不清、证据不充分，而又确实无法查证清楚、不能证明被告人有罪的，判决宣告被告人无罪"。但由于这是一个司法解释，其效力低于刑事诉讼法这一基本法律，而刑事诉讼法当时并没有确立起无罪推定的原则，加之受制于秩序主导和惩罚为首的法理念，这一规定在实践中难以落实。为了解决这一问题，1997 年通过的新刑诉法第 12 条规定，"未经人民法院依法判决，对任何人都不得确定有罪"；第 162 条第 3 款规定，"人民法院对人民检察院提起公诉的刑事案件经过审理终结对证据不足，不能认定被告人有罪的，应当作出证据不足、指控的犯罪不能成立的无罪判决"。至此，"疑罪从无"的法律原则得到正式确认。我们认为，"疑罪从无"在中国的实施存在两个急需解决的问题：一是在法律条文上的规定不足。从以上条款可知，无罪判决的前提有二："证据不足"和"不能认定"。对这两者究竟是同一关系还是并列关系或递进关系，存在不同理解。如果是并列或递进关系，便需同时具备这两个条件，不仅要具备证据不足的事实要件，还需具备人民法院的认定这一主观要件。在证据不足时，人民法院可以不予认定或者认定，如果人民法院不予认定，便不能作出无罪判决。所以，建议将该条中的"不能认定被告人有罪"的表述去掉。二是司法实践上的认识不足。在司法理念中，

---

① "完善人权司法保障制度。国家尊重和保障人权。进一步规范查封、扣押、冻结、处理涉案财物的司法程序。健全错案防止、纠正、责任追究机制，严禁刑讯逼供、体罚虐待，严格实行非法证据排除规则。逐步减少适用死刑罪名。废止劳动教养制度，完善对违法犯罪行为的惩治和矫正法律，健全社区矫正制度。健全国家司法救助制度，完善法律援助制度。完善律师执业权利保障机制和违法违规执业惩戒制度，加强职业道德建设，发挥律师在依法维护公民和法人合法权益方面的重要作用。(参见《中共中央关于全面深化改革若干重大问题的决定》，载《人民日报》2013 年 11 月 13 日版)"

② 汪习根、王康敏：《论情理法关系的法律整合机制》，载《后继受时代的东亚法文化》，台湾元照出版公司 2013 年版，第 231 页。

对证据不足时的犯罪认定问题，"宁信其有，不信其无"的思想意识由来已久、根深蒂固，在短时间立即消除存在一定的阻力；而从理论上讲，法律判断的思维标准和逻辑方向发生了倒错，以权力管制和人治为取向、以秩序安定为价值首选是导致朝向不利于被告的方向进行思考的法理基础；而只有以人权和自由保障为核心价值取向、朝向有利于被告人权保障的目标推理，才会理性地得出"疑罪从无"的结论。从规则上讲，如果只作原则性的法律规定而没有可操作的制度机制保障，便难以在根本上矫正"疑罪从有"、"疑罪从轻"的认识。

关于非法证据排除，我国刑事诉讼法第 54 条的规定有值得进一步细化和完善之处。该条规定"采用刑讯逼供等非法方法收集的犯罪嫌疑人、被告人供述和采用暴力、威胁等非法方法收集的证人证言、被害人陈述，应当予以排除。收集物证、书证不符合法定程序，可能严重影响司法公正的，应当予以补正或者作出合理解释；不能补正或者作出合理解释的，对该证据应当予以排除。在侦查、审查起诉、审判时发现有应当排除的证据的，应当依法予以排除，不得作为起诉意见、起诉决定和判决的依据"。这一规定所确立的非法证据排除制度在中国刑事司法史上无疑是一块重大的里程碑，对否定人治、厉行刑事法治具有划时代的意义。但有三个问题值得进一步思考：其一，对收集物证、书证不符合法定程序的，从该规定上看并不必然要予以排除，尚需具备两个前置条件才能排除，即在实体标准上"可能严重影响司法公正"，在程序环节上"不能补正或者作出合理解释"。对何为影响司法公正及其严重程度？何为合理解释以及解释到何种程度才算合理？立法中不可能事无巨细地进行规定，迫切需要根据四中全会决定精神进行制度完善。其二，这里只规定了三种排除情形，除此之外，对通过其他非法方式或者对其他证据形式的非法获得是否应予规制，应该加紧研究，如以引诱或欺骗的方式获得的证据是否都应列入排除范围，应该有明确的鉴别标准。其三，对于证据非法与合法的实体标准和程序标准，应当进行系统的构建，制定相对统一的立法。可以采取刑事诉讼法修正案的形式，由国家立法机关负责制定和颁布实施。改变过去主要依靠最高检察院和最高法院通过司法解释进行规范的做法，从而克服其法律效力位阶低下和相对分散的局限性。

为此，应正确处理好三大关系：一是法律事实和客观事实的关系。为了实现人权司法保障制度化，在事实认定上还应当从客观事实转向法律事实，将"法律事实"论作为法治理论的重要内容确立下来。尽管对法律事实和客观事实的关系在学术界早有诸多富有见地的论点，但在法治理念和司法实践中并没有达成共识，应当用法治的评判标准和基础理论来澄清这一关系，摒弃忽视或淡化事实的法律关联性这种反法治的观点。二是证据收集和外部监督的关系。决定指出："完善对限制人身自由司法措施和侦查手段的司法监督"。应重视权力制约在刑事侦查中的制度细化，对限制人身自由司法措施和侦查手段的监督在主体上可采用内部监督和外部监督相结合的模式，在刑诉法关于公检法三机关相互分工、相互配合、相互监督的总原则下，由检察机关负责对公安机关的侦查活动进行全程直接介入和监督，公安机关从立案之时即报告检察机关，检察机关随即全程掌握侦查信息，在不直接参与和插手侦查活动的前提下，负责对侦查行为的合法性进行督导。对检察机关自侦案件，应将侦查部门和监督部门分开并明确后者的法定监督职权，强化监督内设机构的独立性。在监督程序上，通过立法确立侦查部门主动报告、监督部门要求听取汇报、监督调查、责令改正这四种监督方式。三是非法取证的矫正与防范之间的关系。决定指出："加强对刑讯逼供和非法取证的源头预防，健全冤假错案有效防范、及时纠正机制。"应制定责任倒查机制和案件终身负责制的具体实施办法，尤其是要明确责任种类、责任形式和究责力度。表面上看，终生追责不符合法律上的追诉时效理论。但应明确该理论仅仅适用于私权利主体，并不适用于公权力主体。其根本宗旨是为了限定公权以维护人权。与此同时，构建一套行之有效的事前预防系统实属必要，在主体上，建立侦查、检察、律师以及侦查人员和看守所人员共同参与、互相监督的多元防范机制，重点是强化律师的在场权和会见权、做到看守所和公安部门适度分离与相互制约、严格按刑诉法规定的时限在第一时间赋予犯罪嫌疑人以聘请律师提供法律服务的权利①。2013 年 11 月公布的《最高人民法院关于建立健全防范刑事冤假错案工作机制的意见》明确提出："采用刑讯逼供或者冻、饿、晒、烤、疲劳审讯等非法方法收集的被告人供述，应当排除。除情况紧急必须现场讯问以外，在规定的办案场所外讯问取得的供述，未依法对讯问进行全程录音录像取得的供述，以及不能排除以非法方法取得的供述，应当排除。"有必要将最高检和最高法等分别制定的包含有非法证据排除的司法程序规范性文件进行统一整合，由全国人大常委会以立法的形式进行全方位、高效力地规范，提高防治非法证据的法律权威性，防止各自为政、分散立法、互不衔接的弊端。

三、从纸上的权利向行动中的权利的转变

司法裁判的执行是人权实然化的最根本要求。我国在完善裁判文书的执行制度方面进行了有益的探索，取得了一定的成效，但由于主客观原因的制约，民事裁判的执行率不高、刑事判决的执行与民事行政裁判执行体制分离，弱化了司法权威，"执行难"的问题长期制约着主体权利尤其是财产权的实现，不利于提升司法公信力和切实保障当事人的合法权利。为此，应当在理念上进一步重视和深化对司法执行权的认识，在制度上通过改革重新配置司法执行权。具体来说，表现在以下几点：（1）推进审判权和执行权相分离的体制改革②。对于审执分离究竟应该采取何种模式存在两种不同的观点：一是一体模式。在法院内部设立与审判庭相分离的独立的执行机构，并且提高执行机构在法

---

① "依法保障律师执业权利。针对律师会见难、阅卷难、调查取证难问题，制定加强律师执业权利保障的意见，细化保障律师权益的法律规定，指定专门部门接待律师，安排专门场所方便律师阅卷、复制卷宗材料。对阻碍律师依法行使诉讼权利的控告申诉，及时审查和答复"（曹建明：《最高人民检察院关于人民检察院规范司法行为工作情况的报告》，2014 年 10 月 29 日第十二届全国人民代表大会常务委员会第十一次会议通过）。

② 孟建柱：《完善司法管理体制和司法权力运行机制》，载《人民日报》2014 年 11 月 7 日。

院内部的权力位阶，赋予执行机构高于审判庭的职权配置地位。二是分离模式。将执行机构与法院彻底分离开来，由法院以外的其他国家机关行使执行权。三是混合模式。一部分裁判文书的执行由法院负责，另一部分裁判文书的执行交由法院以外的国家机关执行。在我国就是一种典型的混合模式，民事和行政案件以及仲裁的强制执行由人民法院内设的执行机构执行，而刑事判决中的死刑缓期两年执行、无期徒刑、有期徒刑由司法行政机关的监狱负责，管制、缓刑、假释或监外执行的由司法行政机关的社区矫正机关负责，死刑立即执行和罚金、没收财产的判决由人民法院执行，拘役由公安机关执行。从法理上分析，这个执行体制不符合公权力的本质属性，法治社会的权力构架一般由立法权、行政权和司法权组成，这三权的性质存在着根本区别。立法权具有高度的集合性，其逻辑理论是自下而上；行政权具有高度的命令性，其运行轨迹是自上而下；司法权是判断权，其运作方式居中裁判①。执行权是一种典型的命令服从式的管理权，完全符合行政权的基本特征，而不具有居中裁判的司法权色彩。因此，对民商事案件的执行来说，审执合一实际上是将司法权和行政权混为一体，不符合现代法治的普遍要求。而且，这种执行模式是一个相当分权、分散的执行体制。虽然有助于分工负责、平衡关系，但不利于法治统一，有悖于现代法治中的良法善治原理。良法除了要在实质上做到价值优良，还要实行形式上的统一完备、结构合理、自成系统。所以，有必要对现行的执行机制进行结构调整，以强化执行的权威性。《决定》指出："完善司法体制，推动实行审判权和执行权相分离的体制改革试点。完善刑罚执行制度，统一刑罚执行体制。"对此，孟建柱指出："审判权和执行权分别由不同的机关或部门行使，符合这两种权利的不同属性，有利于维护司法公正，也是世界各国的通行做法。"②如果由不同"机关"行使，则可将执行权从法院剥离给司法行政机关，这是一种比较彻底的改革方案；如果由不同"部门"行使，则应强化法院内部执行机构的职能，从纵和横的两个向度进行改革，在纵向上，建立从最高法院到基层法院的垂直直接领导体制，使执行权从附属于各级法院的状态转变到相对集中的状态，类似于有些国家的行政法院的设置模式，当然这仅仅是在形式上对这一权力配置模式的借用；在横向上，在全国各地与法院的设置层级相一致建立相对独立的执行机构，但该机构在人、财、物上并不隶属于同级法院，而只是负责执行该级法院的裁判文书。这是一个折中渐进的改革方案。我们认为，可以在司法体制改革的试点地区同步选用上述两种方案分别进行试点，通过一段时间在小范围内的试验，比较两者的差异尤其是对解决执行难的成效，然后据此作出选择，全面推广。

（2）制定确保生效裁判文书得以高效率执行的法律文件。《决定》指出："切实解决执行难，制定强制执行法，规范查封、扣押、冻结、处理涉案财物的司法程序。加快建立失信被执行人信用监督、威慑和惩戒法律制度。依法保障胜诉当事人及时实现权益"。在制定民商事案件的《强制执行法》时应重点解决以下几个问题：第一，强制执行法的基本原则。以往人们只是重视强制执行的高效性、合法性、比例性原则，而忽视了权利保

---

① 参见汪习根：《司法权论》，武汉大学出版社 2006 年版。

② 孟建柱：《完善司法管理体制和司法权力运行机制》，载《人民日报》2014 年 11 月 7 日。

障性。应当将人权保障作为强制执行法的基本原则之一，因为它是最终实行财产权等基本权利的最后一道关口。而且，《决定》将制定强制执行法放到第四大部分的第五点"加强人权司法保障"之中，可谓直击要害，使强制执行成为依法实现人权的基本方式之一。第二，强制执行的权力配置。按照统一和分立相结合的模式，由最高人民法院统一领导、上下级之间按照行政权力的基本规律进行直接管理的方式搞好执行机构建设，以确保执行权的行政强效性。第三，重视强制执行的程序法定原则，尤其是切实规范对执行财物的查封、扣押、冻结，处理程序，在法律上明确执行主体、执行权限、执行方式、执行依据、执行效力、执行责任六大问题，要认识到规范执行司法程序的核心价值在于既依法保护申请执行人的权益，又坚持依法执行，使执行不因此而损害被执行人的其他合法权益，如明显低于市场价值处理涉案财产、拍卖程序流于形式、被执行人财产经执行程序后大大缩水等现象。第四，强制执行法的重心在于"强制"，既包括物质上的强制，也包括精神上的强制。前者主要是指对财物的强制执行，后者则是指对拒不履行人民法院生效裁判文书者的精神权利进行一定的限制。在我国民法上精神权利主要包括姓名权、名称权、肖像权、名誉权、荣誉权、隐私权。在精神权利的强制执行中，可对相关当事人的名誉权采取一定的强制措施，健全和实施失信被执行人信用监督制度、失信威慑制度和失信惩戒制度，并使这种制度法律化和常态化。

四、从信访扩张到依法终结涉法涉诉信访的转变

其一，关于信访的法律定位。信访是公民行使宪法所赋予的表达权的一种颇具中国特色的方式，国务院颁布的信访条例使信访具有了行政法上的合法性。同时，信访除了是行使表达权的方式外，从行为的法律性质上讲，它是一种基于行政法规的行政诉求，与之对应接访机关的接访行为属于行政行为，而非司法行为。即使针对司法机关裁判文书的信访，也不是一种司法诉讼行为，因此应当将信访行为与诉权行使即起诉、上诉或申诉严格区分开来。其二，关于信访问题的症结。在改革开放发展到一定的时期，由于市场经济自身所具有的局限性和盲目性，致使社会利益分化、社会不公在特定时期较为严重，社会处于转型期和矛盾易发、多发期，在利用信访表达利益诉求的过程中出现了"缠访"、"闹访"以及群体性突发事件，导致社会稳定出现了严重的问题。为了解决信访乱象，在实践中出现了某些不正常的应对举措，主要可归结为四类：一是"花钱消灾"，即不惜代价花费巨额资金满足信访人的诉求；二是"围追堵截"，在交通要道、国家机关等重要场所进行拦截，此所谓"截访"；三是"旁敲侧击"，对信访人的信访诉求予以坚决拒绝，但为了安抚人心，通过解决其某些困难以使其不再上访；四是"逆反对抗"，信访人越是上访，接访机关越是不满足其要求，认为一旦满足了信访诉求，其他人就会如法炮制，助长信访的风气。导致上述现象的原因在于对信访的本质认识不清、范围界定不明、手段使用不当，缺少一套行之有效的多元纠纷解决机制。而司法公信力和法律权威的普遍认同不足，分别在主客观上交互作用，成为信访问题的核心制约因素。所以，要解决信访难题，就应当分门别类地进行处理。其三，建立诉访分离制度。

实行法律问题由司法解决、非法律问题由政府和社会解决的二元机制，实行涉法涉诉信访的司法终结机制，凡属已进入司法程序的信访问题必须通过司法解决，其他党政机关和社会团体不得接访；凡是经司法程序审理终结的信访案件，任何机关非经法定程序不得再予以接访，而应告知当事人通过申诉的法定方式依再审程序实现权利救济。对此，《决定》指出："落实终审和诉讼终结制度，实行诉访分离，保障当事人依法行使申诉权利。"其四，建立信访当事人的法律赋权制度。通过司法救助、法律援助制度的普遍推行，为弱势当事人提供法律上的国家帮助和社会资助，提升其运用法律维护权利的行为能力。因为对这部分当事人来说，虽然同其他当事人一样享有法律上的同等权利能力，但由于经济能力、教育背景、生理心理状况等多方面因素的制约，对法律的认识能力、理解能力、运用能力明显不足，所以应当进行充分的法律赋权，这是国际社会的通行做法，联合国反复强调，"改革纸面上的法律不足以改变现实的基础，穷人还需要一个他们有权利用的法律和司法制度，这可以确保他们的法律资格是具有实践性的、可实行而有意义的"①。对弱势群体权利的保护不仅仅在于给付金钱和物质援助，更在于其能力建设。而通过教育、培训、法律援助和司法救助以帮助弱势群体提升自主性，是实现权利能力和行为能力相互统一的关键。在制度设计上，改变以往由当事人自行申诉的做法，实现从自发自由申诉到专业化维权的转变，对不服司法机关生效裁判、决定的申诉，逐步实行由律师代理制度。对聘不起律师的申诉人，纳入法律援助范围。其五，建立社会矛盾多元化的非司法解决机制。由社会组织、行政机关和仲裁机构三方力量构成依法障权主体制度，尽可能将权利实现在司法救济之前。《决定》所强调的"健全依法维权和化解纠纷机制"，除了司法机制外，应该是一个由调解、仲裁、行政裁决、行政复议组成的多元化权利救济实现机制。首先要走出对调解的观念误区，破除混同对待不同调解形式的模糊认识。其实，社会组织的民间调解、政府机关的行政调解与司法调解存在本质不同，司法调解在实质上是一种司法权运行的表现，而民间调解和行政调解则分别是自治权和行政权运行的方式。司法作为正义的最后一道防线，应该本着司法公正和司法经济原则，进行适度调解。而民间与行政调解则是矛盾化解的第一道和第二道防线，为了尽可能将矛盾化解在萌芽状态、使权利得到最及时的救济，应当尽可能充分、最大限度地发挥前两者的作用。总之，应当把握这样一个基本原则：司法调解应有度、非司法调解则无度。除了现有调解组织体系外，还应加强行业性、专业性人民调解组织建设。同时，完善仲裁制度，提高仲裁公信力。为进一步发挥劳动人事争议仲裁在保护公民经济社会权利方面的作用，可以考虑适当改革现有制度、修改现行劳动争议仲裁法律文件中关于劳动争议案件必须经过仲裁方可向法院起诉的繁琐规定，赋权当事人可以不经仲裁而直接向法院提起诉讼，或者对争议不大、权利实现需求紧迫的劳动人事争议案件如民工讨薪案，在仲裁裁决后，即可生效实施，这样便有利于避免后续的起诉和上

---

① UNDP, Rule of Law & Access to Justice, http://www.undp.org/content/undp/en/home/ourwork/democraticgovernance/focus_areas/focus_justice_law/legal_empowerment/focus_areas/rule_of_law_accesstojustice.html.

诉环节对权利实现设置的重重障碍。除此之外，健全行政裁决制度，强化行政机关解决同行政管理活动密切相关的民事纠纷功能。而无论建立什么样的机制，最终都是为了做到理性维权和依法维权，在全社会树立起运用法治思维和法治方式保障和救济权利的新风尚。

第二篇
论网络舆论权利的法理基础与性质

张德淼　高　颖*

摘　要：在互联网技术日益发达和普及的今天，网络舆论在我国政治、经济、军事、文化等各个领域产生了前所未有的影响，扮演着不可替代的角色。各学科的不同学者纷纷投入到网络舆论主体权利的理论研究之中，但研究缺乏系统性、全面性和创新性。笔者对网络舆论权利的法理基础和法律渊源进行剖析，批判性地借鉴目前学界存在的关于网络舆论主体权利性质的三种观点，并以网络舆论作用机制为基础，提出对网络舆论主体权利性质的再认识。希望能进一步丰富和完善公民自由表达权和网络舆论权利的理论体系，并提供更加开阔和多元的研究视角。

关键词：网络舆论　法理基础　法律渊源　权利性质　表达自由权

一、网络舆论权利的法理基础

任何一种权利的享有都是来源于社会生活本身，只不过是法学家在长期法律实践中以敏锐的洞察力将其抽象出来罢了。正如人类社会生活所呈现的历时性一样，任何一种权利都有其赖以存在的法理基础。笔者认为，网络舆论主体权利的法理基础主要包括：人民主权理论和言论自由理论。

(一) 人民主权理论

系统阐述人民主权理论是法国思想家卢梭。卢梭在其名著《社会契约论》中，论述了人民主权的观念。他认为，构成国家成员之间的约定才是政治共同体的基础和合法性的来源，在由单个个人交出全部权利，相互缔约而产生的这样一种集体过程中，原来分散的个别利益在结合过程中上升为普通的公共意志，他称为"公意"。① 而且，主权不外是公意的运用，主权者，不过是由全体个人结合而形成的有生命和意志的公共人格。人们之间之所以要结合起来，是因为个别利益的对立使得社会的建立成为必要，而这些

---

* 作者简介：张德淼，中南财经政法大学法学院教授；高颖，中南财经政法大学法学理论专业博士研究生。

① ［法］卢梭：《社会契约论》，何兆武译，商务印书馆 1982 年版，第 35～38 页。

个别利益的一致才使得社会的建立成为可能，因此，治理社会就应当完全根据这种共同利益。唯有公意才能够按照国家创制的目的，即公共幸福来指导国家的各种力量。①

在人民主权的思想指导下，卢梭将政府与主权者区分开来，认为所谓政府就是在臣民与主权者之间所建立的一个中间体，以便两者得以互相适合，并使它负责执行法律和维持社会的以及政治的自由，因此，行政权力的受任者绝不是人民的主人，而只是人民的官吏。只要人民愿意，就可以委任他们，也可以撤换他们。② 当政府的成员们分别篡夺了那种只能由他们集体加以行使的权力时，国家就会解体，回到无政府状态。于是，将开始重新订约。③ 德国思想家康德也继承了卢梭的人民主权学说。他认为："每一个真正的共和国只能由人民代表的系统构成。这种代表系是以人民的名义建立起来的，并由已经联合起来的所有公民组成，为的是通过他们的代理人去维护他们的种种权利。"④ "联合起来的人民就不仅仅代表主权，而且他们本身就是统治者。最高权力本来就存在于人民之中，因此，每个公民的一切权利，特别是作为国家官吏的一切权利，都必须从这个最高权力中派生出来。当人民的主权得以实现之时，也就是共和国成立之日。"⑤

网络舆论权利是人民主权在互联网快速发展背景下的具体的体现。人民通过网络舆论行使自己的合法权利，从而参与国家公共事务，使人民主权充分落实到具体的社会生活之中。

（二）言论自由理论

舆论与言论自由理论密切相关，言论自由是舆论直接的理论依据。"人是生而自由的，但却无往不在枷锁之中。"⑥卢梭在《社会契约论》中的这句名言表达了人类对缺乏自由的无奈和对自由的渴望与追求。在人类追寻自由的历史长河中，言论自由是人类最早意识到的重要自由之一。

最早明确提出言论自由的是英国诗人、思想家弥尔顿。1644 年弥尔顿在著名的《论出版自由》一书中系统阐述了出版自由的思想。他认为："让我有自由来认识、抒发己见、并根据良心作自由的讨论，这才是一切自由中最重要自由。这种自由是一切伟大智慧的乳母。"⑦法国大革命后雅各宾派领袖罗伯斯庇尔第一个从法制角度系统阐述言论自由思想。他在《革命法制和审判》一书专门讨论了出版自由问题。罗伯斯庇尔认为，"言论自由是非常重要的，除了思想能力之外，向别人表达自己思想的能力，是人有别于动

---

① ［法］卢梭：《社会契约论》，何兆武译，商务印书馆 1982 年版，第 37 页。
② ［法］卢梭：《社会契约论》，何兆武译，商务印书馆 1982 年版，第 37 页。
③ ［法］卢梭：《社会契约论》，何兆武译，商务印书馆 1982 年版，第 37 页。
④ ［德］康德：《法的形而上学原理——权利的科学》，沈叔平译，商务印书馆 1991 年版，第 27 页。
⑤ ［德］康德：《法的形而上学原理——权利的科学》，沈叔平译，商务印书馆 1991 年版，第 27 页。
⑥ ［法］卢梭：《社会契约论》，何兆武译，商务印书馆 1980 年版，第 8~9 页。
⑦ ［英］约翰. 弥尔顿：《论出版自由》，吴之椿译，商务印书馆 1958 年版，第 45 页。

物的最惊人的品质。这个能力同时又是改善社会、使人的社会能力达到的最高程度的唯一手段。出版自由乃是恶习与欺骗的空难，美德与真理的胜利。因此，借助言论、文字或出版物来表达自己思想的权利是不能用任何方式加以束缚或限制的。出版自由必须是完全的和无限的，不然它就根本不存在。任何旨在反对表示意见的刑事法律也都是荒谬的。出版自由的基本优点和主要目的是抑制那些被人民委之以权力的人的野心和专制作风，不断地提醒人民注意这些人可能对人民权利的侵害。建议由国民议会迅速为言论出版自由颁布法令并宣布三条最高原则：每个人都有权以任何方法发表自己的意见，出版自由不受任何形式的拘束或限制；凡是侵犯这种权利的人，应该被认为是自由的公敌，并处以将由国民议会规定的最高刑罚；凡是受到诽谤的正派人可以提出诉讼，以便得到因诽谤所蒙受损失的赔偿，赔偿方法将由国民议会另行规定"。①

另一位极具影响力的思想家密尔于1859年出版了《论自由》一书，该书全面论述了言论自由思想与个性解放对于人类社会文明发展的巨大功绩，抨击了宗教和封建专制制度对言论自由思想的危害。他指出，"人类自由的恰当领域首先是在意识的内部天地，要求有最广泛的心灵自由，要求有思想和感想的完全自由，要求不论是在实践的还是思考的、科学的、道德的或神学的等一切题目上有意见与情操的绝对自由。发表与刊登意见的自由与思想自由同等重要，因而在实践上它与思想自由是分不开的"。②

网络舆论是新时代条件下言论自由的一种新的表现形式。在理论层面言论自由理论为网络舆论提供了法学理论依据，而在实践中，这一理论推动了公民网络言论自由的发展和公民言论自由权的实现。

二、网络舆论权利的法律渊源

网络舆论作为一种新型的具体舆论形式，在以往具体的部门法或者是一国的宪法中很少关于网络舆论权利的直接规定。如果从广义的法律的角度来看，在一些国际公约和一国的宪法及宪法性文件中可以找到网络舆论权利的法律渊源。因此，下面主要从国际公约和宪法及宪法性文件来谈网络舆论主体权利的法律渊源。

(一)国际公约

《世界人权宣言》第19条规定："人人有权享有主张和发表意见的自由；此项权利包括持有主张而不受干涉的自由，和通过任何媒介和不论国界寻求、接受和传递消息和思想的自由。"《公民权利和政治权利国际公约》第19条规定："一、人人有权持有主张，不受干涉。二、人人有自由发表意见的权利；此项权利包括寻求、接受和传递各种消息和思想的自由，而不论国界，也不论口头的、书写的、印刷的、采取艺术形式的或通过他所选择的任何其他媒介。三、本条第二款所规定的权利的行使带有特殊的义务和责

---

① [法]罗伯斯庇尔：《革命法制和审判》，赵涵舆译，商务印书馆1965年版，第50~68页。
② [英]约翰·密尔：《论自由》，许宝骙译，商务印书馆1996年版，第12~13页。

任，因此得受某些限制，但这些限制只应由法律规定并为下列条件所必需：（甲）尊重他人的权利或名誉；（乙）保障国家安全或公共秩序，或公共卫生或道德。"

从以上的两个国际公约中条款可以看出，其对言论自由权以及表达自由给予了充分的肯定，同时对权利的边界进行了界定。因此，以上两个国际公约条款可以看做是网络舆论权利的国际法律渊源。这一国际法律渊源，为网络舆论权利的法律保护提供了强有力的法律依据。

（二）宪法及宪法性文件

除世界人权公约有关规定外，多国宪法间接涉及网络舆论权利的有关规定。在世界范围内，影响最大的是美国的宪法第一修正案（即所谓的"人权法案"）与法国的《人权宣言》。美国宪法第一修正案规定："禁止美国国会制定任何法律以确立国教，妨碍宗教信仰自由，剥夺言论自由，侵犯新闻自由与集会自由，干扰或禁止向政府请愿的权利。"第一修正案确定了信仰自由、言论自由、新闻自由、集会及请愿自由、结社自由。美国媒介法学者认为："在美国，言论自由不仅仅是一个法律概念，而且是一种近乎宗教信仰的观念形态。"[1]正如麦迪逊认为："一个没有大众信息或缺少获得信息方式的民众的政府充其量不过是法国大革命的序幕或是一场悲剧；也许是两者兼有之。知识将永远支配无知；一个意欲做自己的管理者的民族必须用知识给予的力量来武装自己。"[2]美国宪法修正案确立了公民有获得信息的权利，同时为保证其知情权。美国制定大量相关法律，其中最具影响力的就是《信息自由法》，要求政府公开公共事务并保障公民的知情权。除此之外，还有《阳光下的联邦政府法》、《联邦咨询委员会法》，以法律确定行政公开、信息公开，保障信息的可获得性。此外，美国各州也纷纷制定了《公开会议法》和《公开记录法》，以保障知情权。

法国是典型的大陆法系国家，其舆论虽然由于历史、法制、经济等原因显得相对薄弱，但在舆论立法方面比英美更为完备。法国是最早制定法律专门保障言论和新闻自由的国家之一。法国《人权宣言》第10条规定："任何人都可以发表自己的意见——即使是宗教上的意见——而不受打击，只要他的言论不扰乱法定的公共秩序。"第11条规定："思想与意见的自由交流，是人类最宝贵的权利。每一公民都有言论、著作和出版自由，但在法律限制内，须担负滥用此项自由的责任。"这一规定奠定了表达自由的法律基础，同时也为舆论提供了法律依据。

我国的宪法，对涉及舆论的相关内容虽然没有直接具体规定网络舆论主体权利，但是间接的对其作出了明确规定。《中华人民共和国宪法》第27条、第35条以及第41条的规定，从不同角度对其给予肯定。学者普遍认为这是宪法层面上，对舆论主体法律权利的规定。"我国宪法在一般性的规定言论自由之外，还特别规定了公民享有揭露和

---

① 王强华、魏永征：《舆论监督与新闻纠纷》，复旦大学出版社2000年版，第15页。

② ［美］T. 巴顿·卡特等：《大众传媒法概要》，黄列译，中国社会科学出版社1997年版，第146页。

批评政府机构和政府官员不当行为的言论自由，这些规定明确了公民享有的言论自由的权利范围及性质，综括起来即为舆论监督权的宪法权利。"①"这种人民群众对国家事务和社会公共事务进行批评和建议的宪法权利通过新闻媒体得以集中放大和实现，形成社会舆论，从而对国家和社会事务和国家管理发挥影响，成为舆论监督。"②

笔者认为，网络舆论权利是言论自由权的一种，而且网络舆论也是表达自由的一种全新的方式，所以宪法上关于言论自由和表达自由的相关规定同样适用于网络舆论主体的权利。宪法及相关的宪法性文件也因此成为网络舆论主体权利的法律渊源，也是一国效力最高的法律渊源。

三、网络舆论权利性质的多种评说

关于网络舆论主体权利的性质，目前学术界主要存在三种主流观点即监督权说、表达自由说、混合说。这一权利性质的鉴定直接关系到网络舆论主体权利保护的方式以及这一权利的边界问题，因此需要对其性质进行较为详细的论述，下面主要论述三种典型的观点及笔者的评价。

(一) 监督权说

监督权说认为舆论主体的权利性质是监督权，通常将舆论主体的权利称为舆论监督权。学者周甲禄认为舆论监督权是公众披露与公共利益相关事务，并进而批评建议，不受非法干涉的权利，其内容包括：收集、获取、了解各种信息和意见的自由；利用大众传媒公开报道事实、表达批评意见的自由；传播信息和意见的自由。③ 学者许新芝、罗朋、李清霞认为我国宪法第41条的规定明确了宪法第35条规定的言论自由的范围和性质，属于舆论监督权的宪法性依据。公众对公共事务进行批判和建议通过媒体得以放大并最终形成舆论，从而对公共决策、公共事件的解决发挥作用。学者韦静认为宪法第41条规定的批评、建议等权利是以国家最高效力的法的形式规定的民主权利。这种民主权利可以表现为通过合法正当途径监督公权力机关及其工作人员的违法失职行为。因此，网络监督这种民主权利应该通过我国宪法得以保护。④ 监督权学者认为，舆论监督权与言论自由有本质区别，认为言论自由属于基本人权的范畴，其侧重于人的主观意识及人的自我完善。而舆论监督权则不同，其属于政治权利的范畴，其侧重促进公权力改变及公共利益的增进，是宪政制度下公民的保留权。

监督权说有一定的意义。因为网络舆论对公权力有监督作用并增进公共利益，但监督权说可能混淆了宪法规定的公民的监督权与舆论的监督功能。持监督权观点的学者普

---

① 许新芝、罗朋、李清霞：《舆论监督研究》，知识产权出版社2009年版，第296页。
② 许新芝、罗朋、李清霞：《舆论监督研究》，知识产权出版社2009年版，第296页。
③ 周甲禄：《舆论监督权论》，山东人民出版社2003年版，第26~27页。
④ 韦静：《网络监督与社会主义民主政治的实践》，载《阜阳师范学院学报》2010年第1期。

遍援引我国《宪法》宪法第 41 条、宪法第 27 条，认为批评建议权（监督权）是舆论监督权的本质内容，其来源于批评建议权，具有同质性。① 实际上监督权属于公民政治权利，可以由公民个体直接行使，其监督的内容是明确可预测的。而网络舆论主体权利则不同，公民个体很难直接通过权利的行使形成舆论，而是由集体讨论、意见领袖引导最终形成舆论。舆论的内容更不是由公民个体决定，舆论的内容往往超越引发讨论的公民言论甚至与之背道而驰。相对于监督的内容，舆论有不确定、不可预测的特点。网络舆论对公权力、公众人物的确有监督的功能，而监督绝非舆论的全部功能，更非舆论本身的性质。而且，监督权的对象往往是针对公权力及权力行使者，而舆论的对象则较为广泛不单单包括公权力及权力行使者，还涉及公共利益事件、公共决策事件和公众人物。

监督权说将舆论主体的权利在本质上看成为公权力的一种延伸，而忽视了言论自由本身作为人权的一个难以分割的部分，其各种形式无论是舆论还是网络舆论，仅仅是不特定的多数公民行使言论自由的结果。举个简单的例子，公民具有选举权，多数公民行使选举权最终形成的结果决定甲当选，如果甲要积极推广政治改革，怎能简单地认为多数公民行使的是政治改革权呢？所以，公权力延伸说实际上忽视了舆论的形成是一个客观存在的过程，其效果与舆论本身是两回事。类似于选举制度，不同的人通过言论或者网络等各种方式进行投票，其最终结果是难以预测的。因为要通过复杂的讨论、汇集、辩论，就像需要经过报票、计票、忽略废票等程序后，才能最终得出结果，而且决定谁当选后，谁的执政理念和政治目标可能决定了国家未来几年的走向。这就像基于共识和基本价值观的舆论一样，将对公权力、公共事务的决策产生影响。

对于传媒守望的监护功能的认识，在西方有着悠久的思想渊源。但是在有关新闻媒介和大众传播媒介的英美国家的英文文献中，并没有"舆论"（public opinion）和"监督"（supervision）这样的固定搭配，可以说，"舆论监督"是中国创造和带有中国特色的词组。② 在我国，"舆论监督"作为党的正式文件所确认的概念，是在 1987 年党的十三大政治报告中出现的。③ 笔者认为，不宜将舆论与监督简单联用。学界普遍存在着的将舆论与监督联用方式一方面极易导致与公民监督权的混淆，另一方面等同于将舆论作为一种公权力的延伸。公民权与公权的关系，不仅仅单纯表现为公民行使权利监督公权，更多的是公权的运行要保障公民政治权利的实现，无数公民利益汇集而成的公益才是公权的目的。舆论是多数人行使言论自由的结果，理应是公权的目的而非公权的延伸或附属，其本质是多数人的私权的行使。

（二）表达自由说

表达说认为网络舆论主体权利源于公民表达自由或者说言论自由权在网络空间中的

---

① 周甲禄：《舆论监督权论》，山东人民出版社 2003 年版，第 114 页。

② 许新芝、罗朋、李清霞：《舆论监督研究》，知识产权出版社 2009 年版，第 23 页。

③ 报告明确指出："要通过各种现代化的新闻和宣传工具，增强对政务和党务活动的报到，发挥舆论监督的作用，支持群众批评工作中的确定错误，反对官僚主义，同各种不正之风作斗争。"

运用，刘文斌认为网络舆论权利是指公民或其他团体通过网络接受和传播信息的自由，这种自由不受非法干预和约束。①

学者杨吉、张解放认为网络舆论的监督功能就是网络言论对政府权力的制约。当公民认为公权力行为违法时，可以通过网络将之公布于众，并加以批评，唤起公民对权力不法的警惕和声讨，从而形成社会有效的安全阀。在民主社会中，公民有权利知晓公共事务相关的信息，有权利批评和对政府的不当行为发表意见，这对于公共权力的行使可以起到一种监督与制约的作用。② 这一表达再次强调将网络舆论监督效果视为网络言论自由的功能，网络舆论是表达自由的一种方式，而舆论的监督效果只是表达自由的功能。

表达自由说具有相当的合理性，因为网络舆论主体权利源于宪法规定的表达自由或言论自由，网络舆论监督效果视为网络言论自由的功能，网络舆论是表达自由的一种方式。笔者亦认为，网络舆论权利的核心就是表达自由权，这一点文章将进一步具体论述。但是，将网络舆论权利仅仅归结为表达自由，就不能正确全面客观的看待网络舆论主体权利的性质，具体的理由及论述在文章后面的论证中进一步做系统的展现。

(三) 混合说

混合说认为网络舆论主体权利"不是一种独立的公民权利，而是公民权利行使的一种新的方式"。③ 网络舆论主体权利是知情权、言论自由权、表达权、监督权等权利的混合。

光建认为网络媒介的特殊性决定了公民权利的行使方式的改变。那么网络公民言论自由权和监督权的行使上发生了变化，公民往往利用网络来行使这两种权利，这是科技进步、社会发展的产物。魏凤茂认为："网络舆论较之传统监督方式，有其自身的优势，这种优势是传统监督方式无法比及的，它通过自身特有的途径和形式对国家公权力及公职人员的行为进行监督。"④秦国辉认为："从监督的性质来看，网络监督属于一种权利监督，它是网民行使自己知情权、表达权和监督权等法定权利的实践形式。"⑤

诚然，网络舆论监督不是一种独立的公民权利，而是公民权利行使的一种新的方式。同时，网络舆论主体的权利涉及多种权利的行使，如上述包括表达自由权、监督权、知情权。笔者认为，在这诸多的权利当中，表达自由处于核心地位，其知情权目的是为了保障表达自由权的实现，监督权更是扩宽了表达自由的边界，防止表达自由受到公权力的侵害。根据舆论的不同阶段，权利的行使有所侧重。舆论的前提是知情权得到

---

① 刘文武：《论网络言论自由的限制》，苏州大学 2009 年硕士学位论文。

② 杨吉、张解放：《在线革命：网络空间的权利表达与正义实现》，清华大学出版社 2013 年版，第 89 页。

③ 光建：《试论我国公民的网络监督权利》中国政法大学 2011 年硕士学位论文。

④ 魏凤茂：《论公民权对行政权的网络监督——一个权利与权力博弈的视角》，烟台大学 2009 年硕士学位论文。

⑤ 秦国辉：《民主法治视域下网络监督问题研究》，福建师范大学 2011 年硕士学位论文。

保障，舆论的引发可能源于表达自由的行使或者监督权的行使。在舆论监督权的形成阶段则侧重表达自由中传播自由、新闻自由的内容。

四、网络舆论权利的性质与核心内容再认识

通过对网络舆论发生过程的分析，笔者认为网络舆论权利是一项动态公民权利。舆论发生本身是一个动态的过程，所以在这一过程中舆论主体的权利亦是具有不同的表现形式并体现出不同的权利性质。所以在网络舆论发生这一过程中，网络舆论权利是诸多权利共同作用的结果，而其中表达自由权处于核心地位。在网络舆论不同阶段，所侧重的权利各不相同，表达自由权呈现的权利内容也各不相同。同时对网络舆论主体权利的主客体进行了一个梳理和分析。

（一）权利过程的认识

网络舆论的形成过程可以分解成以下六个不同阶段，即公共事件的产生、信息刺激、共同关注、争论辩论、共识形成、舆论形成与扩散六个阶段。在这六个阶段中所侧重和呈现的权利内容各不相同。如下图：

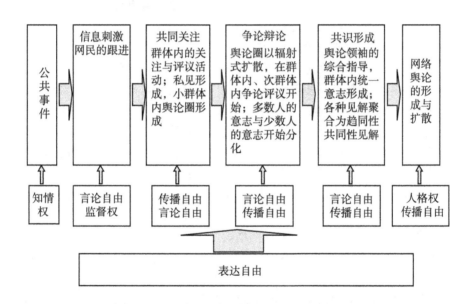

首先，在公共事件的产生阶段，网络舆论主体权利主要体现为知情权。知情权是网络舆论的基础和前提。托马斯·杰斐逊谈及知情权与舆论的关系时说，"我们政府的基础是人民的舆论，首先就应当使舆论保持正确"；"防止人民进行这些不正当干预的办法，是通过报纸渠道让他们充分了解国家大事，并努力使报纸进入千家万户"。① 知情

---

① ［美］托马斯·杰斐逊：《杰斐逊选集》，朱曾汶译，商务印书馆1999年版，第389页。

权(right to know)，又称为"知的权利"、"知悉权"、"资讯权"、"信息权"或"了解权"等，是指公民有权知道应该知道信息，国家应保障公民这种权利。信息公开与知情权有密切的关系，信息公开是指信息拥有者应主动公布或允许公众自由索取除法律禁止公开披露之外的所有信息，在现代社会主要是指政府机关的信息必须公开。网络舆论所涉及的信息公开的主体范围非常广泛，不仅仅包括国家机关，还包括公民和社会其他组织。我们难以想象，公众处于无知之中，对于政府的权力行为完全不知道，政府的运作都在隐秘之中，如何进行监督。在民主社会中，公民需要清楚的知晓公权力的结果，而且需清楚的知晓权力作用的过程及产生原因，并参与进去，这样才能保障公权力的良性运作与客观性。

其次，在信息刺激阶段，网络舆论主体权利主要体现为言论自由权和监督权。公众接收到公共事件的相关信息，利用互联网发表自己的观点、建议和批评。这一行为是公民表达自由权的行使。在这一阶段，表达自由权的内容侧重公民观点、建议、批评的公开自由表达，除涉及国家机密、严重违背公共利益外国家不得干预。除此之外，还有一些公民直接根据自己掌握的信息，通过官方的媒体或者公开的网络媒体如天涯 BBS、新浪微博，曝光行政权力的不法或权力行使者的不法行为。笔者认为，这种行为属于公民行使宪法规定的监督权。但需要注意的是这种行为不同于网络舆论的监督功能。在整个网络舆论中，公民这种行使监督权的行为可以看做一个公共事件的产生，从而刺激公民引发共同关注，与网络舆论的监督有本质的区别。

再次，在共同关注阶段、争论辩论阶段、共识形成阶段，网络舆论权利主要体现为传播自由和言论自由。这几个过程主要侧重公众利用大众传媒公开讨论，表达自己的观点以及通过互联网传播观点，使自己的观点被广泛接受和讨论。无论是言论自由还是传播自由都属于表达自由的一部分，但各有侧重。传播是言论的延伸，如果没有传播自由，言论就仅能局限在谈话者之间，无法被更多人知晓，舆论无法形成。历史告诉我们压制舆论并非压制舆论的内容而在于压制舆论的传播，害怕言论被广泛的知晓所以网络舆论主体权利的法律保护在保障言论自由的同时，必须保障传播自由。

最后，在舆论形成与传播阶段，网络舆论权利主要侧重舆论的传播自由和人格权。传播自由的内容与上一阶段相似，不再赘述。值得注意的是，这里人格权并非是指在网络舆论的作用过程中，人格权行使将对网络舆论产生作用，而是为了突出对舆论产生后可能发生的对公民人格权的影响与保护问题。特别是侧重于对一些异见观点的作者、意见领袖、甚至公共事件涉及的各方主体人格权的保护。强调不能因为舆论的压力，打击舆论代表人物，如微博中的大 V、BBS 中的发帖者等。另一方面，舆论亦不能对涉及公共事件各方主体的人格权进行侵犯，其人格权同样受到保护。

(二)表达自由权核心地位的再认识

如上所述，网络舆论权利涉及表达自由权、知情权、监督权及人格权。这四种权利并非处于同一权利等级，其中表达自由处于核心地位，知情权、监督权、人格权处于保障或者支配地位，其存在是为了充分保障表达自由权。

　　首先，知情权是表达自由行使的前提和基础。但就网络舆论而言，如果没有言论自由，知情权也就丧失了存在的价值。我国和各国关于政府信息公开等方面的规定，为公民知情权的保护提供了法律依据，也为公民表达自由权的行使提供了法律保障。

　　其次，关于监督权与表达自由权的关系。对此，西方国家的法律并没有直接规定，但其宪法、新闻法等有关于言论自由权方面的规定。我国与言论自由有关的监督权，主要源于宪法第 41 条规定的批评建议权。这一点在美、英等国的宪法诉讼实践中，可以找到类似的判例，其实际内容体现为，强调对政府官员的批评性言论应当受到保护。即，在宪法层面上如何权衡公民的言论自由权与官员的名誉权、隐私权等私权的冲突？宪法判例强调，应采用优先保护公民言论自由权的立场，而对官员的名誉权等私权持应当受到限制的立场。德国基本法也有类似的规定，公民对官员有批评的权利。所以，监督权特别是从网络舆论的角度来看，其实质上是表达自由的延伸，是对表达自由内容的拓宽和保护。

　　再次，关于人格权。这里所说的人格权并非是说网络舆论权利包括人格权，而是指在网络舆论形成后，网络舆论的主体和舆论对象的人格权极易受到侵害，因而应予保护。因此，在网络舆论形成后对舆论主、客体的人格权保护具有重要意义。一方面，网络主体之一的网民极易受到来自网络舆论对象官员或者权力机关通过打击报复的方式侵犯其人格权；另一方面作为网络舆论对象之官员等，虽然其私权较之公众受到限制，但也绝非完全不受保护，其名誉权，隐私权等人格权极易受到网络舆论的侵害，例如人肉搜索侵犯隐私权、网络非理性的谩骂与侮辱，等等。因此，在这里提及人格权，一方面是为了保障言论自由，另一方面也为言论自由划出了边界。

　　总之，网络舆论权利的性质、核心内涵与地位问题，是权利理论领域中新兴的不容忽视的一个重要问题，笔者希望本文的研究能进一步丰富和完善公民自由表达权和网络舆论权利的理论体系，并提供更加开阔和多元的研究视角。

第三篇
论人权的司法化
——基于人权法律化的反思

杨汉臣 *

摘　要： 人权法律化是人权现实化的根本保障与基本前提，但人权法律化并不意味着人权现实化的自然实现。为此，必须强调人权法律的实施，即实现人权司法化。从理论层面讲，人权司法化是现代司法发展规律的内在要求，也是构建现代司法的基本前提。从实践层面讲，人权司法化乃是当前我国人权事业进步的关键所在。考虑我国司法落后于立法的现状，应突出司法的现实地位，强调司法的价值功能。

关键词： 人权　司法　人权司法化

"'人权'，乃是人因其为人即应享有的权利，它无疑是人类文明史中一个最能唤起内心激情与理想的词汇。"①就其本质来讲，人权是一种人本价值理念，旨在维护人之生存与生活尊严。正如有学者指出"人权是主体自由平等地获取自己的正当利益的资格，任何人权至少必然包含着自由、利益、平等、资格、正当这五大要素。否则就难以成为真正意义上的人权。"②因此，作为一组价值理念的集合，人权本身既具有强大内摄性，能够有效实现与其他法律价值之间的沟通与串联。基于这一特性，"在法的基本价值中，人权价值应是首要和终极的价值"③，不论是作为法理上的逻辑性推论还是作为法治实践的经验性判断都是成立的。

然而人权的致命弱点在于其仅仅是一种价值理念，不具备自我实施与实现机制，只能依靠某外在实施机制才可能实现价值目标的现实化。基于超然独立的社会地位以及国家暴力机器的背后支持等内在优势，法律成为人权现实化的可靠保障。在此基础上，人权的法律化相应成为法治社会条件下人权现实化的最佳途径。

问题的关键在于，人权的法律化并不意味着人权现实化的自然实现。从实践发展的角度看，人权法律化命题仅仅强调立法层面基本人权内容的规定以及精神体现，却忽视

---

* 作者简介：杨汉臣，武汉大学法学院 2013 级法理学博士。

① 徐显明：《〈人权研究〉集刊序》，徐显明主编：《人权研究》（第 12 卷），山东人民出版社 2008 年版，第 1 页。

② 汪习根：《免于贫困的权利及其法律保障机制》，载《法学研究》2012 年第 1 期。

③ 李龙主编：《法理学》，武汉大学出版社 2011 年版，第 428 页。

了法律实施层面对人权保障的重视。由此形成一种人权现实化的"半吊子"状态，不利于人权被普通公民个体所真实享有和消费，也不符合人权法律化的基本初衷。面对此特殊状况，只有强调法律实施，尤其是司法环节，加强对人权的保障，即应实现人权的司法化，才可能将人权法律化的基本精神贯彻落实到实处。就理论层面来讲，人权司法化是现代司法发展的规律性要求，也是构建现代司法的基本前提。就实践层面来讲，人权的司法化乃是当前我国人权事业进步的关键所在。为确保人权司法化的有效实现，首先必须从法理角度重新审视人权的司法价值定位。

一、人权司法化与现代司法

在法律统治时代，司法是法律实施与实现的根本途径，尽管广义上的执法概念亦属于法律实施的范畴。"广义上的执法，是指所有国家行政机关、司法机关及其公职人员依照法定职权和程序实施法律的活动。"①但现实语境下，执法更多采用狭义性概念，即行政执法。其内在政治属性以及其外在行政色彩决定了执法除了追求法治目标之外尚有其他目的，而这些目标并不总是与法治追求相一致，甚至严重对立。比如维稳向来被视作政治行政工作的头等大事，"是压倒一切"的大事，而法治看来则未必如此，同维护稳定秩序价值相比，维护人之权益显然更值得关注。

与执法的关注点不同，司法除了实施法律规定之外并无其他目的。依此逻辑判断，既然法律将人权设定为价值目标，那么司法就应当毫无例外的实现人权保障为旨归，否则就有违背法律实施宗旨的嫌疑。这一点在现代司法而言尤其如此。现代司法是一种相对于传统司法而言的司法状态，基于现代司法理念的基本要求，其不但强调传统意义上的处理具体社会争议纠纷的工具性意义，还突出强调司法自身所蕴含的价值理念及其处理效果对现实社会生活的实际影响状态。作为一种"人们在认识司法客观规律过程中形成的一系列科学的基本观念"②，现代司法理念的根本性目的在于通过完善司法自身合理性以便更为有效地维护当事人的合法权益。因此，人权司法化是从现代司法概念推出的必然结论。而所谓人权的司法化就是要通过强调司法过程中对基本人权的重视和保障以实现对人权法律规定的实施与实现。

概括来讲，人权司法化与现代司法二者之间的逻辑关联主要体现在以下几个方面：

首先，人权司法化深刻契合现代司法运行的客观规律。社会争议纠纷本质上是人与人之间关系的失序状态。此特质决定了司法处理社会争议纠纷的实质是企图通过法律的拟制将业已破坏的人际关系恢复到原初和谐状态。同传统司法单纯强调问题的解决以及个案正义的维护不同，现代司法更加强调司法自身所蕴含的价值理念以及其规制效果对社会现实生活的实际影响。而实现上述目标的必由之路在于对所有涉案当事人的基本权

---

① 李龙主编：《法理学》，武汉大学出版社 2011 年版，第 218 页。

② 商志强、霍根上：《现代司法理念与审判方式改革》，http://news.xinhuanet.com/local/2012-05/28/c_123200097.htm，于 2014 年 10 月 14 日访问。

益都予以足够的尊重和保障，并且在法律事实以及法律关系依法认定之前不得恣意判定结论。另外，即使法律事实清楚且依法已经作出判决也只能在法定允许范围内实施相关惩戒而不能放任惩戒。其意义在于可最大限度满足世人的稳定性期待，获得人们的充分性认可。长期以往，当社会生活中出现争议纠纷时，人们首先想到的便是诉诸司法而不是诉诸其他各种非法治性手段予以解决，如此才可能在世俗的现实社会生活中逐步确立法治的现实性权威。故现代司法在强调合理解决问题的同时更加凸显"人的尊重"理念而不再像传统司法那样单纯地强调"事的处理"。换句话讲，现代司法只有在对双方当事人的基本权益都给予相应尊重和保障的前提下严格依照既定程序性规则针对案件争议事实作出判断才符合现代司法的基本规律。

其次，人权司法化是现代司法区别于传统司法的决定要素。在传统司法实践中，发现问题争议焦点并采取应对处理措施是处理问题的基本模式。为此，在向来重视口供的社会背景下，审判者未获取口供，对各种逼供措施向来是格外青睐，甚至无所不用其极。此外，对当事人的惩戒往往倾向于酷刑。这一类型的例子在中国古代相关历史文献以及文学作品中比比皆是，即使因秉公执法而留名青史的一代名吏"包青天"在具体审案中也往往要一下"小聪明"且动辄对犯事者"大刑伺候"①。上述法官高度"自治"现象之所以存在固然与当时包括证据规则等相关审判程序性规定的匮乏以及司法行政不加区分的审判管理体制有关，但现象背后体现出的人权价值理念的缺位确是不容置疑的。换句话讲，在强调息诉无诉的传统社会，法官们潜意识里保持着某种特定偏见，即凡涉案者多非守本分的"良民"，而那些被告必有可恨之处。当然，历史上那些秉公执法的法

---

①　以斩庞昱案为例。与别案不同，该案主犯庞昱乃庞太师之子，势力庞大且与包拯"有通家之好"。若采取强硬措施未必如实招供反遭到太师嫉恨。对此，聪明的包公采取了一番虚与委蛇的哄骗策略。效果的确不错，"庞昱因见包公方才言语，颇有护他之意，又见和容悦色，一味地商量，必要设法救他。"于是认定"莫若他从实应了，求求包黑，或者看在爹爹面上往轻里改正改正，也就没事了"。于是心底大宽，包公有所讯问无不应承，带画押招供之后，包公又一番哄骗："你所为之事，理应解京。我想道途遥远，反受折磨。在这到京必归三法司判断，那时难免皮肉受苦。倘若圣上大怒，必要从重治罪。那时如何展转？莫若本座在此发放了，倒觉得爽快。你想好不好？"愚蠢的庞昱被卖尚不知情，道"但凭大人做主，犯官安敢不遵"。谁知，还没反应过来，包大人立马色变，命人抬出"龙头铡"将一大活人不容辩驳"登时腰斩"。包公行刑之前这一段审讯以当今法治观念来看是不敢恭维。当事人完全不属于基于意志自由的认罪，而是被包大人的诚心给"忽悠了"，此时口供可否用来作为有效证据呢？或许"米兰达规则"就是一个反面检验。退一步说，庞昱违法犯罪在先，且已招供（姑且认定该口供获取合法）罪当死刑，尚可接受（所实施酷刑也暂定不违反人权）。但随后对刺客项福的审理则更为野蛮暴力，甚至连辩解的机会都可剥夺了。当项福"高声说道：'小人何罪？'"时，包大人"一拍惊堂木，喝道'你这背反的奴才！本阁乃奉命钦差，你擅敢前来行刺，行刺钦差，即是反叛朝廷，还说无罪？尚敢求生么？'"可以试想原本黑脸威严的包大人当时是何等气势？恐怕没有人不被唬住吧。只见"项福不能答言"。于是"左右上前，照旧剥了衣服，戴上木嚼，拉过一领粗席卷还。此时狗头铡已安放停当"。可怜项福只说了四个字就"喂"了狗头铡。被世人奉若神明的包公之审案除了那点聪明才智和言说技巧不得不让人佩服外，其余实不足以为后世司法楷模。上述审案细节引自于石玉昆：《包公全传》，山西人民出版社2009年版，第77~78页。

官们也常常对那些弱势者体现出某种程度的同情甚至偏护，然其不过是法官本人出于道德情感的拿捏与衡量，并非对当事人与生俱来、不可剥夺、不容侵犯之基本权益的尊重。

同传统司法不同，现代司法的合理性不仅仅体现在纯粹工具理性之上，还建立在价值理性基础上。司法的价值理性要求司法并不仅仅只是一种处理具体纠纷的工具，还有其自身特殊的价值，即借由司法程序性规定所隐含的对争议当事人基本权益的尊重与维护。因此，在现代司法条件下，不论当事人身份地位以及是否存在法律过错都应予以基本人权尊重和保障是基本前提。作为现代司法区别于传统司法的独立性存在，司法实践中突出人权平等性保障正是人权司法化的直接体现。也只有在确立人权司法化的前提下，现代司法才同传统司法真正划清界限，形成价值独立自足的司法审判制度。

再次，人权司法化是确保司法独立于行政权的逻辑前提。传统人治社会中，司法权与行政权常合而为一，司法权的运作往往被行政权所挟持或者说架空。这一点在中国传统社会中表现的尤为明显。究其根源，问题固然可以追溯到人治及其专制独裁性质，但将所有问题一概推到"人治"头上未免有失偏颇。私以为，人治社会条件下，司法之所以能够被行政权轻而易举的"捕获"更为隐晦的一条原因在于，传统司法过于甚至单纯强调工具价值理性。细言之，当司法权过于强调工具理性时，那么与以处理社会问题为宗旨的行政权之间便失去了区分的意义。这种价值目标的同构性内在地决定了传统司法权只可能沦为同样强调有效处理社会问题且更有条件更有能力实现这一目标的行政权的附庸。由此得出的必然性结论是，既然行政权就足以应付各种社会现实问题，那么独立出司法权显然就属多此一举。

自洛克率先提出国家权力包括立法权、行政权以及外事权，特别是孟德斯鸠明确提出国家权力分为立法权、行政权和司法权以来，人们将司法权独立于行政权视为理所当然。之所以如此就在于人们已经深刻认识到行政权与司法权之间权力属性的天然差异，正如有学者指出"在国家权力结构中，行政权与司法权虽然同属执行权，但二者大有区别。它们之间最本质的区别在于：司法权以判断为本质内容，是判断权，而行政权以管理为本质内容，是管理权"。① 上述认识不可不谓全面且精辟，但始终耽于形而下层面的列举，忽视了自进入现代社会以来司法权内涵隐含的形而上的悄然转变。此种转变集中体现在现代司法更加突出强调价值理性的判断，强调人性尊严的维护，而不再像传统司法一样单纯追求问题争议的解决。此时，由于机制功能以及追求目标的不再具有内在一致性，那么行政权便失去了继续替代司法权的合理根基以及现实需求。既然如此，司法权独立于行政权便成为一种理所当然，或者说是一种现实必需。由此判断，人权司法化乃是现代司法权得以独立于行政权的内在决定因素。

---

① 孙笑侠：《司法权的本质是判断权——司法权与行政权的十大区别》，载《法学》1998 年第 8期。

二、人权司法化的理论基础

法律是一种特殊的社会规则。法律的特殊性在于其不仅能够有效规制人们过去所实施行为，而且能够通过对行为模式的预设进而实现对人们将来行为的可靠预期。正如有学者指出，"从法哲学的角度看，法律具有双重的功能，既能对已经发生的事态作出评判和处断，又可尚未发生的事态进行预防和防范。"①此兼顾过去和未来的特性使法律最终突破一般社会规则的狭隘藩篱而逐渐成为人类社会以及国家治理的主要依凭。然而问题的关键在于，法律并不仅仅只是一种工具性规则还是一组价值理念的集合——法律承载着人们对公平正义等诸多美好理想的殷切期望。正是得益于法律价值体系的存在，法律才得以摆脱理性规则的冰冷面孔，展现给世人一种脉脉温情的人性光辉。

诚如前文所述，在法律价值体系中，不论是秩序价值、自由价值以及公正价值等法律价值均不同程度指向一共性目标——尊重人的尊严、维护人的权益。在一定意义上，"人权是法律的终极价值追求"所蕴含的强烈人权属性既是现代法律之所以能够被绝大多数社会成员自觉接受其规制的内在根源，也是现代社会发展背景下诸多国家不断推行相关法律改革的标准和依据。可以说，自启蒙运动以来的法律发展过程中，人权的法律化以及法律的人权化事实上已经成为一股不可遏阻历史洪流。毋庸置疑，"人权与法律的相互结合，是历史发展和人权保障的必然要求"②。尽管如此，作为人权司法化的理论基础和实践前件，人权法律化的现实局限性不得不引起重视。

一般可理解层面，人权法律化多指规范性文本系统中应当充分体现人权的基本精神要义，通过法律明文规定的形式将人权条款固化，以便为人权保障事业的存在与发展提供合法性依据。然而作为人权保障的一种静态化、权威性宣示，人权法定化的实质是立法本位观念的现实反映，体现出立法对现代社会发展之于人权保障强烈现实需求的积极回应。但法制终究不等同于法治，"把法制与法治相混同，首先是损伤了对法治的正确理解，造成一种错觉，似乎有了法律制度（法制）就有了法治了，似乎法律制度健全了，法治就实现了。其实不然，法律规定得再健全，如果领导人可以随意解释、为我所用那就没有法治，因此有法不依等于无法"。③ 因此，基于法制与法治的法理分野，法律制度的建立与完善并不必然意味着法治理想目标的自然实现。同理，人权立法的完善仅仅强调了静态法律文本对人权的基本规定。基于立法与法律实施之间存在的鸿沟，若实践中过度强调立法中人权条款的宣示意义则可能会在一定程度上忽略法律具体实施——这是法治必不可少的环节——对人权的现实尊重和保障。由此便会出现人权法律化时代背景下人权依然得不到有效法律保障的荒唐局面。明白此点，就不难理解为什么尽管我国宪法修订案明确宣告"尊重和保障人权"，并且刑事诉讼法亦明确作出"严谨刑讯逼供"、

---

① 汪习根：《化解社会矛盾的法律机制创新》，载《法学评论》2011 年第 2 期。
② 李龙主编：《法理学》，武汉大学出版社 2011 年版，第 448 页。
③ 孙国华：《法制与法治不应混同》，载《中国法学》1993 年第 3 期。

"严禁自供其罪"等一系列相应性规定，但司法实践中非法逮捕、超期羁押、刑讯逼供、狱内虐待等侵犯人权行为及现象始终存在。事实上，尊重和保障人权不仅是静态法律文本的应然价值追求，亦是法律实施之应然价值所在。基于此共同价值追求，法律实施与法律规定二者之间的现实张力才可能降低到最低水平，法律实施之现实效果才可能自觉地成为法律规定所追求之理想目标。

三、人权司法化的逻辑进路

人权司法化或者说人权的司法实践格局并非天然如此，而是经历一个渐进发展演变的过程。从其逻辑角度讲，人权作为司法终极价值的确立主要取决于以下两条逻辑线路的展开：人权价值理念的扩张以及现代司法的发展。

其一，人权司法化根源于人权价值理念的"扩张"。自人类近代以来尤其是自欧洲思想启蒙运动以来的漫长历史发展中，人权及其地位发生了一系列微妙的变化：最初意义上的人权作为资产阶级革命斗争的口号而存在，体现为一种政治斗争的有效工具；在资产阶级建立政权后，人权开始作为资本主义法律体系的指导思想用以捍卫资产阶级革命的胜利果实，此时人权扮演着资产阶级革命胜利果实的捍卫者角色；随着现代法律制度运作的日渐成熟，人权法律化逐渐成为资本主义的一项基本社会共识，人权理念成为一种政治法律的底线性思维。以至于凡是尊重和保障人权的制度及其设计都符合现代民主政治诉求，反之则归之于专制暴政之人治范畴。这也是有学者提出"人权加法治即等于民主"①观点的历史依据。从法理角度来看，上述过程其实正是人权理念不断扩张的过程。经此渐进发展过程，人权在人类社会诸领域攻城略地，最终建立起了人权的强大帝国。"人权的更高地位被视为他们的法律全球化的结果。"②从历史发展的角度来看，人权的法律化（立法意义上）是近代人权确立最高价值地位的开始，一方面标志着人权开始依靠国家强制权力保障实施的法律作为实施与实现的依凭，另一方面也为现实生活中的普通人们实施的"为权利而斗争"提供了合法性依据和强制性保障。

然而，此时的人权法律化尚只是静态意义上的立法宣示，立法规定种种人权并不必然意味着人权的必然实现。正如我国近代历史上，不论北洋政府时期还是南京国民政府时期都曾先后多次立宪，虽则形式上对基本人权都做了相关规定（尤其是后者），但事实这些所谓的人权性宪法恰恰印证了列宁的那句名言"宪法是一张写着人民权利的纸"。③ 如确信此时宪法法律文本上的规定为真并依此判断该社会乃人权得到充分尊重和保障的理想社会未免幼稚可笑。如果说，阶级社会理应如此，那么在进入社会主义社会之后依然如此就需要认真反思人权法律化（立法意义上）的现实局限。事实是，尽管

① 徐显明：《法治的真谛是人权》，载《人权研究》（第 1 卷）（序），山东人民出版社 2001 年版，第 2 页。

② ［美］科斯塔斯·杜兹纳：《人权与帝国》，江苏人民出版社 2010 年版，第 27 页。

③ 《列宁全集》第十二卷，人民出版社 1987 年版，第 80 页。

我国刑事诉讼法多次规定严禁刑讯逼供等一系列旨在保障人权的规定，但实际司法实践中，诸如"躲猫猫"、"喝水死"、"洗澡死"、"盖被死"、"睡觉死"等各种千奇百怪的变相刑讯手段依然存在且一度大行其道。① 故是不是阶级统治下的社会并不是判断法律的权利性规定能否真正实现的根据，至少不是充分条件。

基于上述分析，可以得出两条逻辑相关性结论：结论一：不强调法律实施的法律制度——无论规定得多么完美——终究会流于形式或者说沦为一种制度性摆设；结论二：只有强调法律实施的真实性与可靠性，法律规定之理想目标方可能成为现实。上述结论同样适用于人权法律化的现实化，即通过强调法律实施环节人权要素的介入与考量从而确保人权价值目标的实现。为此，人权价值理念实现向司法领域的"渗透"就是人权现实化发展路径的必然需要与最终选择。从法治发展的角度讲，人权从纯粹的理念价值经由立法确立到最终司法保障的实现这一逻辑发展路径恰恰契合了人权的三个发展形态——抽象人权、法定人权以及现实人权——的历史演变规律。因此，从这个角度讲，司法人权价值理念的确立首先取决于人权价值理念的扩张。

其二，人权司法化得益于现代司法的发展。如果说"司法人权价值理念的确立得益于人权理念的扩张"这一理论判断仅仅是从人权发展的角度强调了人权自身发展的合理性与必然性，那么换个角度就会发现，司法人权价值的确立同样取决于现代司法的发展。在最初意义上，定纷止争是司法的主要目的和追求。"律者，定纷止争也。"②在此背景下，如何有效处理日益复杂繁多的社会问题与纠纷是此时立法以及法律实施的主要关注所在，至于实现这一目的的途径和手段是否正当则在所不问。换句话讲，此时社会状态下法律仅仅强调并追求问题处理结果的正当性，即形式意义上的个案正义，至于实现这一目的的手段和途径究竟正当与否一般在所不问。这实际是一种唯目的论或者说是一种法律工具论论调。尽管其强调了法律的管控意义，也反映了人们的现实生活需求，但基于其丝毫不强调纠纷处理背后的价值判断进而导致司法事实上成为一把"双刃剑"：善者行之得其善，恶者为之得其恶。在不能有效保障所有司法者都具备足够正义、良善以及智慧的现实背景下，司法更容易沦为一种助纣为虐的帮凶。历史和现实中的诸多冤

---

① 通过百度、谷歌等搜索引擎很容易检索一系列相关性看似荒谬实则令人愤恨的极端刑讯措施介绍与报道，毫无疑问这些现象不是偶尔发生的，也不是现在才有的，得益于发达的网络传播媒介，这一长久以来一直被掩盖起来的严重侵害人权的现象开始不断被曝光。如果说，我国的宪法和法律不强调人权的价值属性，不主张人权的保障，那么法律实施过程中出现上述现象似情有可原。然而问题的关键在于，诸如"躲猫猫事件"等大量类似丑恶事件恰是发生在人权入宪多年之后。由此来看，作为国家根本大法的宣示就真的成了一种"宣示"，且是一种单纯意义上的"宣示"，司法实践中人权状态依然是"涛声依旧"。这固然体现出对宪法赤裸裸的漠视更体现出，保障人权其实是一项实践性极强的事业。罔顾此客观现实而期望通过补充和完善文本意义上的宪法法律的人权保障性规定进而实现人权保障现状能够彻底扭转未免迂腐可笑。要解决人权保障的困境问题必须将立法确立的各种人权条款扎扎实实地予以执行，即强调法律实施环节对人权切实尊重与保障才可能实现立法关于人权保障的美好期待，至少不会与书面化的法律规范赤裸对立。

② 《管子·七臣七主》。

假错案往往多由此而生。

为有效避免司法及其效果的"因人而大异",就需要突出司法自身实施机制的自足性与完满性,以此确保司法实施及其效果不因良人存而举亦不因恶人存而废。这不仅是程序法之所以有效存在并且是在司法领域得到日益高度强调的根本所在,也是现代社会发展背景下司法自身发展的基本表现。司法程序价值就在于规范法律实施的步骤与顺序,将法律适用的各环节予以透明化、规范化进而防止为了单纯追求所谓的个案正义而忽视对人权的保障。以刑事诉讼为例,"在定罪量刑的场合,判决直接影响个人的自由和生命以及社会安全,稍有不慎就很可能引起严重的后果。所以,不得不采取慎之又慎的态度,把一系列程序规则作为约束各方都慎重其事的保障"。① 因此,人权司法化并不仅仅是人权价值理念自身发展的结果,同样也是司法在长期发展过程中克服自身局限性的必然选择。

四、人权司法化的实现障碍

人权司法化作为现代司法最鲜明的时代特质,引领着当前司法制度的改革与完善。尽管人权法律化(立法意义上)的历史任务早已完成,并且人权法律化的观念早已广为人知,但明显滞后的人权司法化依然任重而道远。就目前而言,实现人权的司法化主要面临着以下几个方面的现实障碍:

首先,我国当前司法人权理念依然淡薄。这是历史发展的惯性所致。在我国漫长历史发展过程中,司法与行政长期融为一体,其根本特征在于行政决策常常替代司法判决。此时代背景下,所谓人权理念是没有立足之地的。长期形成的官员主导下的司法审判进程决定了涉案当事人,不论是原告还是被告,天然处于劣势地位,一切判决全凭"青天大老爷"定夺。当既无外部环境对人权保障的需求,同时又无内在主体对各自权益的争取时,那么司法中人权理念的缺位就是必然的。既如此,那么司法人权理念传统的淡薄也是必然的。更何况在我国,司法权独立于行政权的历史发展较短且进一步"恶化"这一态势。根据相关资料,在我国强调司法权独立于行政权乃发自于孙中山先生所首倡"五权宪法"。孙中山先生在《国民政府建国大纲》中指出:"国民政府本革命之三民主义、五权宪法,以建设中华民国。"②随后进一步指出:"在宪政开始时期,中央政府当完成设立五院,以试行无权之治。其序列如下:曰行政院;曰立法院;曰司法院;曰考试院;曰监察院。"③然而纵观整个国民政府统治时期,三民主义、五权宪法均并未得到真正意义上的实施与实现。事实是,这一时期,基于我国近代社会性质依然是传统农耕社会,保守政治意识形态依然根深蒂固,传统的国家治理方式依然居于主导地位。即使经过了新中国成立之后的社会主义改造,司法不独立以及人权理念匮乏等社会问题依

---

① 季卫东:《拨乱反正说程序》,载《北大法律评论》2000年第2期。
② 《孙中山选集》(下),人民出版社2011年版,第624页。
③ 《孙中山选集》(下),人民出版社2011年版,第626页。

然未引起当局者的足够重视，以至于人权司法保障状况非但未得到改善甚至变得更加严重。这一情形进一步影响了人权司法理念的树立和提升。

其次，现行司法管理体制潜在的束缚。与世界司法管理体制不同，我国的司法管理体制有其特殊性。作为我国政治体制的重要组成部分，司法管理体制亦必须坚持"四项基本原则"，而其中的关键则是"必须坚持党的领导"。坚持共产党的领导是多种因素力相互作用的结果，是无法亦不容忽视的基本历史事实。实事求是讲，坚持共产党的领导对于维护政治体制的统一性以及保持社会主义现代化建设的内在协调无不具有重大意义。在一定意义上，坚持党的领导既是政党政治时代的现实性要求，更是我国社会主义现代化建设的历史性需要。问题是，尽管"政党在现代民主政治中有许多重要的甚至是不可替代的作用功能"①，但政党政治作为一种代理人民执掌国家政治权力的政治组织形式，其本质依旧属于人治范畴。坚持党的领导同样不例外。既然如此，那么在具体组织管理过程中出现"权"、"法"之争就是不可避免的。

从理论上讲，严格的法治强调一切以法为据，权力的运作亦不例外。然而面对作为一个发展中大国的复杂社会现实，不论是司法体制改革还是具体审判环节的司法解释，只有依靠突破现行法规的规定才可能实现对政治权力以及相关资源的灵活性调整与配置。由此，法治实践中逐渐形成一种非依靠"权"大于"法"的做法不能有效推进法治建设的逻辑悖论。因此，如何探索共产党对司法的管理体制创新是我国政治法律学界一重大课题。这一问题处理不好，则主张法治至上的司法体系依旧处于政党人治决策体制之下，则人权司法化的进程就势必会因无法获得规则性权威的一体化保障而大打折扣。

再次，人权司法化本身隐含的问题。尽管人权司法化是法治发展的大势所趋，但基于我国社会环境的特殊性与复杂性，人权司法化过程本身也会或触发或衍生一系列复杂问题。在此过程中不容回避且必需回答问题主要涉及以下几各方面的问题：问题一：人权司法化对司法审判进程的可能性影响。在目前司法水平条件下，一旦当事人在诸如庭审前的羁押侦查、庭审中的抗辩对质以及判后的执行等诸多环节围绕可能存在的侵犯人权问题过于较真，那么基于当前我国司法实践中普遍存在的不规范操作现象，特别是考虑到我国目前司法者的实际能力水平，那么司法审判及其判后执行都陷入举步维艰的境地就将不可避免。问题二：人权司法化对当前社会资源的可承受度发出的挑战。即，在当前社会资源以及预算有限的前提下，全面追求人权司法化是否可行？人权司法化是一个系统社会工程，需要循序渐进不断推进人权司法化水平。全面的人权司法化不仅需要公权部门树立人权至上的价值理念，还需要当事人时刻警觉公权力对自己人权所可能造成的侵犯并为此作出积极回应。而所有上述要件无不需要社会资源的投入作保障。事实是，基于资源的稀缺特性以及社会经济发展的局限性，不论是当前社会所掌控的资源总量还是针对司法作出的预算投入都是极为有限的，同时考虑到我国当前人权司法保障力度欠缺的具体现实，追求全面的人权司法化则有凭空谈玄论道的嫌疑。问题三：人权司法化对配套实施措施之完善可能性的疑虑。人权司法化是一个系统工程，需要一系列配

---

① 王长江：《政党论》，人民出版社 2009 年版，第 44 页。

套措施予以辅助实施。其中，人权司法化的前提是人权的法律化，即基本人权得到文本性法律的充分承认与规定；人权司法化的关键是司法实践中完善有关实施机制实现对人权法律规定的衔接与落实。就我国目前而言，前者虽则人权入宪以及相关法律尤其是诉讼法的修订日趋完善；后者则碍于种种体制以及机制性设计缺陷未得到足够重视，由此形成一种客观上的钳制。关于衔接配套措施问题处理不好则人权司法化就始终只是一种法治理想。

五、结语

本文从人权法律化论点切入，在分析其现实局限性基础上提出了人权司法化的概念，并进一步揭示了人权司法化与现代司法之间逻辑关联、人权司法化的理论根据、人权司法化逻辑进路以及人权司法化过程可能遭遇的现实困局。在此基础上，可将人权司法化的基本属性概括如下：首先，人权司法化具有必然性。其既是人权发展规律的必然又是司法自我完善的必然；其次，人权司法化具有系统性。其不仅仅要求人权的法律化更要求一系列衔接措施予以辅助实施；再次，人权司法化具有渐进性。这是由其内在机理的系统性决定的，既需外部环境的外在形塑机制更需要司法实践的内在生长机制。而这一过程只能是循序渐进的过程；最后，人权司法化具有实践性。人权司法化是基于司法实践的对基本人权的最后确认与最终落实。罔顾现实条件的限制既不利于人权司法化目的的实现也不利于法治权威的梳理与维护。

在此基础上，针对我国司法落后于立法的客观现实，应以中国特色社会主义法律体系的基本建成为历史契机，更加突出司法的现实社会地位，更加强调司法的价值功能。在这一方面，"似乎没有哪起政治事件不借重于法官的权威"①的美国司法无疑值得学习。特别是考虑到我国历史上司法与行政长期合二为一，司法因缺乏应有的独立性而沦为现实行政的附庸，在此历史语境下突出强调司法人权价值的地位无疑更具现实意义。事实上，也只有在人权司法化的基础上，则理念性人权方有转化为现实性权利的实际可能。这是实现人权法治化保障的根本路径，也是我国当前突出强调人权司法保障的逻辑前提。

---

① ［法］阿列克西·德·托克维尔：《论美国的民主》，曹冬雪译，译林出版社 2012 年版，第 79 页。

第四篇
人权保障视角下的警察行政即时强制措施研究

张德淼 康兰平*

摘 要： 警察行政即时强制措施是行政强制研究领域一个重要组成部分。由于其权力设置上的行政性和紧急性、侵犯性，行使不当容易对公民基本人权造成重大威胁。但是，令人遗憾的是，中华人民共和国行政强制法（以下简称《行政强制法》）中并没有对于行政即时强制进行规定，至今仍然缺乏对于即时强制的统一的立法。关于警察行政的即时强制的法律依据，只能够散见于《人民警察法》等的单行的法律法规中间，导致了我国的行政即时强制的不够系统、不够细化。实践中仍然存在很多问题。警察行政即时强制措施行使不当致使公民的自由、权利、财产被侵害的事件频频发生，在建立以保障人的基本权利和自由为目标的法治国家过程中，我们必须对警察行政即时强制措施在行政法学研究中予以重视。严格规制警察行政即时强制措施的行使，以防止其滥用，从而更好地保障公共安全和社会秩序，保障行政相对人的合法权益。

关键词： 人权保障 警察行政即时强制 价值与功能

一、警察行政即时强制措施的基础理论

近年来，我国自然灾害、事故灾难、公共卫生事件和社会安全事件时有发生，这一方面严重影响着我国的社会治安秩序和社会稳定，另一方面也对于我国的政府处理紧急事件的能力提出了挑战、提出了新的要求。很显然，在各类紧急事件的预警和紧急处置过程中，警察机关所具有的功能和作用是其他政府机关所不能比拟的。然而在应对紧急状况的过程中，我国现有警察行政权的不足也逐渐显现，包括警察行使行政紧急权缺乏统一规范、程序规定的不完善、警察在行使行政紧急权过程中与其他机关和社会组织、个人的关系规范不健全等，这与警察作为政府应急的主力军的地位和其恢复社会治安秩序的作用及功能十分不相符合。现行法律规范的缺失或者规定的不科学不理性或者规定的十分粗陋等弊端造成了实践中的一系列的问题。

---

* 作者简介：张德淼，中南财经政法大学法学院教授；康兰平，中南财经政法大学法学院2013级博士研究生。

(一)警察行政即时强制措施的含义

我国的学者对于即时强制也有着不同的规定,有人认为"即时强制,是指国家的行政机关在遇有重大的灾害或者是事故,以及其他严重影响国家、社会、集体或者是公民的利益的紧急的情况下,依照法定的职权直接所采取的强制措施"。①它同其他的行政强制措施的区别的主要是有无事先决定和程序,适用的条件以及是否需要强制执行。也有的学者认为"即时强制是行政主体在紧急的情况下,为了维护公共利益、相对人的自身或者是他人的合法权益,对于相对人的即时设定权利和义务、即时执行的一种实力强制行为"。② 从上述的不同的观念中我们不难看出即时强制的特点,即行政性、强制性和即时性,它不是"常规"状态下的权力。③ 所以我们对于即时的强制可以定义为,在紧急的状态之下,行政主体出于维护社会治安秩序或者保护公民的人身健康、安全的需要,阻止违法的行为的发生或者是继续进行,对相对人的人身、财产或者是住宅采取紧急性的、及即时性的强制措施的行政行为。

警察机关担负着维护社会治安,保护公民人身和财产的安全的重任,在执行的过程中,必然是会面临着一些紧急的事态和突发的事件的,为了防止危害的进一步的扩大,来不及发布命令。课以相对人的义务,或者是即使发布了命令也难以达到目的的,此时我们可以赋予警察机关给以紧急处置的强制权力就成为现实的必需,这种权力便是警察行政即时强制权。警察行政即时强制具有着不可违抗性和强制的实施性,也就是能够对于特定的相对人的权益会产生一些直接的、强制的影响。无论是相对人的主观上是否会接受,这种影响都会强制性地产生并直接地落实到相对人的身上。

我国的《行政强制法》虽然没有明确提到行政即时强制,但是该法第 3 条和第 19 条从本质上来说仍然是行政即时强制,只是名称会有所不同而已。④ 从立法的原意上来看,第 3 条的"应急措施"或者"临时措施"以及第 19 条的"需要当场实施行政强制措施的",都是学理上的行政即时强制,只是我国的《行政强制法》上使用了"应急措施"、"临时措施"和类似的行政处罚中的"当场处罚"的"当场强制"来指称行政即时强制。"应急措施"尚好理解,但是"临时措施"并不十分严谨,没有体现出行政即时强制的制度性的现实,且"临时措施"的外延很大,这种用法也不严肃;另外,无论是从行政强制法的理论研究还是从域外的经验上来看,"当场强制"的概念并不够严谨,也不具有共同性。单是从警察行政强制的领域来看,很多的强制措施都是"当场作出"的,按照此名称,都属于"当场强制"(即"即时强制"),这显然不利于对行政即时强制的理解

---

① 应松年:《论行政强制执行》,载《中国法学》1998 年第 3 期。

② 叶必丰、何琳:《行政即时强制界说》,载《求是学刊》2000 年第 1 期。

③ 傅士成:《行政强制研究》,法律出版社 2001 年版,第 231 页。

④ 《行政强制法》第 3 条规定:发生或者即将发生自然灾害、事故灾难、公共卫生事件或者是社会安全事件等突发事件,行政机关采取应急措施或者是临时措施,依照有关法律、行政法规的规定执行。第 19 条规定,情况紧急,需要当场实施行政强制措施……

和称呼。基于上述的考虑，笔者仍然是"警察行政即时强制"，而没有根据《行政强制法》澄之为"应急强制措施"、"临时强制措施"或者是"当场强制措施"。其实，《行政强制法》完全可以采用"行政即时强制"这个成熟的概念，将第 3 条修改为"行政机关采取即时强制措施"，将第 19 条修改为"情况紧急，需要实施行政即时强制措施的……"这种表达更加地科学和合理，完全没有必要标新立异，过分追求"中国特色"。

(二) 警察行政即时强制措施的特征

即时强制制度主要存在于警察法中，是警察法中一种很重要的强制形态。警察行政即时强制遵循着行政即时强制的"行政性"、"即时性"和"强制性"的基本的特征，但是赋予行政即时强制以"警察"的意蕴，则又表现出自己独特的特征。

1. 法定性

警察行政即时强制措施是国家赋予公安机关行使的一项专门措施，因此其内容、范围和方法必须由国家法律明确规定。之所以强调其法定性，是因为以下原因：首先，警察行政即时强制措施属于国家行使行政权力的重要组成部分，主要体现国家行政管理职能，属于国家措施的一种；其次，警察行政即时强制措施是一种法定措施，其内容是由国家法律确定并在法律的范围内依法取得，在法定的范围内依法行使；再次，公安警察行政即时强制措施的实施主体是特定的，只能由特定的机关和特定的人员即公安机关及其人民警察来行使，其他任何公民、法人和组织（如公安机关的内部机关、协警人员）都不能成为公安警察行政即时强制措施的实施主体。

2. 特别强制性

强制性是作为国家公权力体现的具体行政行为的一个共同特性，但公安警察行政即时强制措施具有相对于其他体现国家意志的公法行为更强、更直接的强制性。这是因为公安警察行政即时强制措施是以国家强制力为后盾，通过强制手段来实现统治阶级意志的，显示出广泛的强制性，相对于其他行政行为，更能突出地反映出其特别强制的特点。警察行政即时强制措施是一种直接的强制措施，不需要借助其他国家机关的力量，由公安机关直接施加于相对人身上的一种特殊强制措施，是一种具有最高强制力的措施，只有公安机关有权对公民人身自由进行限制或者剥夺。如果警察没有强制权和强制力量，就可能是一个懦弱、低效的执法主体，不可能有效地履行职责和完成任务。当实施公安警察行政即时强制措施时，被强制人负有容忍和配合的义务。反之，将不得不承担更为不利的法律后果。当然，在《联合国人权宣言》被世界各国普遍响应和遵从的今天，对公安警察行政即时强制措施也应进行必要的限制，以防止因其特别强制性产生侵犯人权的副作用。警察行政即时强制措施的主要的内容是限制人身的自由。在行政管理的领域，警察机关是不多的享有采取限制人身自由的强制措施权力的行政机关。在各种的警察行政即时强制中，限制相对人的人身自由是主要的内容，尤其是处置突发事件中，警察行政即时强制的主要的内容基本上就是限制当事人的人身自由比如说强行驱散、强制带离、立即拘留等。都是针对相对人进行实施的，即便是现成的管制，也是限制不特定的人进出特定的区域的，其强制的结果本身也是带有限制人身自由的效果的。

3. 即时性

警察行政即时强制措施是公安机关及其人民警察所采取的临时处置行为，在时间的持续上以达到目的为限度。它是由外界因素干扰而引起的，这种因素存在期间相对较为短暂，当相对人履行义务、危险状态消失。违法事实查明或有法律明确规定的期限届满时，这种因素将不复存在。公安警察行政即时强制措施的实施基础即消失，强制目的业已达到强制措施就应立即解除，相对人的权益即可以有效得以保障。我国社会进入了转型时期，原先被掩盖的各种矛盾日益凸显，同时又出现了多种新型的突发公共事件。公安机关是处理这些突发公共事件的主管机关，在出现这些紧急情况的时候，公安机关来不及事先告知或先行调查再作出行政决定，必须立即采取相应的强制措施，防止事态的恶化。在这些突发事件处置过程中，我们也看到，公安警察行政即时强制措施就是人民警察为保障公民的合法权益和自由。保护受到突发事件危害的公民的生命和财产以及维护个人权益而实施的具有应急性的行为。因此，公安警察行政即时强制措施大多没有事先的决定，而是直接见诸于行动。

4. 预防性和制止性

警察行政即时强制措施的目的主要是预防和制止或控制危害社会行为或危险状态的发生和蔓延以及保障其他行政行为的目的得以顺利实现，因此带有明显的预防性和制止性。从警察行政即时强制措施的行使目的来看，其就是为了维护社会秩序的稳定，起到预防和制止作用。现代公安警察制度建立的基础就在于维护社会治安、保障社会秩序，使社会维持一种安宁、和谐状态。这样，通过公安警察行政即时强制措施行使可以达到行政权的相对稳定。从产生渊源和行使方式来看，公安警察行政即时强制措施是通过管理措施来达到服务的目的，其重要特征是通过约束权利来达到预防和约束之功效。警察行政即时强制措施的主要职能不在于为个人提供直接的服务，而在于通过限制、约束等方式来控制个体或小部分群体的行为，达到为社会公众服务的目的。公安警察以这种强制措施履行其职能，就决定了公安警察行政即时强制措施具有一些自身的特点。

二、我国警察行政即时强制措施实施中存在的问题

人类需要权力，但是又难以有效地控制权力，在利用权力为自己服务的同时，又会担心权力的异化，正如任何事情都具有对立统一的一面，警察行政的即时强制也并不例外。"强制是一种恶，它阻止了一个人充分运用他的思考能力，从而也阻碍了他为社会作出他所可能的最大的贡献。尽管被强制者仍然是有选择的余地，但是这种选择的范围还是仅仅的限于去接受威胁的结果，那么按照强制者的意志行事。"①因此在强制的情况下，为强制者的行为所必须符合的唯一的综合的设计却是出于另外的一个人的心智，而不是他自己的意志。对于警察的行政强制的一些负效应，一方面确实是因为"强制"本

---

①　[英]哈耶克：《自由秩序原理》(上)，邓正来译，生活·读书·新知三联书店 1997 年版，第165 页。

身的"恶"的基因，另外的一个方面的原因是警察的直接性和暴力性的结合，使得警察行政强制的负效应表现得极为明显。

警察行政的即时强制其实也是一把双刃剑，其在运行的过程中，不可避免也会有"恶"的一面，表现出一定的局限性。这主要地体现在以下的几个方面：第一，警察行政强制有硬性的控制、逼迫人们的行为，但是难以感化人们的内心或者是情感；第二，警察行政即时强制存在着被滥用的可能，具有侵犯人权的危险；第三，警察行政即时强制不利于培养警察机关与相对人的合作的关系；第四，警察行政即时强制的成本非常高，但是我们不能因为这种局限性而因噎废食。相反的，它应该会成为我们不断地深化警察行政即时强制的研究，进一步认清形势，从制度上不断地加强对于警察行政即时强制的法律规制，尽可能地将"恶"限定在"必要的"和"最小的"层面，从而在最大的程度上发挥警察行政即时强制的价值。

(一) 我国公安警察行政即时强制措施的有关的规定

警察机关作为各项行政应急措施具体实施者中的重要一员，在资源禀赋、人员结构、组织体制等方面都具有一定的优势，因而在各类的紧急事件的预警和处置的过程中，警察机关发挥着重要的作用。然而，在应对紧急状况的过程中，我国的现有的警察行政权的弊端也逐渐暴露，包括警察行使行政紧急权缺乏统一的规范、程序的规定不完善等。因此，我们需要深入了解我国警察行政即时强制措施的有关规定，发现其存在的问题以及如何对于制度瑕疵进行补救。

《中华人民共和国人民警察法》(以下简称《人民警察法》)第7条赋予了公安机关行使公安警察行政即时强制措施的权力。需要说明的是，我国的《行政强制法》虽然并没有明确的提到行政强制，但是从第3条和第19条从本质上来看就是属于行政的即时强制，只是名称不同而已。目前并没有对公安警察行政即时强制措施作统一规定，只是散见于诸多单行法律中。如《人民警察法》多处规定了公安机关的即时强制措施，第8、9、14、15、17条等都作出了相关规定。现阶段，有多种对公安警察行政即时强制措施的分类方法，大多学者倾向于按照强制对象不同进行分类，即为对人身及人身自由的强制措施、对财物的强制措施、对住宅或其他场所的强制措施三种。据此，警察机关现有的即时强制措施主要有：

1. 对人身及人身自由的强制措施

《宪法》规定了享有人身自由权是公民的基本权利之一，所有对人身的即时强制措施必须法定且明确化，公安警察才能采取约束人身自由的即时强制措施。我国法律规定的限制人身自由的警察行政即时强制措施主要包括：

(1)强行带离现场：是指警察强行将严重危害社会治安秩序或者有可能威胁公共安全的人带离现场，以作进一步审查处理。强行带离现场是法律赋予人民警察的现场处置权，不需要办理任何法律手续。

(2)强制调查：公安机关及其人民警察在强制调查过程中一般都要运用相关即时强制措施。比如，盘查、强制传唤、留置，以及对人身、物品、住宅的检查、搜查等。

（3）强制约束：强制约束是公安机关及其人民警察对可能危害公共安全、他人安全或者不能保障自身安全的醉酒的人或精神病人而采取的保护性限制和管束手段。对精神病人实施强制治疗或家属领走之后，醉酒人约束到酒醒，企图自杀的人打消了自杀的念头或由单位家属领走后，随着危机公共安全和自身安全的因素的消除，强制约束即告停止。

（4）使用武器或警械：根据《人民警察法》的规定，警察在面对紧急情况或为制止严重违法犯罪活动时，可以当场使用武器警械。

（5）强制遣送：公安机关为了强制在本人居住地以外的城市发动、组织集会、游行示威的人返回原居住地而采取的措施。

（6）强行驱散：公安机关及其人民警察在出现紧急情况！群体性事件现场，针对不特定的多数人实施的强制措施。

（7）强制检查性病：公安机关及其人民警察对于发现的卖淫、嫖娼人员，强令其进行性病检查的强制措施。

（8）强制治疗：公安机关对实施了危害社会行为或患有严重精神病的人，及因卖淫、嫖娼患有性病的人员，强制其在专门处所接受医治和实行监管的一种即时强制措施。

（9）收容教育：公安机关强制依法处罚后的卖淫、嫖娼人员在专门处所接受教育、矫正的教育措施。

2. 对财物的强制措施

（1）扣押（扣留）：公安机关及其人民警察在治安管理过程中，对疑似违禁品、赃物以及作案工具、物品等可以采取扣押的即时强制措施。

（2）对违章车辆的即时强制措施：我国《交通违章处理程序》（1999 年 12 月 10 日公安部令第 46 号）第 23 条规定了可以对违章车辆实施的即时强制措施。如可以暂扣机动车、非机动车，可以滞留机动车驾驶者副证或正证、机动车行驶证，可以收缴非法装置或者牌证。

（3）紧急征用：由于公安警察担负着维护社会治安的重任，所以法律赋予其即时强制权力，在特定紧急情况下征集、调用非警用物资和装备的一种即时强制措施。有关人员和单位不得拒绝征用，否则应负法律责任。

（4）强制拆除《消防法》第 45 条规定在特定情况下可以使用的专此即时强制措施。我国《道路交通安全法》第 97 条也有相关规定。

（5）强制铲除：公安机关对非法种植婴粟、大麻等毒品原植物采取的即时强制措施。根据《中华人民共和国刑法》，非法种植婴粟等毒品原植物数量不到 500 株的，属于违反治安管理行为，由相关治安部门给行为人以治安管理处罚，并强制铲除毒品原植物；种植 500 株以上的，追究其刑事责任。

（6）强制查验居民身份证：《中华人民共和国居民身份证法》第 15 条规定了强制查验居民身份证的适用情形。

3. 对住宅或其他场所的强制措施

（1）限期整改：是指公安机关责令存在严重治安隐患的单位在限定期限内加以整顿、改正的即时强制措施。治安隐患主要包括火险隐患、安全事故隐患和危害治安的隐患三种。

（2）交通管制：遇有重大事故或紧急事件时，公安机关及其人民警察按照法律规定对有关交通沿线或区域实行强行禁止车辆、人员进入的应急措施。

（3）现场管制：是指公安机关根据法律规定，对某一特定的现场进行特殊的控制性管理，以保护现场安全，维护现场秩序的行政强制措施。现场管制主要适用于发生严重危害社会秩序的突发事件现场。现场管制是线，交通管制是面。场管制是针对事件或事故的现场周围一定范围内的强行管制措施，而交通管制则是针对公共道路、水域等交通沿线的强行管制措施。

（4）对住宅、工作场所等的强制措施：如对不办理暂住证的人员的居所或工作场所实施的突击检查；公安警察在打击卖淫、嫖娼时对违法场所的突击性检查等。但法律上对此问题的规定与法律保留原则冲突，是立法待解决的问题。

（二）警察行政即时强制措施实施中的存在问题

传统的行政理论通常是将"强制性"作为行政行为的基本的特征，但是"一个只靠强制武力使得人们服从法律的政府，必然是迅速走向了毁灭"。随着法治社会的进步，理论界对于非强制性行政行为如行政契约、行政指导、行政协作、行政调解等制度的不断论述和其价值的不断彰显。而警察行政即时强制措施在实施的过程中出现了负效应。警察行政即时强制也是一把双刃剑，其在运行中，除了具有维护社会治安秩序、提高行政效率、保障公民正当的权利等功能和价值外，还不可避免地会出现恶的一面，表现出一定的局限性。这种局限性，既是源于行政强制的负效应，而且也是与警察权的负效应紧密相关的，是行政强制和警察权的双重属性所决定的。申论之，警察行政强制的权威性、警察行政强制权的可交换性以及警察权力的扩张性、可能被滥用以及暴力性决定了警察行政强制具有"恶"的可能性。[①]

哈耶克曾经说过，"强制必须同时以下述两种情况为要件：一是要有施加损害的威胁，另一个是要有通过这种威胁使他人按照强制者的意志采取某种特定的行动的意图"，[②] 在这种情况下，虽然被强制者仍然是有选择的余地，但是这种选择范围仍然是要么是接受威胁的结果，要么是按照强制者的意志行事。这种所谓的"选择的自由"在古希腊的斯多葛学派中也曾经出现，他们声称奴隶和国王是一样自由时指出，不管主人对奴隶提出什么样的要求，最后都只是由奴隶本人来加以决定是不是服从，选择权在奴隶。只要奴隶是无所谓，宁死不屈，他就是去按照自己的意愿、根据自己的选择行事，

[①] 张婧飞博士比较全面地对行政强制权的负效应进行了系统的分析，同时提出了对于行政强制权负效应进行控制的路径。

[②] 郭道晖：《权力的特性及其要义》，载《山东科技大学报》（社会科学版）2006年第2期。

在这种意义上，他就是自由的。但是实际上这种精神避难式的自由绝非是自由意志的结果，而是自由意志的丧失。① 从这个意义上来讲，强制就是一种恶，这种"恶"不仅体现出"施加损害的威胁"，而且还体现在对于内心道德的"意志强制"上，警察行政强制负效应的表现，正是这种"恶"的现实的表现。

其一，警察行政强制可以硬性控制、逼迫人们的行为，但是难以感化人们的内心或者是情感。

威廉·葛德文曾讲到，"强制不是说理，绝对谈不到说服。它所产生的是痛苦的感觉和厌恶的情绪。它造成的就是粗暴地使人们的思想脱离我们希望他们深刻认识的真理"。② 因此，"无论是多么公正的法律制度也不能保证所有的人都自愿服从它的各项规定，自愿承担一切义务"，不仅如此，不讲规则的一味强制，不仅可能引发人们的抵触情绪，而且还可能导致敌对状态，甚至是抗拒行政强制，这既可以从我国的历史上"乱世用重典"所加以引发的社会抗拒中找到部分的佐证，也可以从警察行政强制执法所加以引发的反弹中得到了证明。行政强制在感化人们的内心的情感方面，永远存在缺憾。经验表明，强制或者是强制力的不可缺少，并不表明强制或者是强制力是法律实现的唯一的支配性的力量。"一个依赖社会规范的束缚力（强制力）来促使人们守法的体制，不可能在每一个历史的发展阶段或者是在每一种的情况下都是有效的"③，在强制或者是强制力之外，法律公正性的感召力，人们的心理惯性，社会的压力，道德义务以及法律的信仰等非强制性的要素，同强制力一道，对于法律的实现产生了综合性的效应。任何仅仅是依靠强制力的维系的法律制度必然是不成功的，甚至是失败的法律制度。④

其二，警察行政强制的作用主要是体现在它对于国家行政机关依法作出的行政决定的最终实现上，即它是通过国家强制力来实现行政机关依法行使行政职权时所要达到的目的。就警察机关而言，这种强制表现为行政主体作出的意思表示的法定性；就相对方来说，这种的强制性则是表现在对于行政行为必须服从和配合。如果相对方不予服从和配合，就会导致强制执行。从行政执法的过程来看，一旦行政机关启动了行政的强制权，事实上，即意味着行政机关与作为相对方的公民、组织双方的友好合作宣告结束，行政机关的权力和公民的人身、财产权利进入了直接的交锋阶段，这种交锋会容易激化双方的矛盾，破坏社会的和谐。现实中的很多的群体性事件可能会因为警察的强力介入而进一步的扩大，这是警察行政强制对社会矛盾激化的结果。因此，当前警察机关努力推进的"执法规范化"、"人性化执法"等警察执法政策，从某种意义上来看，内含为警察行政执法正当性进行"背书"、降低警察机关与相对人之间的"硬冲突"的可能性、进

---

① 张婧飞：《论对行政强制权的控制》，吉林大学 2008 年博士论文。
② 傅士成：《行政强制研究》，法律出版社 2001 年版，第 6 页。
③ 美国国家环境保护局编：《环境执法原理》，王曦等译，民主与建设出版社 1999 年版，第 6 页。
④ 傅士成：《行政强制研究》，法律出版社 2001 年版，第 9 页。

而不断增加社会和谐因子的考量。

任何权力都可能被滥用——立法权、行政权、司法权概莫能外，侵害性的权力很有可能被滥用，授意性的权力同样也会被加以利用。常见的立法、行政、司法权而言，行政权是最为容易被滥用的，而且在所有的行政权中，警察行政权被滥用的几率又会更高一些。主要是因为警察行政权的特性与其他行政权的特性有所不同，具有直接性和暴力性的鲜明特点，其可以直接处分各种利益，警察可以据此获取利益，再加上警察行政权可以对相对人施以直接的人身强制，这就会给权力的滥用提供了极大的空间。

1. 立法不完善

目前，鉴于《行政强制法》并没有明确的提出行政即时强制，只是在《人民警察法》、《治安管理处罚法》、《游行示威法》、《道路交通安全法》、《人民警察使用警械和武器条例》、《消防法》、《出境入境边防检查条例》等法律法规或规章中作了个别规定，且都比较零散、粗糙。现已出台的《行政强制法》虽是一部规范行政强制的法律，但仍不能完全适应实践的要求。就现有的公安警察行政即时强制措施而言，很少通过正式的立法程序予以确认，更多只是在实践中摸索出来的经验性总结，而后由各级公安机关予以推广。虽然近年来公安机关加快了依法行政的步伐，但总体而言，公安警察行政即时强制措施的法制化程度仍不高，比较突出的问题有以下几点：

(1)设定主体多元化。除全国人大及其常委会有权通过法律设定公安警察行政即时强制措施外，享有一定立法权的国务院、各部委、各地方人大及其常委会、地方人民政府及各级行政立法主体也通过制定相应的行政法规、地方性法规和规章设定公安警察行政即时强制措施。不仅如此，许多没有立法权的行政机关包括公安机关也通过规范性文件，普遍设定公安警察行政即时强制措施，立法法律位阶过低，与法律保留原则抵触，以致公安警察行政即时强制措施的设定没有明确的法律依据，出现混乱的局面。公安警察行政即时强制措施的紧急性和强制性的特点也没被很好运用，不利于人权的保护。

(2)设定主体权限不清。公安警察行政即时强制措施的设定权其实就是立法权。现实中，凡有法律、法规和规章制定权的机关似乎都有权设定公安警察行政即时强制措施，即便是没有立法权的公安机关有的也通过内部的规范性文件来设定。如公安部2000年4月下发的《公安机关处置群体性治安事件规定》对限制人身自由的使用武器或警械、强行驱散、强行带离现场作了规定。享有立法权的机关在设定权限范围内没有明确的划分，具体设定的范围和种类并不清楚，至于依照什么根据和方式设定公安警察行政即时强制措施更是模糊不清。例如，对于交通管制的程序，只有《道路安全交通法》规定了提前向社会公告的程序，但对公告时间、范围都没有具体规定。

(3)设定的内容不合理。公安警察行政即时强制措施大多由单行法予以规定，这些规定往往与相应的行政管理职能并不相配套，授予的强制权不够或者授权过大，导致公安机关在有些案件中没有相应的权力，有些案件中自由裁量权过大，为所欲为。如颇具中国特色的收容教育强制措施，是由全国人大常委会授权，国务院制定的《卖淫嫖娼人员收容教育办法》确立由公安机关主管，这就把可限制人身自由六个月至二年的公安警察行政即时强制措施完全掌控于公安机关之手，严重违反了我国宪法和法律的规定。近年来，公安机关滥用自由裁量权，侵犯百姓权益的事件频频发生。由于公安警察行政即时强制措施的实施往往具有紧急性，其决定的作出是公安警察在高度运用行政自由裁量权的行政行为，明显具有单向性，这就决定了其在程序上必须符合法律要求。当前的诸多法律、法规和规章甚至其他规范性文件对公安警察行政即时强制措施的实施方式、步骤、顺序等问题有所涉及，但仍缺乏统一的具有共同价值取向的行政强制程序的指导和规定。

2. 执法主体素质良莠不齐

孟德斯鸿说过："一切有权力的人都容易走向滥用权力，这是一条千古不变的经验。有权力的人直到把权用到极限方才休止。"国家给予公安警察的地位和作用都是特别的、特殊的，他们承担着社会稳定的历史重任，掌握着主张正义、扬善惩恶的执法大权。公安警察行政即时强制措施是社会治理中不可缺少的手段，与公民权利息息相关。但是，我国传统"官本位"思想和警察特权思想在公安队伍中仍广泛存在，有的执法者个人利益意识膨胀、见利忘义，没有树立起尊重和保障人权的法治理念，不讲职业道德，不懂基本业务，只知道耍威风、耍特权，并且不把公民的人身自由、人身权利当回事，对于法律赋予人民警察的强制手段，想怎么用就怎么用，随心所欲，给国家和人民造成了巨大的损失，给人民警察形象抹黑。

3. 强制措施不完善

随着社会转型的逐渐深入，社会矛盾聚集，面对复杂多变的治安形势和管理对象，公安警察行政即时强制措施在具体形态上，也呈现出多姿多彩之势。但是现有的强制措施日益凸显出其应变上的局限性，不足以应付社会形势的不断变化。正如孙志刚案所揭示的，由于法律依据不足和定位的错乱，致使扭曲的收容遣散制度侵犯人权，游离于法律之外。严格来说，其不属于即时强制措施，正是孙志刚案直接导致了我国收容遣送制度的废除。然而收容教育、强制治疗仍然存在，对它们也应严格规定。不同形态的强制措施，有各不相同的内在规律，尽管问题屡见不鲜，但无论是行政法学界还是警察法学界，对公安警察行政即时强制措施展开研究的为数不多，这在一定程度上影响着公安警察行政即时强制措施的法制化进程。而实践部门的同志们，绝大多数陷于繁琐的事务，虽然掌握着第一手的资料，但很少有时间对公安警察行政即时强制措施的规律性问题进行理性思考和总结。致使对公安警察行政即时强制措施的多样化和创新性研究成了当前公安警察行政即时强制措施研究的新难题。

4. 违法责任追究机制不健全

（1）违法责任追究条款不足。我们关于行政事项的立法总是习惯于站在方便执法者的角度规定相对人的义务和执法者的权力，而对执法者法律责任的规定却近乎空缺，或是对责任与权力规定很是笼统。如公安部发出的《关于公安机关不得非法越权干预经济纠纷案件处理通知》中规定了对于经济纠纷和经济犯罪界限难划清的案件，"要慎重从事，经过请示报告研究清楚后，再依法恰当处理，切不可轻易采取限制人身自由的强制措施，以致造成被动和难以挽回的后果"。其中并没有对违法执法者责任的追究机制规定。由于违法责任追究规定的短缺或笼统，使得公安警察对违法行为的不良后果难以准确预料，导致了对公安警察行政即时强制措施的约束不力，从而造成了对相对人权利的侵犯。

（2）违法责任追究机制不完善，现有机制运行不良。虽然对违法实施的公安警察行政即时强制措施，行政相对人可以提出行政复议、行政诉讼、国家赔偿等请求，但由于实施人、审批人等相关的责任人之间责任关系不明确，从而在一定程度上纵容了违法实施公安警察行政即时强制措施的行为。实践中，由于追究力度不大，违法行为承担的风险成本太小，并且没有形成统一、完善的责任追究机制，致使对违法违纪行为往往姑息迁就，很难形成有效的预防机制来制约公安警察行政即时强制措施的滥用。

三、我国警察行政即时强制措施的完善

以权利制约权力，这是伟大的自由主义思想家孟德斯鸠和洛克为人类留下的思想的遗产，千千万万生活在自由和民主制度下的人们，正在每时每刻享受着这笔遗产带给他们的自由和安全；以社会权利制约权力，这是伟大的自由主义思想家托克维尔为人类留下的另外一笔宝贵的思想的遗产，然而，以社会权利制约权力的思想，在人们的意识中并没有像权力制约权力那样留下了深刻的印象。但是，人们的公认是，在政治思想史上，托克维尔首次意识到公民社会以及存在在其中的非政府组织是民主化也就是民主制度的建设的一个十分重要的因素。他在其名著《论美国的民主》一书中认为，美国的民主制度所依赖的三权分立体系，绝对是必要的，但是并不足以能够使得一个国家来享有自由，又享有民主。托克维尔进一步地指出，"结社的自由已经成为了反对专制的一项重要的保障"，一个由各个独立的、自主的结社团体所形成的权利张扬，可以对权力构成一种"社会的制衡"，这一点，乃恰恰是美国民主制度的一种可以自由民主的重要因素。

一个或者是多个公民一旦自觉对行政机关进行着监督，那就是意味着一些行政权力将会受到制约，而当全体公民都有了自觉监督行政权力的意识，都有了为自己的权利而奋斗的执着，那就是意味着，整个国家的权力都会使处于一种"无微不至"的制衡之下。这种由"权利"所形成的对于"权力"制衡的格局。

（一）加强行政机关的内部控制

以立法权、司法权控制行政权是现代民主法治发展的必由之路，也是民主法治的基本的要求。然而，事物的发展主要是由内部的矛盾所引起的，立法权、司法权对于行政权的控制总是要通过行政权自身的结构变化才能起作用，仍然是需要行政机关来加以具体的落实。同时行政权自身作为一种完善的结构性的权力，自身包括对于权力进行控制和监督的天然功能，行政权本身的模式构建就是有效地指导如何合理地实现对其的使用和监督，这种制度本身的自我疗伤是维系制度自身的生命力不可或缺的部分，否则，就会出现不加任何控制的制度职能走向灭亡的结局，而制度自身会努力避免或者是推迟这种局面的出现。行政机关也意识到了权力越大，对其进行控制就会越难的道理，警察机

关内部的控制是警察行政强制规范化的重要路径。当然，这些优势的发挥必须是建立在行政机关道德自律的基础上，如果出现行政机关道德沦丧和权力的疯狂，我们不可能指望自己控制自己的结果出现，此时最为有效的控制就是外部的司法控制。

另外，从权利救济的角度来讲，警察机关等行政机关的自我控制，是一种事前控制或者是事中控制，具有事后控制所不能媲美的独特优势。司法机关事后救济，往往就是在对当事人已经造成了既定伤害的情况下所启动的，但是很多的侵害具有不可逆转性，实际上无法在事后进行弥补。通过警察机关的内部控制，可以有效防止警察行政强制权行使过程中对于当事人造成的伤害，更加有利于保障相对人的合法权益。最后，行政机关上下级之间的命令服从关系和权力运行的逻辑也为行政机关内部自我控制提供了可能。现实中，行政机关可能会对法院的生效判决阳奉阴违，但是绝少有直接对抗上级机关命令的情况出现，事实证明，行政机关内部控制的成本更低，最为直接，也最为有效果。

(二) 加大司法审查的力度

事后控制也就是称之为司法审查。在行政强制领域，如果说立法机关的控制是对行政强制权事前的预防，行政机关内部自我控制就是对于行政强制权的事中规范，那么司法审查则是对于行政强制权的事后纠正。并且是权力控制的最后一道屏障。既有的行政复议、行政诉讼、国家赔偿等制度，就是对于警察行政强制事后控制的机制，但是如果是具体到警察行政的领域，我国的司法审查尤其是国家赔偿确实存在着很多的弊端，司法审查的有效性不足。这主要是因为很多警察行政即时强制尤其是警察行政强制措施具有"撤销无实际意义"的特点，即使事后审查结果认定是该行为违法，其对于当事人造成的损害尤其是精神损害也是难以弥补的，除非此种行为造成了严重的后果，比如因为非法的强制传唤造成了当事人受伤或者死亡的结果，或者是在强制驱散的过程中造成重大的人员伤亡等。除此之外，现行的制度很少能够对于警察行政强制权的非法损害进行充分而有效的救济。① 虽然事后的司法的审查有着其弊端，但是仍然是不可否认司法这道社会公正的最后防线的重要作用，司法权通过对于行政权的审查，能够对于行政权作出肯定或者是否定的评价，这在法治的情况下，对于行政机关形成了巨大的压力，能够迫使行政权回归到法律的轨道。

(三) 完善相关的法律法规体系

从现实和逻辑的控制来看，行政强制权属于法律授予行政机关的一项权能，应当由行政机关来行使。但是，基于权力导致腐败，绝对的权力导致绝对的腐败的认识，如果任由行政机关行使行政强制权，缺乏对其有效监督的话，其必然会侵犯公民的权益。因此，"无论是普通法的国度还是大陆法的国度，贯穿于行政法的中心主题都是相同的。

---

① "国家的赔偿"制度就是最为充分和有效的救济，暂不论我国的国家赔偿法存在的诸多弊端，现实生活中很多的损害也不是金钱所可以弥补的。

这个主题就是对于政府权力的法律控制"。长期以来，我国行政强制法的缺失导致了行政强制权实体规范的不足，程序约束也不到位。因此，《行政强制法》的出台，是对包括警察行政强制在内的诸多行政强制负效应进行控制的重要途径，立法控制也是最有力和最为根本的控制。但是以笔者认为，从《行政强制法》的文本来看，该法能够促进整体上行政强制的法治化程度，但是因为警察行政强制的个性特征明显，其对于警察行政强制负效应的控制明显不足，还需要进一步完善相关的警察立法，只有形成完整而严密的"法律网"，才能将警察这只"利维坦"驯服在法律之中。

"政府运用强制性权力对于我们生活的干涉，如果是不可预见的和不可避免的，就会导致最大的妨碍和侵害。"①为了把这种妨碍和侵害最小化，同时也要最大可能地扩大人民的自由度，就需要进一步弱化其强制性。因此，将警察行政即时强制权置于人们关注的永恒视角之下，以控制的眼光来加以审视，将行政强制的"恶"限制在最小的限度上，是保证行政强制权正当性的必然要求。《行政强制法》第5条"采用非强制手段可以实现行政管理的目的，不得设定和实施行政强制"以及第6条的"实施行政强制，应当坚持教育与强制的结合"的规定，既是对于行政强制负效应的警醒，也是对于非强制手段价值的肯定，这是在立法上对于警察行政强制负效应进行控制的努力，除此之外，还包括行政机关内部控制，司法的审查和权利对于权力的制约等方面。

古罗马法谚："有权利即有救济。"政府为了维护社会与国家的正常秩序，不能没有公安警察行政即时强制措施，但为了防止滥用，又不能没有法律救济制度。由于公安警察行政即时强制措施自身的特征和价值取向，使得其极容易给行政相对人造成损害或其他不必要的损失，因此对公安警察行政即时强制措施必须要有完善的救济途径。《中华人民共和国国家赔偿法》(以下简称《国家赔偿法》)最大的亮点就是删除了"违法"的行政行为作为国家赔偿的前提，改为只要行政机关的具体行政行为侵犯相对人的合法权益，造成损失的便可提起国家赔偿。至此，在行政复议、行政诉讼、行政赔偿的救济范围中都不仅包括违法或不当的强制措施，包括合法的强制措施。但是，目前我国尚未建立完整的行政赔偿制度、国家赔偿法被戏称为"国家不赔法"，虽然修改后存在着"精神损害赔偿"，但是没有明确规定精神损害赔偿的赔偿标准或赔偿原则等具体问题。在目前立法中，我国的赔偿范围仅限于《国家赔偿法》中的规定，相对狭窄。公安信访工作是救济途径之一，但是申诉和控告很多都是原公安机关自行处理的，由于种种原因难免会自我庇护，往往直接导致群体性事件发生。据此，公安警察行政即时强制措施救济途径的完善，已经是当前迫切需要解决的问题。

1. 合法合理应对突发紧急情况

行政即时强制具有国家权力自我救济的性质，当行政相对人不履行具体的行政行为所确立的义务的时候，国家机关可以依法强制其履行义务或者是采取一定的措施达到与其履行义务相同的状态，这就是对于基础行政行为的效力并没有得到实现的自力救济。

---

① ［英］哈耶克：《自由秩序的原理》(上)，邓正来译，生活·读书·新知三联书店1997年版，第165页。

行政强制这一特殊的性质有别于民事强制执行的制度，后者遵循的是自力救济的原则，民事的主体不得自行实施实力行为以保护私权。国家权力自力救济的基础在于国家权力的自救具有充分的正当性。

警察行政强制意味着对特定的相对人权益进行着必要的限制与损害，作为一种"必要的恶"，维护社会的治安秩序、保障大多数人的自由、实现行政的目的、提高行政效率等都是其所追求的目标，安全、秩序、自由、效率等都是其所追求的目标，安全、秩序、自由、效率也构成了警察行政强制的基本价值取向。

警察机关担负着维护社会治安，保护公民人身和财产安全的重任，在执行的过程中，必然会面临着一些紧急事态和突发事件，为了防止危害扩大，来不及发动命令、课以相对人的义务，或者即使是发动了命令也难以达到目的，此时赋予警察机关紧急处置的强制权力就成为了必须，这种权力便是警察即时强制权。警察行政即时强制具有不可违抗性和强行实施性，也就是它能够对特定的相对人权益产生直接的、强制性的影响。无论相对人主观上是否接受，这种影响都会强制性的产生并且是直接落实到相对人的身上。

2. 行政复议以及行政诉讼

对于违法和不当的行政强制执行，当事人可以提出行政复议。行政复议具有如下的特点：第一，在行政强制执行中，如果被执行人不服行政机关的基础决定以及强制执行的措施，可以在法定的期间内向上级机关提出异议，请求纠正或者是赔偿；第二，行政复议机关一般为上级机关，属于行政系统内部的监督形式；第三，行政复议机关可以对于行政强制执行的合法性以及适当性加以审查，对于违法或者是不当的，可以直接地加以改正或者命令行政机关改正或者赔偿。

行政复议是对原行政决定的重新审查和裁定。至于行政复议什么时候开始，理论界的认识并不统一。有一种观点认为，行政强制执行决定作出之后，被执行人可以在任何的阶段申请复议，既可以在强制执行结束前提出复议申请，也可以在强制执行结束后提出复议申请。因为，行政决定作出之后，无论是复议还是诉讼的阶段，一般都不会停止执行，所以强制决定是否执行完毕并不影响复议申请的提出。另外一种观念是，行政强制执行的复议申请，只能在强制决定执行结束前提出，执行结束后，行政机关已经无法更改或者是终止其强制决定了；申请复议的内容只是限于强制执行过程中的合法与否。还有一种观点认为，行政强制执行的本身就是以强制执行行为为体现内容的，如果只有强制决定，没有强制的行为，也就是无所谓的强制执行的了，所以对于行政强制执行的复议，只能在强制执行开始后提起。当然，这里所指出的执行开始包括执行告诫、执行罚金额确定，代执行通知书的送达以及履行开始、采取强制措施等。只要行政机关采取了强制措施，那么被执行人可以提出复议申请。①

如前所述，即时强制是下令、确定与选择强制方法以及执行融为一体的合成性行政行为，因此，任何事中通过行政复议或者是诉讼的方式来加以阻止实际损害发生的救济

---

① 贾苑生、李江、马怀德：《行政强制执行概论》，人民出版社1990年版，第116~117页。

方式在这里都是行不通的。对于因为违法即时强制造成的损害，只能是靠要求国家赔偿这个最后的救济手段来加以赔偿。

但是，这并不是说，行政复议和行政诉讼对于即时强制来讲并没有任何的意义，形同虚设。其真正的意义在于，如果实施即时强制的公安机关拒不承认其行为违法的话，可以通过行政复议或者是诉讼确认该措施的违法，之后再要求国家赔偿。

对于合法的即时强制所造成的相对人损失，如果是属于其社会义务范围的话，那么相对人是负有忍受义务的。比如，如果是因为道路冻结，为了防止发生交通意外，相对人被迫绕道而多走的路途，就是属于其社会义务的范畴。但是，如果是超过了正常的、合理的社会义务的范围，就是变成是一种特别的牺牲，或者说是特别的损失，那么国家就应该给予适当的补偿。比如，消防为了火势蔓延，拆除相对人未燃烧的建筑物，就是属于一种特别的牺牲。①

3. 特别损失补偿

行政强制执行的实施，属于典型的公权力的行使。因此，执行人员在实施行政强制执行时，如果是因为故意或者是过失不法侵害人民合法权益的，受害人可以依照国家赔偿法向国家请求损害赔偿。对于违法或者不当的行政强制执行进行国家赔偿，世界各个国家都概莫能外。

行政强制执行损害赔偿责任的构成要件是：第一，行政强制执行违法。这是行政强制侵权国家赔偿责任发生的前提。这里的违法既包括实体违法，也包括程序违法，其各类的表现已经如前面所述。第二，强制执行造成侵权损害的事实。如果违法的强制执行没有造成损害事实的，国家也不用承担赔偿的责任。这里损害事实包括物质损害和精神损害。第三，行政强制执行行为与损害之间具有因果关系，国家才会承担赔偿的责任。如果，损害是因为不可抗力、受害人本人或者是第三人的过错所造成的，就不能认为行政强制执行行为与损害事实之间存在着因果关系。第四，取得了赔偿应该具有法律依据。

行政机关对于强制执行中有违法犯罪行为的执行人员有权进行纪律处分，或者是移送给检察机关或者是司法机关进行处理。对于因为执行人员故意或者是过失造成了执行人员损失的，行政机关应当首先承担赔偿责任，然后才能向违法执行人员求偿。

4. 行政补偿

行政补偿主要是针对于合法行政即时强制的一种救济。行政补偿，是行政主体对于合法行政行为所作出的补偿，与国家的赔偿以违法行政行为为前提并不同。从理论上来看，公民对于国家社会原本是负有着一定程度的义务的，如果行政主体合法实施的即时强制导致人民的生命、财产和身体遭受到的损失尚且在其社会义务的范围之内，公民就负有着忍受义务，国家不予补偿。如果行政即时强制对于人民的权利义务已经超过了其应尽的义务范围，国家就应该给予公平合理的补偿，以此来保障公民的宪法权利。② 当

---

① 蔡震荣：《行政执行法》，台湾元照出版公司 2001 年版，第 215～216 页。
② 翁岳生主编：《行政法》，台湾翰芦图书出版有限公司 1998 年版，第 885 页。

然，对于合法的行政即时强制，国家是可以免除赔偿的责任的。违法的行政即时强制造成了人民权利损害的，人民自然是可以依照国家的赔偿法的规定，请求国家赔偿。

四、结语

通过对警察行政强制权负效应的分析中，我们发现，在追求警察行政权正当性的过程中，我们需要高度的认知法律的实现是不是依赖各种力量、各种因素的综合结果。其中，有包括警察行政强制在内的强制力和强制力的威胁，也是法律公正性的感召力、法律信仰、社会压力、道德义务等非强制性因素的支持。基于对于秩序的追求和期盼，无论是在认识上，还是在行动上，我们都不能仅仅是只重视一个方面，而忽略另外一个方面。尤其是对于警察行政强制权，我们不能够只是看到其暴力性和强制性所带来的便利和高效，同时我们也应该高度重视起给公民和社会带来的破坏力和负面的情绪。"真正的法治国家需要的不是一堆冰冷的法条，而是一种源自于对人的关怀和尊重基础上的法治的观念。"①

---

① 钱明：《无奈之法律与法律之无奈》，载《社会科学》2000 年第 1 期。

第五篇
人权与私权环境下知识产权保护的平衡考量

张　莉*

摘　要：知识产权一直是在利益的博弈中发展，基于私权至上的单纯以个人利益为保护目的的理念与鼓励创新、促进社会发展的终极目标相矛盾。如何达到私权与人权的平衡，真正实现知识产权的价值，从发展权的角度来考量就是摆脱知识产权保护与限制困境的路径，通过找准双刃剑利弊的平衡点，在知识产权的制度安排中运用好各种机制，从而在知识产权私权与人权双重属性相互融合、相互促进的法律精神照耀下，实现个人与社会的全面发展。

关键词：私权　人权　发展权　平衡

在当下全球化知识经济的时代，知识产权逐步成为一切经济生活领域的中心，这意味着，涉及知识产权的国际条约、国家法典和司法裁决，对保护和促进人权都有着重大的影响。① 但就现行的国际知识产权框架而言，基于私权至上的单纯以经济利益为保护目的的理念，显然与知识产权鼓励创新、促进社会发展的终极目标相悖。如何真正实现知识产权的保护，既避免因过度保护而使其成为权利人技术垄断攫取利益的操纵工具，又不能因强调公共利益而让其成为侵犯权利人利益的借口，因此，站在以发展权为重心的人权观角度来平衡考量知识产权保护与限制问题是摆脱其困境的关键。

一、知识产权双重属性的发展、丰富与完善

"每当工业和商业的发展创造出新的交往形式……法便不得不承认它们是获得财产的新方式。"②知识产权的权属认知和法律构建，从一开始就是在制度层面确保私人获得财富新方式的正当性权利需要。随着不断发展的社会技术与文明进程，关于知识产权的理论内涵与司法实务也在不断地丰富与完善。

---

* 作者简介：张莉：武汉市中级人民法院知识产权庭副庭长，法学博士。

① ［美］奥德丽·R. 查普曼：《将知识产权视为人权：与第 15 条第一款第 3 项有关的义务》，载《版权公报》(中文版)2001 年第 3 期。

② 《马克思恩格斯全集》第 3 卷，第 72 页。

(一)私权属性是知识产权诞生以来的本源基础

1236 年，英国国王亨利三世给波尔多一位市民颁发了允许制作各种色布的特许权，这种由封建皇家面向公众社会人群批准特许经营或制造的专属性权利，正是专利权的萌芽。自 1474 年世界上第一部具有现代特征的专利法让伽利略的扬水灌溉机获得了威尼斯共和国 20 年专利权之后，英国颁发了现在看来名称颇为玩味的《垄断法》，而随着工业革命的世界性拓展，美法德日都相继颁布了旨在保护技术创新的专利法。以专利法为代表的早期知识产权制度随着封建王权的衰落逐步从君主敕令的特许，开始向资本主义的财产权益变化。在宪政和私权环境下，人们把自身的精神创造、无形思维，看成是同有形物质的私有财产一样，认为这种精神类、思维类的权属同样具有"排他的、可对抗一切人的权利，是所有权的一种"①。这或许正是知识产权一直被视为一种 property 而非 right 的重要理解和起源。

出生于清教徒家庭的洛克运用自然法理论论证了人类利用劳动来获得个人的财产权，其所"从事的劳动和他双手所进行的工作"是"正当属于他自己的"②。尽管洛克的财产权是一种包括生命、自由在内的广义财产权，但是，他在物质财产的认识上依然没有摆脱自罗马法典以来关于物与物权的法律客体范畴，无形的精神所有权依然被当成有形的物质所有权而同样对待，不过，私权天赋的正当性论述得到了近代资本主义的广泛认同，并为无形物质的财产性私权归属提供了可以延伸的理论基础。当然，在早期的知识产权界定和物化形式上，这种简单的以知识产品作为精神物权的嫁接和推移还是相对容易得多。

有学者认为，知识产权的原始取得，首先是智力劳动者通过劳动获得财产的创造性行为，它是权利产生的源泉，其次是国家授予或者法律确认的确权行为，而这则是权利获得的根据③。这样来看，以合理正当的私有财产权作为最初表象的私权属性无疑成为无形的知识产权最为本源的基础。

(二)人权属性是知识产权日臻完善过程中的一体两面

在洛克看来，"每个人对他自己的人身享有一种所有权，除他以外任何人都没有这种权利"。④ 正是基于这种天赋人权，人对自身劳动所创造的财产权利的独占性，则既不是来源于君主的批准特许，也不是因为人们之间的协议或商定，而是与生俱来的。无论是大陆法系的法定人权观，还是英美法系的天赋人权观，私有财产权在关于人权理论框架中重要的核心地位从来没有产生过分歧，私有财产的利己主义和神圣不可侵犯的权

---

①　尹田：《法国物权法》，法律出版社 1998 年版，第 122 页。

②　［英］洛克：《政府论》(下篇)，叶企芳等译，商务印书馆 2005 年版，第 18 页。

③　吴东汉、胡开忠：《无形财产权制度研究》，法律出版社 2001 年版，第 108 页。

④　［英］洛克：《政府论》下篇，叶企芳等译，商务印书馆 2005 年版，第 18 页。

利，"一直就是一种普世的普遍权利要求，有时候在某些方面，甚至比自由更重要"。①而在最初几乎被等视为财产权的知识产权，自然天生便带有人权的蕴意。

一方面，《巴黎公约》、《海牙协定》、《伯尔尼公约》以及WTO《与贸易有关的知识产权协议》（以下简称《TRIPS》）等诸多有关知识产权保护的国际性条约，建立起一个庞大的国际知识产权法律体系，知识产权法在历经数百年之后，已经趋于稳定和成熟；②另一方面，西方资本主义国家在各国的人权宣言和宪法中，对于无形的精神财富与知识产权不断注入不同时期、不同立法取向的具有人权意义的阐释与说明。在被珍视的重要人权中，公民著作权、出版权的自由乃至包括智力劳动在内的精神活动的自由权利一直被视为不能剥夺而单列出来的条文。而美国宪法修正案与加拿大权利法案，不仅明确了每个作者都有权维护其科学、文学与艺术作品所产生的精神利益和物质利益，同时还明确表示每个人都有权参与、分享社会文化生活的成果，即使这种成果具有明显的私有专属性，也必须对这种专有权进行某种限制，比如时间期限。③

同样，《世界人权公约》与《经济、社会和文化权利国际公约》等两大公约对知识产权的人权释义也作出了保护与限定这种双向调节模式的概括。公约认为对创造者权利的保护并不能阻碍社会公众对文化自由、科学进步利益的实现与获得，创造者权利、参加文化生活的权利与享受科学进步及其产生利益的权利三者之间相互依存无可偏废，"如果没有这样的人权理念，知识产权或沦落为简单经济运作中被操纵的工具"。④显然，知识产权在私权和人权上的双重属性是一个不可分割相互伴生的整体，只不过是在不同的时期，其不同的属性得到了各自彰显、丰富和完善，这种二元价值取向强调了知识产权所有人的权利与义务，个体利益与公众利益，创造者、传播者和使用者之间的正当而合理的权利平衡。

（三）发展权是知识产权拓宽普世规则的进阶途径

发端于西方资本主义国家的知识产权由于其初始目的、历史沿革、社会发展进程的差异而必然会带有制度、地域上的诸多局限，即或是知识产权公约在国际间的缔结，也不能否认这实际上也是一种私权扩张和对知识财富公共领域的挤压。对于经济、技术、文化相对落后的国家和地区来说，他们不得不被迫接受来自发达国家的高标准知识产权的私权扩张，而在共同分享知识产权成果及其公共政策目标远没有达到足够或同等关注的情况下，地区间的发展差距实际进一步加大。这显然与知识产权的法律精神相互背离。人权宣言和《TRIPS》也不得不强调，要"认识到各国知识产权保护制度的基本公共政策目标，包括发展目标和技术目标"；而且还应该"认识到最不发达国家成员在国内

---

① 郑杭生等主编：《人权史话》，北京出版社1994年版，第96页。
② 刘春田主编：《知识产权法》，中国人民大学出版社2000年版，第16~17页。
③ 法国1789年《人权和公民权宣言》第11条；《加拿大权利法案》1960年；《美国宪法修正案》。
④ ［美］奥德丽·R.查普曼：《将知识产权视为人权：与第15条第一款第3项有关的义务》，载《版权公报》（中文版）2001年第3期。

实施法律和管理方面特别需要最大的灵活性，以便他们能够创造一个良好的和可行的技术基础"。①

　　而在发展权的语境下，知识产权的权利主体更拓宽为非传统人权观的全体个人及其集合体，即使是在发达国家，人们也意识到因为过度强化的知产保护所导致的技术垄断实际上会成为社会发展的桎梏。无论是作为个体的人还是作为人的集合体的国家和民族，都"有资格自由地向国内和国际社会主张参与、促进和享受经济、政治、文化和社会各方面全面发展所获利益"的基本权利。在这样的状态下，知识产权的权利客体，则"是主体之间形成的自由发展主张及对该主张的承诺与满足关系所指称的利益"。② 运用发展权这种人权观来看，个体私权及其利益的保障不再是唯一的衡量尺度和价值归宿，集体人权在知识产权上的诉求维度和利益衡平原则得到了更为广泛的延伸和适用。作为知识经济全球化的当下，参与、促进并享受人的个体和人的集体相互之间在不同时空限度内得以协调、均衡、持续地发展应当是知识产权所必须具备的更高位阶的人权义务。

二、当代知识产权实现进程中的困境

　　知识产权的实现当然不是一帆风顺的，因为创造者权利的基础是利益，人与人之间的权利义务关系从本质上来看即是一种利益关系。无论是国内人权还是国际人权，总是意味着个人与个人之间，群体与群体之间，个人、群体与社会之间利益的相互矛盾与冲突，在这种冲突中一定权利主体在利益上的追求、享有和分配。③ 知识产权在当代实践过程中遇到的冲突与困难，说到底正是这种利益的获取。

(一)个人主义的私权观与公众利益的矛盾一直是知识产权与人权冲突的历史症结

　　诚然，知识产权制度的订立是出于鼓励创新、科技发展和社会公众文明进步的需要，但是表现为财产私利的私权属性与作为公共利益的人权属性，在权利性质、保护范围、权利主体上等诸多方面的冲突一直贯穿于知识产权的整个实践进程中。

　　代表知识产权所有人或知识产品生产利益的一方，因其对创新技术、精神产品及其利益的掌握相对集中和明确，因此在知识产权的诉求保护中处于主动和优势地位，其所据此制定的相关知识产权国际保护制度和法律规范，势必会导致对原属于人权范围的知识产权内容和领域形成一定的蚕食和挤占，而关于人权的国际条约和国际组织又由于缺乏对具体侵犯人权行为的强制性措施或有力罚则，在人权与知识产权冲突时，人权依然得不到确切的保障和实现，这也将导致二者之间的冲突出现不断恶化和升级的趋势。

---

　　① 《知识产权协议》序言。

　　② 汪习根：《法治社会的基本人权——发展权法律制度研究》，中国人民公安大学出版社2002年版，第60~61页。

　　③ 李步云：《人权的两个理论问题》，载《中国法学》1994年第3期。

联合国人权促进保护小组委员会，在对《TRIPS》给国际人权带来的影响进行了审查之后，不无隐忧地坦诚："由于《TRIPS》的履行没有充分反映所有人权的基本性质和整体性，包括人人享有获得科学进步及其产生利益的权利，享受卫生保健的权利，享受食物的权利和自我决策的权利，所以《TRIPS》中的知识产权制度作为一方与另一方的国际人权法之间存在着明显的冲突。"①《TRIPS》协议要求给予知识产权高标准下的"最低标准"保护，即使如此，这也使得许多科学技术和文学艺术创新所必须的本属于公共领域的基本信息被私有化，成为阻碍信息传播交流的藩篱，为技术创新设置了客观上的障碍。

在健康权方面，发达国家的新药研发、新病疗法以及新型医疗器械，占据着国际知识产权保护的主流地位，而发展中国家则处于绝对的劣势，对于新型医疗诊治手段的依赖迫使发展中国家的绝大部分民众必须支付难以承受的高昂专利权费用，才有可能拥有平等的健康生存权，如果说这种情境是源于私权神圣所必须付出的代价，那么知识产权对原住民传统医药资源和遗传资源完全不对等的保护以至于出现欧美的"生物海盗"行径，则明显体现出发达国家选择性保护的利己目的。事实上，当发达国家对原住民传统医药和遗传资源进行成功的开发和商业化运作形成了某种新药品而获得专利后，通常并不会和原住民无偿共享这种专利所带来的利益。越来越多的学者已经认识到，以唯个体论的私权至上作为正当性基础的知识产权观，几乎冲击和影响了所有涉及公共利益的人权形态，而不是真正能够促进它们的实现。

(二) 新技术引发的新社会经济秩序为滞后的知识产权司法实务带来了难度

早在 1968 年国际人权会议的《德黑兰宣言》就已经意识到，现代科学发现与技术进展给经济、社会和文化带来广阔前景的同时，也对个人权利和自由的实现带来威胁和影响。会议认为，录音技术会危及对隐私的尊重，生物、医学和生物化学技术有可能对人格及身心健康产生负面结果，而对某些可影响人们权利的电子产品应当设定使用上的限制，包括其在民主社会里的使用，还有"更一般性的是在科学和技术发展与人类的智力、精神、文化和道德进步之间应建立的平衡"。②

如今，更多前所未见的现代科技让社会经济秩序的刷新频率越来越快。网络、云计算、大数据这些知识产权高度密集的领域，其高强度的创新能力有时候的确让知识产权的司法实务应接不暇。即使是同一个云视频模块桥接的案例，不同地区的司法裁判会出现不同的判罚结果，有时甚至截然相反，其裁判依据几乎完全凭借主审法官对旧有司法条文和司法解释的类推式理解。这些新技术的工作模式和权利关系显然是过去无从提及

---

① 《知识产权与人权》，2000 年 8 月 17 日联合国促进和保护人权小组委员会第 52 次会议决议。
② 《国际人权会议的最后行动》，转引自［斯里兰卡］C. G. 威拉曼特里：《人权与科学技术发展》，知识出版社 1997 年版，第 2 页。

的，重要的是这些案例并非个案。① 还有，在新技术和新思维支撑下的网络电商平台、全球性国际化贸易体系也在重新构建全新的经济生活秩序，而对知识产权司法实务的极大挑战也注定是必然的结果。

普林斯顿大学的两名研究者成功地发现了数字水印技术的重要缺陷，但是美国录音工业协会（RIAA）却利用DMCA的"反技术规避条款"以该研究成果能提供给侵权人为由成功地禁止了研究者论文的发表。在这样案例中，音乐版权权利人和论文著作权权利人的知识产权保护，陷入了一个难以厘清的两难境地。而仅仅出于对知识产权传播者水印技术上的保护，而扼杀新技术的创新，恐怕也是知识产权司法实务需要思考的问题。②

（三）以发展权为重心的人权观增加了全球范围内国家与地区间知识产权的博弈

无论是否将集体人权称呼为所谓的第三代人权，以发展权为重心的人权观，的确是经历了以个人为本位重在保障个人自由权利，以及以社会为本位重在保障生存权与社会权的过程，"发展权更加凸显的是第三世界民族主义的出现以及它对权力、财富以及其他重要资源在全球范围内分配的要求"。③

显而易见的是，大部分国家包括几乎所有的发展中国家都是知识产权的净进口国，如果采用国际知识产权条约或协议的统一标准予以执行时，这些净进口国很自然地就成为知识产权法律体系所限制的对象。尽管乌拉圭回合谈判以及《TRIPS》给发展中国家与最不发达国家提供了协议遵守的过渡期，但是《TRIPS》形成的本身，在一定程度上就已经实现了发达国家对药品业、电影业、通信业进行知产保护的意图。由发达国家主导发起并在全球范围内建立的高标准与有力保障体系的知识产权制度，所导致的实际结果依然是发达国家在国际贸易中继续保持着技术优势。在这样的条件下，发展中国家的技术革新与科学研究由于缺乏足够的自生力量，而并不能充分地分享科学技术进步所带来的利益。更有甚者的是，在发达国家与发展中国家双方利益博弈的过程中，发达国家为追求更多、更大利益而枉顾或有意忽视发展中国家民众人权的现象时有发生，这与当代兴起的发展权人权理念南辕北辙。

以发展权为重心的人权观来看，"发展包括物质和非物质两种要素，发展权并不以对发展的片面追求来妨碍其他人权的实现，发展权也无意否定其他人权。当然，在发展权实践中，在发展的某个特殊时期或某些发展阶段，其侧重会有所不同"。④ 就知识产权而言，私权神圣并不意味着知识产权权利人没有对社会应尽的义务，也不意味着他无需为非权利人利用知识产品、维护社会公共利益提供一个有效措施。正如同在针对少数

---

① 许继学：《新类型的信息网络传播侵权案件若干版权法法律适用问题探析》，2014北京市知识产权法学会—北京市高级人民法院网络知识产权保护论坛。

② 杨述兴：《技术措施与著作权法中的权利限制制度》，载《知识产权》2004年第2期。

③ 夏旭东等主编：《世界人权纵横》，时事出版社1993年版，第116页。

④ 汪习根：《法治社会的基本人权——发展权法律制度研究》，中国人民公安大学出版社2002年版，第57页。

人群体文化或民族文化知识以及传统艺术形式的保护方面，包括遗迹、手工艺品、传统设计、民族礼仪以及地方视听表演艺术等，由于现行的知识产权制度是建立在独创性或者首创性要求的基础上，因此对上述文化艺术权利人无法以著作权或专利权加以保护，而非权利人则无须征得许可即可免费使用权利人创造性的或特有的文化成果，甚至将此类行为所产生的某种二次成果转化成知识产权保护的对象，并制约和限制原有权利人文化上的进一步发展，这样的结果是最终导致这些文化与知识多样性的丧失，导致一些民族或种族群体在自由选择文化发展的权利被剥夺。

在全球范围内，不同国家和不同地区对各自的发展目标和权利诉求呈现着多样性特征，对知识产权利益的纷争与博弈迫使人们重新审视现行知识产权体系的缺憾，并期望站在发展权的角度解开当代知识产权国际框架中的困局。

三、知识产权二元取向中的平衡考量

现代知识产权法律制度的创设，不外乎既要鼓励创新，通过保护智力创造者的私有权利，使得其能在物质与精神上得到相应的补偿并以此来调动其创造的积极性，同时又要积极地促进智力创新成果的传播和利用，以期望推动整个人类社会的文明进化与提升，因此，在保护与限制中权衡利弊，在个人利益与公共利益之间平衡考量，在创造者、传播者、使用者三者之间平衡权利关系，这样一种平衡原则就成为现代知识产权法律制度的基本精神。①

(一)知识产权权利人权利与义务的平衡

就人类社会的历史发展而言，人的精神活动和智力创造并不是一蹴而就或者是灵光闪现的孑然独立的过程。任何一项知识创造或者技术变革，都是基于或得益于前人思想和智力成果的历史集成。作为知识产权权利人，在充分获得权利保障的同时，则自然带有不可分割且必须履行的为人类公共利益提供某种再创造自由权的义务，否则，就会产生"创造者及其子孙后代的个人权利与社会公众获取人类文明权利之间的冲突"②。知识产权法所要做的，正是对涉及知识产权的各种利益予以认识并加以协调，对多种社会关系的各种客观利益现象进行有目的、有方向的调控，以促进利益的形成和发展。③

在当代社会生活中，知识产权权利人权利的专属性、独占性特质，很容易成为社会经济发展的对立面，因为大多数国家都希望使用到最新最先进的技术来促进自身的发展，推动经济的增长，但是专属性和独占性阻碍了人们的使用，权利人对知识产品强有力的控制，不仅直接影响知识产品传播流通应用的各个环节，而且还间接控制了社会经济发展的速度与程度。在目前的国际贸易体系中，"基于 WTO 框架下的《TRIPS》已经成

---

① 参见吴汉东：《著作权合理使用制度研究》，中国政法大学出版社 1996 年版，第 9 页。
② 曹新明：《试论"均衡原理"对著作权法律制度的作用》，载《著作权》1996 年第 2 期。
③ 参见孙国华等：《论法律上的利益选择》，载《法律科学》1995 年第 4 期。

为发达国家维护技术垄断地位，保护贸易利益，强化国家竞争优势的强大武器"，① 其更多的是反映发达国家的利益和诉求，这也是现在的知识产权法律制度对于知识产权权利人在权利与义务上产生严重失衡的深层次原因。

2001 年多哈宣言就公众健康问题强调了现行知识产权制度所应当履行的义务，通过并允许成员国可以在自我认定的处于紧急或其他极端紧急的情况下，对相关知识产权设定"权利穷竭"并享有"强制许可"。尽管多哈宣言涉及的只是知识产权体系中的某种局部问题，还无法完全遏制以欧美为主导的知识产权加速扩张、过度强化的趋势，但是，它仍然是一个良好的开端，至少它增加了国际知识产权体系中权利人义务的比重。

(二)知识产权的国际公约与国家利益的平衡

在国际政治和经济的发展秩序与交往中，利益一直都是最为根本的主题。尤其是在国际性公约支撑下形成的一体化知识产权规则，也是由各成员国通过国内法来予以实现。因此，维护一个国家自身的利益从来都是毋庸讳言的。坚持国家利益意识，保持地域性和独立性是平衡知识产权国际公约与国家利益的基本原则。根据成员国自身市场需求、利益取向等政策法律因素，对有关知识产权侵权问题进行利益衡量是摆在首要位置的，尤其是针对具有浓厚历史传统和民族特色的知识产权保护领域更是如此。

当然，这并不是在国内法制定实施中不遵从通行的国际规则，而是当所有成员国都能够在国际公约与国家利益的冲突与平衡中，采用同等原则并据此进行知识产权的司法实务时，西方发达国家在知识产权上的垄断优势、霸权扩张，以及出于其自身利益而形成的国际规则评判标准，才能得到真正的抗衡和扭转，发展中国家在平等机会、自主选择原则上的社会发展诉求才能得以真正的重视和实现。

在新一轮国际规则的制定和塑造中，发展中国家的积极投入、主动参与是知识产权国际公约与国家利益的重要平衡方式，其意味着赛制订立之初的公平，与本国创新发展利益诉求话语权的重构。在这样的环境下，国际知识产权法律体系才能克服权利主体非均衡性和不平等性的缺陷，避免仅仅以维护权利人经济利益为目标而导致的对知识产权合法性基础的质疑，实现其鼓励创新、推动社会发展的价值真谛。

(三)知识产权司法实务中总体取向与阶段性目标的平衡

就单独一个国家而言，立法机构制定有关知识产权法律规范时，在不违反国际公约的前提下，基于本国社会发展的实际现状，从其经济、文化、教育、科技政策出发，出现阶段性知识产权保护的侧重，是知识产权发展合理和适用的轨迹。

对于发展中国家，其创新能力和创新水平总体不高，相关产业处于世界经济领域中的中低端，知识产权的质量参差不齐，在关键产业和核心技术领域的专利占有比率低，涉及新商业模式和新产业发展的著作权保护不断遇到新的问题。在这样的状况下，作为知识产权保护的司法实务，就不得不考虑在坚持知产保护、创新保护的总体取向上与不

---

① 高胜：《正义是社会制度的首要价值》，载《中国对外贸易》2002 年第 4 期。

同时期司法实践的不同侧重、不同承受能力之间，进行综合性平衡考量、使保护与需要、保护理念与可行操作相互协调，相互适应，相互促进。

我国最高人民法院就知识产权保护提出"加强保护、分门别类、宽严适度"的司法政策，其目的正是既要坚持强化知识产权保护的刚性原则，同时又要考虑司法实践的可行，并以此逐步构建完备的知识产权司法制度，实现最终的立法意图。例如，专利侵权判断应考虑专利自身的创新程度等因素，等同侵权在区别情况的基础上应适当从严把握适用条件，同时，以鼓励和有利于创新、鼓励诚信为导向，对于确有重大创新和商业价值的专利，不应因授权时的瑕疵等而轻易地宣告其无效；商标权保护的强度应与商标的显著性程度、知名度高低等相适应，使损害赔偿额与商标在侵权中的贡献率相适应等。

总之，知识产权是竞争利益博弈的一种平衡机制，知识产权这种双刃剑的利弊取决于是否能找准利益的平衡点，知识产权保护不足不利于激励创新，而过度的强化保护又会侵占公共利益的公有领域，阻碍全社会发展。特别是在知识经济时代，以知识为中心的各种利益关系愈加复杂，这需要在知识产权的制度安排中运用好法律规定的各种平衡机制，以期在私权与人权相互融合、相互促进的法律精神照耀下，实现个人与社会的全面发展。

第六篇
论老字号的知识产权保护策略

滕　锐*

摘　要：现代知识产权作为私权，对老字号的开发利用可以起到保护品牌、开拓市场、促进发展的作用。目前，我国老字号知识产权方面存在不少问题。而解决老字号的知识产权保护存在的问题，可以用知识产权策略来保护老字号，对老字号的开发利用可以起到保护品牌、开拓市场、促进发展的作用。

关键词：老字号　知识产权保护　策略

引　言

传统老字号，在中国历史上占据着独特的地位，是中国商业文化的典型代表，也是中国优秀传统文化中的耀眼奇葩。它不仅蕴涵着中国传统的物质文化、行为文化以及经营主体的价值观念、道德风尚、行业修养、民族情感等观念文化，由于它是经营主体长期培育的商业信誉的载体，并兼具商标等知识产权性质，所以还蕴涵着宝贵的无形财产。保护传统老字号，于理于法、于公于私，都具有重要意义。现代知识产权作为私权，对老字号的开发利用可以起到保护品牌、开拓市场、促进发展的作用。

一、老字号的概念

老字号，很多人又称之为中华老字号。所谓中华老字号（China Time—honored Brand）是指历史悠久，拥有世代传承的产品、技艺或服务，具有鲜明的中华民族传统文化背景和深厚的文化底蕴，取得社会广泛认同，形成良好信誉的品牌。① 其认定条件主要有以下几个方面：①拥有商标所有权或使用权；②品牌创立于 1956 年（含）以前；③传承独特的产品、技艺或服务；④有传承中华民族优秀传统的企业文化；⑤具有中华民族特色和鲜明的地域文化特征，具有历史价值和文化价值；⑥具有良好信誉，得到广

* 作者简介：滕锐，华中科技大学法学院讲师，法学博士。本文受华中科技大学自主创新研究基金（人文社科）项目——"武汉市老字号知识产权保护"（项目编号：2011WC052）资助。

① 参见 2006 年商务部颁布的《"中华老字号"认定规范（试行）》的规定。

泛的社会认同和赞誉；⑦国内资本及港澳台地区资本相对控股，经营状况良好，且具有较强的可持续发展能力。

随着知识产权观念的深入，人们在商业活动中的品牌意识逐渐强化起来，老字号也受到了前所未有的重视，由此也引起了一些纠纷，如近年来的涉及天津泥人张、狗不理包子，杭州的张小泉剪刀，上海的冠生园食品、吴良材眼镜等纠纷。这一方面反映了传统文化和工艺的价值在市场经济条件下的彰显，又在另一方面启示我们在理论和实践中应当重视这些"老传统"带来的"新问题"，这些传统遗产在参与经济全球化的今天将愈显其重要作用。

二、老字号知识产权保护存在的问题

在知识产权法律上保护老字号，确认其在法律上的财产属性，并不是因为其"老"，而是其在市场上的现实价值和潜在价值随着社会和经济的发展而日益彰显，已经成为市场竞争中极具产业价值的无形资产；而且，老字号还代表或孕育着传统文化（尤其是地域文化），是民族传统文化的重要载体，保护老字号可以让人们在与之接触过程中接受其传统文化的熏陶，防止由于传统文化在现代社会中被边缘化而使传统产品的价值被忽略，最终导致民族产业的毁灭。① 因此，老字号有着很重要的作用，不仅代表蕴涵着中国传统的物质文化以及道德风尚、行业修养等观念文化，还蕴涵着宝贵的无形财产。

纵览老字号企业的无形资产各要素，主要涉及以下知识产权问题：老字号本身涉及商号权；把老字号注册为商标标识涉及商标权；老字号企业的独门技术、特有经营管理模式涉及商业秘密权；把专有技术、配方申请专利涉及专利权；把老字号作为域名涉及域名权；老字号企业所生产的产品达到知名程度还可以涉及知名商品的特有名称包装装潢权。② 目前，老字号的知识产权保护，主要存在着以下几个方面突出的问题。

1. 老字号往往不注重专利技术开发和申请，缺少高技术含量的专利技术

许多中华老字号历经多年传承能立足市场是靠其出众的技术或独特的工艺，这些技术或工艺一经向国家专利行政机关申请获准授权，即可获得专利权。但是，老字号往往忽视对专利申请，也缺乏专利技术的开发意识。这就导致了两个方面的后果，由于缺少对企业已有技术、产品的挖掘并通过申请专利加以保护，导致竞争对手无偿占有和运用；并且，缺少高技术含量的专利技术，很多老字号企业对科技创新重视不够，缺少通过专利制度加以保护的新技术、新产品，导致企业可持续发展的能力下降。

同时，对于一个企业来说能够拥有更多的专利固然是一件好事，但是企业是否能够长足发展往往并不取决于专利的数量，而更在于专利的质量。分析目前许多"老字号"企业的专利质量情况，一个明显的事实是，发明专利相对较少，而实用新型和外观设计

---

① 宋晓亭：《谈老字号中的知识产权问题》，载《电子知识产权》2009 年第 9 期。

② 当然，对于老字号保护存在的问题，应该是立法、行政、司法等各个层面共同推进，才能从根本上加以解决。限于篇幅的原因，本文只能从知识产权方面提出自己的一孔之见。

却占了专利总量中很大比例。这意味着，一方面，获得专利的技术或产品创造性不强，技术含量偏低，因而其竞争力不强；另一方面，已经获得专利的这些技术和产品受保护的时间相对较短，因为发明专利的保护时间是 20 年，而实用新型和外观设计则只有 10 年。对比外国企业在中国申请专利的情况，与国内企业形成了鲜明的对比，其实早在 2006 年，外国企业在中国申请专利的总量中，专利比例就超过 70%，而实用新型和外国设计只占少数。

2. 未注册为商标的老字号被他人抢注，许多老字号企业不注重域外的商标注册与保护

知识产权是老字号企业的命根子，老字号企业发展的根本就是几代人积累起来的知识产权。但老字号企业保护自我知识产权的意识并不是很强，与国外许多企业相比，更是缺乏这方面的保护意识，品牌意识的缺乏使经营者不愿拿出钱来或筹钱注册商标。保护意识的严重缺乏，对于老字号来说，损失的不仅仅是商标、经济利益，更重要的是老字号长久积淀起来的文化精髓、品牌效益将被毁于一旦。许多老字号企业没有注册商标，加之商标法的不完善，一些不法商徒乘虚而入，抢注老字号作为商标，致使许多老字号企业吃了许多哑巴亏。而由于目前我国对于商号和商标采用分别立法和管理的制度，使这种抢注行为也有了现实可能性。

目前，我国的商标主要受《商标法》的调整，商号则主要受《企业名称登记管理规定》的调整。在管理上，授予注册商标专用权时，禁止授权的范围是他人未经其许可不得在相同或类似的商品上使用相同或近似的商标。并未涉及禁止把相同文字作为企业的字号使用。在《企业名称登记管理规定》中，其审查的范围和对象是在所属行政区域领域内同行业中没有相同或相似的企业名称。虽然在《企业名称登记管理规定》中规定"可能对公众造成欺骗或误解"的不予登记，在《商标法》中也规定申请注册的商标"不得与他人先取得的合法权利相冲突"，但是在实践中并不会将商号权作为在先权利加以审查。同时，在企业名称登记时也并不会与商标联合检索，也没有公示异议等程序性要求。这样，不同的行政部门依据各自遵循的规则进行审查时，完全有可能使"老字号"被抢注为商标。

老字号一旦被作为商标标识抢注，原老字号企业在店牌或在产品包装等宣传中只能以企业名称的形式来表示出自己的字号，而不能再将其字号注册为商标。老字号所代表的商品知名度和良好信誉不是商标抢注人所创立的，却被商标抢注人利用，这不仅对市场竞争环境造成混淆局面，损害消费者的利益，更为老字号企业的行为带来了很大的限制。①

即使"老字号"已经成为注册商标的，也并不是万事大吉，因为已经注册的商标保护期为 10 年，但可以无数次续展，只要到期续展，可以一直使用。但如果老字号商标到了 10 年保护期不去续展，就会造成已经注册的商标不受保护。商标无效后，如原商标所有人再次申请同一商标，还应与新的商标申请一样，要经过漫长的商标审查期。注册商

---

① 郑海味：《"老字号"企业的知识产权保护问题剖析》，载《新西部》2007 年第 14 期。

标不续展将导致商标专用权的丧失。

知识产权有地域性，商标也有地域性，中国的注册商标也不是自动获得外国保护的。目前除美国等少数国家外，世界上大多数国家和地区都采取注册在先原则，即谁先在该国和该地区注册商标，谁就拥有商标的专用权。根据商标保护地域性的规定，商标一旦抢注成功，被抢注商标的企业就不得在该国或该区域内使用此商标，若违反则构成侵权。有些抢注的意图则更加险恶。很多跨国公司为了自身利益，为了阻止某个中国品牌拓展海外市场，便恶意抢注商标，将商标抢注作为一种强化贸易壁垒的措施。而众多的中国企业，明知自己的商标被恶意抢注，但鉴于国际规则，往往只能吃哑巴亏。① 如此，一旦我国的老字号商品进入他国，而在该国已经有人将其注册为商标，我国的老字号商品进入该国就会构成商标侵权，甚至海关还可以直接扣押这些商品。

3. 老字号严重欠缺商业秘密保护意识

中华老字号能在商战中具有长久的竞争力更为关键的"法宝"是其拥有不为人知的独特工艺、技术诀窍或特有的管理经营理念，这些具有经济利益的、处于秘密状态并采取保密措施的智力成果又可归入商业秘密权范畴。

商业秘密是指不为他人所知的、能够为企业带来经济利益的、由权利人采取了合理的保密措施的经营管理信息和技术信息。商业秘密在老字号企业中普遍存在，老字号企业在长期生产实践中摸索和总结而形成的不外传的独特产品配方或制作工艺等，是老字号企业的生存和发展的基础和安身立命之本。

商业秘密的特点在于，由于缺少专利制度的保护，一旦泄露或者被他人窃取，将会给老字号企业带来巨大的损失，且发现、举证、判认侵犯商业秘密者也十分困难，这决定了商业秘密具有更大流失风险。许多老字号企业在经营过程中，由于法律意识淡薄等原因的存在，不重视对商业秘密的保护，使商业秘密流失严重。如中华老字号"一得阁"，其内部高级管理人员把一得阁的墨汁配方披露给了由公司内部员工开办的一家公司，使这家公司轻松掌握了这宝贵的技术。

商业秘密可能的流失渠道有：某些老字号企业对有关的秘密文件不够重视，缺乏相应的机密文件、文档管理制度，或者虽有相应的管理制度但是不予重视，平时很少实施，责任人不到位等现象都使得不法分子有可乘之机，可以轻而易举的获取想要的技术，从而造成商业秘密的损失。员工流出，尤其是掌握着老字号企业商业秘密职工的流出，现在伴随着人才流动的加快，带走的核心技术，导致老字号企业商业秘密的流失更为严重；老字号企业参加各种展示会、接待来访参观团参观、考察时窃取商业秘密等导致的商业秘密流失。②

4. 老字号的知识产权管理意识和能力不够

由于老字号在新中国成立后都成为了国有企业，在计划经济时代，上级公司统一经销，连商标专用权也归上级公司所有。企业无需考虑市场问题，企业之间也不存在竞争

---

① 武博：《中国知识产权保护任重而道远》，载《产业与科技论坛》2007年第4期。

② 柴小青：《老字号企业的知识产权风险与防范》，载《时代经贸》2010年4月（上旬刊）。

关系，因此，基本不存在知识产权的管理问题。但市场经济却是竞争经济，竞争的法则是优胜劣汰。代表商业声誉的老字号是市场竞争的利器，是一种重要的竞争资源，从而成为不法竞争者觊觎的对象。加之，近年国有老字号转制成股份制或民营企业，由于转制不彻底，管理水平低下，不少企业仍存在产权不清问题。[①] 比如有些老字号争得了自己的老商号，但原来的企业却在出口时继续使用原商号，甚至状告本地老字号侵权。很多老字号既没有进行品牌延伸，也缺乏品牌维护意识，这是老字号企业在知识产权品牌管理上存在的最大问题，也是我国企业创造世界品牌的瓶颈所在。中国没有出现像国外企业品牌一样的常青树，其依靠品牌生存的能力过于低下。这一方面是政府没有把扶持老字号发展的具体措施转化为制度，没有对老字号发展进行统一规划；另一方面则是企业缺乏知识产权管理经验，没有有效的品牌保护与创新机制，容易被"搭便车"，造成品牌混淆与品牌淡化，丧失品牌知名度，还有创新意识不足，创新机制不完善等问题。

另外，知识产权人力资源管理通道不畅。大多缺乏知识产权人力资源战略规划，内部人力资源管理环节薄弱，知识产权管理人员素质偏低，缺乏完善的人才流动机制，知识产权人才和技术流失严重。[②] 可以说，缺乏知识产权创新是导致老字号逐步失去市场的一大原因，当前许多老字号仍按"老套路"经营，产品创新速度慢。

三、老字号知识产权保护的策略

时任国务院总理温家宝在十届全国人大三次会议上所作的政府工作报告中先后三次提到知识产权。他强调，要加大知识产权保护力度，积极发展具有自主知识产权、知名品牌和国际竞争力的大企业集团。[③] 无形的知识产权，不仅蕴藏着巨大财富，也关乎一个国家的国际地位和尊严。在知识产权作为重要经营资源的知识经济时代，加强老字号企业知识产权风险防范和保护显得极为迫切和重要，是老字号企业发展步入良性的可持续发展轨道的必然选择。[④] 老字号企业应当从保护其字号权、商标权、专利权、商业秘密权等角度，来考虑其知识产权保护体系的构建。

1. 完善中华老字号保护的立法

目前，还尚未颁布直接保护中华老字号的法律，大多是部门或地方性法规。中国目前正处于制定民法典的前夜，民法法典化（Codification）已是今天我国学者们津津乐道的话题。而且，在中国领导人的推动下，民法典的起草工作正在紧锣密鼓地进行着。法典化是一个学术不断积累和完善的过程，这一过程同时受到政治、经济和文化等因素的制约，它们也决定着私法(民法)法典化的进程。① 在这个过程当中，知识产权的法典化还是民法典化，一直是学者们关注的问题之一。

自 2002 年全国人大法工委确定由法学专家尝试起草我国民法典的"知识产权篇"以来，法学界一直没有间断对知识产权立法模式选择和基本理论的探讨，目前对一些主要问题尚未达成共识。② 无论未来的知识产权在民法典当中处于什么样的地位，也许，将包括老字号在内的字号权写入民法典，是知识产权给予未来民法典的贡献之一吧?!

结合我国民法典的制订，争取在知识产权部分增设字号权的内容，明确提出字号权概念，确定其法律性质，在基本法中高度确定字号权的法律位阶，以引起人们对字号权的重视，培养和增强法律意识，以完善中华老字号保护的立法。③ 当然，也有人反对出台专门保护中华老字号的法律，认为违反了法律的公平性，会导致市场竞争秩序的混乱，违背了市场经济的基本原则。也有人说有了《商标法》、《专利法》的保护就足够了，没有必要再出台另外的法律来保护中华老字号。④ 其实，目前的《商标法》、《专利法》对于中华老字号的保护存在诸多漏洞，不足以起到好的保护效果。前面提到的字号权与商标权的冲突以及在解决老字号权益纠纷的法律缺位的尴尬状态，都凸显了专门法律保护老字号的必要性。

2. 强化专利保护水平，研发技术含量高的产品

老字号企业不能只停留在已有的老技术上吃老本，而是要敢于突破创新，从事研发工作。要重视对专利申请，加强专利技术的开发意识。对于资金需求量大的技术，可以联合开发或委托开发，这样虽然存在风险，但是相较于高额的专利许可费用还是有价值的。⑤ 理清现有的专利产品和项目，对一些尚有市场空间又很容易被破解的传统工艺申请专利，以确保它在该领域专用排他地位。以专利保护为依托，实时地将老字号企业的最新创新成果、核心技术、名优产品在国内外申请相应的专利注册，以期获得有效的法律保护。提升专利的质量，鼓励老字号企业投入更多的精力从事发明专利的研发和申请，加强专利的技术或产品创造性，提升技术含量，同时，也加大发明专利的申请比例。由于我国现行的《商标法》尚不保护立体商标，作为一种补救措施，可以作为商标申请的设计，也可以转而申请外观设计专利。⑥ 对于企业技术信息和经营信息容易被解密的部分，可以考虑申请专利保护，使其保护进入稳定可靠的状态。

3. 加强老字号的商标保护，重视跨国注册老字号商标

要保护好老字号商标，必须高度重视，及时尽早进行商标注册。老字号商标的管理部门应主动注册商标，或由老字号商标的上级管理部门或相关政府下文组织申报，并对其知识产

---

① 易继明：《民法法典化及其限制》，载《中外法学》2002 年第 4 期。
② 王志华：《论俄罗斯知识产权法的民法典化》，载《环球法律评论》2009 年第 6 期。
③ 朱兰萍：《论中华老字号的知识产权法律保护》，载《今日科苑》2009 年第 10 期。
④ 曾荇：《浅论中华老字号的知识产权保护》，载《湖湘论坛》2009 年第 2 期。
⑤ 郑海味：《论老字号企业知识产权保护体系的构建》，载《新西部》2009 年第 16 期。
⑥ 戴瑾：《武汉老字号企业知识产权保护问题与破解探析》，载《现代商贸工业》2010 年第 16 期。

权保护情况进行考核。当然，根据商标申请的自愿原则，最终还应由老字号商标所有人来申请。老字号商标所有人应设立商标管理机构，可以叫标识办公室、商标管理办公室或知识产权办公室，专门负责商标管理。商标管理专门人员查看每月国家商标局发布的商标公告，如有与单位拥有的商标相近的商标公告，在规定的三个月内及时提出异议。对驳回商标异议的，及时提出复审。对复审不服的，及时起诉到法院。对他人未经许可使用老字号商标的，收集并主动向相关部门申请查处，以保护老字号商标不受侵权。

商标保护的地域性决定了在一国被保护的注册商标如没有在另一国注册也不被保护。目前世界上大多数国家和地区都采取注册在先原则，对老字号商标所有人来说，如果老字号商标不在外国注册，如被他人抢注，不论被抢注商标的企业放弃原商标另创品牌，或是高价回购，抑或是通过法律途径撤销被抢注的商标，都将增加企业的经营成本，延缓其产品占据市场的时间，降低市场份额，甚至退出市场。① 因此，如果老字号商标所有人在确定某个商标为主要商标后，应到发达国家和目标市场尽早进行商标注册。由于马德里商标国际注册具有"省事"、"省时"和"省钱"等优点，一般可选择马德里商标国际注册，可以同时向部分或全部成员国提出注册申请，较方便地对老字号商标进行跨国注册。唯有如此，才可以避免类似于"王致和"商标在德国被抢注的麻烦官司。②

4. 提升商业秘密保护水平，形成一套完整而周密的保密措施

首先，老字号企业要建立保密制度体系。企业应增强自我保护和自我防范意识，重要的档案、文件、图纸应专人负责保管，防止他人以盗窃、利诱、胁迫等手段获取本企业的商业秘密和专有技术。其次，老字号企业要规范对涉密人员的管理。对于接触企业秘密的雇员，因限定在尽可能小的范围内，严格雇佣合同管理，应要求雇员在工作和离职后一段时间内应承担保密义务，否则将赔偿一定的经济损失和承担相应的法律责任，防止人才流动带走企业的商业秘密。最后，严格对外交流上的保密管理。对外技术转让合同中应增订保密条款或另行签订保密协议，参加展会时不应突破保密的底线，以免造成无法挽回的损失。③ 在对外技术转让和协作时，要签订保密协议，或者在合同中增加

---

① 肖海：《企业商标注册的策略》，载《企业经济》2007 年第 5 期。

② 作为一家有三百多年历史的老字号，王致和集团历来重视自己的品牌和知识产权。2006 年 7 月，王致和集团拟在三十多个国家进行商标注册时，发现"王致和"商标在德国被一家名为"欧凯"的公司所抢注。后来经调查了解到，该公司在德国注册的，是柏林的一个主要经营中国商品的超市。欧凯公司于 2005 年 11 月 21 日向德国商标专利局申请注册"王致和"商标，其申请的"王致和"商标标识与王致和集团出口产品使用的"王致和"商标标识一模一样，而其注册之前并没有与王致和集团进行任何沟通。2009 年 4 月 23 日，德国慕尼黑高等法院对王致和食品集团有限公司诉德国欧凯公司的"商标侵权和不正当竞争案"，作出终审判决，王致和集团胜诉。至此，中华老字号的一场国际诉讼终于圆满地画上了句号。据悉，这是中国加入世贸组织后中华老字号企业海外维权第一案。（参见张召国：《扛起民族品牌的维权大旗——中华老字号王致和商标维权案的国际诉讼始末》，载《中国审判》2009年第 5 期。）

③ 戴瑾：《武汉老字号企业知识产权保护问题与破解探析》，载《现代商贸工业》2010 年第 16 期。

保密条款，同时，对外发布信息时要做好审查和审批工作。

5. 制定知识产权战略、加强知识产权管理

现代企业的经营管理已经远远超出了简单的产品生产和销售范畴，正在形成"三流企业卖力气、二流企业卖产品、一流企业卖技术和品牌"的格局。对老字号企业而言，理应定位在通过卖技术和品牌获取经济利益的层次上。老字号企业要重点制定好两大战略：一是商业秘密与专利保护战略，二是商标战略。

在企业层面，要像重视企业营销、财务和人力资源一样重视知识产权管理。将知识产权管理纳入企业管理系统中，以老字号企业核心专利技术为依托，构筑知识产权创造、管理、实施和保护体系，重点采取以下措施：老字号企业都应在企业中设立相应的知识产权管理机构，将知识产权管理渗透到研发、生产和经营的全过程；老字号企业要实时地将企业的最新创新成果、核心技术、名优产品在国内外申请相应的知识产权注册，以期获得有效保护；建立和完善知识产权管理制度体系，包括知识产权归属认定制度、知识产权奖励制度、知识产权应用制度——专利管理、专利文献查询制度等。① 通过市场竞合或战略联盟等市场手段整合产权，实现老字号品牌产权的明晰。

从政府层面而言，应加强知识产权保护制度统筹运用。应该建立老字号名录体系，认真开展老字号普查工作，加挂对老字号的宣传。加强老字号文化和技艺的研究、像护和传承工作，加强老字号自身对技艺、服务、经营管理、文化等特色的挖掘、研究、保护和传承工作。鼓励有条件的老字号和相关单位收集、整理、保管、展示老字号史料，积极整合开发其旅游功能。对传统文化特色鲜明、具有广泛群众基础的老字号传统产品、技艺和品牌，要创新经营机制，吸引社会资本参与，不断创新发展。将符合条件的老字号技艺优先纳入非物质文化遗产体系，将老字号传统建筑、老字号集中的商业街区纳入物质文化遗产体系。对纳入物质文化遗产保护的老字号建筑、历史文化街区要严格按照有关规定做好保护工作，涉及已纳入文化遗产保护体系的老字号的相关重大建设项目，必须建立公示制度，广泛征求社会各界意见。② 国家有关部门应该大力研究老字号的知识产权预警问题。品牌预警的目的就是及时发现品牌在国内外所受到的威胁并果断地采取措施予以制止。国家还应积极倡导加强对老字号的国际保护，制定完全拥有自主权的"标准"，以此来制衡所谓的国际标准。

总之，知识产权制度在老字号的保护中发挥着重要的作用，但老字号的保护也对现行的知识产权制度提出了巨大挑战。因此，应当通过完善知识产权等相关法律制度来保护老字号，并在资金投入、技术手段、社会宣传和人才培养等方面采取切实有效的措施，建立起完善的老字号知识产权保护体系。

---

① 柴小青：《老字号企业的知识产权风险与防范》，载《时代经贸》2010 年 4 月（上旬刊）。

② 参见：《商务部、发展改革委、教育部、财政部、住房和城乡建设部、文化部税务总局、工商总局、质检总局、知识产权局、旅游局、银监会、证监会、文物局关于印发〈关于保护和促进老字号发展的若干意见〉的通知》商改发〔2008〕104 号。

第七篇
联合国人权公约语境下非法证据
排除规则的若干问题研究

黄　怡*

摘　要：中国已于 1998 年签署的《公民权利和政治权利国际公约》。2012 年新《刑事诉讼法》颁布实施后，《最高人民法院关于适用〈中华人民共和国刑事诉讼法〉的解释》设置"非法证据排除"专节。可以说，在刑事证据法领域，我国的非法证据排除规则从形式上已经确立。要使非法证据排除规则发挥实效，必须考虑可能影响非法证据排除规则使用的因素，必须设计非法证据排除规则及与之相配套的排除程序和便于操作的排除标准，在秩序与人权两个价值目标之间、在不同主体的利益诉求之间进行平衡和选择。非法证据的类型、非法方法的认定、非法证据排除的程序，是新形势下我国司法实践面临的其中三大问题。

关键词：人权公约　人权保护　非法证据排除

迄今为止，中国已加入二十余项国际人权公约。1998 年签署的《公民权利和政治权利国际公约》第 7 条规定，"任何人不得加以酷刑，或施以残忍的、不人道的或侮辱性的待遇或刑罚"。第 14 条第 3 项规定，"在判定对他提出的任何刑事指控时，人人完全平等地有资格享受以下的最低限度的保证：……（庚）不被强迫作不利于他自己的证言或强迫承认犯罪"。这意味着中国必须在公民权利的保护上必须作出更多努力，付诸进一步的实际行动，承担更大的国际责任。从我国目前的非法证据排除制度来看，我国这一领域离联合国人权公约的人权保护还存在较大的距离。

一、确立非法证据排除规则的理论基础

《公民权利和政治权利国际公约》第 7 条和第 14 条中规定的"不受酷刑"与"不强迫自证其罪"的原则并不能当然得出排除非法证据的推论。对上述原则的违背可以有多种救济途径，例如侵权人提起侵权之诉，有关部门追究违法取证的侦查人员相关行政或刑事责任，法院对非法证据不予采信等，1984 年 12 月 10 日通过的《禁止酷刑和其他残

---

* 作者简介：黄怡，湖北省高级人民法院助理审判员。

忍、不人道或有辱人格的待遇或处罚公约》(以下简称《禁止酷刑公约》)要求各缔约国特别将酷刑行为纳入国内立法并对酷刑行为规定适当的惩罚；对指称的酷刑行为立即进行公正的调查；确保在诉讼程序中不得援引以酷刑取得的口供为证据(除非作为施刑者逼供的证据)；规定酷刑受害者及其扶养者有权要求公平和充分的赔偿并恢复名誉。可见，排除非法的言词证据是为公民遭受酷刑之下作出证言和被强迫自证其罪之后的其中一种救济方法。而更具争议的排除非法实物证据，则无法从上述二项原则中直接推导出来。

我国确立非法证据排除规则的原因是共力的助推、内力的积聚和外力的影响，主要是基于以下的考虑：

(1)联合国对人权保护的推动和全球正义论的兴起。从1948年的《世界人权宣言》到1966年的《公民权利和政治权利国际公约》、1984年的《禁止酷刑公约》，再到1992年的联合国人权事务委员会第20号一般性意见，从倡导性的宣言到对签署国有约束力的公约，再到细化公约条文内涵的一般性意见，联合国努力在全球范围内逐步推深、拓宽人权保护的力度范围。

(2)我国人权事业的发展和公众对程序正义的诉求。2004年，中国首次将人权写入宪法，"国家尊重和保护人权"。2013年，十八届三中全会通过的《中共中央关于全面深化改革若干重大问题的决定》提出要"完善人权司法保障制度"。当代的人权理念是以人本身为权利实现的考量，正义实现的目的是人能够尊严的活着或者死去。程序具有自身独立的正义价值。"正义必须被实现，而且必须以看得见的方式实现。"明确而规范的程序正是使得正义"以看得见的方式实现"的重要方式。确立非法言词证据排除规则，体现了立法者改变过去刑事诉讼中重惩治犯罪、轻保障人权现状的意图。

(3)非法取证、冤假错案等问题的出现和司法公信力危机。古谚有云，"一个人不可能两次踏进同一条河流"。后现代主义否认世界是一个相互联系的整体，代之以碎片性，从空间、时间的无法复制性推论，通过对案件的侦查而还原事件的本来面貌是不可能的。而我国刑事侦查领域，长期奉行着"追求客观真实"的理念，其中以"命案必破"最为典型。破案的压力催生了在侦查环节非法手段的采用，刑讯逼供、暴力取证，甚至伪造证据等乱象。贝卡里亚在《犯罪与刑罚》中断言，刑讯逼供"保证使强壮的罪犯获得释放，并使软弱的无辜者被定罪处罚"。近些年来，佘祥林案件、赵作海案件、张氏叔侄案等冤假错案轰动全国，给人民法院带来了空前的负面影响和社会压力，同时也严重损害了人民法院的公正司法权威形象，损害了广大人民群众对依法治国的长久信心。

(4)法律移植与法律本土化的结合。非法证据排除规则是"拿来主义"的产物，因此，应当更为广泛的学习借鉴西方国家成功的经验，还要充分了解当前美国、德国等西方国家有很多成功的经验。《禁止酷刑公约》明确要求缔约国不得援引以酷刑取得的口供为证据，我国根据具体国情和司法实践，将非法证据排除规则引进现行的刑事证据法当中。考虑到非法证据排除规则在其滥觞之地美国尚有争议，我们在实施非法证据排除规则时必须充分认识国情特点和法律传统，以应对我国在实施非法证据排除规则过程中可能和即将面临的问题和挑战。实施非法证据排除规则既不能畏手畏脚，为避免承担责任而不敢予以排除，也不能过于激进，完全不考虑被害人的人权保护和社会大众的心理诉求。

二、非法证据排除与刑事证明标准

《最高人民法院关于适用〈中华人民共和国刑事诉讼法〉的解释》第 64 条第 2 款规定，"认定被告人有罪和对被告人从重处罚，应当适用证据确实、充分的证明标准"。《中华人民共和国刑事诉讼法》对"证据确实、充分"的证明标准相比过去的刑事诉讼法做了进一步的细化："证据确实、充分，应当符合以下条件：（一）定罪量刑的事实都有证据证明；（二）据以定案的证据均经法定程序查证属实；（三）综合全案证据，对所认定事实已排除合理怀疑。"

有人认为，非法证据排除规则，是达到"案件事实清楚，证据确实、充分"证明标准之保障性规则。[①] 笔者认为，相关材料是否具有证据资格，是证据能力问题，而不是证据的证明力问题。因此，非法证据排除规则应当是确保"证据确实"的前置性规则和程序性保障。

然而，非法证据排除规则"在惩罚犯罪与保障人权或者发现真相与程序公正之间很容易引起最为尖锐的冲突"。[②] 对于真正有罪的被告人，如果法院因为排除非法证据而无法判处其有罪和给予相应的刑罚，那么，不仅被害人的合法利益无法得到保障，而且国家或者社会的整体利益也会受到损害。在法院排除非法证据从而导致确实有罪的被告人逃脱刑事制裁的情况下，尽管法院貌似逃脱了与实施非法取证行为的侦查机关同流合污的罪名，但是法院却会因此而不可避免地背上放纵犯罪的骂名。[③] 基于上述原因，法院可能会因不愿排除和不敢排除非法证据而使得非法证据排除规则沦为摆设。

据此，为了正确排除非法证据，以发挥其避免刑事冤假错案的功能并不致放纵真正有罪的被告人，必须在排除非法证据的过程中以"证明标准"为导向和原则。要认定为非法证据，也应达到证据确实、充分，符合以下条件：（一）非法的事实均有证据证实，或者法律规定必须有证据以证明其合法的事实没有相应证据；（二）证明非法的证据经法定程序查证属实；（三）综合全部证据，对要求排除的非法证据的获取合法性已产生了合理怀疑。认定非法证据的证明标准有待于在司法实践中进一步总结、提炼，以更有效的指导非法证据排除规则的事实。

---

① 余炳江：《非法证据排除规则与刑事诉讼证明标准》，载 http://www.law-lib.com/lw/lw_view.asp? no=21587&page=2，于 2014 年 10 月 15 日访问。

② 王超：《排除非法证据的乌托邦》，法律出版社 2014 年版，第 84 页。

③ 王超：《排除非法证据的乌托邦》，法律出版社 2014 年版，第 70 页。

三、非法证据的类型

如何划分非法证据的类型，如今也是莫衷一是。何家弘教授提出应根据获取证据的合法性与否进行区分，认为非法证据主要有两种情况，一是使用法律明确禁止的方法获取的证据；二是没有按照法律规定或要求收集的证据（包括收集证据的主体、程序、方法以及证据的形式不合法）。[1] 有人根据《关于办理刑事案件排除非法证据若干问题的规定》和《刑事诉讼法》第 54 条第 1 款的规定对经不同程序和方法予以排除的证据进行分类，认为非法证据应分为非法言词证据和非法实物证据两大类别。[2] 也有人从最高院发布的案例中区分非法证据的具体类型，提出主要有刑讯逼供后形成的供述、非法证人证言、非法鉴定结论、实物证据非法以及诱捕执法方式非法等。[3] 笔者认为，以证据事实的表现形式、收集途径和排除规则对证据进行分类更有利于在实践中把握非法证据的排除。《刑事诉讼法》第 54 条第 1 款规定，"采用刑讯逼供等非法方法收集的犯罪嫌疑人、被告人供述和采用暴力、威胁等非法方法收集的证人证言、被害人陈述，应当予以排除。收集物证、书证不符合法定程序，可能严重影响司法公正的，应当予以补正或者作出合理解释；不能补正或者作出合理解释的，对该证据应当予以排除"。该条款对以非法方法收集的犯罪嫌疑人、被告人供述和证人证言、被害人陈述等言词证据，以及以不符合法定程序收集并可能严重影响司法公正的物证、书证的排除规则作了区分。

(一) 非法言词证据

1. 以非法方法收集的言词证据

以非法方法收集的言词证据包括犯罪嫌疑人、被告人的供述，证人证言，被害人陈述。由于我国刑事司法中的"惩治犯罪"理念、侦查机关破案压力、侦查技术不足等历史、社会、技术等多方面的原因，我国刑事案件的侦破对被告人供述的依赖性很强，导致刑讯逼供时有发生，在刑讯逼供情形下，被告人因身体、心理无法承受的压力可能作出虚假供述。"因为以刑讯逼供方式取得的口供都是严重违法行为，不符合诉讼程序和司法公正的宗旨。排除刑讯逼供所取得的任何证据都是不过分且利大于弊的。"[4]相类似的，以暴力、威胁等方法收集证人证言、被害人陈述也时常发生（前者更为常见），例如在贿赂犯罪案件中对行贿人以暴力、威胁等方法进行取证，并以不追究刑事责任作为交换。再如在非法集资犯罪案件中对出资人以暴力、威胁等方法进行调查，并作出为其

---

① 何家弘：《中国的非法证据排除规则》，载《中国法律》2013 年第 2 期。

② 史文静、申玮：《浅析刑事诉讼法中的非法证据排除规则》，载 http://article. chinalawinfo. com/Article_Detail.asp？ ArticleId＝80891，于 2014 年 10 月 17 日访问。

③ 侯智、李杰：《排除非法证据仍有难题要解决》，载《检察日报》2012 年 12 月 22 日第 3 版。

④ 闫明：《禁止酷刑的人权司法保护——论适用"非法证据排除规则"和"不得强迫自证其罪原则"》，载《新疆警官高等专科学校学报》2006 年第 1 期。

追回损失的承诺。

2. 非法方法之衍生言词证据

本文所提的非法方法之衍生言词证据，指的是采用过非法方法后，可能受到非法方法影响而产生的言词证据。以非法方法收集的言词证据，应当予以排除基本上没有争议，实际上有争议的是恰恰是非法方法之衍生言词证据。例如侦查机关开始曾经对犯罪嫌疑人、被告人实施了刑讯逼供，其后停止了刑讯逼供，又或者是间歇性地实行刑讯逼供，那么停止了刑讯逼供之后或者没有实施刑讯逼供时所收集的言词证据，是否属于排除或者当然排除的范围？要求被告人及其辩护人对每一次的刑讯逼供都提供相应证据或者证据线索难度很大，而且，即使当次的讯问中没有刑讯逼供，也不能证明之前的刑讯逼供不会在被告人其后的讯问中造成强大的心理暗示或影响。因此，非法方法之衍生言词证据从本质上讲，具有排除的可能性。

（二）非法实物证据

非法实物证据的排除在确立过程中受到了最多的非议和质疑。证据是刑事审判的基石。从某种程度上讲，排除了证据相当于排除了事实真相。特别是实物证据，"即便侦查人员存在违法取证行为，也一般不会影响实物证据的真实性"[1]。本文所称的非法实物证据就是我们所熟知的美国所称的"毒树之果"，或者是德国学者所称的"波及效"。"毒树之果"，是指以非法方法收集的证据为线索，再用合法方法收集的证据。[2] 这里的"毒树"，有学者认为是非法行为，有学者认为是非法行为直接获得的证据。而这两种对"毒树"的不同解释，可以区分以下两种非法实物证据类型。

1. 违法收集的物证、书证

《刑事诉讼法》第54条将物证、书证列入了可以排除的范围，并为排除设置了前置程序，即"可能严重影响司法公正的，应当予以补正或者作出合理解释"。何种程度的对法定程序的违反，可能严重影响司法公正？怎样的补正是可以接受的？怎样的解释属于合理的？这些问题，既属于审判人员自由裁量权的范围，也属于司法解释必须关注的问题。两高三部发布的《关于办理死刑案件审查判断证据若干问题的规定》对物证、书证的来源和收集提取过程提出一系列的程序要求，可以认为是以此确立了两项排除性规则，然而，由于该规定针对的是死刑案件，其他类型案件严格来讲还是法律的空白，有待立法和司法作出进一步解释。

2. 非法方法之衍生实物证据

以非法方法获取证据后，再通过合法方法获取证据在实践中十分常见，例如以刑讯逼供的方法迫使犯罪嫌疑人、被告人供出藏匿凶器、尸体、赃物的地点或线索，再通过侦查、搜查等找到相关实物证据。从目前的法律规定和司法解释看，这类证据尚不属于可以排除的范围。但如果此类证据完全不具备可排除可能，将不能有效的阻止侦查人员

---

① 陈瑞华：《实物证据的鉴真问题》，载《法学研究》2011年第5期。

② 汪建成：《中国需要什么样的非法证据排除规则》，载《环球法律评论》2006年第5期。

继续通过先期违法的方式获取证据或证据线索，再以形式上的合法方式来获取实物证据，因为侦查人员认为，在以非法方法获取的实物证据足以认定犯罪事实的情况下，即使先期的非法口供遭致排除，也不会对定罪量刑产生实质的影响。笔者认为，对非法方法之衍生实物证据确立排除规则确有必要，同时可以借鉴美国排除规则中的例外情形来驳回对实物证据予以排除的申请，如：必然发现情形的例外；违法被消除的例外；独立来源等。

(三) 其他证据的可排除性分析

《刑事诉讼法》第54条以完全列举的方式表明了可以排除的证据类型，即犯罪嫌疑人/被告人供述、证人证言、被害人陈述、物证、书证，而对《刑事诉讼法》第48条第(6)、(7)、(8)项规定的鉴定意见，勘验、检查、辨认、侦查实验等笔录，视听资料、电子数据没有规定排除规则。也就是说，在目前的刑事司法领域，上述证据尚不属于可以排除的证据范围。笔者认为，既然具有很强客观性的物证、书证均确立了排除规则，那么有人参与的鉴定意见以及勘验、检查、辨认、侦查实验等笔录，还有较容易被剪辑、篡改的视听资料和电子数据，也应当相应的确立排除规则。有学者从鉴定结论是鉴定人以口头或书面陈述的形式对案件的专门问题发表的意见或看法的角度出发，认为鉴定结论属于言词证据的一种(证人证言)，属于可以排除的证据类型。①

四、非法方法的认定

《最高人民法院关于适用〈中华人民共和国刑事诉讼法〉的解释》第95条规定：“使用肉刑或者变相肉刑，或者采用其他使被告人在肉体上或者精神上遭受剧烈疼痛或者痛苦的方法，迫使被告人违背意愿供述的，应当认定为刑事诉讼法第五十四条规定的‘刑讯逼供等非法方法。’”

1. 刑讯逼供等非法方法包括肉刑但不限于肉刑

《世界人权宣言》第5条、《公民权利和政治权利国际公约》第7条规定，“酷刑”是指为了向某人或第三者取得情报或供状，为了他或第三者所作或涉嫌的行为对他加以处罚，或为了恐吓或威胁他或第三者，或为了基于任何一种歧视的任何理由，蓄意使某人在肉体或精神上遭受剧烈疼痛或痛苦的任何行为，而这种疼痛或痛苦是由公职人员或以官方身份行使职权的其他人所造成或在其唆使、同意或默许下造成的。纯因法律制裁而引起或法律制裁所固有或附带的疼痛或痛苦不包括在内。联合国人权事务委员会第20号一般性意见对何为酷刑作了进一步的解释，“第七条不仅禁止造成身体痛苦的行为，而且也禁止使受害者遭受精神痛苦的行为”。《禁止酷刑公约》第一条规定，“纯因法律制裁而引起或法律制裁所固有或附带的疼痛或痛苦不包括在内”。“实体法中的刑罚，

---

① 陈柏新、陈柏安：《非法获取的刑事鉴定结论应当排除》，载《山西省政法管理干部学院学报》2009年第3期。

程序法中的逮捕、羁押也能给被追诉人带来精神上和肉体上的巨大痛苦，但并不能认为是酷刑和残忍、不人道或有辱人格的待遇和处罚。"①

龙宗智教授归纳了三种符合"痛苦原则"的情形："一是采取肉刑或不让睡眠、长期保持特定姿势、饥渴、寒冷以及长时间浸泡在污秽物中等变相肉刑手段，使嫌疑人在精神和肉体上剧烈疼痛和痛苦，迫使其违背意愿供述的。二是采取其他残忍、不人道、有辱人格的方法，使嫌疑人在肉体或精神上剧烈疼痛或痛苦，迫使其违背意愿供述的。三是采取威胁的方法，使嫌疑人精神上剧烈痛苦，被迫作出供述的。"②

2. 威胁、引诱、欺骗方法

《刑事诉讼法》第 50 条规定："严禁刑讯逼供和以威胁、引诱、欺骗以及其他非法方法收集证据，不得强迫任何人证实自己有罪。"司法实践中，以威胁、引诱、欺骗等方法收集证据，以致造成冤错案件的并不鲜见。例如在贪污案件中，侦查机关为了收集某一犯罪嫌疑人的犯罪证据，而以上述非法方法使得其他犯罪嫌疑人或者证人作出不利于该犯罪嫌疑人的、似是而非的供述或者证言。这种供述或者证言，往往差之毫厘谬以千里。"嫌疑人在被完全剥夺人身自由后，接受长时间的审讯，心理压力过大，精神高度紧张，身体倍感疲劳甚至伤害，内心渴望自己的辩解被接受，但审讯的情形使他们的辩解不被倾听和接受，他们陷入绝望的边缘。在这种情况下，诱供往往发挥效果，使嫌疑人重新燃起希望，无辜的人为摆脱眼前的困境，容易作出迎合审问者需求的自诬之供，提供虚假的自白。"③不管是犯罪嫌疑人为洗清自身嫌疑也好，证人为推脱自身责任也好，逼供、诱供都有可能发挥作用，而影响了言词证据的真实性。

3. 认定非法方法的标准

笔者认为，认定非法方法应确立犯罪嫌疑人基准和一般社会基准，也就是说认定是否为非法方法不但要考虑行为对当事人意志的影响，还应当考虑非法手段对公民人权侵犯的严重性，对社会伦理的违背程度。并不是说，只要在侦办案件过程中发生了暴力、威胁、引诱、欺骗等行为，该供述就必然应当被排除，例如，侦查人员仅打了犯罪嫌疑人一个耳光，犯罪嫌疑人就供述了自己故意杀人的经过，那么不能因为侦查过程中的暴力（一个耳光），就排除了犯罪嫌疑人的供述。"剧烈疼痛或痛苦"，与被告人的个体差异相关：一个体格强壮的男人和一个瘦弱的女子，对拳头的承受能力大不相同；一个患有严重幽闭症的人被关在小黑屋里一个小时，就会产生极度的痛苦。单纯考虑个体差异，可能会让很多司法者感觉难以适从，因此更关键是要确立非法方法的社会标准。如暴力方法造成了被告人重伤或者轻伤，如强迫被告人吞咽污秽物等，都符合非法方法的一般社会评价。

---

① 杨宇冠：《谈〈禁止酷刑公约〉的几个问题》，载《刑事司法论坛（第一辑）》2008 年第 9 期。
② 龙宗智：《我国非法口供排除的"痛苦规则"及相关问题》，载《政法论坛》2013 年第 5 期。
③ 张建伟：《"威胁、引诱和欺骗"为何不能删除？》，载《检察日报》2012 年 2 月 6 日第 3 版。

五、排除非法证据之法定程序

我国在侦查阶段、起诉阶段、审理阶段采取同样的证明标准，使得我国的侦查机关、检察机关、审判机关对案件的定性和量刑较容易达成一致意见。沿用这种模式，我国的非法证据排除上也同样采取在侦查阶段、起诉阶段、审理阶段的全程排除方法。《禁止酷刑公约》第15条规定，"每一缔约国应确保在任何诉讼程序中，不得援引任何业经确定系以酷刑取得的口供为证据"。这一条规定确定在任何诉讼程序中均不得援引以非法方法获取的口供，既可以作为确立非法证据排除规则的法律渊源，也可以作为我国采取全程排除法的法律渊源。本文仅讨论在审理阶段的非法证据排除的程序问题。

（一）非法证据排除的启动程序

非法证据排除的启动主要是申请主体和申请时间的问题。《最高人民法院关于适用〈中华人民共和国刑事诉讼法〉的解释》第97条规定，"人民法院向被告人及其辩护人送达起诉书副本时，应当告知其申请排除非法证据的，应当在开庭审理前提出，但在庭审期间才发现相关线索或者材料的除外"。第99条规定的"开庭审理前，当事人及其辩护人、诉讼代理人申请排除非法证据……"，在审理阶段，排除非法证据的申请主体为当事人及其辩护人、诉讼代理人。检察机关在审理阶段发现了应当排除的非法证据该如何处理，有待法律进一步明确，然后从人民检察院亦有排除非法证据职责的角度看，检察机关可以选择不提交非法证据或者请求撤回非法证据。申请排除非法证据的时间，原则上是"开庭审理前"，而不能搞诉讼突袭，这有利于人民检察院对被提出排除动议的证据之合法性进行调查举证，也有利于人民法院及早审查相关证据的合法性以保证庭审的顺利进行。不过，司法解释还是保留了例外情形，"在庭审期间才发现相关线索或者材料的除外"，据此推论，在庭审期间才提出排除申请的，必须说明理由，并提供证据或材料以说明用于证明被提出排除动议的证据非法的线索或者材料是在庭审期间才被发现或者获得。

（二）非法证据排除的审理程序

《最高人民法院关于适用〈中华人民共和国刑事诉讼法〉的解释》第99条规定，"开庭审理前，当事人及其辩护人、诉讼代理人申请排除非法证据，人民法院经审查，对证据收集的合法性有疑问的，应当依照刑事诉讼法第182条第2款的规定召开庭前会议，就非法证据排除等问题了解情况，听取意见。人民检察院可以通过出示有关证据材料等方式，对证据收集的合法性加以说明"。第100条规定，"法庭审理过程中，当事人及其辩护人、诉讼代理人申请排除非法证据的，法庭应当进行审查。经审查，对证据收集的合法性有疑问的，应当进行调查；没有疑问的，应当当庭说明情况和理由，继续法庭审理。当事人及其辩护人、诉讼代理人以相同理由再次申请排除非法证据的，法庭不再进行审查。对证据收集合法性的调查，根据具体情况，可以在当事人及其辩护人、诉讼代理人提出排除非法证据的申请后进行，也可以在法庭调查结束前一并进行。法庭审理过程中，当事人及其辩护人、诉讼代理人申请排除非法证据，人民法院经审查，不符合本解释第九十七条规定的，应当在法庭调查结束前一并进行审查，并决定是否进行证据收集合法性的调查。"可见，对排除非法证据申请的审理程序和审理时间既具有规定性，也具有任择性，包括庭前会议，庭审中以及法庭调查结束前。

1. 禁止接触模式和禁止援引模式

目前，我国的庭前会议由法官还是法官助理召集有待明确，这关系着庭前会议中的非法排除动议由谁组织审查。在美国，被排除的证据不得在事实审理者（即陪审团）面前提出，而在德国，被排除的证据仍在卷宗内，只是不得将其作为裁判的依据。有学者赞成美国模式而反对德国模式，"德国的这种证据排除并不能有效地防止事实审理者受到非法获得的证据的影响，甚至可以说，这种意义上的排除仅仅是一种宣言性质的排除，并不能起到实质性作用"。① 笔者认为，在我国执行美国模式并不现实。即使我国确定庭前会议可以由法官助理召集，那也只可能是对于不影响案件认定的相关情况召集控辩双方进行照会。而当事人及其辩护人或诉讼代理人所申请排除的非法证据，往往是影响事实认定和定罪、定性的关键证据，如果赋予法官助理排除非法证据的权力，也就相当于赋予了法官助理认定案件事实的权力，而负责裁判的法官对此证据可能一无所知，这将与"让审判者裁判，让审判者负责"的原则相违背。另外，排除非法证据的申请同样有可能在庭审过程中或者法庭调查结束前进行，在司法实践中，在审理前，检察院将全部卷宗材料移送法院的情况相当普遍，审判人员在庭审前也会进行阅卷，法官也就自然而然的接触到了被申请排除的证据。因此，德国模式更符合我国的司法实践，而禁止援引模式也符合《禁止酷刑公约》第15条关于"不得援引任何业经确定系以酷刑取得的口供为证据"的规定。

2. 检察机关对证据合法性的证明方式和举证时限

（1）言词证据合法性证明。《刑事诉讼法》第54条规定以采用刑讯逼供等非法方法收集的犯罪嫌疑人、被告人供述和采用暴力、威胁等非法方法收集的证人证言、被害人陈述，应当予以排除。因此，言词证据的合法性即在于不存在刑讯逼供、暴力、威胁等非法方法，最能够证明不存在非法方法的方式一般认为是提供全程同步的录音录像资料，当然也包括了其他例如见证人等证明方式。

（2）物证、书证合法性证明。《刑事诉讼法》第54条要求收集物证、书证应符合法定程序，否则将可能被要求予以补正或者作出合理解释。因此，对物证、书证予以补正或者作出合理解释是物证、书证合法性的证明方式。对物证、书证的收集程序、方式的瑕疵问题，可以参照两高三部《关于办理死刑案件审查判断证据若干问题的规定》第9条第2款的规定予以补正或者作出解释。

（3）举证时限问题。检察机关对言词证据、物证、书证等合法性提供证明有没有举证时效的限制？被告人及其辩护人在庭审前就提出非法证据排除申请的，检察机关是否

---

① 郑旭：《非法证据排除规则》，中国法制出版社2009年版，第11~12页。

也必须在庭审前提交合法性证据？庭审前，法院已经决定对证据进行排除的，在庭审中检察院是否还能够补充提交被排除证据的合法性证明？又或者，在一审中已经被排除的证据，二审中检察机关对证据合法性还能否进行举证？全国首例非法证据排除案——"章国锡受贿案"就涉及这一关键问题。一审中，检察机关拒不提供全程录像，法院以检察机关前期侦查存在瑕疵、检察机关提供的证据不足以证明侦查机关获取被告人庭审前有罪供述的合法性为由，对检察机关其中一笔质控的犯罪事实未予认定。二审中，检察机关提供了相应的讯问录像，同时举出其他证人证言予以佐证，二审法院在终审判决中，虽肯定了一审法院对非法证据排除规则适用的做法，但同时认为二审中检察机关已经举证证明了审前被告人供述的合法性，遂采信了被告人的庭前供述。① 这一做法，在学界引起了广泛关注和争论。我们必须要考虑这个问题：对于检察机关在一审中故意不履行举证义务，或者因疏忽或者重大过失未尽调查义务，是否要承担相应的举证不能的法律后果？如果检察机关一审中因故意、疏忽或者重大过失导致的举证不能，可以在二审中予以补救，那么对于检察机关还有多大的动力在一审积极证明被申请排除证据的合法性问题？

3. 审查排除非法证据申请的处理方式

这一部分内容，属于法律和司法解释的空白。人民法院经过对被申请排除的证据进行审查后，是以口头还是书面形式排除？如果是书面形式，是仅记录在笔录之中，还是作出通知、决定还是裁定排除？对于确定不予排除或者予以排除的结论，被告人及其辩护人，公诉机关能否申请复议或者上诉？如果这些问题不予明确，那么非法证据排除规则要么继续沦为摆设，要么就会造成不同地区、不同法院各行其是的乱象。

六、结语

对于联合国一系列人权公约的批准、实施体现了中国政府对于人权保障国际义务的庄重承诺，也是我国特色社会主义人权保障体系发展、完善新阶段的必然要求。正如陈瑞华教授所言："刑事诉讼法是被告人权利的大宪章。"它对于刑事被告人基本人权，包括自由、财产乃至生命权利产生着重大的影响，这也正是《中共中央关于全面深化改革若干重大问题的决定》针对完善人权司法保障制度，将"严禁刑讯逼供、体罚虐待，严格实行非法证据排除规则"置于重中之重的主要原因。本文正是在这一背景之下，通过对非法证据认定及其类型化研究，从而为建立符合国际标准及我国国情的非法证据排除规则作出有益的尝试，使非法证据排除规则保障人权、防范冤假错案的功能得以实现。

---

① 参见纵博：《"非法证据排除第一案"二审的若干证据法问题评析》，载《法治研究》2013 年第 5 期。

第八篇
传统"抵命"观与命案中的赔偿模式
——兼析现行刑法第 36 条、刑事诉讼法第 101 条的适用

易江波*

摘　要：赔偿是权利实现的最直接方式。在当代中国的司法实践中，命案中的赔偿有三种模式：和解赔偿、足额判决赔偿与具有不确定性、伸缩性的"根据情况"酌定判决赔偿。关于命案中的赔偿，中国法律传统有丰富的积淀。在立法方面，自元代以来形成了多维的规则体系，分为"烧埋银(埋葬银)"、"断付"、"收赎"、"倍追给主"四种，同时在司法中适用依例"免追"被害人租债的判决模式；其间，"抵命"观以公平感基础、衡量基准的方式弥散式地影响着司法过程。命案司法被赋予超越个案的、全局性的权威型塑与秩序经营功能，呈现出中国法律传统的"通过命案司法的治理"的深层特征，这一特征对现代性语境下的当代中国法治进程有一定的法理启示。

关键词：命案　中国法律传统　烧埋银　司法过程　治理

"命案"赔偿直接关涉以生命权为主轴的权利实现问题。"命案"这个概念来自中国法律传统，在当代中国没有进入正式法典，但依然被广泛使用。命案指存在加害人的、能够启动司法程序的非正常死亡案件，从刑事司法角度看，通常包括故意杀人、故意伤害致死、过失致人死亡以及抢劫、强奸、绑架之类暴力犯罪致人死亡等类型。在网络信息世界，与"人命关天"的传统法观念的生命力相关，命案尤其是那些情节超越常态的命案频频成为舆论热点。其中，以赔偿后的"谅解"为前提的从轻、减轻量刑等司法现象，常常引发法律实务界、理论界与社会公众关于"公平"的辩论甚至相互抨击，形塑着当代中国法律与司法的形象、观念。① 在命案中的作为，关系到中国法律与司法自身的认同与权威。

本文是一项关于命案中的赔偿问题的法律史学与法社会学相结合的分析。本文的分

---

* 作者简介：易江波，湖北警官学院副教授。本文系作者主持的国家社会科学基金青年项目"派出所调解与社会主义法治理念在基层的实践研究"（批准号：10CFX038）及杭州师范大学法学院法治中国化研究中心"法治中国化研究基金项目"课题(编号：丁 D12)的阶段性成果。

① 如近年来的药家鑫案、李昌奎案。参见王启梁：《法律世界观紊乱时代的司法、民意和政治——以李昌奎案为中心》，载《法学家》2012 年第 3 期。

析始于对当代相关实践的经验研究，继而发现，微观层面的当事人和法官的选择与行动，宏观层面的法条的变迁，均可置于一个传统与现代相延续、常变交织的历史脉络中考察。本文试图以当代、近代、古代司法实践中的访谈、档案、判牍及笔记等史料形式为素材，重构和解析关于命案中赔偿的立法逻辑、司法过程，论证和探究在前现代的帝国时期，命案中的赔偿的司法过程体现出何种特定的治理机能；而在中国与现代性因素相遇的历史新阶段，这一过程是否承载了与中国现代性相应的治理机能，而现行立法在这一过程中显现出何种应被克服的局限。

一、调解与判决的逻辑：当代命案中的赔偿模式

在 2012 年刑事诉讼法修改之前，刑事诉讼法学界对"刑事和解"的讨论甚烈，一边倒的观点是将轻罪刑事和解纳入法典。支撑的理据，包括舶来的"恢复性司法"理念、本土的"宽严相济刑事政策"、"化解社会矛盾"中心工作、构建"和谐社会"价值目标之类，而重罪是否适用刑事和解争议较大。修改后的刑事诉讼法对刑事和解作了一个狭义、限缩的界定，将刑事和解限定在轻罪范围。有学者认为，之所以法定的刑事和解范围较小，是因为"刑事和解的案件范围是立法过程中十分慎重考虑的一个问题，范围过宽，有可能瓦解社会对犯罪的认识评介体系，牺牲国家法治权威。范围过窄，不利于发挥刑事和解的价值功能"。①另外，修改后的刑事诉讼法中，附带民事诉讼制度得到加强。"在附带民事诉讼章增加有关调解的规定，并且规定人民法院在调解时可以突破'物质损失情况'的限制，被告人也可以通过给付死亡赔偿金、死亡补偿费等精神损害抚慰金的形式取得被害人及其近亲属的谅解，这些作为犯罪嫌疑人、被告人认罪、悔罪的量刑情节，都是人民法院在判决时可以考虑的，是有利于提高诉讼效率和缓和社会矛盾，促进案件真正解决的举措。"②修改后的刑事诉讼法一方面确立了刑事和解的合法地位，同时限定了刑事和解的适用范围，另一方面明确了附带民事诉讼调解的操作。命案中的赔偿问题，不能适用刑事诉讼法典中的刑事和解规范，却能适用附带民事诉讼调解规范。由此，命案中的和解、调解"借助"立法条文逻辑上的不一致、不周延在法典中获得了操作依据。

修改后的刑事诉讼法第 101 条规定："人民法院审理附带民事诉讼案件，可以进行调解，或者根据物质损失情况作出判决、裁定。"这一规则表明，法院判决、裁定的方法，是"根据物质损失情况"，这意味着精神损失不属于判决、裁定的范围——然而它可以在调解中合法地获得。这项规定在内容和表述上与现行刑法（1997 年修订）第 36 条第 1 款一致，后者规定："由于犯罪行为而使被害人遭受经济损失的，对犯罪分子除依法给予刑事处罚外，并因根据情况判处赔偿经济损失。"刑事诉讼法第 101 条与刑法第

---

① 徐日丹：《刑事和解在争议中限定适用范围》，载《检察日报》2012 年 5 月 14 日。
② 陈瑞华等：《法律程序改革的突破与限度：2012 年刑事诉讼法修改述评》，中国法制出版社 2012 年版，第 192 页。

36 条，成为命案中的赔偿调解或判决、裁定的主要法律依据，亦成为相关争议的核心。

在当代的命案中的赔偿问题上，达成"谅解"是和解或调解成功的标志，具有明确的法律意义，是当事人与办案者的选择与行动的考量焦点。然而不能达成谅解的情形也非常多。当代的司法实践中，命案中的赔偿有三种模式。其一是和解赔偿，各方通过议价过程达成妥协，被告人获得量刑上的有利回应。其二是足额判决赔偿，即法院根据法律体系中的相关规范确定一个精确的赔偿数额，予以判决。其三是酌定判决赔偿，即法院在根据法律体系中的相关规范确定一个精确的赔偿数额并列明于判决书之后，再根据加害人方面的实际赔偿能力确定另一较低数额予以判决。法院常常声称出于解决"执行难"、"法律白条"、避免引发上访的考虑，选择第三种模式，并将加害方已经实际赔偿的数额确立为酌定数额。第一种模式，被害方实际获得的赔偿可能高于、也可能低于第二种模式、第三种模式的数额。第二种与第三种模式大多不能避免"执行难"、"法律白条"的问题，被害方不可能实际获得高于判决数额的赔偿。第三种模式最易引起被害方异议——判决书上将出现两个赔偿数额，而且数额可能相差较大。

作者借助"群聊"微信在线访谈了分别在华南、华东、华中地区政法一线的资深办案人员，询问在该问题的具体操作上，刑事诉讼法修改前后是否有"实质性变动"。[①] 得到的反馈是，总体而言，实践中的操作方法并没有大变化；立法上新增的条款明确了轻罪可以不起诉，并将实践中既有的做法加以确认并规范化，如谅解条款，"为死刑留了个出口"；另外，附带民事诉讼的调解在检察院审查起诉环节即可启动，而且"（被害方）赔偿了就可以在量刑上予以体现"。也有资深办案者把刑事诉讼法修改后的形势扼要概括为"新刑诉法轻伤害可赔钱免刑了事，但重伤和死，赔钱仅可从轻发落"。

无论是否达成"谅解"，当事人各方与办案者的对话与交涉均共享同一思维与话语类型即权衡利弊得失的"理性计算"。数额符合各方的公平预期，这是达成谅解的前提。即便是坚持要求判决加害人死刑的被害人近亲属，也有赔偿的诉求。加害人没有被判处死刑"抵命"，为被害方提出预期的赔偿数额诉求提供了心理认知基础，提供了基于公平信念、公平感的"底气"。作为公平信念、公平感的规则载体的传统"抵命"观，是各方"理性计算"的一个潜在依托与参照系。运算中，各方在依照法律规则"理性计算"之外均附加上案外因素，以期获得对自身有利的结局。在被害方，体现为增加一些乡土逻辑的计算标准（如"亲戚朋友吃饭的费用"），增加上访、"进京"等施压行动。在加害方，通常表现为亲族力量的介入。加害方通常声称赔偿款系亲族筹集，赔偿能力有限。在办案者方面，体现为尽量绕开判决"执行难"问题、避免引发上访从而不利于绩效考核。总体而言，微观、基层的亲族力量与宏观、大局的维稳考量，是作用于各方理性计算过程的基本因素。

---

① 这项会话式在线访谈的时间是 2014 年 7 月 26、27 日，参与者均为作者的中南政法学院法律系 1996 届本科同学，大多在政法部门一线办案岗位工作。

二、表达与实践之间：中国法律传统中的命案赔偿模式

福柯曾经对一本中国典籍中的分类大为惊奇："这部百科全书写道：'动物可以划分为：属于皇帝所有，有芬芳的香味，驯顺的，乳猪，鳗螈，传说中的，自由走动的狗，包括在目前分类中的，发疯似地烦躁不安的，数不清的，浑身有十分精致的骆驼毛刷的猫，等等，刚刚打破水罐的，远看像苍蝇的。'"①法律人类学者王启梁认为："法律是一个安排秩序的分类体系，它安排了事物、行为、意义的秩序。如果把法律视作文化，分类则是法律的核心，法律体系的形成过程正是分类的实现过程。当礼这种分类的观念体系被社会所接受并继而内化为内在的规范予以遵守，那么儒家的理想秩序也就得以实现；当儒家的以礼入法的主张得以实现，其实意味着儒家的分类观念渗入了法律当中；当礼教支配了法律也即意味着儒教的分类体系变成了法律的内在逻辑。"②由此，对命案中的赔偿问题亦应被置于"分类的观念体系"中思考。下文分别从立法表达与实践过程两方面分析前现代中国的命案中的赔偿模式，其中，核心的问题是，抵命与赔偿之间是何关系？是并举还是择一？如果赔偿，那么依循何种标准与原则？

有学者从烧埋银制度入手研究了命案中的赔偿问题，梳理了"烧埋银"相关立法的沿革，总结出唐宋律对于杀人犯罪仅有刑罚的规定、而无民事赔偿责任的内容，直到元代，才第一次在法律中作出了杀死人命应兼负民事责任的规定，即烧埋银制度，而明朝烧埋银范围缩小，清代关于烧埋银方面的法律规定远较元、明两代严密。③从现有史料看，单看烧埋银，不能厘清命案中的赔偿问题的全貌，或者说，命案中的赔偿的方式并非仅追征"烧埋银"一类。

是抵命还是赔偿？这个问题在"过失杀人"的情况下较为明晰，即不抵命则"收赎"④。沈家本梳理了"过失杀人"处断方案的沿革："《周礼·司刺》注引汉律：'过失杀人，不坐死。'唐律：'诸过失杀伤人，各依其状，以赎论。'宋《刑统赋解》斗讼律：'过失杀人者，以收赎。'《元典章·刑部四》断例：'过失杀，犯人收赎，征赎罪钞给主。'明律：'若过失杀、伤人者，各准斗杀、伤罪，依律收赎，给付其家。'又《问刑条例》：'收赎过失人绞罪，追钞三十三贯六百文、铜钱八贯四百文与被杀之家营葬。'现行律与明律同。其赎改为银十二两四钱二分，缘明例原系四十二贯，以十分为率，钞八

---

①　[法]米歇尔·福柯：《词与物——人文科学考古学》，莫伟民译，上海三联出版社 2001 年版，第 1 页。

②　王启梁：《法律是什么？——一个安排秩序的分类体系》，载《现代法学》2004 年第 4 期。

③　参见张群对烧埋银的系列研究，如《元朝烧埋银初探》，载《内蒙古大学学报》2002 年第 6 期；《人命至重的法度：烧埋银》，载《读书》，2003 年第 2 期；《烧埋银与中国古代生命权侵害赔偿制度》，载《中西法律传统》第四卷，中国政法大学出版社 2004 年版。

④　据《大清会典》卷五十六《刑部》记载，清代赎刑被分为纳赎、收赎、赎罪三种，数额计算方法不一。参见杨鸿烈：《中国法律发达史》，范忠信、郑智、李可校勘，中国政法大学出版社 2009 年版，第 526 页。

钱二，故应追钞三十三贯六百文，钱八贯四百文，复以钞一贯值银一分二厘五毫，钱七百文值银一两折算，合得此数，非有异也。"①可以确定，在过失杀伤人导致的命案中，无须抵命，但应以"收赎"的方式给予被害人服制亲属一定的赔偿。"收赎"与烧埋银或埋葬银并不是一码事，它们在数额上不一致。"收赎"的额度远远超出一般赎刑的额度。可见，"收赎"是与烧埋银或埋葬银并列的命案中的赔偿模式，两者均采用包含若干等级的定额制。收赎与烧埋银的区别，是它在赔偿之外具有替代刑性质。律例中常见"听赎"一词，"听"有"从"、"任"之义，表明"收赎"是加害人在官府批准的前提下根据身家财力理性选择的结果。

在一些灭绝人伦的特定类型命案中的赔偿问题上，明律中出现了"抵命与赔偿并处"的模式，即"断付"，这种模式被清代沿用。《大明律·刑律二·人命》："凡杀一家非死罪三人及支解人者，凌迟处死，财产断付死者之家，妻、子流二千里。为从者，斩。"②该条在清律中沿袭。清律中，对"采生折割人"者，"凌迟处死，财产断付死者之家。"③"断付"是加害人家产的移转，适用条件不同于"埋葬银"及"收赎"。"查例载：杀一家非死罪二人者拟以斩决，奏请定夺，查明财产，酌断一半，给付死者之家等语。"④清例中还有断付一半家产的规定。

在有图财情节的命案中的赔偿问题上，清代采用了抵罪并"倍追给主"的模式："凡谋财害命，照例拟斩立决外，其有因他事杀人后偶见财物因而取去者，必审其行凶挟何仇隙，有何证据，果系初无图财之心，杀人后见有随身衣物银钱乘便取去者，将所得之财倍追给主，仍各依本律科断。"⑤

从上述分析可见，在历代律例的分类体系中，抽象出关于命案中的赔偿模式的"一言以蔽之"的定理式命题，殊非易事。旧的分类体系的完整、自洽性不断被难以归类的新规则、新"做法"破坏——今日之旧乃昨日之新，这表明分类体系的不完整、难自洽或者说开放性是本土法典的常态。与"收赎"、"断付"、"倍追给主"相比，"烧埋银"（埋葬银）分类依据的驳杂性、在逻辑上的不一致颇有令福柯讶异的那本"中国百科全书"的兴味。

现存的元代"烧埋银"规则逾三十条，其内容可从以下分类提要概括。其一，全额征与双倍征。"诸杀人者死，仍于家属征烧埋银五十两给苦主，无银者征中统钞一十锭，会赦免罪者倍之。"⑥该条在众多规则中最具总括性与"总则"色彩，规定了追征烧埋银的一般条件（因命案而抵命）与常规额度（五十两）以及倍追烧埋银的条件（因赦免而

---

① （清）沈家本：《修订法律大臣沈家本等奏进呈刑律草案折》，转引自上海商务印书馆编译所编纂：《大清新法令1901—1999》（点校本第1卷），李秀清等点校，商务印书馆2010年版，第618页。

② 《大明律·人命》卷第十九。

③ 《大清律例·刑律·人命》卷二十六。

④ 如"吉林民张祥戮死陈思敬及陈思敬之妻程氏、并戮伤陈万仓一案"，中国第一历史档案馆、中国社会科学院历史研究所合编：《清代地租剥削形态》（上），中华书局1982年版，第169页。

⑤ 《大清律例·刑律·人命》卷二十六。

⑥ 以下所引元代烧埋银规则，参见(明)宋濂撰：《元史》志五十三。

未抵命)。其二,减半征。"诸因争,误殴死异居弟者,杖七十七,征烧埋银之半";"诸昏夜行车,不知有人在地,误致轹死者,笞三十七,征烧埋银之半给苦主"①。其三,免征或不征:"诸殴死应捕杀恶逆之人者,免罪,不征烧埋银";"诸杀有罪之人,免征烧埋银";"诸杀人无苦主者,免征烧埋银";"诸同居相殴而死,及杀人罪未结正而死者,并不征烧埋银"。免征或不征的几种情形之间,并无一致的逻辑,如有的是基于法律确认的格杀凶犯、本无须抵命的情形;有的是没有苦主、无法履行的情形;"同居相殴而死"类于债务混同的情形;"杀人罪未结正而死"类似于诉讼因被告死亡而终结的情形。此外,元代的烧埋银制度还包含了国家补偿被害人近亲属的规定:如"诸斗殴杀人,应征烧埋银,而犯人贫窭,不能出备,并其余亲属无应征之人,官与之给"。

明代烧埋银制度延续了元代的"抵命后仍须赔偿"、"遇赦倍征"的原则。如《大明令》规定:"凡杀人偿命者,征烧埋银一十两。不偿者,征银二十两。应偿命而遇赦原者,亦追二十两。同谋下手人,验数均征。给付死者家属。"②在变化方面,除了改称"埋葬银"、将常规基准额度定为十两之外,明律在律文中明确"车马杀伤人"、"窝弓杀伤人"、"威逼人致死"须追征埋葬银十两。

清律的埋葬银制度在律文上沿袭明律较多,常规基准额度亦为十两③,也包括强化埋葬银的执行以致助长"淹禁"④的"监追"制度。然而不能遗漏的是,与明代相比,清代律例最大的、最根本的变化,是条例中虽规定"应该偿命罪囚遇蒙赦宥,俱追银二十两给付被杀家属。如果十分贫难者,量追一半"⑤,却不见"杀人偿命者,征烧埋银"之类条文。对于清代命案司法中的"埋葬银"支付规律,一些海外汉学家在对刑科题本的实证研究中也有相关揭示:"如果一项杀人罪行使得罪犯实际被处死刑,则不再为被害人追埋葬银。"⑥在抵命与赔偿的关系上,从律例条文考察,并从出版公布的刑科题本档案以及《刑案汇览》等判牍史料考察,除"杀一家非死罪三人及支解人"、"采生折割人"的命案"断付"家产以及谋财害命、杀人取财的命案"倍追给主"之外,均不见"抵命并赔偿"的判决模式。或者说,在抵命与赔偿的关系问题上,除特定命案断付家产或"倍追

---

① 另有两种与该条相似的情形,却追征足额烧埋银,如"诸昏夜驰马,误触人死,杖七十七,征烧埋银";"诸驱车走马,致伤人命者,杖七十七,征烧埋银"。在作为汉字分类体系的《说文》中,以关于"马"、"眼神"的种类的汉字为例,有着令今人隔膜的分类方案。与此类似,上述三条规则所述情形,均类似当代的"交通肇事"致人死亡,所述行为之间的差异,按当今的标准分析极为细微,然而在当时人看来或许极易识别。

② 《大明律》附录《大明令》,怀效锋点校,法律出版社1998年版,第265页。

③ 如何衡量埋葬银十两的额度高低?一般的算法是折合成米价,以购买力衡量其多寡。这个数额在清末类似于伤残抚恤的中下等规格,可参见湘军的赏恤制度的规定。"湘军最初规定,阵亡者恤银六十两,受伤者:上等赏银三十两,中等二十两,下等十两。嗣后一律减半,成为定制。"王尔敏:《湘军志》,中华书局1987年版,第82页。

④ 赵克生:《明代"淹禁"述论》,载《中国史研究》2013年第2期。

⑤ 赵克生:《明代"淹禁"述论》,载《中国史研究》2013年第2期,第421页。

⑥ [美]D. 布迪、C. 莫里斯:《中华帝国的法律》,朱勇译,江苏人民出版社1998年版,第288页。

给主"的情形之外，清代回归到唐代的"抵命则不赔偿、未抵命则赔偿"模式。

尽管如此，清代命案中的埋葬银制度毕竟是在明代基础上发展。与元、明不同之处，除了基本原则发生变化之外，清代埋葬银的法定额度显得比较混乱，如"因戏而误杀旁人，照因斗殴而误杀旁人律减一等，杖一百、流三千里，仍追埋葬银二十两"；"疯病杀人者，从犯人名下追埋葬银十二两四钱二分，给付死者之家"。法条中，前一项埋葬银"二十两"似无来由，后一项埋葬银"十二两四钱二分"则是收赎的额度。在乾隆刑科题本中，还出现了几起加害人绞监候遇赦后"追埋葬银四十两、给付死者家属具领"①的案例。

回溯中国法律传统，作为相关立法的前提和行动边界的，是"人命私和"的禁令："诸祖父母、父母及夫为人所杀，私和者，流二千里；期亲，徒二年半；大功以下，递减一等。受财重者，各准盗论。"②这个禁令表明命案中的赔偿问题(赔不赔？赔多少？怎么赔？)只能由官方裁决。朝廷在命案中的赔偿问题上体现出足够的权威，不仅设计出"烧埋银(埋葬银)"、"断付"、"收赎"、"倍追给主"等模式，而且构建"监追"制度保障赔偿的落实，还建立了加害方无力赔偿时由官府给予被害方补偿的机制。

三、作为中国法律传统特征的"通过命案司法的治理"

分类体系意味着一种特定秩序的建构方案，而"治理"的目标是特定秩序的形成或维系。前现代中国的命案中的赔偿模式最显著的特征是官方在赔偿的额度与执行上的主宰地位及赔偿模式的多样性。这些观念和制度特征与前现代中国法律的分类体系融洽一体。本文认为，在前现代的分类体系、计算逻辑及其实践中，呈现出中国法律传统的"通过命案的治理"的深层特征，也就是说，命案司法本身被赋予超越个案的、全局性的权威型塑与秩序经营功能。这种"通过命案司法的治理"的法律传统的展开脉络在前文中揭示，其深层机理还可从以下方面考察：

其一，命案司法与国家权威、基层秩序的关联。侧重于"民间细故"是近些年来中国法律史研究的一个风尚，由此构建出传统中国基层秩序样态、提炼出国家与社会之间"有分有合"的关系模式。与对"民间细故"的态度不同的是，在被律例称为"人命重情"的命案司法上，国家权力毫不掩饰其对基层社会与个体的掌控意图。如：以"人命私和"的禁令将民间力量摒除在外；赔偿数额的确定统由官方包办；"仵作"这一在前现代社会显得专业化程度极高的职业群体，堪称为命案而存在；作为地缘共同体一分子的保甲地邻在命案中负有法定职责义务，如清代南部县状式中的"不准十四条"载明："人命

---

① 如"张家口弓怀德劈伤任有荣身死一案"、"南充县冯特相戳伤何焕身死一案"，中国第一历史档案馆、中国社会科学院历史研究所合编：《清代地租剥削形态》(上)，中华书局 1982 年版，第 102 页、第 281 页。

② 《唐律疏议·贼盗》卷十七。

盗窃等事，无约邻排保报呈者，不准。"①从地方基层到中央，在命案司法各环节，职官各有定责，这是帝国官僚系统组织运作的特点。一桩命案的始终，牵涉到众多不同身份、职业、层级的角色，意味着宏观的、抽象的国家权威对这些微观、具体的角色及其生活的控制。国家权威通过命案司法提纲挈领、自上而下地贯彻到基层社会空间。

其二，命案司法与君主权威、"天下"秩序的关联。君权在中国古代法制与秩序的形态中具有基础性地位。先秦诸子的言说，不谈抽象的国家起源，而论具体的君主产生，这是中国传统法文化中国家与君主混融现象在观念上的滥觞。在中国本土思想资源中，国家与法的问题，常常混同于或从属于君权问题。"当公开的直接的暴力可能遭遇集体抵抗，施暴者也可能成为暴力抗争的牺牲品时，放弃赤裸裸的掠夺和剥削，而改用符号的——亦即柔和的、软性的、无形的，因而也是易被误识的暴力，诸如义务、信任、忠诚、友情、道义、恩惠、尊敬之类与荣誉伦理有关的手段，就是最省力，也最经济的。"②"符号暴力"、"符号权力"揭示了特定观念具有的政治统治功能，"人命关天"可视为这类观念之一。"人命关天"的观念中，"天"可视为君权的象征，这个陈述句的本义与其说重在对普遍个体生命的一体尊崇，不如说重在宣示君权宰制个体生命的天下秩序。正因为此，小民个体"命如蝼蚁"的记叙史不绝书，"蚁民"一语在刑科题本所录供词中触目皆是。君权的作用可使传统命案司法中的计算逻辑统归无效，如"八议"制度的功能。

命案是清末华洋诉讼的重要类型。当"洋人"被朝廷一厢情愿地纳入君权宰制的"天下"秩序时，命案成为清末华洋诉讼的争议焦点乃至中西文化冲突的导火索。"鸦片战争之前，司法领域的争端与冲突始终伴随着中西之间的交往。清朝统治者基于特定的政治目的，在处理华洋形案时采用了一系列特殊的处理方式，由此激化了双方的外交矛盾。最为典型的事例是清朝在处理华洋命案时确立的'一命一抵'原则。"③清末的华洋命案司法中，适用一命一抵原则，这种原则类似于械斗命案中抵命的法则，而且更为严酷，陷入法网的待罪洋人一律立即处死，无需经过秋审程序，没有"监候"的机会。这种模式的初衷，是向来华的外国人宣示天朝与君主的雷霆万钧的权威，不料引起西方世界的强烈反制。以上情形表明，中国法律传统的"人命关天"、"命案重情"观念对生命的重视，主要从君权秩序维系的意义而言、从"类"、"群"而非个体生命意义而言。

四、中国现代性与"通过命案司法的治理"的当代可能

当代中国的命案乱象，主要表现在进入诉讼程序的司法个案与诉讼程序之外的、因

---

① 转引自里赞：《晚清州县诉讼中的审断问题：侧重四川南部县的实践》，法律出版社 2010 年版，第 68 页。

② 转引自成伯清：《布尔迪厄的用途》，载布尔迪厄：《科学的社会用途——写给科学场的临床社会学》，刘成富、张艳译，南京大学出版社 2005 年版，第 4 页。

③ 唐伟华：《试论清代涉外司法中的'一命一抵'》，载《清史研究》2009 年第 2 期。

非正常死亡引起的群体性事件,① 赔偿问题是共同的焦点。在命案司法方面,我们可以比较分析传统与当代的法律实践:

表1 传统与当代命案司法个案中的赔偿模式比较

主要比较项	传　　统	当　　代
"抵命"观的作用	"抵命"在立法、上谕、法律文书与共述中均常见。大众与办案者共享"抵命"观念、知识。	"抵命"被作为"愚昧"、"落后"的观念排斥在立法与法律文书之外,但在民间法观念中存在,并有重要地位。"抵命"思维对办案者也有潜在影响,是裁判时的考量因素之一。
赔偿模式的种类	有"烧埋银(埋葬银)"、"断付"、"收赎"、"倍追给主"四种,同时在个案中均适用"免追"被害人租债的判决模式。	分为调解与判决两大类。判决以"根据情况判决"为原则,实践中又分为足额判决与酌定判决两种。
赔偿额度计算的标准	依循一种本土化的、多维度的"轻重"判断尺度。这种"轻重"尺度讲求万物相感的"关联"思维而非严格遵循形式逻辑的"要件"思维。具有注重个案中的主客观情境、强调多元标准复合适用的综合裁量特质。	依循法律体系中明文确立的、建立在现代科学统计测算基础上的专业标准,强调项项有来历。同时又采用"根据情况"的便宜决断、自由裁量型的确定标准。
官方权威的地位	官方绝对主导,排斥民间力量的作用,采取强硬措施保障判决的执行,建立类似于国家救助命案被害人近亲属的机制。	官方对民间力量适度让步,但保持官方在司法判决中的主动的自由裁量空间。根据以意识形态为立法精神的法律规范,强调在执行判决时保留被执行人及其家属必要的生活条件。初步构建对未能获得赔偿的被害人近亲属的司法救助机制。

"现代性"是分析历史变迁的一个视角。"作为一个社会学概念,现代性总是和现代化过程密不可分,工业化、城市化、科层化、世俗化、市民社会、殖民主义、民族主

---

① 有学者对非正常死亡引发的群体性事件的内在机理进行了法社会学分析,参见尤陈俊:《尸体危险的法外生成:以当代中国的藉尸抗争事例为中心的分析》,载《华东政法大学学报》2013年第1期;陈柏峰:《群体性涉法闹访及其法治》,载《法制与社会发展》2013年第4期。对这类群体性事件,官方通常以个案视之,从"突发事件"、维稳角度看待并调动科层制资源作出"应急处置"。而在前现代中国,地方官在弹压之外,以事关地方道德水准评价的"刁风"视之,并以儒家循吏的民生与教化并举的"移风易俗"模式应对。

义、民族国家等历史过程，就是现代化的种种指标。"①"作为一个结构性概念，现代性对应的是整体社会、意识形态、社会结构和文化的转型。现代性证实了科学理性揭穿非理性力量并为必要的社会变迁指明道路的诺言。"②在命案中的赔偿问题上，货币与计算是贯穿古今的要素。在社会学家看来，这两者均属于作为现代性重要指标的理性化的范畴。当代的赔偿数额的确定更加常态化、精细化、"科学化"。韦伯把经济行为"在形式上的合理称之为它在技术上可能的计算和由它真正应用的计算的程度"。③本雅明认为，"商品形态不仅象征了现代性的各种社会关系，而且还是后者的重要起源"。④货币与计算密切关联。齐美尔认识到货币的"非人格化"的意义，指出货币创造出一种以纯粹理性的计算为基础的文化，区别于前现代社会的秩序。"在前现代社会中情绪以及感情占据每个社会关系的很大部分。"⑤货币在命案中的力量在前现代即受到警惕。乾隆时，有地方官指出："查杀人者死，律有常刑，所以惩凶慝、儆邪辟也。若有钱可以买代，则富家子弟将何所顾忌？皇皇国法，是专为贫民设，而非为富豪设矣。有是情乎，有是理乎？千金之子不死于市，此本乱世末流之行为，而非盛世圣朝之所应有。"⑥"买代"在现代通常称为"花钱买刑"、"以钱买命"，被公众及部分"法律人"从意识形态角度批判，而批判的推理逻辑与前现代儒生的见解并无根本差异。在现代社会，专业化的计算，如死亡赔偿金、抚养费、误工费等项，均有着看起来"客观"、"理性"的计算标准，与普遍适用的诉讼程序等现代性制度一道，发挥着合理化功能、媒介功能，消解了货币与生命、情感的"兑换"外观激起的不适感。

值得注意的是，官方权威在命案中的赔偿问题上的主导地位仍然延续。官方权威主导命案中的赔偿具体形态，因应国家与社会的关系情势而有变化。这种主导是否表明当下中国亦存在着"通过命案司法的治理"？"通过命案司法的治理"的逻辑在现代中国以自发、零散、"无意识"的形态存在着。如死刑复核权的下放与收回、对藏区"赔命价"习惯的坚决取缔或有限容纳⑦，这些钟摆式施行的举措，以权威和秩序为指向，具有"通过命案司法的治理"的属性，然而很大程度上是特定政治、社会形势"倒逼"的产物。

---

① 周宪、许均：《现代性研究译丛总序》，载［英］齐格蒙特鲍曼：《现代性与矛盾性》，邵迎生译，商务印书馆 2003 年版，第 3 页。
② ［英］阿兰·斯威伍德：《文化理论与现代性问题》，黄世权、桂琳译，中国人民大学出版社 2013 年版，第 145 页。
③ ［德］马克斯·韦伯：《经济与社会》（上卷），林荣远译，商务印书馆 1997 年版，第 106 页。
④ ［英］戴维·弗里斯比：《现代性的碎片：齐美尔、克拉考尔和本雅明作品中的现代性理论》，卢晖临、周怡、李林艳译，商务印书馆 2003 年版，第 31 页。
⑤ ［英］戴维·英格利斯：《文化与日常生活》，张秋月、周雷亚译，中央编译出版社 2010 年版，第 58 页。
⑥ （清）张船山：《船山集》，转引自陈重业辑注：《古代判词三百篇》，上海古籍出版社 2009 年版，第 286 页。
⑦ 杨翌：《刑事和解制度再探析：以藏族赔命价习惯法为视角》，载《河南司法警官职业学院学报》2013 年第 4 期。

"通过命案司法的治理"的逻辑常常被命案司法领域的两类现象所遮蔽，治理这两类现象成为当代中国"通过命案司法的治理"的基本内容：

其一，大众与部分"法律人"对于命案中的赔偿的认知分歧。从上表可见，对于命案中的赔偿，当代民众与部分"法律人"存在认知分歧。以理性的名义摒弃"抵命"观，偏好于从死刑存废的宏大叙事角度思考命案，成为部分"法律人"的"第一反应"。这种分歧在前现代时期并不存在。彼时，庙堂、江湖与市井共享一个分类体系、价值系统。这种认知分歧的深层机理，学者们分别从法律的"语言混乱"、"结构混乱"、"世界观紊乱"①等角度阐释并提出应对之道。这种现象也可以视为现代性的科层化、专业化作用于法律生活领域所导致的"知识割据"的产物。

其二，关于命案中的赔偿的现行立法与"提升司法权威、司法公信力"的矛盾。提升司法权威、司法公信力是当代中国"通过命案司法的治理"的基本目标；或者说，"通过命案司法的治理"是提升司法权威、司法公信力的一个重要的可操作渠道。

现行刑法第 36 条、刑事诉讼法第 101 条是命案司法的基础性条款，它们所确立的"根据情况"酌定判决赔偿的模式在实践中频频招致异议。而《最高人民法院对刑事附带民事诉讼精神损害赔偿议案的答复》（法办〔2011〕159 号）重申了酌定判决赔偿的合理性，否定了运用体系化思维、将不同部门法规范视为相互配合的有机整体、根据侵权行为规则确定赔偿数额的主张："高额赔偿表面上看似乎有利于保护被害人的合法权益，这是有的学者和部门认为附带民事诉讼应与单纯民事赔偿执行统一标准的主要考虑，但由于刑事案件被告方实际赔偿能力很低，甚至没有，而被害方'要价'又太高，导致实践中许多被告人亲属认为，与其东借西凑代赔几万元被害方也不满意，索性不再凑钱赔偿，结果造成被害方反倒得不到任何赔偿。命案中这种情况尤为普遍，直接导致的结果是被害方的境遇更加悲惨，既不利于被害方权益的切实维护，也不利于社会关系的及时修复。"这一司法解释的论说逻辑，一是强调刑法与民法的总体性差异，认为刑事诉讼中的死亡赔偿根本不同于"单纯民事赔偿"；另一是基于避免上访的维稳任务导向的行政性考量。依照这一司法解释，法院在判决中不应支持被害方的"死亡赔偿金"的诉讼请求，而实践中支持"死亡赔偿金"的判决俯拾即是——"死亡赔偿金"有公众周知的、明确的计算标准，在赔偿总额中占极高比重，即便不能在执行中全额获得，也因为标准的明确性和较高的公众认可度而通过判决产生"确权"的法律效果、满足被害方基于"应得"的公平感。同时，根据加害方"实际赔偿能力"酌定数额的判决较为常见。从谈判技术角度看，知悉法院根据加害方"实际赔偿能力"酌定判决的常态化，赋予加害方在赔偿谈判中的更强的"议价"能力。"实际赔偿能力"难以确定，导致判决数额具有极大伸缩性、不确定性，一些群众将酌定赔偿模式喻为"弹簧"，讽刺这种模式所代表的脆弱的司法权威与司法公信力。

---

① 朱晓阳：《语言混乱与法律人类学的整体论进路》，载《中国社会科学》2007 年第 2 期；董磊明、陈柏峰、聂良波：《结构混乱与送法下乡》，载《中国社会科学》2008 年第 5 期；王启梁：《法律世界观紊乱时代的司法、民意和政治——以李昌奎案为中心》，载《法学家》2012 年第 3 期。

从法条的语词变迁看，法院对刑事案件中的赔偿的处理，"根据情况"成为三十多年一以贯之的原则和模式。在相关法条中，"根据情况"一语的运用可上溯至 1979 年刑法。1979 年刑法关于刑事诉讼中的赔偿损失的规定，出现在第 31 条："由于犯罪行为而使被害人遭受经济损失的，对犯罪分子除依法给予刑事处分外，并应根据情况判处赔偿经济损失。"请注意，现行刑法(1997 年修订)第 36 条第 1 款与 1979 年刑法第 31 条仅有一字之别，即以"规范"的术语"刑事处罚"代替旧的"不规范"的术语"刑事处分"。在汉语语义系统中，"根据情况"这一措辞意味着法官在赔偿数额的确定方面拥有较大自由裁量权，不必精确恪守侵权责任的相关规定。1979 年刑法有着特定的政经形势、社会结构背景。当时，十一届三中全会闭幕不久，《民法通则》远未颁布，"计划经济"仍是主流，"运动司法"模式依然强劲，"宜粗不宜细"是共识性的立法原则。或者说，立法中的"根据情况"之类表述，是与当时的历史形势相契合、并有一定积极意义的"宜粗不宜细"立法原则的产物。历经三十多年的深刻变革，国家权力运行的合法性基础、权威结构、说服方式等领域均面临着"新期待"、"新要求"，遗憾的是，极具粗放性、不确定性的"根据情况"这一立法表述仍被沿袭。

社会科学中的"理性选择"研究已有长足积累。"经济学首先提出了理性支配选择行为能力的有限性问题，并由此而推进了非理性预期的研究。最具代表性的当属西蒙和卡尼曼的研究"；"从西蒙关于有限理性的论述中可以发现，有限理性概念不仅揭示了理性选择的有限性，而且也提出了怎样面对非理性选择的问题。西蒙的研究长期合作者卡尼曼把认知心理学应用到不确定条件下的选择行为研究中，得出的结论是，人们的大部分选择行为不像新古典主义经济学设计的那样完全而确定，更多的选择不是根据严格的理性计算和逻辑推论完成的，人们通常是根据未经计算的感觉、知觉或者直觉做出选择"。① 韦伯曾指出，"不是思想，而是利益(物质的和思想的)直接支配人的行为。但是，观念创造出的'世界图像'，时常像扳道夫一样决定着由利益驱动的行为的发展方向"。② 当特定的观念被公众或个体所认同、接受，上升为不假思索地遵循的"信念"时，这些信念化的观念具有"未经计算的感觉、知觉或者直觉"属性。前现代的"抵命"观以及亲族意识、政法传统中的维稳意识，作为当下中国重复出现的法观念，与以法律规则为依据的"理性计算"思维相聚合，一道参与了"公平的计算"，促成了当事人与办案者各方的选择与行动，这是当下中国在命案中的赔偿问题上呈现的基本脉络。

孔飞力认为，"中国现代国家的特性却是由其内部的历史演变所决定的"；"在中国现代和帝制晚期的种种表象背后，就其深层结构而言，旧议程会在新的环境下一再表现出来"。③ 命案与治理的关联是这类贯穿古今的"旧议程"之一。当代中国命案问题上，

---

① 刘少杰等：《社会学理性选择理论研究》，中国人民大学出版社 2012 年版，第 10 页。

② 转引自苏国勋：《理性化及其限制——韦伯思想引论》，上海人民出版社 1988 年版，第 84 页。

③ ［美］孔飞力：《中国现代国家的起源》，陈兼、陈之宏译，译林出版社北京三联书店 2013 年版，第 1 页、第 102 页。

国家与社会力量之间的对抗或合作的关系形态呈现在立法、司法中，它与前现代中国的国家与社会关系形态之间并非完全断裂。如果说前现代中国"通过命案司法的治理"适应了天朝君主的天下秩序的构建，那么在现代，"通过命案司法的治理"关系到中国应对作为现代性指标之一的"民族国家"问题的"建国"实践。①吉登斯强调，现代性制度的特性与抽象体系中的信任机制（特别是专家系统中的信任）紧密相关，而且影响着社会成员个体的理性计算活动与安全感："一般非专业人士对专家体系的信赖，不仅（像在前现代时期的许多情况下那样）关系到如何从实际上各种彼此孤立的事件的既定普遍性中获得安全感的问题，而且关系到在专业知识不仅提供如何计算得失的方法而且实际上创造出（或者，再生产出）事件的普遍性的情况下，作为（一般非专业人士）不断反思地运用这些专业知识的结果，如何算计利害得失的问题。"②"计算"在现代已经不可逆地成为日常化的思维方式，带来种种效益与隐忧，使人有"天地不仁"之叹，亦不能不认真对待。命案司法过程中，调解与判决之间的利害得失如何计算？赔偿的数额是粗放式地"根据情况"判决还是依据一套精细化的计算标准确定？在这些问题上的认知差异过大，不利于专业化的法律体系、法制系统、法律职业共同体与非专业的公众之间具体可感的信任的达成，继而渐渐削弱现代国家司法权威。由此，以延续自中国传统法文化的对"命案"的怵惕情感为基点，在法律体系、法制系统、法律职业共同体等要素的共同作用下，构建出一套贯穿现代国家与社会运行过程的"抽象体系中的信任机制"，这是"通过命案司法的治理"这一命题的当代蕴义，也是由"人命关天"古训引申出的关于"建国"的现代法理。

①　杜赞奇认为，清末新政以来，中国现代化不可避免地与"建国"相联系，"在中国，建国涉及扩大官僚机构，管理理性化，通过警察等行政管理机构增加群体对国家的服从，通过新式现代学校建立新文化，以及最重要的，增加财政收入等"。而在当代的流动性加剧的全球化情势下，"民族国家的形式，尤其是与历史的关系，很有可能发生某种变化"。参见［美］杜赞奇：《从民族国家拯救历史：民族主义话语与中国现代史研究》，王宪明等译，江苏人民出版社 2009 年版，第 156 页、第 223 页。

②　［英］吉登斯：《现代性的后果》，田禾译，译林出版社 2000 年版，第 73 页。

第二部分　人权司法保障制度研究

　　十八届三中、四中全会确立了我国人权司法保障制度完善之战略，当务之急是将人权司法保障的战略部署转化为具体的制度与技术。当前我国人权司法保障领域有诸多重要问题应得到重视：错案是对人权的极大侵犯，我国当前的错案追究制因制度设计缺陷和运行不足在一定意义上制约着人权的实现。可以通过单行法的形式，对追责追偿主体、责任认定和追责追偿标准这些基本问题作出具有可操作性的详细规定；关于以信访维权，一直是一个热点。以人权司法保障来终结涉诉信访，彰显人权保障的司法权威地位，实现人权保障的司法回归。关于社区矫正。应当以人权为主导价值来完善社区矫正的机制、主体、形式与责任，依法整合社会资源和司法资源，通过人性化的关照确保特殊人群回归社会。应调整与完善缓刑撤销的申请、决定、审理模式与证据证明问题以保障此领域罪犯的人权。相比较而言，未成年人的人权保障尤为重要。应通过裁判、教育与矫正一体化，以教育与保护为中心来调整既有的以单一裁判为中心的未成年人案件审判模式，促进未成年人案件司法理念与制度的提升。为了使人权司法保障环节更多地回应民意与社会关切，应对现有的陪审员制度进行改革与完善，突出司法审判中法律思维与社会经验之间的互补。相对而言，我国立法与司法对隐私权的重视都未上升到其应有的位阶，而隐私权诉讼机制的建立应是我国隐私权司法保障的一个目标。

第一篇
错案追究制应向何处去

刘一纯　巩晓雯*

摘　要：错案追究制因其制度设计本身的缺陷和运行过程中所产生的负面效应，在法学界和实务界引起了关于其存废的普遍争议。该制度不同于国家赔偿中的追责追偿制，但二者也存在相互联系，表现为具有一些相同、相似或交叉之处。错案追究制的前路应当是回归到国家赔偿的追责追偿制度下，这一前路是法治原则和权责一致的要求。应当通过单行法的形式，对追责追偿主体、责任主体如何认定和追责追偿标准等基本问题进行明确具体具有可操作性的规定，从而在落实和完善国家赔偿追责追偿制度的同时，实现设置错案追究制的目的。

关键词：错案追究制　争议　追责追偿制　回归

以员额制为特征的司法人员分类管理、"审理者裁判，裁判者负责"的司法责任制和省以下法检机关人财物统管，是当前正在进行的新一轮司法体制改革的三大关键环节。在这一背景下，重新审视作为以往审判方式改革产物的错案追究制，探讨其在经过这一轮改革之后应何去何从，很有必要。

一、错案追究制的界定与缘起

(一)错案追究制的界定

错案追究制是存在于我国司法审判方式改革进程中的一项自发性措施，其目的在于加强对法官的监督以及确保办案质量。[①]该制度的建构，主要以最高人民法院颁布的《人民法院审判人员违法审判责任追究办法(试行)》、《人民法院审判纪律处分办法(试行)》和《人民法院工作人员处分条例》等规定为核心，以各地各级法院的具体实施条例为补充和细化。

对于错案追究制内涵的理解，主要建立在对错案的界定基础之上。对于错案的理解，我国理论界和司法实务界并未形成统一观点，所做解释各异。有学者认为，错案是

---

* 作者简介：刘一纯，女，湖北鄂州人，华中师范大学法学院副教授；巩晓雯，华中师范大学法学院研究生。

① 王晨光：《法律运行中的不确定性与"错案追究制"的误区》，载《法学》1997年第3期。

指各级法院对原判决认定的主要事实失实，适用法律错误，判决明显不当，按审判监督程序改判了的案件及发生其他执法错误，需要追究责任的案件。① 有学者认为，错案是指审判人员或与审判活动有关的人员在立案、审判和执行过程中，因故意或过失违反程序法和实体法，造成处理结果错误，情节较重，依法或者有关规定需追究责任的案件。② 山西省高级人民法院将错案界定为"审判人员在审理案件过程中，违反实体法或程序法，致使案件出现明显错误或造成不良影响，应由审判人员承担责任的案件"。③由此可知，对于错案的定义虽然不同，但大多具备违法性、人为性和危害性的特点，这也是错案认定的关键因素。

实践中判断某一判决是否属于错案的权力通常属于各级法院的审判委员会。由于各地人民法院对于何为错案有不同认识，因此并未形成确定和统一的错案追究标准。

(二)错案追究制出台的背景

错案追究制的产生与我国审判改革进程密切相关，最高法院提出的改革中一项重要的内容即是强化合议庭和独任审判员的职责。强化合议庭和独任审判员的职责在一定程度上扩大并加强了法院审判人员的裁判权力，对于有效排除各种干预对审判活动的影响、保证案件公正审理具有极大的积极作用。但与此同时，权力的扩大也对审判人员的法律素质和职业操守提出了更高的要求，亦容易导致违法裁判问题的产生。由此，十分必要通过相应的监督制约机制防范违法裁判等滥用裁判权行为。正是基于这一背景，错案追究制应运而生。自1990年1月1日秦皇岛市海港区人民法院率先确立错案责任追究制以后，我国各级法院开始了错案追究的探索之路。最高法院于1998年9月先后颁布的《人民法院审判人员违法审判责任追究办法(试行)》、《人民法院审判纪律处分办法(试行)》和《人民法院工作人员处分条例》(以下简称"《追究办法》"和"《处分办法》")，标志着该制度的基本建立;④ 浙江、福建、上海、山西等众多地方法院相继颁布的具体实施细则，使这一制度最终得以确立。⑤

二、错案追究制的实践与存废争议

(一)错案追究制的执行状况

1. 错案追究的个案较少

2011年和2012年的《最高人民法院工作报告》数据显示，2010年，全国法院共查

---

①　马长生:《法治问题研究》，法律出版社1998年版，第617页。

②　付明亮:《关于完善错案责任追究制度的几点思考》，载《河北法学》1998年第1期。

③　山西省高级人民法院:《坚持错案追究制度保障审判方式改革的健康发展》，载最高人民法院经济审判庭:《经济审判资料选读》〈第二辑〉，人民法院出版社1996年版。

④　丁文生:《错案追究制的困境与反思》，载《广西民族大学学报(哲学社会科学版)》2013年第3期。

⑤　陈有西:《中国法院改革大写意》，载《民主与法制》1995年第1期。

处违纪违法人员 783 人，其中，受到政纪处分的 540 人，因贪污、贿赂、徇私枉法被追究刑事责任的 113 人。2011 年各级法院查处违纪违法人员 519 人，其中因贪污、贿赂、徇私枉法受到刑事追究的 77 人。与当年被查处案件总量比较，因错案而被追究的个案数量较少，而且大多数追究并非由法院主动开启，而与媒体曝光和公众舆论有极大关系。

实践中法院不愿主动开启错案追究程序的原因主要在于自认其错需承担的风险与后果。当前错案问责是一种内部行政化的模式，通常由法院内部监察部门针对业务庭、审监庭发送的二审、再审改判、发回重审案件进行分析，发现错案线索并组织追究。人之常情，对自身所做判决来作出否定性评价本来就难以调动开启错案追究程序的主动性和积极性，加上相关责任人要为此承担不利后果，而这些责任人本来就是同事，这些因素更加剧了这一问题的发生。当前我国法院独立权力的行使仍然受到一定负面力量的制约，承担责任的法官实际上背负了理应由整个权力集体承担的责任，这违反了权力与责任相一致的基本法理。而法官为规避责任，对于复杂疑难案件的裁判问题往往选择请示。这种法官与领导之间、上下级法院之间的请示与批复，以及针对领导干部的问责制度极大地增强了法院的整体化和行政化，也扩大了错案追究制的责任承担主体范围，加剧了该制度实施的阻力程度。

2. 错案追究的标准不一

诚如上文所述，我国错案追究制的内容主要由最高法院的《追究办法》和《处分办法》以及各地法院颁布的实施细则组成。在最高法院文件这两个《办法》颁布之后，我国的错案追究制度已经从最初的各地法院摸索阶段进入到基本确立阶段，因此各地法院实施细则理应围绕该文件的内容统一规定，使该制度的贯彻实施具备统一的标准。但实际上，自该制度确立至今，各地法院依旧各自为政，执行状况极不平衡。总的来说，主要表现在责任追究主体和范围、责任认定标准以及责任承担主体等规定和执行上的不统一。该种混乱状况严重损害了错案追究制的严肃性和功能性。

(二)错案追究制存废的争议

由于实践中存在的上述困境，我国法学理论界和实务界产生了关于错案追究制存废的争议。支持者主要是从其功能和创设目的出发，认为错案追究制的存在十分必要。他们提出，该制度本身是为了满足中国现实需要而设立，尽管它存在这样那样的问题，但如果直接废止，则会使审判权的行使缺乏必要的监督和约束，很难通过遏制司法活动中的法官行为来保证司法公正和案件质量。反对者则主要从该制度本身缺陷和其产生的负面影响两个方面进行考察和分析，认为应当予以废止。首先，从该制度构建本身来看，存在以下几个方面主要问题：其一，错案追究制赖以建立的错案概念本身就没有形成统一观点，在认定上比较混乱。很多学者针对错案这一提法进行抨击，认为该提法暗含的前提是一个案件仅有一个正确判决。由于审判过程中事实认定和法律适用存在相当大的模糊性①，该前提明显是不准确的；其二，错案追究制的设立依据主要是最高法院发布的文件和各地法院制定的具体实施办法，而这些并非是传统意义上由立法机关制定的法律，这对于该制度的权威性、严肃性和功能性产生了极大的消极影响；其三，错案追究由法院内部监察部门发现线索并组织启动，这一运行程序有违裁判者不得自断其案的自然正义原则，不利于错案追究程序的顺利启动。② 另外，还涉及司法审判权独立行使受制约以及法院内部行政化所产生的法官权力责任失衡和错案追究规定不统一、不完善的诸多问题。其次，从该制度运行所产生的负面效应来看，由于该制度在设计上的缺陷，使其运行过程中产生了一些负面不良影响，如错案追究中法官权力与责任的不一致性严重影响了法官办案的积极性；规避疑难案件的审理或为降低责任风险请示领导或上级，由此产生的个案请示制度或汇报制度，破坏了法院公开审判和两审终审制度，加剧了法院的行政性，使审判权的独立行使增添阻力；法官为保护自身权益，往往不愿意适用判决的方式结案，更加倾向于大量运用调解方式，而不论案件是否符合调解的适用条件，以此来转嫁可能遭受错案追究的风险。这些负面不良影响在一定程度上影响了诉讼效率和司法廉洁，更构成我国法治建设的一大阻碍。

三、错案追究制与国家赔偿追责追偿制的关系

错案追究制使人不由得联想到我国国家赔偿中所规定的追责追偿内容。现行《国家赔偿法》第 16 条和第 31 条通过对行政赔偿义务机关和司法赔偿义务机关相关责任人员追责追偿的规定，原则性地确立了国家赔偿追责追偿制度，这一制度主要包括赔偿费用的追偿、责任人员机关内部处分和刑事责任等方面内容。③ 显然，很直观地就可以发现错案追究制与国家赔偿追责追偿制之间的某种相似性，然而，对于这二者之间的究竟是一种怎样的关系，还是应当在首先具体分析二者之间区别与联系的基础上再做分析。

(一)错案追究制与国家赔偿追责追偿制的区别

大致比较，可以归纳出错案追究制与国家赔偿追责追偿制在以下几个方面是完全有区别的：

其一，制度的依据不同。错案追究制度的设立依据主要是最高法院的《追究办法》和《处分办法》等文件以及各地法院的具体实施细则，而不是立法机关制定的法律。而

---

① 余海燕：《规范错案追究制，还原司法理性》，载《法学研究》2010 年第 3 期。

② 王爱琳：《对错案追究制的反思》，载《河南省政法管理干部学院学报》2000 年第 3 期。

③ 《国家赔偿法》第 16 条：赔偿义务机关赔偿损失后，应当责令有故意或者重大过失的工作人员或者受委托的组织或者个人承担部分或者全部赔偿费用。对有故意或者重大过失的责任人员，有关机关应当依法给予处分；构成犯罪的，应当依法追究刑事责任。第 31 条：赔偿义务机关赔偿后，应当向有下列情形之一的工作人员追偿部分或者全部赔偿费用：(1)有本法第 17 条第 4 项、第 5 项规定情形的；(2)在处理案件中有贪污受贿，徇私舞弊，枉法裁判行为的。对有前款规定情形的责任人员，有关机关应当依法给予处分；构成犯罪的，应当依法追究刑事责任。

国家赔偿追责追偿制的法律依据是我国《国家赔偿法》的有关规定。两种制度依据的属性和效力不同。

其二，所属的制度体系不同。错案追究制相对于国家赔偿追责追偿制来说是一个独立完整的制度体系，有自己独立的制度依据和程序设计。国家赔偿追责追偿制属于国家赔偿的制度范畴，是国家承担赔偿责任后的一个选择性制度措施，要根据主观情况决定是否要对具体工作人员追责追偿。

其三，程序启动的原因不同。错案追究通常是由法院内部的监察部门针对业务庭、审监庭发送的二审、再审改判、发回重审案件进行分析，发现错案线索并组织追究，错案追究程序的启动是法院的自发行为，其启动以错案线索的发现和错案认定为前提。国家赔偿追责追偿程序的启动一般是由于赔偿申请人提出申请而国家承担赔偿责任后决定对责任人员进行追究，程序的启动以国家承担赔偿责任为前提。

其四，承担责任的内容不同。错案追究制的责任承担主体受追究后，主要是承担纪律责任和法律责任，一般不包括经济赔偿责任。而国家赔偿追责追偿制的责任承担主体首要的责任内容便是承担国库已经支付的部分或者全部费用，此外再依据具体情况承担纪律责任或刑事责任。

(二) 错案追究制与国家赔偿追责追偿制的联系

虽然错案追究制与国家赔偿追责追偿制存在以上区别，但从所调整的法律关系性质、适用范围、责任承担主体、行为人主观状态和法治目标等方面看，二者是具有一定的相同性、交叉性或一致性的，这既是二者存在联系的具体体现，也使二者的统一成为可能。

第一，所调整的法律关系性质同一。国家赔偿追责追偿制是由向公民、法人或其他组织承担赔偿责任的国家赔偿义务机关向具体责任人员追责追偿，因此该制度调整的是国家与其工作人员的关系。错案追究制是由国家追究司法工作人员纪律责任与法律责任的制度，它所调整的法律关系也属于国家与其工作人员的关系范畴，因此二者所调整的法律关系性质具有同一性。

第二，二者的适用范围交叉。这里可能存在三种情形：一是，审判人员因其主观错误导致案件错误处理但并未造成当事人的权益损害，此时应当适用错案追究制，但不进行国家赔偿，也就不发生追责追偿制的适用；二是，审判人员主观上存在故意或者重大过失，错误审理案件导致公民、法人或其他组织的权益受损，此时错案追究制与国家赔偿是挂钩存在的，应当追究审判人员的错案责任并对受损公民等作出国家赔偿[1]；三是，审判人员的职权行为导致公民、法人等合法权益的损害，但审判人员本身并不具备主观上的过错，如国家侵权行为中仅具备国家过错而不具备公职人员过错的情形[2]，为保障受损人的权益，应由国家承担相应的赔偿责任，因公职人员不具备主观过错，也就

---

[1] 张红：《论司法赔偿与错案追究的关系》，载《天津行政学院学报》2006年第1期。
[2] 孙文桢、党娜：《国家赔偿能否继续与错案追究挂钩》，载《行政与法》2012年第9期。

不存在追责追偿的问题。可见，在第二种情形下，错案追究制与追责追偿制的适用范围是交叉的。

第三，责任承担主体相似。国家赔偿本质上是行政机关及其工作人员，行使侦查、检察、审判职权的机关以及看守所、监狱管理机关及其工作人员侵犯了公民、法人或者其他组织的权益并造成相应损害，由国家承担赔偿的法律责任。国家赔偿中的追责追偿制是在国家承担了赔偿责任后追责到具体工作人员的制度。因此追责追偿制的责任主体是确定的个人，司法赔偿的追责追偿对象是确定的司法工作人员。在错案追究制中，需要承担责任的主体是主观上具有过错的司法审判工作人员。因此二者在责任承担主体上具有相似性，且有部分重合性，即都是确定的工作人员。

第四，行为人主观状态相同。国家承担赔偿责任后决定是否进行追责追偿时，国家工作人员的主观状态是其必须加以考虑的重要因素。同样，司法审判人员在其职权的行使过程中是否具备主观过错，也是判断其是否应当受错案责任追究的重要条件。只有审判工作人员存在故意或者重大过失，国家才能追究其纪律责任和法律责任。因此二者对于责任承担主体的主观方面所要求的条件是一致的，即都要求具备故意或者重大过失的主观过错。

第五，二者的法治目标一致。错案追究与国家赔偿追责追偿制在法治建设过程中具有统一的目标，即保障公民、法人或其他组织的权利。国家赔偿通过调整国家、公民之间的关系，事后补偿公民的受损权利，再通过追责追偿制将责任承担具体到工作人员；错案追究则通过调整国家与司法工作人员之间的关系来达到保障公民权利的目的。因此二者具有一致的法治目标，共同服务于我国的法治建设。

四、错案追究制向国家赔偿追责追偿制的回归

(一)错案追究制回归国家赔偿追责追偿制的法理要求

针对错案追究制因其本身制度设计缺陷和其运行中的负面影响所引起的存废之争，笔者认为，使错案追究制回归到国家赔偿追责追偿制下，是解决这个问题的一个妥善方案。这种考虑并不是对错案追究制存废之争的一种消极回避，也并非仅仅是基于因二者之间的联系而产生的可能性，更重要的是基于法治原则和权责一致的法理要求。

首先，从法治原则的要求来看。错案追究制实际上并不符合法治原则的要求。在我国各部门法律中普遍都包含了对司法工作人员监督的规定，如刑法、法官法和国家赔偿法等。通过上述法律完全可以实现错案追究制所追求的目的和宗旨，即督促和监督法官依法和公正地行使审判权。错案追究制依据法院系统内部的文件自行设立，而且在实践中被作为实行督促和监督的主要乃至唯一措施，将由全国人大常委会制定的国家赔偿法搁置一旁，俨然超越高位阶法律之上，这实质上是对法治原则的极大挑战。错案追究制向国家赔偿追责追偿制的回归实际上是将其纳入到法律的调整范畴之内，这顺应了法治原则的要求，有着坚实的法理基础。

其次，从权力责任一致性的要求来看。就当前审判权的行使现状而言，审判权实质上并不掌握在案件的承办法官手中，而错案追究制却追究承办法官的错案责任，这不仅加重了法官责任，更是严重违背了权力与责任相一致的原则。将错案追究制回归到国家赔偿追责追偿制度，不仅能抛却关于何为错案的无谓纷争，回避如何认定错案的无解难题，而且既不会放弃对有重大过错乃至故意枉法的司法工作人员的责任追究，也保护了绝大多数具体办案人员的工作主动性和积极性，是权力责任一致性所要求的处理方案。

（二）实现错案追究制目的的国家赔偿追责追偿制

我国国家赔偿法对追责追偿制只做了一些十分抽象的原则规定，缺乏对该制度具体内容的规定（按照什么程序和步骤启动？对启动后的运行过程如何控制？什么情形下运行终结？各阶段的期限是什么？相关当事人在运行中的权利义务各是什么？时效是什么？有什么机制对相关主体如何行使追责追偿权进行监督等），因而在实际运行该制度时，所必需的操作性规则找不到依据。这一不足也是导致错案追究制产生的一个主要原因。而国家赔偿法刚在 2012 年修改过，从维护法律稳定性的角度看，近几年不宜再改。因此，可以考虑通过单行法的形式，对前述一些基本问题进行明确、具体、具有可操作性的规定，从而为该制度得以投入运作提供法律依据，同时也在落实和完善国家赔偿追责追偿制度的同时，实现设置错案追究制的目的。以下，笔者仅对追责追偿主体、启动追责追偿制的情形、责任主体如何认定和追责追偿标准等四个问题试加探讨。

1. 追偿追责主体的确定

从法律关系上说，承担国家赔偿责任的主体是国家，给付赔偿金的是国库，但在实际操作中，国家承担赔偿责任具体落实为由侵权机关处理赔偿请求人的有关请求事宜，即侵权机关充当赔偿义务机关。依据我国现行国家赔偿法的相关规定，追责追偿主体与侵权机关和赔偿义务机关是一致的。如各级法院作为国家赔偿义务机关在向赔偿请求人实施国家赔偿之后，若存在适用追责追偿制度的情形，则成为追责追偿主体。实践中一般是由法院纪检监察部门或审判监督部门负责对违法审判线索进行收集、审查和移送，由审委会对是否违法审判作出定性，纪检监察部门对已确定执法过错的责任人进行调查处理。① 这种做法本身存在严重缺陷，即赔偿义务机关与被追责追偿人之间存在最密切联系，这使得追责追偿程序的启动缺乏主动性和积极性。笔者认为，可以考虑在中央和地方的省（自治区、直辖市）一级分别设立一个独立的专门机关（如国家赔偿委员会），统一负责处理国家赔偿事宜和追责追偿事宜；对于因给付国家赔偿而需要启动追责追偿的，由国家赔偿委员会作出决定，其中追责部分由国家赔偿委员会移送有管辖权的机关处理，追偿部分由其对应的中央或地方省（自治区、直辖市）一级财政机关以扣减拨付工资等方式直接实现追偿。

2. 启动追责追偿制度的情形

在错案追究制回归国家赔偿制度下之后，追责追偿制度的启动无需以错案的认定为

---

① 初立秀：《浅议国家赔偿法上的追偿追责问题》，载《国家赔偿办案指南》2011 年第 2 辑。

前提，不必另行确定什么错案标准。国家赔偿法关于追责追偿制度的规定虽然主要见之于第16条和第31条，但实际上，在其第3、4、17、18条以及第38等条款规定的情形中都可以发现国家工作人员故意或重大过失的行为表现。这些情形的规定实际上不仅划定了比较明确具体的相关责任人范围，而且也是对错案之范围相对客观的确定。因此，在适用中需要做的就不是对是否为错案作出判断，而是对是否存在着故意或重大过失的情节进行甄别和证明。在国家赔偿法的制度安排下，法院作为赔偿义务机关将赔偿请求人的赔偿请求事务处理完毕之后，再在前述条款规定的情形范围中，对国家工作人员是否存在故意和重大过失行为、是否存在贪污受贿、徇私舞弊导致枉法裁判的行为进行调查，进而决定是否进行追责追偿，并根据这些行为是否触犯刑法来决定是否追究刑事责任。

3. 责任主体的认定

责任主体的认定即在追责追偿程序中如何确定具体的被追责追偿人，这也是国家赔偿追责追偿制体现错案追究制的重点部分。对于被追责追偿人的认定过程实际上就是一个错案追究的过程，是错案追究的体现。错案追究制向国家赔偿追责追偿制的回归，只是使通过追究这一措施对法官的监督从作出赔偿之前变更为作出赔偿之后，而其监督制约的功能并没有因此丧失或打折扣；何况对于法官行为的监督约束，在国家赔偿法之外还有法官法、刑法等其他法律的共同作用，不至于因弃用错案追究制而出现监督制约上的漏洞。同时，对于错案追究制的实施而言，其被国家赔偿追责追偿制度收归可改变要想赔偿必要追责的观点和做法，也不必再纠结于什么是错案，而是在已经赔偿的前提下来确定被追责对象。这一逻辑不仅降低了赔偿请求人获得国家赔偿的难度，也由于追究责任不是单纯以错案为依据，从而不会导致司法工作人员怀疑自己的业务能力或挫伤工作积极性和主动性，因而更容易得到司法工作人员的认同。

在有关最后决定是由作为个人的工作人员作出的情况下，对责任人的认定显而易见的。但若某一错案是由审判委员会集体决定的，究竟应当由何人承担责任？这应当区分具体情况具体处理。原则上，责任承担主体当然应是审判委员会集体，承担责任的形式应当是审判委员会中的每一位成员都应；但对（事后证明是）错误的决定持反对意见的委员不应当被追究；如果存在主持人违反民主集中制原则导致错误决定产生的情况，则只应对主持人追责追偿。"审理者裁判，裁判者负责"的司法责任制作为本次司法改革的一个重要内容，如其成功得以实行，也必将有助于责任主体的认定。

4. 追责追偿标准的确定

我国国家赔偿法主要规定了被追责追偿人三种责任承担方式，即赔偿费用、处分责任和刑事责任的承担。处分责任和刑事责任的承担分别是由其相关机关决定和依据刑事法律决定，都有比较明确的依据和标准，而关于赔偿费用追偿的标准，国家赔偿法规定为"部分或全部赔偿费用"，但具体上如何认定和操作则缺乏标准，《国家赔偿费用管理条例》在这方面也缺乏相应的细化和补充。这种统一追偿标准规定的缺乏，使得实践中难以确定对赔偿费用的追偿数额，并继而引发执行过程中的不平衡性和公平性的缺失。对此，笔者认为应当细化赔偿费用的追偿标准，建议依据行为人的主观状态对追偿作出不同的档次分类，同时结合行为人的经济承担能力和赔偿可能性，对于应追偿的最高额作出一定限制，避免追偿徒劳无功。此外，还应当明确多人承担责任时的数额划分，同样依据其主观状态作出，但应当明确其追偿所得不应超过国家承担赔偿责任的数额。

第二篇
论隐私权司法保障制度的完善

崔四星 *

摘　要：隐私权是一种基本的人权，是人权中最基础的内容和类型。隐私权是随社会和科技发展的一种人格权，属于绝对权，是公民依法享有个人私生活情况、个人私生活领域自由，不受他人非法干扰、侵扰、获悉或披露的人权。我国在隐私权保障方面存有一定的缺陷，受传统法律文化的影响，对隐私权的保障不够，有待进一步完善。宪法隐私权的最有效的保障措施，是建立宪法可诉机制。应当对公民权利规范化、司法化和可操作化。

关键词：隐私权　宪法隐私权　司法保障

十八大提出，到 2020 年实现"人权得到切实尊重和保障"。这应全面完善人权司法保障的各项具体人权，以达到保护人权的目的。隐私权是一种基本的人权，是人权中最基础的内容和类型。本文以隐私权的保障问题为视角，谈人权司法保障制度的完善。

一、隐私权的性质与价值

(一) 隐私权的性质

隐私权是随社会和科技发展的一种人格权，属于绝对权，是公民依法享有个人私生活情况、个人私生活领域自由，不受他人非法干扰、侵扰、获悉或披露的人权，是一种私权，是以维护人格尊严为目的的权利，是不可剥夺、不可让渡的人性尊严之一，是使人能够自由、富有尊严地生活。旨在使个人可有所隐藏，有所保留，有所独处，可为自主而拥有一定范围的内在自我。①

随着历史的发展，隐私权逐渐受到重视而成为一种独立的人权，空间越来越大，作为一项具体人权存在。这是人类对自身价值认识不断提高的结果，也是对尊重人权、重视人权保护的结论。

---

* 作者简介：崔四星：湖北省恩施州中级人民法院研究室副主任。

① 王泽鉴：《民法学说与判例研究》(第 4 册)，中国政法大学出版社 1998 年版，第 265 页。

(二) 隐私权的价值

1. 人之尊严及自主决定。一个人若可以被任意监视、窃听，他将势必听命于他人，无法对自己事务拥有最终决定权。隐私权建立了一个维护人之尊严的防御墙，对抗外力干预，维护个人自由和尊严，体现于个人自主，不受他人的操纵及支配。

2. 情感释放。"家丑不可外扬"，隐私权可使人在遭遇不幸、震撼、焦虑、彷徨、不安中保持安静，回复身心的宁静，使个人的信仰、思想、情感和感受得到保障。

3. 自我评估。这种自我评估，给予权利人有适当时间决定是否或何时将其私的思想、感情公诸于世。

4. 有限度及受保护的沟通。这使个人可自由与其认为值得信赖的人分享私密，相信其私下所透露的事物将不会被公开。例如病人与医师的沟通。此种有限度的沟通有助于使人际关系保持必要的距离。①

二、我国隐私权的保障制度的问题

我国在隐私权保障方面存有一定的缺陷，受传统法律文化的影响，对隐私权的保障不够，有待进一步完善。在宪法权利上，我国隐私权没规定，公法对公权力的制约不足，对通讯监听中的隐私权保障不够。

民法没有将隐私权作为公民的一项独立的人权加以保护，主要是通过司法解释来对其间接保护。最高人民法院《关于确定民事侵权精神损害赔偿责任若干问题的解释》中将隐私等同于阴私，限缩了隐私权的保障范围，使法律对隐私权的保护范围过窄。隐私不仅指阴私。

《侵权责任法》第2条提到了隐私权，但过于原则，尚无相应的具体法律规定，有学者质疑侵权责任法没有创设权利的职能，可操作性降低，不利于受害者请求司法救济。

大数据时代隐私权保障的重要性日益凸显。如"棱镜门"事件，中国人寿80万个人保单信息泄漏事件，社交网站Facebook用户信息泄密事件使人们越愈关注个人数据隐私权的安全保障。

随着社会的发展，万物互联，现在整个数字世界是互联的，如云端通信、信息网络、物联网、可穿戴设备、智能汽车等，极大地拓展了个体的活动空间，隐私权的客体内容不断扩展。以网络信息为例，博客、微博、微信的发展使信息传播进入了新的时代。原有的隐私权的保护制度已难以适应大数据时代，传统隐私权逐渐向数据隐私权过渡，对隐私权的保护也应随应时代的变化而变化。

我国还没有专门的法律来保护个人资料中隐私权不被泄露和滥用，保护公民隐私信息安全。由于缺少法律的规制，信息采集者逾越了个人权利的底线，盗窃、数字领域的

---

① 王泽鉴：《人格权的具体化及其保护范围·隐私权篇》，载《比较法研究》2009年第2期。

越界行为常见，如在用户不知情的情况下，擅自将用户资料作为商业用途等，使隐私权被侵害。

因基因、医疗、试管婴儿、器官移植、人体捐赠、生物实验、遗传检查和鉴别、代孕等方面，对隐私权提出了新的挑战，可以说，在高科技给人类的发展带来巨大便利的同时，也对隐私权的保障带来了巨大挑战，当代法律制度应当回应这些社会需求。从人权保护的角度看，隐私权为不可或缺的基本权利，需要法律加以保障。

三、通讯监听中隐私权的保障及司法规制

通讯自由应受保障。随着网络、传媒、科学技术等的发展和运用，为了避免刑讯逼供，采用技术侦查，如监听、网络监控等方面的侦查手段，有人认为监听是刑讯逼供的替代品，于是技术侦查措施、秘密侦查措施使公权以一种悄无声息的方式介入了人们的隐私权，使人民的权利面临前所未有的挑战。

从立法上看，我国技术侦查、秘密侦查滞后，虽《人民警察法》第 16 条规定："公安机关因侦查犯罪的需要，根据国家有关规定，经过严格的批准手续，可以采取技术侦察措施。"《国家安全法》第 10 条规定："国家安全机关因侦察危害国家安全行为的需要，根据国家有关规定，经过严格的批准手续，可以采取技术侦察措施。"但因对技术侦查、秘密侦查的批准条件缺乏明确的法律规制，在实践中，技术侦查、秘密侦查由侦查机关自行决定，技术侦查、秘密侦查的条件、对象、范围也由侦查部门自我设置，无需司法机关审查批准，自己独立执行，当事人无从知晓侦查机关的"内部规定"。加之电讯科技进步使个人或公权力更能窃听、监视、录音通讯内容，通讯监听等技术侦查、秘密侦查被滥用，侵害公民的隐私。秘密录音、秘密录像、电话窃听、互联网信息监控等秘密侦查"秘而不宣"，"可做不可说"。另通讯监听批准的执行，除通讯监听批准书上所载受监听人外，一些公安机关以"国家安全"名义随意监听，不经意间，公民的通话通讯记录等个人隐私已为公权力所掌握，侵害无辜第三人的秘密通讯自由，与刑事诉讼上的搜索、扣押相较，对人权的侵害尤有过之。总体上电话侦控、网络侦控等技术侦查、秘密侦查手段被广泛地使用，处于法律的灰色地带，一种非法治状态，公民隐私权的保障无法得到有效救济。

应对通讯监听进行立法规范，使通讯监听法治化。在人权应当受到尊重和保障的法治社会中，需要对技术侦查、秘密侦查进行法律规制，确保公民通讯自由，防止公权力肆意侵犯公民的隐私权。保护人权，应当通过法律"使人权有效"。权利必须现实化为法定权利，方能为人类所占有、消费并得以救济。①

如果不对秘密侦查进行法律规制，监听将与全民为敌，令人触目惊心。另通过技术侦查、秘密侦查手段所获得证据的效力问题也陷入困境。比如美国，手机内容属于隐私，警察不得"无证搜查"。在依法对一个犯罪嫌疑人实施逮捕过程中，警察从嫌疑人

---

① 汪习根：《论人权司法保障制度的完善》，载《法制与社会发展》2014 年第 1 期。

的身上搜到了一部手机，警察是否可以未经法院许可而直接查看手机中的短信或通讯记录？在2014年6月25日宣判的一起案件中，美国最高法院的九位大法官以9∶0的投票对这个问题做了否定的回答。判定：允许对犯罪嫌疑人进行"无证搜查"的理由，并不能适用于针对手机中的信息的搜查。警察查看他手机中的信息的做法违反了宪法，由此获得的证据应当作为非法证据而排除。这对于保障公民的隐私权具有重要的意义，有利于防止隐私权受到公权力机关的任意侵犯。这样的判决，对于我们具有一定的启示意义。①

在现代社会，为了保护国家利益，维持社会秩序，涉及国家利益、公共利益的问题，优先保护。当隐私权与公共利益发生冲突时，应当依公共利益的要求进行调整。在隐私权上，一旦个人信息与社会公共利益发生关联，就表明其隐私的让予。但社会公共利益优先的规则也不得滥用，应当进行个案分析。② 国家侦查权应受到规制，以达到惩罚犯罪与保障隐私权、维护秩序与追求自由之间的平衡。公权力对个人隐私权的干涉是否为"民主社会所必需"，即："为了民主社会所必需，以及为了国家安全、公共安全，防止犯罪，维护他人的权利和自由等，才能放弃个人的隐私权。欧洲人权法院对'必需'的含义作出了如下解释：民主也不是简单指大多数人的观点总是对的，而是说，应当达成一种平衡，这种平衡也要确保对少数人的公平和适当待遇，并避免任何支配地位的滥用。"③

秘密侦查的法律规制。应该以法治思维导引人权司法保障制度的完善，实现人权司法实体权利、程序权利的统一。秘密侦查须符合法定原则。通讯监听立法应强调以下几个方面：

1. 通讯监听的范围：只限于确保国家安全，反恐案件、维持社会秩序所必要的案件。

2. 通讯监听的法治原则。（1）法律明确性原则，即实施通讯监听的要件、对通讯监听行为均应有法律的明确规范。这应健全司法保障的法律法规，完善制度设计，细化保障措施。监听报告应说明根据案件的具体情况及法律的明确规范采用监听的必要性。（2）比例原则。执行通讯监听的侦查机关，不得逾越所欲达成执行目的之必要限度，且应以侵害最少的适当方法为之。通讯监听批准书的执行，除通讯监听批准书上所载受监听人外，不得逾越必要的范围，因可能同时侵害无辜第三人的秘密通讯自由，侵害其他公民的基本权利。

3. 通讯监听的程序要件。程序应合理、正当，且通过独立的司法机关加以审查、监督，以符合宪法保护公民秘密通讯自由的意旨。完善人权司法保障，可借鉴国外经

---

① 郑海平：《手机内容属于隐私，警察不得"无证搜查"》，载《人民法院报》2014年8月1日第8版。

② 王利明：《民法上的利益位阶及其考量》，载《法学家》2014年第1期。

③ 《论侦查行为与隐私权保护的关系》，载 http://www.fatongedu.com/fl/paper/201204/989.html，于2014年9月30日访问。

验，立法规定，通讯监听批准书，由法院批准，防止侦查机关滥用。

我国虽实行"公、检、法三机关"相互配合、相互制约的司法体制，但公安机关作为行政机关，实际却拥有几乎不受任何限制的司法权，因一般公安局长是由政法委书记或政府副职兼任。在审判前的侦查阶段，没有一个中立的司法机关参与其中，没有司法机关的合法性审查活动，承受技术侦查、秘密侦查的公民无法提出有效的申诉，导致公安机关滥用技术侦查、秘密侦查。防止公安机关滥用权力的出路在于进行司法改革，发挥法院对技术侦查、秘密侦查的制约和引导作用的机制，使公安机关所行使的巨大权力受到充分有效的司法节制，以消除容易孳生腐败、纵容枉法者的制度环境。这对于一个法治国家而言，与其放任少数警察滥用权力，不如将其权力纳入完备的司法体制之中。

4. 保障被监听人的"知的权利"。既要有效防止侵权行为的发生，又要切实保障公民权利在受到侵犯后，能及时得到有效救济。应规定："监听执行机关在监听结束时，应立即请通讯监听批准机关许可后，通知被监听人。但例外情势是：有可能妨害监听目的或不能通知的，经通讯监听批准机关许可后。前述不通知的原因消灭后，应立即补办通知。"

5. 监听证据的效力和保管、使用。合法监听取得的证据应认定有效。监听信息的保管和使用应规范，以符合宪法保护公民秘密通讯自由的意旨，应运用足以确保监听信息正确及安全的方式为之，并采取必要的防护措施，以保障隐私权。应规定，对电信、邮政机关的协助义务、监听获得资料的留存及销毁、保守秘密、泄露监听获得资料的法律责任。

《电信法》从开始起草至今已经 34 年，但是一直处于难产状态。应制定电信法，明定：电信事业应采适当并必要的措施，以保障其处理通信之秘密。依法律规定查询者除外，电信事业或其服务人员对于电信的有无及其内容，应严守秘密；退职人员亦同。规定电信事业处理有关机关查询通讯记录及用户数据的程序，使电信邮政机关的行为受到必要的规范。为加强对通讯隐私的保护，应设有罚责规定。

6. 确立年度报告制度。监听他人秘密通讯攸关个人隐私，有多少人受到监听，多少受监听人收到曾被监听的通知，司法机关应作统计上的说明。每年就通讯监听的核准和执行情况向全国人大作出专项报告。

四、大数据下个人信息中的隐私权的保障与司法规制

（一）大数据下的隐私权

随着云计算大数据，信息存储量的增多，通过数据的开放、整合和分析，人类拥有了处理大量数字化信息的技术。对大量信息的分析与处理，为社会带来"大科技"、"大利润"和"大发展"等新的机遇。由于计算机、网络、传播等各种科技的快速发展，使国家、企业或个人能够迅速地搜集、储存、传送有关个人的各种数据，以不同的方式加以

组合或呈现，作为一种资源或商品加以利用①。政府和企业的决策越来越依赖数据收集与分析。

现代数据科学已经发现几乎任何类型的数据都能用来识别创造它的人，就好比指纹一样。大数据之大，体现在数据容量之大，数据抓取、整合和分析之大。大数据时代可以不断采集数据，Facebook 已经可以实现对个人信息收集的自动化与实时化。美国通过收集、整合几个跨国互联网公司的数据，就可以对世界上大多数的人口进行监控。政府、非政府机构、商业组织等以数字化的形式收集了各种各样的大量信息。线上和线下的数据融合，整合各自的数据资源。当看起来是碎片的数据汇总起来，"每个人就变成了透明人，每个人在干什么、想什么，云端全部都知道"。美国计算机专家 John Diebold 说："在信息时代，计算机内的每一个数据，每一片字节，都是构成一个人隐私的血肉。信息加总和数据整合，对隐私的穿透力不仅仅是'1+1=2'的，很多时候，是大于 2 的。"数据越多，隐私就越少。通过大数据分析，只要通过同一手机的四个不同的位置数据点就可以精确定位其拥有者。对网友在上网期间留下的所有痕迹进行分析，可根据消费者在商场的购买记录，来判断对方是否怀孕。如一家公司运用计算模型往一个中学生的家里邮寄孕妇产品的宣传单，一位父亲找到美国这家百货公司，说女儿只是一个中学生，怎么能这样。没想到，几个月后，女儿真的怀孕了。大数据时代，侵犯隐私权的行为难以察觉，侵犯后果更严重。应如何保护公民的隐私权？应制定个人信息保护法，规范个人信息收集、保存和利用行为。

(二) 个人信息权问题

个人信息资料：指自然人的姓名、出生年月日、身份证号码、护照号码、指纹、婚姻、家庭、职业、病历、医疗、基因、性生活、健康检查、联络方式、财务情况、档案资料、社会活动及其他可以直接或间接方式识别该个人的数据。个人信息可分为敏感信息和琐碎信息，还可以按照识别方式不同的标准分为直接识别信息和间接识别信息。

大数据时代下，扩充了个人信息的范围。作为公民的个人信息，一旦被以数据化形式储存，便掌握在政府、非政府机构以及商业组织的数据库中，生成、处理、分享和利用大数据，可以创造大量有价值的信息，但个人隐私内容具有经济价值，隐私信息有泄露被人利用的风险。

个人信息权与隐私权的联系和区别。大量的个人信息是具有私密性的，是个人不愿意对外披露的，特别是一些敏感信息，和隐私有交叉重叠的内容。个人信息的内容不限于隐私，还包括姓名、肖像等。个人信息与隐私不同的一点就是隐私是不公开的；个人信息有一些是个人不愿意公开的，有一些是已经公开了的。即使获取他人隐私没有公开，但足以导致受害人心灵不安，也即构成侵权。

---

① 苗延波：《人格权法制定中的焦点问题研究》，载《法学论坛》2009 年第 6 期。

(三)个人信息中的隐私权的保障与司法规制

1. 立法上应明确个人信息收集、处理及利用的目的。为依法合理地搜集处理大数据信息提供保障，应确保信息处理过程中个人隐私不被泄露，不被用于服务以外的目的。个人信息的搜集、处理及利用合理使用涉及信息自由，个人信息自主与信息自由乃同受保障的基本权利，具相同位阶，并无孰为优先的问题。应依诚实信用原则，不得逾越特定目的之必要范围。禁止公务机关和非公务机关超范围非法收集、储存、利用个人数据。应当认定存储于政府、商业组织、网络运营商等"数据库"中的个人数据属于个人隐私权。法律既要保障大数据信息的合法开发利用，也要明确相关信息不得用于对个人和企业进行处罚，不得对社会发布，对泄露用户数据甚至牟利的，法律要细化处罚条款，要让相关违法人员承担巨大的代价。个人有权监督政府、网络运营商以及其他网络用户对自己个人信息的使用情况。

公务机关对个人信息的搜集或计算机处理，应有特定目的，并符合下列情形之一：(1)在法律规定职权范围内的。(2)对当事人权益无侵害的。

公务机关对个人信息的利用，应在法律规定职权必要的范围内行使，并与搜集的特定目的相符。但有下列情形之一的，可为特定目的外之利用：(1)法律明文规定的。(2)有正当理由而仅供内部使用的。(3)为维护国家安全的，如反恐需要的。

我国信用征信机构应当客观、公证地收集、记录、制作、保存公民、法人的信用资料，合理使用并依法公开信用资料。

非公务机关对个人信息的搜集或计算机处理，应具有特定目的，并符合下列情形之一：(1)经当事人书面同意的。书面同意，包括债务合同上的同意，即对个人信息搜集或利用的同意系以合约约定而成为合同的内容。如委托外公司催账款，提供债务人个人资料案。原告主张被告(某银行)陆续将其个人资料提供给多家催收账款公司非法利用，不断通过催收账款公司对其骚扰，甚至打电话至其工作的地方催讨债务，不堪其扰。但这并不构成侵权。债权人委外催收账款，提供债务人个人信息，为催收所必要，其使用个人信息尚难说违反诚实信用方法或逾越特定目的之必要范围。另受委托的催收账款公司，非属受雇人，委托人不负雇用人侵权责任。若委托指示、授意受委托公司以不法手段催讨债款时，则应负侵权行为责任。(2)当事人自行公开或其他已合法公开的个人信息。(3)为学术研究而有必要且无害于当事人的重要利益的。如基于医疗、卫生或犯罪预防的目的，为统计或学术研究而有必要，且该数据须经过处理后或依其披露方式，不足以识别特定自然人者为限。个人信息不得向第三方提供。(4)依法规及其他法律有特别规定的。

非公务机关对个人信息的利用，应在搜集的特定目的必要范围内行使。但有下列情形之一的，可为特定目的外的利用：(1)为增进公共利益的。(2)为免除当事人的生命、身体、自由或财产上的紧急危险情形的。(3)为防止他人权益的重大危害而有必要的。

2. 强使他人接受信息构成侵权。许多人都有遭受电话诈欺、假中奖通知或推销商品或服务的电话或E—Mail的经历。这是因个人信息泄露产生的问题，攸关大数据时代隐私权保护。对他人供应数据而侵入其私领域的，最为常见的是企业经营者将广告传单资料投入他人信箱(所谓垃圾邮件)，或以 E-mail、电话为之。这种强使他人接受信息，使他人成为被虏的听众，系不法侵害他人的隐私权。

3. 不法侵害他人隐私取得证据的证据能力。以不法侵害他人隐私权所取得证据在诉讼上证据能力的问题，是诉讼权保障与隐私权保障的冲突与调和问题。以侵犯隐私权的目的取得某种信息作为诉讼法上的证据，因而发生。如以装设针孔摄影机搜集通奸证据。在民事诉讼中，以偷拍偷录形式出现的视听资料越来越多地出现在法庭上。最高人民法院《关于民事诉讼证据的若干规定》中从平衡实体公正与程序公正出发，对偷拍偷录形式的视听资料予以一定程度的放宽，仅将"侵害他人合法权益或违反法律禁止性规定"手段取得的证据作为非法证据，一定程度上放宽了对偷拍偷录的视听资料作为证据使用的认定标准。

(四)网络环境下的隐私权保障与司法规制

截至 2014 年 6 月，中国网民达 6.32 亿，其中手机网民 5.27 亿。在一些博客、微信等中存在着披露隐私等内容。"人肉搜索"使详细个人信息被披露，通过一个网站与其他网站的链接，把一个人的隐私随便扩散，搜索一个人，扩散一个人，扩大了传播范围。网络的特殊性，如广泛性、匿名性、隐蔽性、使其成为侵权行为的多发地带。我国在网络立法上存在滞后现象，只有一些规章制度，无法适应网络时代的发展需要，如何应对多发、隐蔽、超时空的网络侵权问题成为现代法律不得不面对的重大挑战。

基于"任何对互联网的规制不应阻碍其发展"这一基本原则，应通过规范网上个人数据资料的收集使用等行为，为特定人的相应义务设定规则，为网站、网络经营者确定相应的义务。

1. 告知义务。虽然这些信息储存在不同的服务器上，但这些隐私数据的所有权应属个人。在收集个人数据信息时必须向当事人发出通知。合法收集个人数据信息、使用个人数据信息时必须征得主体同意，对侵权者制定严格的惩罚措施。任何主体不应在个人信息主体不知情、未参与的情况下，采取隐蔽技术手段或采用间接方式收集个人信息。网络信息收集者应当告知被收集者何种信息将被收集以及这些信息将被如何使用。当运营商发现信息提交者未满 16 周岁时，应给出明确提示并停止收集行为，为提供必要服务确需收集其个人信息的，应征得未成年人监护人的同意。

2. 保障个人数据信息完整、安全原则。如果大数据被污染了，数据被人为操纵或注入虚假信息，就会误导人们的判断。利用万物互联技术给用户提供信息服务的公司，需要把收集到的用户数据进行安全存储和传输。应赋予用户对个人信息使用、修改或删除等控制权利。用户有权查询自己的信息以及确认自己信息的真实性等。如果所发布的个人数据信息不真实，有侵害他人隐私权的，被侵权人应承担侵权责任。

网络的所有者或管理者得到的用户隐私信息，不得用于传播或其他目的，不得向第三人披露这些数据信息。① 例如，交警公开摄像头拍下的"高速袭胸门"违章视频属于侵犯隐私权行为。

3. 在数据二次利用的过程中，数据使用者须承担隐私权保障的义务。大数据的收集与利用过程中，构成侵权的，承担连带责任。不将重心放在收集数据之初取得个人同意上。如因数据使用者未尽到保护义务而使主体的隐私安全受损，数据使用者应承担相应的法律责任。未来的隐私保护法应当区分数据的用途，对相关企业经营行为进行规范，数据使用者需要基于其行为将对个人隐私所造成的影响进行评估和决策，对一些危险性较大的项目，规定数据使用者应如何评估风险、如何规避或者减轻潜在伤害。这将激发数据的创新性再利用，同时也确保个人免受无妄之灾。②

4. 建立以立法保护为主、行业自律为辅、第三方监督的综合保护模式。第三方隐私保护组织的介入将强化数据主体的力量，在数据收集行为发生前，第三方将按照数据主体选定的隐私偏好配置对数据收集者的隐私保护策略进行审查，以确定其能否满足数据主体的隐私需求，数据主体在此基础上作出是否允许收集的决定。

5. 对网络隐私侵权的精神损害赔偿应特别规定。《侵权责任法》第 22 条规定的精神损害赔偿，其中"造成严重精神损害"中的"严重"，这个规则在网络环境下如何运用？对于"严重"的理解是，主要是造成了一般人所难以忍受的精神痛苦。在网络侵权的情况下，只要构成权利侵害，可直接推定是严重的。因网络环境下的侵害有其特殊性。向一个人和向全社会传播的社会影响不同，网络是个传播放大器，具有扩展性，受众的无限性，会使人尽皆知，会使你一夜败落，使人臭名远扬，可造成他人隐私权的严重侵害后果。

最高人民法院《关于审理利用信息网络侵害人身权益民事纠纷案件适用法律若干问题的规定》第 18 条规定："精神损害的赔偿数额，依据《最高人民法院关于确定民事侵权精神损害赔偿责任若干问题的解释》第 10 条的规定予以确定。""被侵权人因人身权益受侵害造成的财产损失或者侵权人因此获得的利益无法确定的，人民法院可以根据具体案情在 50 万元以下的范围内确定赔偿数额。"《最高人民法院关于确定民事侵权精神损害赔偿责任若干问题的解释》第 10 条第 4 项规定，精神损害的赔偿数额应考虑侵权人的获利情况。因此，精神损害的赔偿数额最高应在 50 万元。

五、隐私权宪法救济的司法化

(一)建立宪法可诉的机制

隐私权属基本人权，隐私权应在宪法上有直接、明确的依据，以消除前述有学者认

---

① 徐子沛：《大数据》，广西师范大学出版社 2013 年版，第 88 页。
② ［英］维克托·迈尔·舍恩伯格、肯尼思·库克耶：《大数据时代》，盛杨燕、周涛译，浙江人民出版社 2012 年版，第 106 页。

为普通法没有创设权利职能的质疑。在此基础上，对隐私权进行单独立法。

宪法隐私权的最有效的保障措施，是建立宪法可诉的机制。应当对公民权利规范化、司法化和可操作化。宪法性权利应允许公民进行宪法诉讼，并配有违宪审查机制，实现个案的人权保护。司法是从应然人权向实然人权转化的最根本保障，将宪法关于"国家尊重和保障人权"的原则宣告具体化、实践化。如今提出"完善人权司法保障"，使得人们有理由期待将来修改宪法时，将人权保护领域的案件纳入司法解决的渠道，实现宪法权利的司法化。司法对于人权保障的机制是通过具体诉讼进行的。如果不能诉诸司法，将此类案件推向其他非法律途径解决，那么，该权利也永远无法得到救济。引导公民寻求司法诉讼程序来实现人权诉求是法治发展的必由之路。人权的真实性取决于人权司法保障的程度、水平和质量。通过司法诉讼个案推动中国的人权事业，是中国人权保护机制的升级。①

现行宪法缺乏制裁措施，目前宪法权利没有可救济性和可诉性。根据《宪法》第 67 条规定，全国人大常委会"解释宪法，监督宪法的实施"，但现实中基本处于缺位的状态。法院没有监督人大立法的权力，也没有宣布行政机关的行政立法无效的权力。要维护宪法权威，推进国家治理现代化，应健全宪法实施监督机制，使人权保障法定化与司法化。国家治理首先是宪法治理，而宪法治理的基本要求是维护人权。人权司法保障是国家体制和治理体系现代化的基础和标志。法院的审判过程是一个人权保障的放大过程，对所有相类似的案件都有影响力。法院典型的案例起参照或者指导意义，产生扩大效应，来持续地发挥起影响力。另司法还可以促进立法的完善，通过法院的适用来发现存在问题的不良之法，及时进行矫正，使法律得以完善，这就使得司法审查得以确立并不断强化。

从比较法上看，多数国家宪法均依靠个案衡量的方式维护基本权利之间的动态平衡，例如德国、英国、日本等。这些国家的宪法对于隐私权的保障，主要体现在利益衡量，均衡考虑冲突价值的义务，只是对于这种义务履行的监督的方式又不同，或通过最高司法机关的上诉审，或通过宪法诉愿等监督机制。

法院的司法审查问题关系到司法人权保障的广度和深度，可考虑建立宪法法院。司法的定位，从理想的设计来看，法院应该拥有比较完整意义上的司法审查权，通过审判个案对人权提供救济。美国法院特别是联邦最高法院在人权保障过程中发挥了突出的作用，它既可以通过对具体案件的审理对当事人提供司法救济，还可以通过在案件审理过程中对有关法律文件的审查对违宪的立法进行纠正。② 在欧洲，大部分国家是设立拥有违宪审查权的宪法法院或者专门委员会来对人权进行保障，这个经验可值得借鉴。我国可考虑设立专门的宪法法院来保障人权，对宪法的执行进行监督，这是一个制度完善。近期虽还有困难，但可以考虑对法院的司法审查权进行适当的扩充。以司法公正来坚守

---

① 汪习根：《论人权司法保障制度的完善》，载《法制与社会发展》2014 年第 1 期。
② 李晓兵：《论人权的司法保障》，载《中国人权年刊（第四卷 2006）》第 45 页。

以人为本的核心立场，坚持尊重和保障人权。① 以实现从人权的宪法性宣示到司法保障的转型。

(二) 现实路径：完善规范性司法解释

"宪法案件"可分为两类：一是违宪审查意义上的争讼案件，因现行宪法的规定，在未修改宪法之前不可能发生；二是非真正的宪法案件，即"法律的合宪性解释"层面的宪法案件，普通法律案件中加入宪法因素的考量。合宪性解释是沟通普通法规范与宪法价值的"技术手段"，是宪法对于整体法价值秩序所提出的要求，是涉及宪法基本权利限制规范的解释过程中，应履行的宪法义务，对个案衡量的"合宪性"，为当事人提供救济。②

合宪性解释与宪法解释不同。合宪性解释的对象并非宪法文本本身，宪法规范是解释的依据。③ 法官无权解释宪法文本含义，但依然受到宪法的约束。合宪性解释，应先将不确定的法律概念或概括条款转换到宪法层次，而就其所涉及相冲突的基本权利作价值衡量，运用法益和利益考量原则，然后将此宪法上的评断基准适用于普通法律案件。④

基于特定重大公益之目的，公开或提供个人隐私的，应与重大公益目的的达成，具有密切的必要性与关联性，不得在重大公益目的外使用。如果出现争议，则需要进行界定，为此必须要适用法益和利益考量原则。根据具体案情、利益衡量解决权利冲突。利益平衡实际上就是在司法过程中进行价值的衡量和利益的取舍，决定优先保护何种利益。⑤ 但实践中，隐私权诉讼案件并未很好地运用利益平衡来行使自由裁量权。隐私权界限的衡量淹没在这些自由裁量之中。利益衡量结果失之一隅，也缺乏行之有效的救济机制。⑥ 因此，我国隐私权协调机制的现实选择是：即完善符合宪法的规范性司法解释。

合宪性司法解释在法律适用过程中不可或缺，最高人民法院应就如何完善我国公民隐私权保护作出合宪性司法解释，在隐私权侵权判断过程中，应对隐私权案件的管辖、立案标准、举证责任式等进行具体规定，通过最高法院的类型化解释，建构明确的审查标准，形成全国统一的标准，以减少法官在冲突依据之间纠结的机会，减少类案不同判的情势，使得判决有理可循，使当事人得以知悉规范之界限何在。

---

① 沈德咏：《坚持公正司法，尊重保障人权》，载《中国人大》2012 年第 12 期。

② 张翔：《两种宪法案件：从合宪性解释看宪法对司法的可能影响》，载《中国法学》2008 年第 3 期。

③ 王利明：《法律解释学导论：以民法为视角》，法律出版社 2009 年版，第 392 页。

④ 王泽鉴：《人格权法：法释义学、比较法、案例研究》，台湾自版 2012 年版，第 521 页。

⑤ 王利明：《民法上的利益位阶及其考量》，载《法学家》2014 年第 1 期。

⑥ 岳业鹏：《名誉权与表达自由的平衡：传统路径与现实选择》，载《人大法律评论》2013 年第 2 辑。

第三篇
社区矫正情势下的缓刑撤销问题研究

王　晖*

摘　要： 缓刑既是刑罚裁量的一种方式也是刑罚执行的一种方式，社区矫正则是当今世界各国刑罚制度发展的趋势。在我国对判处缓刑的罪犯实行社区矫正，开始于2003年的试点工作，全面推行于2009年，2012年刑事诉讼法修正时正式由法律予以确定。缓刑撤销是缓刑制度中一项重要内容，撤销缓刑也就是对缓刑犯社区矫正的撤销，2012年出台的《社区矫正实施办法》第25条对社区矫正情势下的缓刑撤销作出了规定，基于该规定及实践中社区矫正情势下缓刑撤销存在的问题，有必要对社区矫正情势下缓刑撤销的申请、决定、审理模式及证据证明等问题进行梳理与思考，探讨诉讼化程序解决缓刑撤销的路径。

关键词： 社区矫正　缓刑撤销　诉讼化程序

一、社区矫正制度与缓刑制度

社区矫正(community corrections)是一种不使罪犯与社会相互隔离，同时利用社区资源来对矫正人员进行教育、改造的刑罚措施，是所有在社区环境中管理教育罪犯方式的总称，是当今世界各国刑罚制度发展的趋势。在我国，第一次正式提出社区矫正是在2003年7月10日，最高人民法院、最高人民检察院、公安部、司法部联合发布的《关于开展社区矫正试点工作的通知》中，《通知》指出社区矫正是与监狱矫正相对的行刑方式，是指将符合社区矫正条件的罪犯置于社区内，由专门的国家机关在相关社会团体和民间组织以及社会志愿者的协助下，在判断、裁定或决定确定的期限内，矫正其犯罪心理和行为恶习，并促进其顺利回归社会的非监禁刑罚执行活动。

缓刑是对原判刑罚附条件地暂缓执行，如果犯罪人在考验期内遵守一定的条件，原判刑罚就不再执行的制度。缓刑制度具有双重属性，从裁量是否执行所判刑罚的意义上说，缓刑属于一种量刑制度；从刑罚执行的意义上讲，缓刑又是一种刑罚执行制度。2011年《中华人民共和国刑法修正案(八)》明确规定了宣告缓刑的对象是被判处拘役和

---

* 作者简介：王晖，女，武汉警官职业学院司法侦查系教师，法学硕士。

3 年以下有期徒刑的犯罪分子，适用条件是这些犯罪分子犯罪情节较轻，有悔罪表现，没有再犯罪的危险，对其宣告缓刑对所居住社区没有重大不良影响。对这类人员适用缓刑制度，及时对其进行考察与教育，能够有效地避免短期自由刑弊端，促使犯罪人改过自新、重返社会，实现行刑社会化以及刑罚经济化等作用。在试行社区矫正之前，对缓刑犯是由公安机关进行监督与管理，但是，由于公安机关担负着社会治安管理、犯罪防控等多方面的社会管理职能，对缓刑犯的监管工作往往成为真空。2003 年我国缓刑人员社区矫正开始试点，2009 年缓刑人员社区矫正在全国正式推行，缓刑犯从此由社正矫正机关进行考察和执行。2012 年 1 月 10 日最高人民法院、最高人民检察院、公安部、司法部联合下发了《社区矫正实施办法》，以法律的形式明确规定了对宣告缓刑的罪犯可以实行社区矫正。2012 年《刑事诉讼法》修正后，以基本法的形式确定："对被判处宣告缓刑的罪犯，依法实行社区矫正，由社区矫正机构负责执行。"

对被宣告缓刑的犯罪分子实行社区矫正，其目的在于避免缓刑犯处于监管的真空状态，通过及时对他们进行改造教育与监督管理，帮助他们更好地度过缓刑考验期，促使他们健康地重返社会。而之所以对于宣告缓刑的犯罪分子可以放在社区进行矫正，主要是因为缓刑的对象一般是没有再犯罪的危险，对所居住的社区不会有重大的不良影响的人员，但是，事物的发展是动态的，刑罚执行过程中，一旦这个前提条件丧失，如缓刑犯在社区矫正期间出现再犯罪或长时间脱管现象等，再继续将缓刑犯放在社区进行矫正，就会对社区普通公众造成实际上或潜在的影响，此时，作为刑罚执行方式的缓刑应发生相应变更，及时予以撤销。关于撤销缓刑的情形，《中华人民共和国刑法修正案（八）》及《社区矫正实施办法》都作出了规定，但因为这些规定多属于实体上的规定，缺少程序上的支撑，缓刑的撤销在实践运作中出现了诸多问题。

二、实践中社区矫正情势下的缓刑撤销的现状及困惑

我们先来看一组数据：根据统计，湖北省某市某区社区矫正机构 2007 年到 2011 年在社区实行矫正的缓刑人员人数分别为：194 人、205 人、237 人、270 人、281 人，而从 2007 年到 2011 年这些在社区进行矫正的缓刑人员被撤销缓刑的数字分别是 0 人、1 人、1 人、0 人、0 人，其中在 2008 年和 2009 年分别被撤销缓刑的人员的原因都是因为在考验期内犯了新罪。① 从这组数据我们可以看出：1. 被判处缓刑并进入社区矫正的人员正逐年增加。2. 在社区矫正过程中被撤销缓刑的人数极少。3. 在为数极少的被撤销缓刑的矫正人员中，被撤销缓刑的原因都是因为在矫正期间犯新罪，没有因为在矫正期间违反监管规定而被撤销缓刑的。

难道缓刑犯在社区矫正期间全都是认真遵守监规，按时向社区矫正部门及时汇报思想及动态？其实不然，实践中在社区进行矫正的缓刑人员违反监管规定的情况屡屡发

---

① 周青龙：《社区矫正情势下的缓刑撤销之辩——以 Y 市缓刑人员严重违反监管规定需要撤销缓刑为实证分析》，载《湖北省法学会犯罪学研究会 2013 年年会论文集》，第 129 页。

生，但因此而被撤销缓刑的人员却寥寥无几，说明缓刑撤销制度在司法实践中存在着职权不明，程序不清，相关部门放任不管等问题。

2012 年《社区矫正实施办法》出台，第 25 条规定：缓刑的社区矫正人员有下列情形之一的，由居住地同级司法行政机关向原裁判人民法院提出撤销缓刑建议书：(1)违反人民法院禁止令，情节严重的；(2)未按规定时间报到或者接受社区矫正期间脱离监管，超过一个月的；(3)因违反监督管理规定受到治安管理处罚，仍不改正的；(4)受到司法行政机关三次警告仍不改正的；(5)其他违反有关法律、行政法规和监督管理规定，情节严重的。

有了这一规定，执行社区矫正司法行政机关对于在矫正期间违反监管规定的缓刑人员提出撤销缓刑有了法律依据，各地社区矫正人员因违反监管规定而被撤销缓刑的案例开始频繁见于媒体的报道中。上述缓刑撤销在实践中存在的部分问题也随着 2012 年《社区矫正实施办法》的出台与实施，得到了一定程度的好转。但是，由于《社区矫正实施办法》第 25 条的规定缺少相关程序上的规定，因此，在实践中仍存在以下困惑：

(一)社区矫正情势下的缓刑撤销，撤销缓刑的材料由谁提交，向谁提交，程序如何？

《社区矫正实施办法》第 25 条明确规定：由居住地同级司法行政机关向原裁判人民法院提出撤销缓刑建议书，司法行政机关的收监执行建议书和决定机关的决定书，应当同时抄送社区矫正人员居住地同级人民检察院和公安机关。一般情况下，原裁判人民法院与缓刑执行的司法行政机关同一级别同一行政辖区，直接由缓刑执行地的司法行政机关向原裁判人民法院提出撤销缓刑建议书。但是，如若遇到原裁判人民法院与缓刑执行地的司法行政机关级别不同，地域不同，如何处理？例如，A 省 B 县人贾某因犯诈骗在 C 省 D 县被人民法院判处有期徒刑 2 年，缓刑 3 年。判决下达后，交由 B 县社区矫正机构执行刑罚。在缓刑执行期间，贾某在 B 县因严重违反监管规定，B 县某社区矫正机构欲建议对其撤销缓刑、收监执行，如何操作，由 B 县社区矫正机构报告 B 县司法局后，由 B 县司法局向 D 县人民法院直接提出撤销缓刑建议，还是由 B 县司法局层层上报到司法部，再司法部层层向下通报至 D 县司法局后，再由 D 县司法局向 D 县人民法院提出撤销缓刑建议？

(二)社区矫正情势下的缓刑撤销，审查方式是书面审查还是开庭审查，审查模式如何？

立法未明确规定撤销缓刑的审理程序。实务中缓刑撤销多以书面审查作为当前最为常见的缓刑撤销审理模式，在这种模式下，审理法官往往仅根据司法行政部门的撤销缓刑建议书及相关支撑材料，判断是否符合《社区矫正实施办法》第 25 条的规定，直接作出是否撤销缓刑的决定。这种模式表面是有法院参与的司法程序，实际上，这个过程由申请—审查—决定三个环节组成，完全具备行政审批程序的特征，在这种模式下，容易导致社区矫正人员也就是这里的缓刑犯辩护权利的缺失，它在一定程度上直接排除缓刑犯参与缓刑撤销的审理程序。缓刑撤销审理程序作为一种直接对当事人身权利影响的重大审理程序，在审理时，明显采用了直线式结构，存在三元结构的失衡问题，这种失衡与缺位导致当事人对撤销缓刑事实的辩护权、提出证据质疑的质证权等权利被剥夺，显然不符合诉讼法律精神。

(三)社区矫正情势下的缓刑撤销，矫正机关对撤销缓刑的证据的收集要达到什么程度，法院据以撤销缓刑的证据是否需要质证？

实践中有这样一起案例：杜某因犯盗窃罪被某县人民法院依法判处有期徒刑6个月，缓刑1年。社区矫正的期限自2012年12月25日至2013年12月24日，杜某及其监护人于12月25日到县司法局报到。但杜某自2012年12月29日起脱离监管，未经批准，擅自不请假到外市务工，后经社区矫正执法中队多方查找，杜某于2013年4月19日回司法局报到，脱管时间达4个月。本案有杜某的考核材料、日常行为奖惩记录和司法所社区矫正工作人员对杜某行踪的走访谈话笔录以及对杜某脱管行为主观方面与客观方面的调查询问笔录为证，杜某在笔录中也自认脱管四个多月，但提请撤销缓刑建议的机关提供的监管材料中却登记杜某的正常矫正情况，并有相关工作人员签名为证，这与笔录存在矛盾，杜某脱管行为的证明就无法达到证明标准。① 同时，即便上述证据中笔录与记载与其他证据一致，能够达到证明杜某脱离监管达4个月的程度，那么，这些由矫正机关提供的证据是否需要经过司法行政机关与缓刑犯双方的质证，法院的认证，才能作为撤销缓刑的最终依据呢？

三、完善社区矫正情势下的缓刑撤销的对策——诉讼化程序的构建

缓刑的撤销直接影响着社区矫正人员的利益与权利，处理不当可能严重影响公平正义和司法权威，因此，缓刑的撤销应当按照司法诉讼程序进行，由司法行政机关向法院提出撤销缓刑建议、举证，社区矫正对象参与其中进行自我权利的维护与辩护，法院依据双方对质及证据作出裁定。具体页言：

(1)社区矫正情势下撤销缓刑申请与受理。首先是撤销缓刑的申请，由居住地同级司法行政机关提出，也就是由县级及以上司法局提出，直接执行矫正的司法所无权提起；所谓的同级司法行政机关是指，与原裁判人民法院同级的司法行政机关，不应再受不同地域的限制，如上文中所提出的案例，B县某社区矫正机构欲建议对其撤销缓刑、收监执行，可以直接由B县社区矫正机构报告B县司法局后，由A省B县司法局直接向C省D县人民法院直接提出撤销缓刑建议即可，无需层层上报再下报。其次是撤销缓刑受理。司法行政机关在考验期内发现被撤销缓刑人具有缓刑撤

① 王伟：《社区矫正执法应注意几个证据问题》，载《人民调解》2014年第2期。

销情形，应及时向原裁判人民法院提出缓刑撤销意见并制作相关法律文书，同时抄送社区矫正人员居住地同级人民检察院和公安机关，人民法院对司法行政机关提出的缓刑撤销申请进行初步审查，形式上符合《社区矫正实施办法》第25条的规定的，进行受理。

（2）社区矫正情势下撤销缓刑的审查模式与程序。撤销缓刑作为刑罚执行过程中变更执行方式，在一定意义上是对缓刑犯刑罚的加重，当前实践中常见的书面审查模式，审查过程没有调查取证、申辩对质等环节，不利于对缓刑犯的人身权利的保障。有必要在审理程序中打破原来具有行政审批特征的司法程序，重新构建和确立控、辩、审三元结构的诉讼化程序和模式。具体来说：人民法院在受理缓刑撤销的申请后，应将撤销缓刑建议书副本送达社区矫正缓刑犯，告知其可以选择采取开庭审理还是书面审理。对于案情清晰，当事人对书面审理无异议的，则可以组成合议庭，进行书面审理，审理前，人民法院应通知被撤销缓刑人有权委托诉讼代理人，有权对缓刑撤销建议书中列举的事实与证据进行质证与反驳，同时通知提交缓刑撤销申请的司法行政机关及同级检察机关派员参与讨论，制作讨论笔录。

对于案情材料有疑点，或社区矫正缓刑犯不同意书面审理的，组成合议庭，开庭审理。审理应通知检察人员、提出缓刑撤销建议的司法行政机关、缓刑犯以及辩护律师等相关人员参与，由法官主持，缓刑申请撤销方与缓刑被撤销方双方阐述理由，法官基于双方对事实的阐明与证据的质证，对确实符合缓刑撤销条件的在1个月审判期限内作出是否撤销缓刑的裁定。

（3）社区矫正情势下撤销缓刑的证据与证明

由于处理结果与被撤销缓刑人的利益牵涉重大，且处理不当可能严重影响公平正义和司法权威，所以人民法院对撤销缓刑的审查，应当达到事实清楚、证据确实充分的证明标准，最终据以裁定的证据必须经过双方质证。具体来说，影响处理决定情形的每一个细节必须查清，据以证明每一环节的证据必须经双方质证，所有证据材料之间不能有任何矛盾且能够相互印证，形成严密的逻辑链条，指向唯一的结论。具体而言，以《社区矫正实施办法》第25条规定第二种情况——未按规定时间报到或者接受社区矫正期间脱离监管，超过一个月而建议撤销缓刑的情况为例，应提供的证明材料包括：1.缓刑犯到居住地县级司法行政机关报到的材料及县级司法行政机关为其办理登记接收的手续，主要是各类文书与表格；2.矫正小组成员及司法所出具的缓刑犯脱管超过一个月的证明材料：包括缓刑犯在社区矫正期间的考核材料、日常行为奖惩记录、社区矫正工作人员对缓刑犯行踪记录，缓刑犯回到社区后对其超过一个月脱管情况的调查询问笔录等。上述材料应经过司法行政机关与缓刑犯的质证后，经法院认证后，各材料之间能够相互印证，最终确定无疑能够证明缓刑犯在社区矫正期间脱管超过一个月的事实，没有其他可能性或疑问时，才算是达到证明标准，法院才能据此作出撤销缓刑的裁定。

结　语

正义不仅应得到实现，而且要以人们看得见的方式加以实现①。对于应该撤销缓刑的社区矫正人员，不仅应该以符合法律规定的条件来撤销缓刑，更应该以符合法律精神的程序来撤销缓刑。

---

① ［英］丹宁勋爵：《法律的正当程序》，李克强、杨百揆、刘庸安译，法律出版社 1999 年版，第 125 页。

第四篇
论法官法律思维与经验判断之互补与趋同
——以刑事诉讼陪审制度的改革与完善为视角

王　力*

摘　要：法律具有局限性，法官的法律思维亦有其狭隘性；司法程序的正当性，呼唤在诉讼阶段能够吸纳民意。人民陪审员参审履职的质量不尽如人意，陪审员与法官"优势互补"的效果没有得以充分发挥，陪审员事实上成为法官的"陪衬"和"附庸"。要为这些问题求解，必须在立法上完善陪审制度分层次立法，在选任上采取大众化与分类化选任机制，在履职上强化履职保障机制，在改革上与司法体制改革相互衔接；同时，改革合议庭组成模式，改变陪审员参审范围随意状况，完善合议庭评议表决机制、抽选方式与行政管理方式。

关键词：法律思维　法律经验　陪审制

引　言

创设人民陪审员制度的宗旨有三个维度：一是加强司法民主；二是推进司法公开；三是为促使法官法律思维和社会经验互补与趋同提供组织保障。法律是局限的，法官运用法律思维寻求案件实体真实，效果不尽如人意。正如霍姆斯大法官所说"法律的生命不在于逻辑，而在于经验"。因此，需要引入"平民法官"站在社会角度，以社会常识、经验伦理与法官的法律思维进行互补与衡平。司法公信的最高境界，不在于法律专家闭门造车达成"共识"，而在于得到最广大社会公众的信赖。鉴于此，职业法官和"平民法官"、法律思维和经验判断两者之间，在共同实现刑事诉讼法目的的价值追求上，是求同存异并趋向同一的。

现实中，一方面人民陪审员作为"外行"，其常识性判断往往包含着不为法官所关注的真实，这些常识也许能够避免职业法官因为钻"牛角尖"而陷入思维的"误区"；另一方面作为"专家"的职业法官可能天然地轻视"外行"意见，导致人民陪审员制度宗旨难以实现，使得该制度的现实效果与预期相去甚远。

---

* 作者简介：王力，男，湖北省咸宁市中级人民法院研究室主任、市法官协会秘书长、四级高级法官、法律硕士。

笔者认为，对"平民法官"价值职能定位之后，刑事诉讼陪审制度的改革方向必须忠实和服务于这宗旨。具体包括："平民法官"的遴选，如何保障"平民法官"充分履职，如何让"平民法官"与职业法官"平起平坐"优势互补，如何让人民陪审员制度与主审法官制度相互衔接等内容。通过以上研究，笔者提出建议性意见，以期推动司法体制改革良性发展。

一、现状透析："陪而不审"、"合而不议"履职现状令人堪忧

法官的职业化和司法的大众化是提高审判质量和效率，促进司法公信的有效渠道。而司法的大众化不仅需要民主的形式，更需要"平民法官"实质的参与和配套的机制保障。然而宏观上制度设计的初衷，在微观实践中未必能够实现。对于多数基层法院而言，人民陪审员最大意义在于一定程度上缓解了案多人少，法庭难以组成合议庭的困难。而恰恰由于陪审员是"外行"，法官也并无要求其深入参与实质审判、从而影响和制衡法官法律思维的内在动力，两种内外因素造成了人民陪审员"陪而不审""合而不议"的履职现状。

笔者调研了辖区6个基层法院2011—2013年刑事案件陪审员参审情况，6个基层法院3年来审结刑事案件3388件，其中陪审员出庭2822件，陪审员参审率为83%。单纯就陪审率而言，显然比例较高。

辖区基层法院 2011—2013 年陪审员参审刑事案件表

法院	刑事结案数	陪审员参审数	陪审员参审率
咸安	676 件	575 件	74%
赤壁	735 件	546 件	85%
通山	599 件	517 件	86.3%
崇阳	563 件	563 件	100%
嘉鱼	374 件	298 件	79.7%
通城	441 件	323 件	73%
合计	3388 件	2822 件	83%

但是，笔者调研的宗旨在于深入探究陪审员参审履职的质量。为了全面科学考核陪审员出庭参审的质量情况，笔者借鉴绩效考核方式，按照满分10分制，分成16项量化指标，以M县法院刑庭2013年审结的120件刑事案件为样本进行逐项测评如下：(1)陪审员出庭率情况，该县法院共60名陪审员全年人均出庭率应当为4次，实际出庭次数高于4次的陪审员29人为合格，29除以60，取百分比为出庭率情况，实际评分为4.8分；(2)随机抽选陪审员出庭率情况，抽样调查的120件案件中，出庭次数高于10次和低于2次的陪审员分别为9人和21人，共30人为不合格，合格人数30除以60，取百分比为陪审员随机抽选出庭率情况，评分为5分；(3)陪审员庭审发问情况，根据20名法官、5名检察官、5名律师问卷调查，基本不问计0分，偶尔发问计3分，能积极发问计10分，取平均值为2.5分；(4)陪审员独

立发表评议意见情况，根据 20 名法官评分，取平均值为 3.2 分；(5)陪审员意见被采纳情况，120 件样本案件中，陪审员提出合理意见被合议庭采纳 3 件，与发表意见的 12 件之比值得 2.5 分；(6)陪审员少数意见记入笔录情况，通过查阅 120 件案件合议庭笔录，仅有 2 份笔录记录有陪审员不同意见，法官介绍陪审员能够独立提出自己不同意见占 5%，综合评分 3.3 分；(7)陪审员建议提交审委会情况，120 件样本案件中仅有 1 件，与实际提交审委会讨论案件 24 件的比值，评分为 0.4 分；(8)专家及专门陪审员(来自工青妇团体)出庭情况，120 件案件中有 9 件，与该类型案件 35 件比值评分为 2.6 分；(9)陪审员庭前阅卷情况，120 件案件中陪审员庭前阅卷 32 件，按比值评分为 2.7 分；(10)陪审员履职自我认同情况，经对 30 名陪审员问卷调查，感觉良好计 10 分、感觉一般计 4 分、缺乏自我价值感计 0 分，最后综合评分 3.6 分；(11)法官对陪审员履职认同情况相对较好，20 名接受问卷的法官评分平均 6.2 分；(12)5 名检察官和 5 名律师对陪审员履职情况平均评分分别为 5.6 分和 2 分，综合评分为 4.4 分；(13)陪审员附和法官评议意见情况，抽查的 120 件样本案件中，合议庭笔录反映陪审员在合议中附和同意法官意见占 93%，另外 7%能独立发表意见的比值评分为 0.7 分；(14)陪审员事后补签笔录情况，在抽查的 120 件样本案件中有 4 件，按每补签一次扣 2 分计算，综合评分为 2 分；(15)陪审员协助调解情况，20 名法官平均评分 5.5 分；(16)陪审员协助化解矛盾情况，20 名法官平均评分为 3.5 分。根据以上量化考核指标，陪审员参审情况总体绩效评分为 3.3 分。① 见下图：

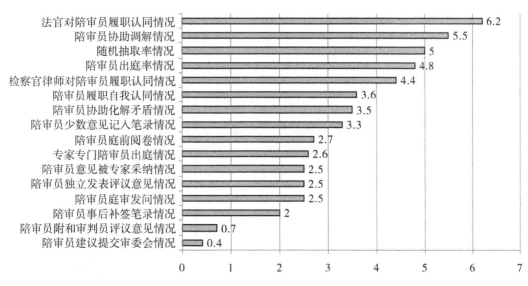

陪审员制度存在的问题及参审质量不高的原因剖析

----

① 抽样法院是 M 县法院 120 件刑事案件，问卷测评对象包括 20 名法官，检察官、律师各 5 名，每个单项考核满分 10 分，最后取 16 项考核平均分为实际绩效评分。

（一）从制度方面看

陪审员法律制度不够完善　社会平民参与司法裁判，是国家司法民主、政治民主的象征，应当从宪法高度赋予人民参与选举、参与司法等国家治理活动权力。《全国人民代表大会常务委员会关于完善人民陪审员制度的决定》作为一项法律，在陪审员参审案件的范围、陪审员履职保障等方面规定过于简陋，造成实践中陪审员参审范围存在随意性，陪审员履职积极性和参审质量不高。

陪审员遴选呈现精英化　陪审员制度是增强司法国民基础的重要举措，由于受法官队伍精英化影响，笔者辖区基层法院陪审员精英化趋势明显："公务员陪审员"占54%、"党员陪审员"占90%、"中层以上领导陪审员"占42%，"知识型陪审员"占76%，而"农民陪审员"仅占12%、"初中文化陪审员"仅占1.6%，这种陪审员精英化现象，极大损害了陪审员的广泛社会代表性、司法的民主参与性。① 见下图：

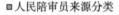

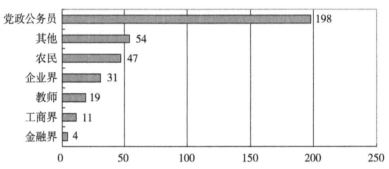

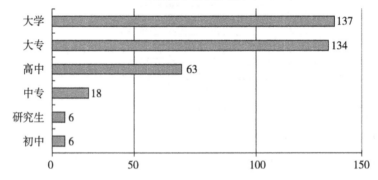

---

① 陪审员精英化带来的不利后果，普通民众难以当选陪审员，普通民众的价值观、伦理观难以被采纳到司法审判中去，从而使司法难以承接社会"地气"。

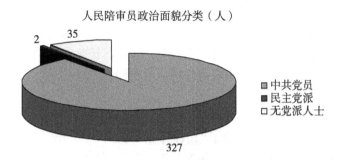

人民陪审员政治面貌分类（人）

- 中共党员
- 民主党派
- 无党派人士

(二) 从法官角度看

法官认为陪审员没有受过法律专业系统教育，其对法律概念、诉讼程序、证据规则均缺乏知识储备，单凭陪审员自身难以胜任审判工作。但正是基于以上先天缺陷，所以陪审员能够附和法官的意见，这对提高司法效率是有益的。

(三) 从陪审员角度看

陪审员自认为是法律的"门外汉"，除了对法律知识的缺乏之外，加之对案情又不了解，在整个庭审中存在着双重的不自信，基于"言多必有失"的顾虑，宁可保持庭审中的缄默和对法官评议的附从，缺乏审判主体意识，导致参审积极性和自我价值认同度降低。从陪审员参审心理分析：充当审判主体担当法定职责的仅占8%，而充当法官陪衬占41%，享有陪审员政治光环占23%，被动应付差事占16%，履行程序过场占12%。①

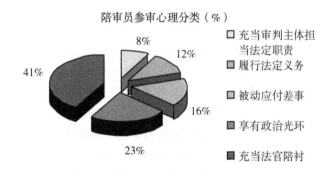

陪审员参审心理分类（％）

- 充当审判主体担当法定职责
- 履行法定义务
- 被动应付差事
- 享有政治光环
- 充当法官陪衬

二、职能定位：以朴素的经验衡平弥补法律和法官思维的局限

全国人大《决定》对于陪审员的职能规定比较原则和空泛，"陪审员参审案件，对事

---

① 对30名抽选陪审员采取问卷和交谈两种方式取得调研情况。

实认定、法律适用独立行使表决权,同法官享有同等权利"。笔者构想在审判实践中要实现这种理想化的制度设计,应当从三个方面作出努力:①如何充分地保障陪审员履行职责;②如何充分地让陪审员和法官能力互补;③如何让陪审员和法官相互协助,在法定职责、诉讼目的、社会效果和实现刑法价值上趋同。

(一)思维方式互补

法官善长法律逻辑思维,有益于"法律体系一致性"。① 但是法官程式化的法律思维和职业偏见有时和社会实际脱节,例如对于一起合同诈骗案,法官的思维模式是,被告人采取虚构事实、隐瞒真相手段骗取他人财物,即构成犯罪;而一名具有交易经验的陪审员未必如此看待,他会从自己所经历过的市场交易习惯来检视当事人的主观故意,并提出证据质证的疑点,继而有利于形成法官的合理怀疑(reasonable doubt),嫌疑人由于缺乏主观要件,阻却了合同诈骗犯罪的构成。从本案看,法官的预判经过"平民法官"经验判断的衡平,可能更符合社会现实。

(二)知识经验互补

法官诚然是法律专业的行家里手,但是由于法官裁断的案件涵盖社会各个领域,法律本身又有其局限性,因此仅仅拥有法律知识,是难以公正裁判案件的。人民陪审员来自社会各行各业,其中也不乏各个行业的精英和佼佼者,他们所拥有的广泛社会领域知识,有利于保障案件的公正审判。② 例如在一起医生涉嫌医疗事故罪案件中,法官往往根据医生手术治疗不及时,造成患者死亡来推理犯罪构成;而一名具有职业医师经验的陪审员,则会从手术指征、手术风险及手术并发症等因素来综合考量犯罪的构成,进而提出犯罪阻却事由(The crime obstructed),从而减少冤错案件发生。

(三)身份角色互补

现代司法理念既强调司法的职业化,亦强调司法的大众化。在刑事诉讼中人民陪审员的参审,有益于增强司法的国民基础以及正当裁判的实现。由三名职业法官组成合议庭作出的判决,缺少民意的基础,而普通"平民法官"参与审判则从职业身份上淡化司法的官方色彩,能够减轻法官裁判压力,缓和当事人的对立情绪。依照全国人大《决定》第2条规定,社会影响较大的各类案件和当事人申请陪审员参审的案件,应当由人民陪审员与法官共同组成合议庭进行审判,而中级法院一审邀请陪审员参审案件比例极少,一些在全国范围具有重大影响的职务犯罪、涉黑、涉毒案件及专案并没有邀请陪审员参加。事实上,人民陪审员参加上述重大案件的审判,更有利于赢得国民对司法的理解和信任,从而提升司法公信。

---

① 王利民:《法律解释学导论——以民法为视角》,中国政法出版社2011年版,第242页。
② [美]爱德华·W. 萨义德:《知识分子论》,单德兴译,三联书店2002年版,第16页。

(四)社会伦理互补

社会伦理是一定时期社会主流价值观念的浓缩，它作为社会道德范畴的行为规范和法律共同调节着人们的行为、乃至社会的意识形态。审判实践中合理借鉴伦理道德思想，有益于公民内在地敬畏司法权威。而脱离社会伦理道德的法律往往是"恶法"和"暴政"的代名词。中国古代法律思想史中"德主刑辅"、"亲亲相隐"、"春秋决狱"都是将社会伦理道德作为衡平法，以修补法律的刚性和不适应性。① 例如，对一桩弟弟为哥哥筹资上大学而行窃的少年犯罪案件，法官惯常根据盗窃钱财的数额，按照量刑规范化标准定罪课刑；而一位来自妇联或中学的女性陪审员则更善长循循善诱、寓教于审，结合"孝悌之情"、"手足情谊"等社会伦理提出自己的独立意见，从悬崖上挽救失足青少年。

(五)监督制约互补

陪审员制度也是监督预防司法腐败的有益举措，陪审员和法官共同审理案件事实，全程参加合议庭评议，不仅能够制衡法官的权力运行，而且能够以司法外人员身份有效监督法官，遏制腐败，促进阳光司法。②

1. 法定职责趋同

陪审员无论其身份、职业、党派、学历不同，一旦被抽选为特定刑事案件的陪审员，其和法官将肩负共同的法定职责，共同组成合议庭、共同参加庭审和评议、共同对指控的被告人是否构成犯罪、犯罪情节、量刑情节作出认定，最终作出刑事宣判。宣判后，陪审员和法官的共同职责才算完成。在发达国家，陪审员出庭参审是履行一项宪法法律职责，无故缺席应当受到法律的处罚。③

2. 诉讼目的趋同

刑事诉讼的目的有单一说，即保障刑法的正确实施说；双重说，即惩罚犯罪和保障人权说；三重说，即查明真相、保障人权、实现程序正义说；多重说，即预防犯罪、国家和个人的利益调整、追求实体真实、查明犯罪嫌疑、审查量刑标准、实体刑法实现和法的稳定恢复说。④ 笔者持三重说，也即刑事诉讼的根本目的。基于"查明真相、保障人权、实现程序正义说"的目的，"查明真相"是陪审员和法官共同所面对，据以惩治犯罪，实现刑法的前提，"正是发现真实和程序保障之间良好的协调感觉，才是法律的生命力"。⑤ 在陪审员和法官共同努力下，"法律真实"将最大限度地接近"案件真实"。⑥ "保障人权"是陪审员先天的职责，由于陪审员身份上的"平民"性，决定他们与当事人

---

① 饶鑫贤：《中国法律史论稿》，法律出版社 1999 年版，第 103 页。

② ［美］汉密尔顿：《联邦党人文集》，程逢如译，商务印书馆 1980 年版，第 419 页。

③ 参见《日本裁判员法》第七章内容。

④ 关于刑事诉讼目的七种学说 See Thomas Weigend, Deliktsopfer und Strafverfahren, 1989, S. 173ff.

⑤ ［日］田口守一：《刑事诉讼的目的》，张凌译，中国政法出版社 2011 年版，第 48 页。

⑥ 张健：《论陪审团之合理怀疑对实现正义的价值》，载《重庆理工大学学报》2012 年第 2 期。

具有与生俱来的"同质"性，而刑诉法蕴含的"国家和个人的利益调整"理念和陪审员保护"弱者"的价值观念是趋同的。前述两项刑诉法目的的实现，是陪审员与法官共同协力"实现程序正义说"的必然结果。

3. 社会效果趋同

刑事诉讼的社会效果是惩罚犯罪的同时，实现对犯罪的一般预防、特殊预防，在犯罪预防工作中陪审员比法官更具有优势，首先是：面对基层法院所处的熟人社会、乡邻社区，和所占 1/3 比例的故意伤害、交通肇事、轻微盗窃案件，陪审员可以充分利用其来自群众、知晓民情、熟悉邻里的优势，在化解矛盾、调解附带民事赔偿、促进案结事了发挥不可低估的职能作用。在化解矛盾的同时，陪审员也能起到宣传法律，预防犯罪的作用。笔者辖区基层法院在未成年人犯罪审判领域，来自工青妇等社会团体的陪审员与法官共同开展对未成年罪犯判后回访、以案说法、将非监禁罪犯融入社区矫正。在开展圆桌审判、寓教于审、感化挽救工作中成效突出，收到良好的社会效果。

4. 刑法价值趋同

法的安定性即法律内容和法秩序的稳定性，以及法律行为与法律后果结合的确定性，法的安定最终能实现社会的有序。[1] 刑法的价值主要是惩罚犯罪、保护法益、维护现存政治、经济制度和良好社会秩序。犯罪人员的行为一旦触犯刑法，既损害了刑法所保护的公共法益，亦破坏了刑法实施的安定性。为了维护法的安定性，就必须赋予法以秩序价值，法所追求的社会秩序，是有益于法的安定人类社会的根本秩序。作为国家公民一员，陪审员和法官共同履行法定职责，通过适用刑法惩罚犯罪，修复受损的法益，维护法的权威性和社会秩序的安定性。

三、比较研究：追根溯源变"陪审员"为"参审员"更符合制度理念

陪审员制度发轫于英美法系，大陆法系国家借鉴其司法民主价值，融合本土法律资源，形成各自特色，对"平民法官"的称谓上有陪审员、参审员、裁判员等，在职责上"平民法官"既要和法官共同认定事实，又要参与适用法律和刑罚裁决。

职业法官与"平民法官"的协作关系分为两类：一是以英美法为代表的纵向协作关系，职业法官与"平民法官"分别负责法律适用、事实认定，此为陪审制。二是以德法为代表的横向协作关系，职业法官与"平民法官"共同裁决事实认定、法律适用，此为参审制。德国学者克罗信认为，如果把平民看作是"对国家权力的防御"，那么应当采用陪审制；如果强调"国民对刑事审判的理解和对公正的依赖"，那么应当选择参审制。[2] 由此可见，陪审制强调"分权"，而参审制强调"互补"。笔者将两大法系陪审制比较研究如下：

日本的裁判员制度（日本の刑事訴訟裁判員制度）：日本 2004 年在司法改革中，以

---

① 周永坤：《法理学》，法律出版社 2011 年版，第 457 页。

② Vgl, Claus Roxin, Strafverfahrensrecht, 25. Aufl, 1998, S. 32.

德国的参审制为蓝本，并借鉴英美法陪审团制度的优点，创制了刑事诉讼裁判员制度，由从普通市民中按规定程序选任的裁判员与法官一起进行刑事审判，共同评议和裁决案件。设置该制度的目的是：通过由具有丰富社会经验的国民与职业法官"共动"这一方式，以确保社会对裁判制度的充分理解和信赖。司法改革的期冀并非要求裁判员和法官作出相同的裁决，而是如何才能做出高质量的意思决定，[①] 非法律职业背景的普通市民朴实的意见，可能包含着不为法官所重视的"真实"，避免职业法官因偏执而可能陷入的危险性，弥补因狭隘法律思维所造成的疏漏。[②] 刑事诉讼的改革，首先是法律专家的意识改革，民主政治国家法律专家的权威已不足以信服裁判的正统性；[③] 而作为国民亦应当克服刑事审判是"上位者"的事情，现代日益复杂化的社会，必须依靠法律专家的学识和普通市民的智慧共同主导刑事审判，方能平稳管理和维持公正的社会。

审判长应当耐心对裁判员说明法令的必要内容，[④] 给裁判员充分的发言机会，值得借鉴的是日本的合议庭评议表决方式，即特别过半数制，其要求是：①法官与裁判员各方对任何评议结果各自至少有 1 人持赞成票；②对合议庭 9 人无法形成 5∶4 以上多数意见，则采取最有利的意见，将持最高量刑意见人数纳入较低量刑意见人数中，再逐级累加直至达到 5∶4 以上多数意见为止。[⑤]

德国的参审制度（assessor system）：德国刑事诉讼参审员职责和日本类似，合议庭人数少于日本，合议庭有 5 人、3 人两种，德国法院刑事审判合议庭评议表决方式不是简单的"少数服从多数"，而是突出"有利于被告人"，对被告不利裁判须 2/3 多数通过，对被告有利裁判只需 1/3 多数通过。为了保障参审员能够不受外界影响，独立发表意见，规定了司法人员按照资历、年龄顺序逐个投票，让年资较浅的成员先投票。投票表决方式相比口头表决，有利于避免法官在口头表决过程中，神态、肢体语言对参审员独立裁决意见形成干扰。[⑥]

法国重罪陪审团制度（Jury d' assise）：法国移植英美陪审团制度，并作本土化改革完善，颁布《刑事审判法典》确立兼采陪审、参审制特色的审判陪审团。陪审员遴选范围广泛，按照辖区人口比例，从选民中抽选，无学历限制，排除政府职员兼任。法官、陪审员评议时根据"被告人是否有罪"、"被告人的量刑"分多轮投票，按照"最少赞成票"（即 8 票∶4 票）以上有效计票方式。注重陪审员参审"实质性"作用，最大程度契合公众对陪审团的期待，弥补法官的职业偏见。[⑦]

英国的陪审团制度（Jury system）：英国《1974 年陪审团法》第 1 条及《刑事审判法》附件第 33 条规定，凡议会或地方选举中登记为选民，年龄从 18~70 岁，自 13 岁起在

① ［日］田口守一：《刑事诉讼的目的》，张凌译，中国政法大学出版社 2011 年版，第 278 页。
② ［日］田口守一：《刑事诉讼的目的》，张凌译，中国政法大学出版社 2011 年版，第 287 页。
③ ［日］田口守一：《刑事诉讼的目的》，张凌译，中国政法大学出版社 2011 年版，第 281 页。
④ 参阅《日本裁判员法》第 66 条。
⑤ 《日本裁判员法》第 77 条。
⑥ 《德国刑事诉讼法典》，李昌珂译，中国政法大学出版社 1995 年版，第 17 页。
⑦ 《法国刑事诉讼法典》第 296 条。

英国居住 5 年以上，没有因犯罪被剥夺陪审权的公民可担任陪审员。相比我国人大《决定》陪审员的选任范围，其社会代表性更广泛，并取消学历限制，其公民参与机会更多。休庭后陪审员被集中在"秘密且方便的地点"禁止与外界接触，最大限度保证陪审员按照自己对案件事实的理解独立评议与表决。英国公民出席陪审是一项法定义务，无合理理由而拒绝出庭的，即构成蔑视法庭罪将受到罚款处罚。①

　　美国的陪审团制度：美国地方法院根据当地选民、驾驶执照、纳税登记表随机遴选陪审员，对于陪审员学历仅要求能够用英语交流即可，候选人员覆盖面极广，除了组成 12 人的陪审团，还要有若干替补陪审员以备不测。陪审员宣誓后法官对其在法律原则、审判程序、证据规则以及犯罪构成要素、陪审团审议和认定事实的规范等法律技能进行指导，采取隔离评议。陪审制度原则为"判决一个无辜的人有罪比让罪犯逃避惩罚更有害"，陪审团宣布裁决结果无须理由，即使作出无罪认定，法官必须服从，被告必须当庭释放。

　　陪审团随机成立，随机解散，陪审员对案件判决的结果不负个人责任，没有持续的社会舆论压力。判决一旦作出，陪审员便消失在茫茫人海之中。陪审团制度能够最大限度地减少人治，较好地体现民主的精神，最大限度地避免司法部门的"关系学"，减少对法官个人素质的过分依赖，避免法官独裁专断的负面影响。

　　我国人民陪审员制度主要是学习借鉴以德国为代表的大陆法系参审员制度，人民陪审员既要参与案件的庭审，还要参与合议庭评议，既要参与案件事实的认定，又要参与对案件的法律适用，是实质意义上的参审员，为了"名符其实"起见，建议将人民陪审员改称参审员为宜。

陪审制度比较研究简表

国家	选任方式	合议庭组成	法官、陪审员（或裁判员）职责	评议表决	惩戒与监督
日本	排除国会议员、国家机关公务人员	3 名法官+6 名裁判员，对控辩无异议案件为 1 名法官+4 名裁判员组成	裁判员参与案件事实及适用法律评议。由法官对法律进行解释、对诉讼程序作判断	法官、裁判员对评议结果各自至少有 1 人持赞成票	裁判员无故不出庭法院可处 10 万日元以下过错金
德国	从市民中选任参审员，遴选范围包括社会各阶层代表，任期 5 年	地方法院由 3 名法官+2 名参审员组成合议庭，区法院 1 名法官+2 名参审员组成合议庭	共同参加庭审，判断刑事案件有罪或无罪及量刑	按照资历、年龄顺序评议，对被告不利裁判须 2/3 多数通过，对被告有利裁判只需 1/3 多数通过	参审员宣誓就职，必须保守司法秘密

① ［英］John Sprack：《英国刑事诉讼程序》，徐美君译，中国人民大学出版社 2006 年版，第 366 页。

续表

国家	选任方式	合议庭组成	法官、陪审员（或裁判员）职责	评议表决	惩戒与监督
法国	从选民中抽选，懂法语，年龄从23～70岁，排除政府、议会成员、受破产宣告和禁治产人，任期不超过5年	设立重罪陪审团制度，由3名法官＋9名陪审员组成	法官与陪审员共同组成陪审团，共同听审、共同讨论案件，并作出裁决	采取秘密评议，法官、陪审员对是否有罪、加重情节、被告人的量刑书面投票表决	陪审团宣读训词，法律要求他们心平气和，凭诚实和良心，作出理智判断
英国	年龄从18～65岁，自13岁起在英国居住5年以上，没有因犯罪被剥夺陪审权的公民可担任陪审员	陪审团由12名陪审员组成，大陪审团由23人组成，决定对犯罪嫌疑人是否起诉	陪审团负责认定案件事实，有权裁决被告无罪	休庭后陪审团被隔离，秘密评议，独立自由表决	陪审团随机成立，随机解散，陪审员对案件判决的结果不负个人责任
美国	美国法律规定成年公民都有担任陪审员的义务，候选人由法院从所在地选民名单或驾驶执照的登记中随机挑选	同上	同上	陪审员独立于政府、司法系统、任何政治势力之外。独立作出的判断，法庭为他们保密，使他们没有心理负担	陪审员宣誓就职，对案件判决的结果不负个人责任
中国	年满23岁，大专学历以上，人选和范围由法院主导决定，不排除国家机关公务人员，任期5年	1名法官＋2名裁判员组成合议庭	同德国，但陪审员履职权限难以得到保障	无表决顺序，法官在评议中占主导，陪审员屈从法官专业水平，附和同意占多数，保密机制不完善	陪审员与法官同职同权，但惩戒措施仅限提请人大免职，履职监督机制不力

四、制度改革：让"外行"和"专家"优势互补共绘法治"中国梦"

（一）立法上：完善陪审制度分层次立法

宏观上，陪审制度和选举制度都是落实广大公民参与国家治理和社会管理的政治制度，因此，应当将人民陪审员制度立法提升到《宪法》层次，促使全社会公民珍视担任人民陪审员为义不容辞、光荣职责。① 用《宪法》来统领陪审员参审制度，自上而下分

---

① 陈晓红：《我国人民陪审员制度的现实考量及制度走向》，载《甘肃社会科学》2013年第1期。

层次立法，完善陪审员制度法律体系，切实改变采用人大《决定》、最高法院制定若干规定等政令式文件模式。

中观上，现有的全国人大《决定》内容上充当《人民陪审员法》功能，但是，该《决定》缺乏立法规范化体例，罗列 20 条没有对制度内容进行分类，立法过于简陋，弹性空间较大。建议制定《人民陪审员法》具体规定：①陪审员的选任范围；②陪审员的选任程序；③陪审员的组成和权限；④陪审员参审的适用范围；⑤参加庭前会议事项；⑥参加案件评议表决规则；⑦以及对陪审员履职过程监督和处罚等内容。

微观上，根据以上宪法、法律精神，由最高法院制定有关陪审员选任、管理、培训、考核工作实施细则，从微观上进一步贯彻好陪审员参审司法民主制度。在《刑事诉讼法》专设陪审员参审章节，对陪审员回避、出庭、发问、评议等内容作具体规定。[1]

(二)选任上：采取大众化与分类化选任机制

大众化，陪审员制度作为一项政治制度，它需要广泛的社会公众参与；[2] 作为一项诉讼制度，是增强司法国民基础的重要方式，"公民资格的最高标准是能够担任陪审员职务"，[3] 因此陪审员必须走大众化之路。在选任范围上明确，具有选举权的公民，年满 23 周岁，具有高中以上文化即符合资格。借鉴日本《裁判员法》第 15 条规定，应当尽量减少具有国家机关背景工作人员比例，通过降低陪审员政治身份、文化程度等"门槛"，来拓宽普通市民、农民、工人担任陪审员的渠道，以充分体现司法的民主性、代表性、参与性。

分类化，加强陪审员的科学分类，按照地域、职业、党派、性别、年龄、学历进行均衡分类，确保专业技术人员有一定比例，通过陪审员选任的分类化、均衡化，充分发挥陪审员的特长和优势。

(三)履职上：强化履职保障机制

庭前，根据调研反映，陪审员履职过程中缺乏自信，很大程度是因为仓促出庭，对案情一无所知。作为非法律职业人在庭前参加阅卷、庭前会议等准备工作，有利于快速掌握案件基本事实，把握诉讼焦点，了解控辩双方证据开示要点，为其增强履职信心，更好发挥参审职能奠定基础。

庭中，日本刑事诉讼法学者田口守一认为，"裁判员能够在庭审中行使询问权和质问权，其大前提是'庭审容易理解'，可以说裁判员能够理解庭审的内容，左右着裁判员制度的命运"。[4] 而要达到此效果，法官、检察官、律师都要共同作出努力，将一场专业化的法律"辩论赛"演变为普通市民可以耳熟能详的"唇枪舌战"。"裁判不是为了使

---

① 《法国刑事诉讼法典》对上述内容均作了详细规定。
② ［法］托克维尔：《论美国的民主》(上)，董果良译，商务印书馆 1991 年版，第 319 页。
③ ［古希腊］亚里士多德：《政治学》(上)，吴寿彭译，商务印书馆 1997 年版，第 228 页。
④ ［日］田口守一：《刑事诉讼的目的》，张凌译，中国政法大学出版社 2011 年版，第 236 页。

法律规范本身得以实现，让被告人、被害人等当事人能够充分理解和接受裁判，才是刑事裁判的根本问题。"①所以法官驾驭庭审要做到：①适当归纳引导控辩双方焦点；②尽量用日常通俗用语代替法律术语；③在庭审进程中让陪审员充分行使询问权。

庭后，据前述观点支撑裁判员制度的第一根支柱，是"庭审容易理解"，并基于普通市民的经验判断形成心证；裁判员制度的第二根支柱，是"评议容易理解"。② 德沃金指出，"法律是一个需要阐释的概念"，无论是德日大陆法系、英美法系国家法官都要求法官对陪审员给予法律释明，引导他们在正确理解法律内涵基础上，凭他们的生活常识、社会经历、非法律专业知识，从他们的角度提出疑问，并独立地作出判断。③ 因此，合议庭评议中，法官要做到：①必要的法律释明；④ ②先让陪审员按照年龄由低到高顺序独立发言；③视案情可采取口头和投票两种表决方式。

（四）改革上：与司法体制改革相互衔接

改革合议庭组成模式。如何让代表着民意的陪审员能够和职业法官形成一定程度的"制衡"，是陪审员实质性发挥"互补"职能的关键，平民法官比肩职业法官的自卑心理，应当通过精密制度改革来消弭，首先应当借鉴参审制国家经验，增加陪审员参加合议庭人数，有利于陪审员增强自信，加大表决形成多数意见的难度，降低职业法官作出裁判的心理压力，提升司法的国民基础和公信。⑤ 视案件难易程度，基层法院合议庭人数为3~5人，即（法官+陪审员）1+2 或 2+3 模式，中院合议庭人数为5~7人，即（法官+陪审员）2+3 或 3+4 模式，高院合议庭人数为7~9人，即（法官+陪审员）3+4 或 4+5 模式。

改革陪审员参审范围随意状况。全国人大《决定》规定，"陪审员参与审理社会影响较大的刑事、民事、行政案件"，但是，"社会影响较大"概念和范围均模糊而不确定，造成实践中陪审员参审的随意性。尤其是中级法院审理的在全国、全省影响重大的刑事案件却鲜见陪审员参加庭审，造成"重罪"审判游离于陪审制度之外，这与司法民主宗旨相悖；司法民意基础的不足，也是当下法院涉诉信访居高不下的重要原因之一，而大陆法系德、法、日等国重罪或死刑案件必须由陪审员参加组成合议庭。⑥ 因此，要把"刑事案件被告人有权申请陪审员参加审判"、"被告人享有对陪审员无因回避权"⑦，作为一项基本诉讼权利来遵循，要将中、基层法院陪审员参审刑事案件范围明确界定，切实改变目前陪审员参审随意状况。

改革合议庭评议表决机制。由于目前我国合议庭人数结构简单，采取简单的"少数

① ［日］田口守一：《刑事诉讼的目的》，张凌译，中国政法大学出版社 2011 年版，第 236 页。
② ［日］田口守一：《刑事诉讼的目的》，张凌译，中国政法大学出版社 2011 年版，第 238 页。
③ 参阅《法国刑事诉讼法》第 353 条，法律要求陪审员凭自己的诚实、理智、良心作出判断。
④ 吕忠梅：《德国刑事诉讼法典》，法律出版社 2005 年版，第 52 页。
⑤ ［日］松尾浩也：《刑事诉讼法修改的方向》，金光旭译，中国政法大学 2004 年版，第 257 页。
⑥ 刘林呐：《美国法官与书记官手册》，载《政法论丛》2012 年第 2 期。日本裁判员法规定死刑案件必须由裁判员参审。
⑦ 《法国刑事诉讼法》第 297 条。

服从多数制"，随着今后合议庭改革，将合议庭人数增加到 5~7 人或 7~9 人，就应当完善表决评议的机制。合议庭评议表决应当秘密、隔离进行，表决结束之前禁止与外界联系，分为口头评议、书面投票两个阶段实施，对于罪与非罪、量刑情节、裁决刑罚意见可以分别进行数轮投票，避免陪审员对法官的附从；对于无期徒刑以上量刑意见票数应当不低于合议庭人数的 3/4 或 4/5 比例；"一致性是裁决合法化的终极目标"，所以死刑案件必须全票通过方能合法有效。① 对于有罪、无罪意见，陪审员和法官中至少有 1 人持相同意见方能有效，对于陪审员与法官产生分歧意见的可采取投票方式决定是否提交审判委员会。

改革陪审员抽选方式。采取随机抽选、分类抽选、定向抽选相结合的方式，随机抽选，是一项基本方式，有利于陪审员的社会代表性，克服"陪审专业户"、陪审员"职业化"两种倾向；分类抽选，主要是针对涉及知识产权、医疗、金融、证券、网络等专业性很强的案件，将具有上述专业知识背景的陪审员抽选为合议庭成员，促进陪审员的专业知识和职业法官的法律知识良性互补；定向抽选，针对一些发生在辖区的青少年犯罪案件以及一些因民间纠纷引起的刑事附带民事、过失犯罪案件，要结合巡回审判制度，邀请工会、青联、妇联和辖区的具有较好群众基础的陪审员参审，切实增强司法的亲和力、亲民性。

改革陪审员行政管理方式。职业法官官僚等级模式强调合作风格，平民法官同位模式蕴含争斗风格，后者更有利于法庭贯彻直接言辞原则、充满辩论甚至战斗气息。② 要将主审法官等司法体制改革和保障陪审员高质量的参审相结合，针对实践中陪审员沦为法官的附庸、陪衬，法官遵照领导意图行政式审批案件现状，要回归司法的本真，返还审判权与合议庭，让法官、陪审员在法庭听审和交叉辩论中发现真实；让法官、陪审员在公平、理性、平和的氛围中独立形成内心确信；让法官、陪审员各自所拥有的法律思维、社会经历优势互补，仅凭自己的理智、诚实、良心作出高质量的判断。③

(五) 监督上：完善履职监督机制

陪审员"陪而不审"、"合而不议"的状况下，对其监督似显多余，但随着司法体制改革的步伐，在充分赋予陪审员审判权力的同时，也要完善对陪审员履职的监督和威慑机制，陪审员在行使权力过程中，面对各种前所未见的诱惑，他们更需要监督制度保障其权力健康行使。④ 可借鉴《日本裁判员法》经验，陪审员具有保守密秘的义务，对于

---

① 美国最高法院确立重罪案件以陪审团全体一致性方式作出裁决，虽然司法成本高昂，但树立了判决确凿无疑的权威。影片《十二怒汉》即为典型案例。英国陪审团采取 10∶2 裁决制度。岳礼玲：《美国刑事诉讼法经典文献》，中国法制出版社 2006 年版，第 296 页。

② Mirjan Damask, Faces of Justice and State Authority, Yale University. New Haven and London. 1986, p. 16.

③ 《法国刑事诉讼法》第 304 条、第 357 条。

④ 全国人大《决定》第 17 条对违反规定的陪审员"提请免除职务"处罚与陪审员所拥有的权责极不相称。

被抽选的陪审员无故不出庭的，由法院裁定给予罚金处罚，① 对陪审员利用职务便利收受贿赂的应当以受贿论处。

结　语

托克维尔指出：法律之所以会被尊重除了它体现了大多数人的意志之外，另一个根源是这些法律符合"民情"。② "民情"既包括人们在生活中所遵循的伦理价值和社会经验，亦可被理解为整个社会的道德和精神面貌。当我们遵循自然的秉性处理事务的时候，就是我们把事务处理得最好的时候。③ 人民陪审制度是司法民主和诉讼程序相结合的有益举措，正是因为陪审员与社会的零距离，才能有助于法官在审判中兼顾法律条款与世俗人情；也正是因为陪审员的非法律专业背景，才能帮助法官将法律思维与经验判断互补；陪审员与法官追求理性、善良、正义的价值观趋同，使我们坚信法治"中国梦"必将实现。

---

① 《日本裁判员法》规定，裁判员泄露秘密构成犯罪，无正当理由不出席案件审判的可处 10 万日元以下过错金。
② ［法］托克维尔：《论美国的民主》(上)，董果良译，商务印书馆 1991 年版，第 332 页。
③ ［法］孟德斯鸠：《论法的精神》，张雁深译，商务印书馆 1997 年版，第 305 页。

第五篇
未成年人案件综合审判的功能与实现路径

武汉市汉阳区人民法院课题组 *

摘　要：未成年人司法经历了少年刑事案件合议庭、少年刑事审判庭、未成年人案件综合审判庭的发展历程，目前的未成年人案件综合审判庭对涉及未成年人刑事、民事、行政案件实行综合审理。不论是少年刑事案件合议庭、少年刑事审判庭还是综合审判庭，未成年人案件审判的功能始终定位在对案件的审判上。单一裁判功能定位有多方面的局限性。本课题组主张，未成年人司法应集裁判、教育与矫正功能为一体，以案件为契机，以审判为载体，立足于对未成年人的教育与保护，把对未成年人权益保护和促进未成年人的健康发展作为未成年人司法工作的出发点和归宿点。

关键词：未成年人　保护　教育

1984 年，我国第一个审理少年刑事案件的合议庭诞生；2006 年，最高人民法院在全国选了具有一定代表性的 17 个中级人民法院开展试点。少年法庭从原来单一的刑事审判向综合化、专业化、独立建制的方向发展，对少年合法权益的保护从刑事审判领域逐渐扩大到民事、行政审判领域。经历 30 年的发展，我国的未成年人司法在机构建设、队伍建设、制度建设等方面，都取得了显著的成效。但我们也要清醒地看到，我国未成年人司法工作还存在许多不足，其中之一便是功能定位不清晰。因此，有必要进一步探讨未成年人案件综合审判的功能及功能实现路径，以更好通过案件审判实现对未成年人权益保护和促进未成年人的健康发展。

一、未成年人案件综合审判工作的功能定位

(一) 对传统的单一裁判功能定位之反思

我国少年司法制度建立的最初目的主要是为了治理日趋严重的青少年犯罪。随着社会的发展，未成年人刑事审判庭不能满足现有审判工作需求，维护未成年人合法权益，

* 本文系 2014 年度武汉市中级人民法院重点调研课题"教育与保护：未成年人案件综合审判的功能研究——以基层法院为视角"的阶段性成果。课题主持人：王晓华，武汉市汉阳区人民法院党组书记、院长。主要参加者：邹军、申晓东(执笔人)、张娟(执笔人)。

于是对涉及未成年人刑事、民事、行政案件实行综合审理，部分试点法院建立未成年人案件综合审判庭。但是，不论是刑事审判庭还是综合审判庭，未成年人案件审判的功能始终定位在对案件的审判上，未成年人司法还被定义在定纷止争的裁判概念上。单一裁判功能定位的局限体现在以下几个方面：

1. 狭窄的受案范围不利于对未成年人的教育保护

如果将未成年人综合审判的功能定位在裁判上，那么案件范围就会局限于涉及未成年人的刑事、民事以及行政案件，甚至民事方面一般仅审理涉及未成年人探视权、监护权、抚养权等案件。未成年人的不良行为、① 未成年人权益受侵害需要保护的案件或因未成年人不具备刑事责任能力而排除犯罪性的行为、遗产继承等涉及未成年人的家事纠纷案件被排除在未成年人案件审判庭之外。从实践情况看，对犯罪边缘未成年人的预防措施非常欠缺，司法介入滞后、被动，公安机关对于屡次违法或轻微犯罪却不够追究刑事责任的犯罪边缘未成年人没有更好的办法。这些未成年人不像成年人那样接受惩戒教育，又没有其他途径对他们进行矫正教育，政府没有担负起"国家父母"的责任，没有为他们提供得以矫正并早日回归社会的机会。未成年人案件综合审判的受案范围过窄，对未成年人的保护和教育还不全面。

2. 基于成年人司法的功能定位无益于未成年人司法的发展

虽然在工作机制上针对未成年人的特点有所调整，但不论是法律适用还是诉讼程序，我国在实质上并无独立的未成年人司法制度，对未成年人案件的审理在总体上还是以成年人司法的标准为基础的，承袭成人司法的单一裁判功能。对未成年人案件审判的探索创新是实践推动型改革而非立法引导型改革，因而存在合法性危机问题。例如对未成年人的刑罚裁量问题受到批评较多，以成人刑法规范为标准对未成年人进行裁量，不可避免地会产生实践探索与规则桎梏之间的冲突。这是我国未成年人司法深化改革亟需突破的困境。无视未成年人审判工作功能定位的特殊性，基于成年人审判的立场对未成年人司法所作的质疑和探讨无益于未成年人司法制度的发展。

3. 附属性的教育疏导未充分体现未成年人司法工作的特点

未成年人司法工作应以促进未成年人的健康发展为出发点。尽管未成年人案件审判工作比成年人司法更强调教育、感化与挽救，但是教育疏导工作与庭审工作相比而言，仍是附属性的，对未成年人的教育矫正并未得到充分的凸显。以刑事审判为例，"教育为主、惩罚为辅"作为未成年人司法的主导原则被社会和司法界普遍接受。然而，这一原则不过是成人本位的思维方式在未成年人司法领域里的变形。尽管刑诉法肯定了未成年人司法工作的特殊性并倡导了心理干预机制，司法解释也对相关问题作了进一步规定，但对于心理咨询师的身份定位、心理干预机制适用程序、心理评估报告性质等具体

---

① 根据《中华人民共和国预防未成年人犯罪法》第 14 条，未成年人的不良行为包括：（1）旷课、夜不归宿；（2）携带管制刀具；（3）打架斗殴、辱骂他人；（4）强行向他人索要财物；（5）偷窃、故意毁坏财物；（6）参与赌博或者变相赌博；（7）观看、收听色情、淫秽的音像制品、读物等；（8）进入法律、法规规定未成年人不适宜进入的营业性歌舞厅等场所；（9）其他严重违背社会公德的不良行为。

问题仍然有待明确。在实际操作中，对未成年人的疏导干预、教育矫正有流于形式之虞，附属性的教育疏导成了未成年人审判工作的锦上之花。

(二) 以审判为载体立足于教育与保护功能定位之主张

正如中国政法大学皮艺军教授所说的，"未成年人不是穿着小号衣服的成年人"，"少年司法是一块陌生的土地，当我们踏进这块陌生的土地时，首先要做的不是迈出你的脚，而是先要选择一个方向"。[①] 未成年人审判制度发展困境的根源在于将成年人司法的理念强加之于未成年人司法。理念的差异加剧了现实的制约，而现实的状况又反过来证明了少年保护理念的缺失。[②] 因此，突破口便在于，应当清楚认识和明确界定未成年人审判的功能定位，树立有别于成年人司法的理念。本课题组主张，未成年人司法应集裁判、教育与矫正功能为一体，以案件为契机，以审判为载体，立足于对未成年人的教育与保护，把对未成年人权益保护和促进未成年人的健康发展作为未成年人司法工作的出发点和归宿点。未成年人在成长过程中会遇到种种问题，从某种意义上来说，未成年人司法要扮演的角色，更像那麦田里的守望者。

1. 国家亲权思想

在国家亲权的理念下，国家和社会有对未成年人进行教育和保护的责任。在未成年人对社会或他人造成侵害之后，社会与家庭有义务承担未成年人所不能承担或不应承担的责任，社会要对此付出代价。美国发展了国家亲权的法学思想，形成了被许多国家效仿的少年司法制度。该理念所体现的价值不仅在于强调国家对未成年人的教育和保护责任，还在于要求社会也应承担相应的责任。

我国在立法上也体现了国家亲权的思想，强调了国家和社会对未成年人的教育和保护责任。《未成年人保护法》条6条第1款规定："保护未成年人，是国家机关、武装力量、政党、社会团体、企业事业组织、城乡基层群众性自治组织、未成年人的监护人和其他成年公民的共同责任。"《预防未成年人犯罪法》第2条规定："预防未成年人犯罪，立足于教育和保护，从小抓起，对未成年人的不良行为及时进行预防和矫治。"高度重视对下一代的教育培养，是我们党的优良传统，是党和国家事业后继有人的重要保证。[③] 国家亲权不容许任何忽视或侵犯未成年人权益的行为。因此，未成年人司法应当立足于教育和保护，进而探讨如何在未成年人案件审理过程中促进和保障教育保护功能的实现。

2. 犯罪实证主义

19 世纪后半期，资本主义国家社会矛盾更加尖锐，犯罪显著增多，青少年犯罪呈

---

① 黎伟华：《少年司法：如何实现理论到实践的完美对接》，载《民主与法制》2010 年第 17 期。

② 赵国玲、徐然：《我国未成年人审判制度改革之检讨》，载《预防青少年犯罪研究》2012 年第 1 期。

③ 《中共中央国务院关于进一步加强和改进未成年人思想道德建设的若干意见》，2004 年 2 月 26 日印发。

激增趋势。刑事古典学派的理论对犯罪急剧增长现象无能为力，以意大利学者龙布罗梭、菲利和德国学者李斯特为代表的近代学派的刑法理论应运而生。近代学派以实证的方法对犯罪现象进行了不同于古典学派的研究，认为犯罪并非出自犯罪人本意，而是源于社会环境和身心缺陷；认为犯罪人之所以要负担刑事责任，不是由于道义上对他应加以谴责，而是为了社会防卫的需要；认为犯罪人的性格是科刑的重要标准，主张将刑罚的中心归结为犯罪人，应当以犯罪人的主观状态以及外部境遇为标准个别地量刑；认为刑罚应以特别预防犯罪为目的，因而反对报应刑主义，主张目的刑和教育刑论，将刑罚作为有罪者的再教育，将人道性与再教育性理解为刑罚的本质；认为刑罚具有消极的而不是积极的价值，主张用保安处分作为刑罚的代替措施。①

近代学派的观点过去在前苏联和我国部分刑法学者中受到较多批判。本课题组认为，既要看到近代学派理论的缺陷，也应看到其合理的一面。与成年人不同，未成年人的罪错行为与其身心特殊性相关，不良的家庭和社会环境亦是其罪错行为的重要原因，社会要为其罪错行为承担一定的责任。理性的人们也越来越认识到给予罪错未成年人严厉的惩罚会带来诸多消极后果，所以应当给予其特殊保护和矫正教育。而对于犯罪未成年人刑事责任的减免，并非是对司法公正的破坏，而是让社会分担未成年人犯罪所涉及道义上的责任。对未成年罪犯适用社区矫正即是实例，反映了在未成年罪犯的教育保护与防范社会安全风险冲突时，优先考虑未成年人的福利。

二、未成年人案件综合审判工作的功能实现

(一) 完善未成年人法律体系

我国《未成年人保护法》和《预防未成年人犯罪法》对未成年人的保护提出了较高的要求，以现有未成年人司法制度落实《未成年人保护法》与《预防未成年人犯罪法》所提出的保护未成年人的要求是有困难的。我国未成年人司法制度起步较晚，现在所面临的问题是司法干预太少、太滞后，以致难以有效保障未成年人合法权益。从治理青少年犯罪到保护和教育青少年的理念转变要求在立法上作出相应变化，突破成人司法的桎梏，以未成年人法律体系的完善来凸显和保障未成年人司法的独立性与特殊性。

与国外相比较，我国的未成年人立法还有一定差距。例如日本有《少年法》、《少年审判规则》、《儿童福利法》，澳大利亚有《父母责任法》，英国有《儿童安全令》，发达国家有着较为完备的未成年人法律体系。未成年人问题的特殊性在于，根源上是其身边的成年人以及生活环境的问题。因而，较之于未成年人本身的问题，未成年人法律体系更应注重调整与未成年人健康成长相关的社会关系。立法上应着重解决四大问题：未成年人本身的权益保护、侵害未成年人权益的责任追究、对未成年人不良行为的矫正教育、未成年人监护人的养育和教育责任。

---

① 马克昌：《近代西方刑法学说史》，中国人民公安大学出版社 2008 年版，第 161～166 页。

结合我国的司法实际，完善未成年人法律体系的途径有二：其一，制定一部综合性的未成年人法，将涉未成年人的刑事、民事、家事、行政实体法和程序法以及《未成年人保护法》与《预防未成年人犯罪法》等进行系统性整合，包括对未成年人不良行为的认定、矫正等，实行未成年人实体法和程序法合一。其二，在刑法、民法通则、行政法以及三大诉讼法的总则部分用专章或专门的条文规定未成年人司法的相关问题。这些关于未成年人司法的条文属于特别法，与一般法发生法条竞合时应优先适用。

(二) 尝试一体化的审理模式

关于未成年人案件审判模式的探索，目前较有影响力的主要有三种：一是建立统一的少年法院，① 二是设立少年家事审判庭；② 三是将少年案件集中指定管辖。③ 本课题组认为，由于我国各地区未成年人司法的发展水平不一，全国普遍性地设立少年法院和推广家事法庭具有一定的难度，未成年人案件集中指定管辖也会带来诸多问题。从当前未成年人审判的发展现状来看，在各地原有的未成年人审判工作的基础上，从案件审理范围上进行改革探索，构建一体化的未成年人案件审判模式是较为可行和易于推广的路径。所谓一体化的未成年人案件审判模式，即除了传统的涉未成年人民事、行政、刑事案件之外，还将涉及未成年人的家事案件、新型民事案件和未成年人的部分不良行为纳入未成年人案件综合审判工作中。

涉及未成年人的家事纠纷案件一般指涉及家庭内部成员之间矛盾纠纷的案件，如婚姻案件、赡养抚养扶养案件、遗产继承和析产案件、探望权纠纷、收养案件等。家事纠纷案件一般存在比较浓厚的亲情关系，审理此类案件应当尽可能地引导和帮助当事人修补、改善原有的亲情关系，尽可能营造和维持有利于未成年人健康成长的家庭环境。

未成年人民事审判尚处于摸索阶段。随着社会发展，产生了一些新类型的涉未成年人民事纠纷，如涉未成年人的智力成果侵权、以未成年人名义购房纠纷等等。为了更为全面地保护未成年人的权益，应扩大未成年人民事受案范围，将部分涉未成年人侵权案件、财产权案件、人身权案件、适用特殊程序审理的案件纳入未成年人案件审判的范围。

《预防未成年人犯罪法》规定了未成年人的"不良行为"，但是未成年人实施的具有严重社会危害性但不够追究刑事责任的严重不良行为，被排除在司法之外，得不到及时有效的教育矫正。在前述完善未成年人法律体系的基础上，对这类案件的审理应当淡化罪与非罪的界限，以对未成年人不良行为的认定和教育矫正为重点，重在早期的司法介

---

① 北京市高级人民法院课题组：《完善少年审判制度相关问题研究：关于北京市设立少年法院可行性研究的调查报告》，载《法律适用》2007 年第 8 期；上海市高级人民法院课题组：《上海率先建立少年法院论证报告》，载《青少年犯罪问题》2010 年第 5 期。

② 唐亚南：《努力探索构建"大少审"工作格局——江苏南京中院、山西大同中院少年审判工作调查》，载《人民法院报》2014 年 6 月 5 日第 5 版。

③ 唐亚南：《探索构建"大少审"工作格局——少年司法与预防青少年犯罪经验交流会发言摘要》，载《人民法院报》2014 年 5 月 21 日第 6 版。

入和干预，为涉案未成年人量身定制矫正教育计划。必要时，对具有严重缺陷的家庭进行干预和救助。

(三) 构建强调教育与保护的审判机制

在家事、民事、行政案件的审理中应注重保障未成年人的生存权、发展权和受教育权。例如在审理追索教育费的案件中，对于未成年当事人支付的费用除义务教育外，学习其他技能、知识产生的费用，只要在合理限度范围内，一般应予支持。在未成年人伤害案件中，未成年当事人诉请的营养费，人民法院应考虑未成年人成长的需要，尽可能予以支持。开展亲子教育，对未成年人的父母或者其他监护人提供系统专业的家庭教育辅导，保障未成年人健康成长。完善未成年人家事、民事案件社会观护制度，充分发挥社会力量，对涉及未成年人合法权益保护的问题进行社会调查、关心及保护。

在刑事政策方面，强化对侵害未成年人犯罪的惩治力度，以及对未成年人罪犯的非监禁化、轻刑化以及强调对未成年人罪犯的教育感化。在未成年人案件开庭前与未成年被告人见面，了解其性格和思想状况；与未成年被告人的监护人见面，了解其家庭情况和成长环境；与未成年被告人所在学校、单位及社区的有关人员见面，了解其平时学习、工作和交往情况，使审判人员找准挽救和感化未成年被告人的着眼点，在庭审前做到心中有数。完善未成年人刑事诉讼的社会调查制度，为审判人员正确裁判和教育、感化、挽救未成年人提供依据。

(四) 将未成年人案件审判融入创新社会管理

未成年人的成长过程是一个社会化的过程，对未成年人的教育和保护工作需要联合社会各界共同开展，为未成年人创造和谐的社会环境。《预防未成年人犯罪法》第2条规定："预防未成年人犯罪，在各级人民政府组织领导下，实行综合治理。"第3条规定："政府有关部门、司法机关、人民团体、有关社会团体、学校、家庭、城市居民委员会、农村村民委员会等各方面共同参与，各负其责，做好预防未成年人犯罪工作，为未成年人身心健康发展创造良好的社会环境。"应当把未成年人案件综合审判工作融入到创新社会管理当中。

一是参与建立社会联动预防未成年人犯罪。公检法司、教育、民政、青团、妇联、街道、社区以及项目团队多部门合作，通过社区支持平台的搭建，使得不良未成年人在社区中得到有效的帮助和矫正。

二是对未成年人提供各种形式的法律服务。对家庭经济困难、无力支付诉讼费用的，可酌情减免其诉讼费用。加大法律援助范围和力度，为有困难的未成年人提供法律咨询及援助，支持和帮助未成年人运用法律手段维护自己的合法权益。

三是做好法制宣传工作。拓展法制教育空间，利用多种形式教育学生、老师和家长。比如，送法到校园，组织学生开模拟法庭、法律知识竞赛，组织老师、家长座谈，共同学习未成年人保护法、预防未成年人犯罪等法律，强调他们在培养、教育未成年人上的责任和义务。

四是拓宽司法建议。通过在个案中发现的涉及未成年人教育与保护的问题，及时向相关教育部门提出司法建议，营造有利于未成年人成长的社会环境。例如，向教育部门建议改善学校周边地区的环境，向公安、工商、文化等执法部门建议加大查处力度，向文化管理部门提建议针对特殊行业建立未成年人准入制度。

(五)根据案件类型有针对性地开展心理干预

涉罪未成年人由于心智尚未成熟，往往存在一定的认知偏差或心理问题；部分未成年人的家长也有心理问题，有必要对其进行一定的心理辅导。基于缓解负面情绪、化解矛盾以及修复关系的需要，应根据案件类型建立相应的心理疏导干预制度。

应建立完整的心理疏导程序，保证心理疏导过程的专业化、科学化及实质化。因此未成年人案件的审判人员除了具有良好的法律业务素质外，还必须具有心理咨询师资格，以保证其工作的专业性和科学性；具有丰富的社会阅历和教育学、社会学等方面的知识，乐于同未成年人接近，有较强的感化能力。除了审判人员之外，在未成年人案件综合审判中还应邀请专业人员进行心理干预和疏导。尽量做到疏导人员专业化、研究工具标准化、干预过程规范化、测评结果科学化。

比如在民事、家事、行政案件审理中，可以用16PF(卡特尔16种人格因素问卷)来测量未成年人的个性特质，根据对未成年人心理障碍、行为障碍、心理疾病的研究因人施教。对刑事案件和严重不良行为的未成年人，可以用MMPI(明尼苏达多项人格测验)来检测其心理素质、诊断人格障碍、心理健康水平，并可作为再犯心理预测的工具；用EPQ(艾森克人格问卷)儿童问卷来对违法未成年人作个性测量使用，便于针对其个性特点，开展审讯、审判与教育。

心理疏导工作贯穿于未成年人案件庭前调查、法庭教育、调解导引、判后释明、回访帮教等各个环节。比如，庭审前，对未成年人的心理状况、再犯罪可能性、判决心理预期等进行科学分析和评估，及时排解未成年人的紧张情绪，纠正不合理的认知；庭审中，心理专家当庭宣布心理评估报告，帮助法官找准法庭教育切入点；判决后，心理专家根据未成年人不同的情绪反应，有针对性地开展心理疏导，帮助其规划未来的人生；判决执行阶段，心理专家还要对未成年人进行持续的心理跟踪辅导。

(六)强化帮扶促进未成年人回归融入社会

对未成年人的心理矫正确实能在一定程度上帮助其回归社会，但是心理矫正不能包治百病。有些问题可能是实际境遇造成的，仅靠心理矫治难以有效解决。应当针对未成年人的具体情况，包括心理问题与境遇问题、客观情况和主观情况相结合，全面研究并对症下药，总结有针对性的、灵活多变的方法，使他们感受到社会的关怀和温暖，促使他们反思和悔悟。通过对未成年人的有效帮扶和矫正帮助其逐渐形成良好的行为模式和健康心理，促使其真正回归融入社会。

针对未成年人的不同情况进行个性考察。对每一名未成年人，都根据案件特点、个人表现以及社会调查情况，为其量身制订个性化的帮教方案。针对在校学生，为了不让他们由于涉案而影响学业，与学校协调，尽量保持未成年人原有的生活、学习环境，同时就有关案件情况为未成年人保密。处于失学、失管、失业状态的未成年人具有较强流动性，应定期组织其集中进行法制教育和参加就业指导培训，帮助其增强谋生技能，提升就业能力，同时做好企业、工厂的工作，以解除他们的顾虑，使他们乐于接纳涉案未成年人。

(七)完善审判绩效考核指标体系

现代司法理念要求法官独立、居中裁判。而未成年人司法却要求法官积极、主动参与未成年人的教育矫正，裁判时注重追求未成年人利益的最大化，裁判之外还要承担调查、教育、回访、帮教等职能延伸工作，有些法官甚至还帮助回归社会的失足未成年人解决就业、求学等困难。未成年人司法的主动性、积极性与审判职能的延伸体现了未成年人司法的特殊性，但这种特殊性却并没有在审判工作考核指标体系中充分体现并有所保障。

在以成人模式为主导的法官考核评价体系下，未成年人审判所进行的有益尝试甚至会受到是否超出法官职责范围的质疑。用成人司法的考核目标来管理和评价未成年人审判是不尽合理的。应针对未成年人综合审判自身的特点科学合理设置审判绩效考核指标体系，以促进未成年人审判工作良性发展。

结 语

未成年人司法制度必须从成人司法制度中独立出来，未成年人司法应当以审判为载体立足于教育与保护功能。但是，未成年人司法权是有限的——即便是在"爱的名义下"。"一群小孩子在一大块麦田里做游戏，孩子们都在狂奔，也不知道自己是在往哪儿跑，我呢，就站在那混帐的悬崖边。我的职务是在那儿守望，要是有哪个孩子往悬崖边奔来，我就把他捉住。"①未成年人在成长过程中会遇到种种问题，从某种意义上来说，未成年人司法要扮演的角色，更像那麦田里的守望者。

---

① ［美］J. D. 塞林格：《麦田里的守望者》，施咸荣译，译林出版社 2010 年版，第 190 页。

第六篇
论信访司法终结制度的构建
——以涉诉信访为视角

翟 凯*

摘 要：司法救济因司法终局原则的确立而成为权利救济中最全面、公平、有效的方式，当前涉诉信访制度困难重重，以司法终结涉诉信访是合理之选，但当前涉诉信访与司法终局原则之间存在矛盾，要走出涉诉信访困局，需要转变思路，确立司法机关成为纠纷的最终裁决机关，重新定位信访功能，加强民众与司法的沟通。

关键词：涉诉信访 司法终结 权利救济

信访作为一种中国社会独特的民怨解决机制，在法治不彰的社会背景下，发挥了其体制监督与纠纷调处的作用。但随着社会发展，这种制度的运用正凸显出泛滥化与异质化的倾向。司法权威是法治社会的重要表现，与行政和立法相比，司法具有终结性的特征。信访这一带有行政化色彩的纠纷处理机制的大规模使用正加剧着行政权的膨胀和对司法权的挤压，甚至出现司法让位于信访的怪象，① 这正削弱着司法的权威性，破坏着司法终局性。在前一个时期，信访机制的功能失范与司法终局原则在实践中的缺位使得中国社会的纠纷解决机制呈现出一种畸形的发展态势，对维护社会稳定、构建法治国家贻害巨大。为此，党的十八届四中全会通过的《全面推进依法治国若干重大问题的决定》在"加强人权司法保障"中明确指出："落实终审和诉讼终结制度，实行诉访分离，保障当事人依法行使申诉权。"故本文拟对信访救济方式与司法终结制度之间的关系进行探讨，构建信访的司法终结制度，以期能够为顺利息诉罢访提供解决之道。

一、涉诉信访终结制度的产生与发展

作为信访类型中的一种，多年来涉诉信访逐渐演变为困扰司法工作、关涉政局稳定的一大社会危机。② 因而，如何终结涉诉信访问题早已引起各界广泛的讨论。涉诉信访

＊ 作者简介：翟凯，华中科技大学法学院博士生。

① 周长军、裴振宇：《涉刑信访的现实困境与解决路径》，载《山东科技大学学报》2010年第3期。

② 魏志勋：《涉诉信访的"问题化"逻辑与治理之道》，载《法学论坛》2011年第1期。

的概念是什么？当前涉诉信访终结制度是如何产生与发展的？我们有必要先对这些问题进行界定，并在此基础上展开论述。

(一)信访的概念与功能

所谓信访，广义上是指人民群众来信来访。狭义上的信访是指国务院于 2005 年颁布的《信访条例》中所规定的行为，即"本条例所称信访，是指公民、法人或者其他组织采用书信、电子邮件、传真、电话、走访等形式，向各级人民政府、县级以上人民政府工作部门反映情况，提出建议、意见或者投诉请求，依法由有关行政机关处理的活动"。关于信访制度的具体功能有哪些，当前的法律法规没有给出明确的表述。有学者主张理论上主要有两个方面的功能：一是权利救济，二是政治参与和权力监督。① 这两大功能中，就目前来看权利救济功能可能更占主导地位。体现在一方面基于文化背景和价值依托的原因，公众普遍认为信访意味着一项高效、便捷且全面的救济方式，能够充分保障和维护公民的权利和自由，另一方面实践中也常出现"许多行政相对人并不是不敢或不愿去寻求其他救济，而是更习惯或更乐于通过信访手段来实现救济"，② 从而使得信访的权利救济功能被无限放大甚至成为优于其他行政救济乃至司法救济的一种特殊形式。

(二)涉诉信访终结制度的产生

在各类信访类型中，本文所提到的涉诉信访最早由最高人民法院于 2004 年首次提出，是指在某些被司法机关已经受理或已经完成诉讼程序的案件中，当事人因对司法机关的行为不满所提起的申诉和控告未达所愿，转而向上级机关去信去访或者采取请愿等其他形式以寻求争议解决的一种活动。③ 在现有各类信访中，有学者统计涉诉信访一直占有较大比重，甚至有时会达到全年统计的接访总数的三分之一。④ 司法机关的统计数据也印证了涉诉信访数量十分庞大。⑤ 造成这一现状的原因有很多，就司法本身来说，

---

① 林来梵、余净植：《论信访权利与信访制度》，载《浙江大学学报(人文社会科学版)》2008 年第 3 期。

② 应星：《作为特殊行政救济的信访救济》，载《法学研究》2004 年第 3 期。

③ 有学者定义成包括对生效裁判不服的申诉与涉及法院其他工作的投诉，称为涉诉信访。参见王亚新等《法律程序运作的实证分析》，法律出版社 2005 年版，第 106 页。有学者定义为与法律有关的或者可以以及应当通过法律手段来解决的信访问题。参见李宏勃：《法治现代化进程中的人民信访》，清华大学出版社 2007 年版，第 26~29 页。还有学者称应为"涉法涉诉信访"，如关保英：《涉法涉诉信访案件终结的法律效力》，载《法治论丛》2006 年第 2 期。

④ 于建嵘：《中国信访制度批判》，载《中国改革》2005 年第 2 期。

⑤ 有学者统计，2003 年至 2007 年，全国法院来信来访总量达到 1876.4 万件(人)，其中年均来信 79.7 万件，年均来访 295.5 万人。参见佟季：《全国法院申诉信访案件情况分析》，载《人民司法》2008 年第 9 期。来自司法系统统计结果为，2009 年全国各级法院接待群众来访 105.5 万人次，同比下降 9.4%，但进京上访呈持续上升趋势。参见《最高人民法院 2010 年工作报告》。

一是司法程序的僵硬与迟延难以及时回应公民日益增长的权利诉求，二是司法工作的瑕疵和司法腐败的频发导致群众对司法的信任感下降。从民众自身来说，寄情于信访制度正是传统的"清官文化"在现代社会的折射。再加上现有的检察监督体制和再审启动方式也在无形中促动着涉诉信访数量的居高不下，当事人往往期望通过不懈上访以获得再审的启动，从而实现由其自身所定义的"正义"，一旦未能如愿则继续上访。这一循环直接导致了司法程序迟迟无法终结，矛盾纠纷持续存在。美国大法官杰克逊曾说："我们所做的是对的，不是因为我们正确，而是因为我们是最终的。"我们必须承认，无论司法技术如何成熟、司法品德如何高尚，总可能会在诉讼中出现一方认为裁决有误或对裁决不满。司法注定不会成为一种能获得所有人认可的纠纷解决方式。因此在当前的司法制度下，如果不对涉诉信访设置终结机制，那么只要司法程序一直在运作，就会一直不断输送涉诉信访的后备军。如此恶性循环必将破坏司法的权威性与公信力，同时为社会整体秩序的不稳定埋下祸根。而就信访制度来说，设置终结机制也是其内在的必然要求，一套完整的信访程序在逻辑结构上应是由启动、受理、处理、终结、监督等模块组成，没有功能健全的终结制度，整套程序就不能成体系化地流畅运转。这也是构建涉诉信访终结制度的法理基础。

(三) 涉诉信访终结制度的现状

面对当前涉诉信访总量不断剧增，诉求表达形式日趋过激的严峻形势，政界与学界都已意识到设立涉诉信访终结制度的紧迫性。在政策层面上，最早在 2005 年中央政法委印发的《涉法涉诉信访案件终结办法》中已经出现了涉诉信访终结制度的雏形，提出对适用终结制度所需满足的基本条件。2012 年《中央政法委员会关于完善涉法涉诉信访终结机制的意见》则从原则、主体、审核认定等方面制度化了涉诉信访终结制度。2013年中共十八届三中全会通过的《中共中央关于全面深化改革若干重大问题的决定》明确提出"把涉法涉诉信访纳入法治轨道解决，建立涉法涉诉信访依法终结制度"。在学界关于涉诉信访终结制度的讨论也很热烈。比如胡道才（2004）提出，在现有的审判制度和申诉制度下，以穷尽司法程序为原则，在建构涉诉信访终结机制中提出信访复查公开听证制度和信访终结公示制度等设想。[1] 王月明、汪强（2006）等提出对于涉诉信访要经过三级复议机关三次处理后才能终结，并着重对信访终结中的听证程序作了详实的设计。[2] 而陈小君（2011）等学者谈到，信访应作为主流司法救济程序的补充，并作为"兜底救济"的方式，应当不断弱化信访的权利救济功能，强化其政治参与功能，这样才符合法治社会发展格局。[3]

---

[1] 胡道才：《我国涉诉信访终结机制的构建》，载《国家检察官学院学报》2004 年第 6 期。

[2] 王月明、汪强：《信访终结制度的设想》，载《上海法学研究》2006 年第 1 期。

[3] 陈小君、张红、李栋等：《涉农信访与社会稳定研究》，中国政法大学出版社 2011 年版，第78 页。

二、司法终局性与涉诉信访终结制度的关系

从目前颁布的规范涉诉信访终结制度的文件来看，已经明确彰显出维护司法权威，确保司法终局的精神。涉诉信访因司法活动而产生，最终回到司法框架内去终结，这在理论和实践上既具有可能性也具有必要性。这是由司法活动和涉诉信访先天的伴生关系以及司法的终局性在权利救济中天然所具有的优势共同决定的。

(一)司法终局原则与权利救济方式

司法终局原则，或称司法的终局性，其含义是指"所有涉及个人自由、财产、隐私甚至生命的事项，不论是属于程序性的还是实体性的，都必须由司法机构通过亲自'听审'或者'聆讯'作出裁判，而且这种程序性裁判和实体性裁判具有最终的权威性"。① 司法的终局性包含两方面的内容：一是司法成为纠纷解决的最终途径。人类学研究表明，自人类诞生以来伴随着冲突种类的不断演化，解决纠纷的途径也发展为包括忍让、协商、自力救济、调解、仲裁等多种方式。② 而进入现代社会以后，人们愿意选择司法作为纠纷解决的最终途径，原因在于"其出自一个获得了政治认可的渊源"，③ 而这一政治认可来源于最高国家权力机关和立法机关。因此在整个现代社会的纠纷解决体系中，司法得以处于核心和终极地位。一旦冲突用协商、调解和仲裁等途径无法解决时，就可以通过诉讼来获得具有国家强制力的司法裁判加以最终解决。二是司法的纠纷解决效力具有终局性。司法裁判结果具有不可轻易更改的终局性，这种终局性主要体现在裁决的公定力(形式上的确定力)、既判力(实质上的确定力)、拘束力、执行力等效力之中。④ 比如说既判力，在一般的纠纷解决方式中，对双方争议的权利义务所作出的裁判不一定具有完全的确定性，但经过司法裁判后，权利义务关系就被最终确定下来并约束各方，"具体的言行一旦成为程序上的过去，即使可以重新解释，但却不能推翻撤回。经过程序认定的事实关系和法律关系，都被一一贴上封条，成为无可动摇的真正的过去"。⑤ 再比如说拘束力，终局性司法裁判作出后，当事人必须服从并履行裁判，不得就已确定的法律关系另行起诉。法院不得就已作出的终局裁判再次裁判或更改裁判的内容(即"一事不再理")。"判决一经确定，应不容恣意翻案，否则司法制度之安定性、可信性、吓阻性，以及司法资源之有效利用，皆将严重受损。"⑥

从权利救济方式来看，随着人类社会的发展，个人私力救济和国家公力救济的主次

---

① 陈瑞华：《刑事诉讼的前沿问题》，中国人民大学出版社 2000 年版，第 225 页。
② [美]布莱克：《社会学视野中的司法》，郭星华等译，法律出版社 2002 年版，第 82~84 页。
③ [美]波斯纳：《法理学问题》，苏力译，中国政法大学出版社 2002 年版，第 104 页。
④ 刘兆兴：《德国联邦宪法法院总论》，法律出版社 1998 年版，第 140~142 页。
⑤ 季卫东：《法治秩序的建构》，中国政法大学出版社 1999 年版，第 18 页。
⑥ 王兆鹏：《重新思考非常上诉制度》，载《月旦法学杂志》2009 年第 170 期。

地位逐渐发生着改变。"当私力救济作为一种普遍性社会现象从人类文明史中消失后，诉讼便成为遏止和解决社会冲突的主要手段。"①诉讼是司法救济的主要方式，确立和贯彻司法的终局性还在于终局的司法救济能够充分满足权利救济的功能。一个较完美权利救济体制所体现的功能应该具有三个特征："权利救济的完整性、权利救济的公平性、权利救济的有效性。"②这三个方面通过对司法终局原则的贯彻都能够得到较好的体现：1. 权利救济的完整性。司法救济不仅在制度设计上被定位成弥补其他权利救济途径不足的最终救济途径，而且其自身所具有的完备的一审、二审和再审等制度，使得其相较于其他救济途径不可不谓是一种最完整的救济途径。2. 权利救济的公平性。相比于道德、伦理等救济方式，司法救济的独特之处在于其具有程序性，程序追求的价值是公正。由于司法程序高度的自治性、严格的中立性、完全的平等性和广泛的参与性等特征，使得司法程序颇具公平性，而司法救济的公平性则来源于司法程序的公平性。正是公开、公平、公正的司法程序为司法终局原则的适用提供了坚实的基础，这也使得司法救济成为优于其他权利救济方式的重要原因。3. 权利救济的有效性。司法救济的有效性是通过司法的终局性和权威性体现出来的。当冲突方将其纠纷诉诸法律予以解决时，最终会得出一个终局性的权威结论，这就保证了争议不会永无休止地延续下去。正是由于司法救济所具有的最终的效力使得其成为最有效的权利救济方式。

(二) 司法终局原则与涉诉信访的终结

基于司法的终局性所展现出的各个方面的特点，以司法的终局原则为核心构建涉诉信访的司法终结制度既具有可能性也具有必要性。这体现在：

一方面涉诉信访区别于其他信访的主要特点在于涉诉信访缘起于不服案件的司法裁判，司法主要的功能在于定纷止争，更是化解社会矛盾的最后一道防线，而司法在处理纠纷时又具有被动性、中立性、终局性等特点，这些特点决定了涉诉信访不同于其他类型的信访，因此不能简单地套用其他类型信访的一些类似行政化的终结机制。另外涉诉信访以案件为载体，只有解决信访人反映的案件问题才能消除涉诉信访的根源，案件因司法程序而产生，因此案件问题也应在司法的框架内解决。这就决定了不能将涉诉信访与其他信访同等对待，否则甚至会否定司法所具有的终局性的定纷止争功能，所以应将涉诉信访纳入司法程序来终结。

另一方面用司法程序来终结涉诉信访也是建设法治中国，促进社会和谐的必然要求。1. 有利于规范涉诉信访制度。由于现有的法律文件缺少对信访救济职能的明确表述和一套严密的救济程序，这使得信访制度缺乏一定的确定性和可预见性。③ 通过建立涉诉信访的司法终结机制，一是导入具有确定性的司法程序可使涉诉信访终结更显制度化和细致化，二是司法所展现的拘束力和执行力会使信访人明白终局解决后的涉诉信访

---

① 顾培东：《社会冲突与诉讼机制》，法律出版社 2004 年版，第 18 页。
② 韩春晖：《现代公法救济的整合》，北京大学出版社 2009 年版，第 148 页。
③ 黄涧秋：《论信访的行政救济功能及其与行政复议的关系》，载《理论导刊》2009 年第 8 期。

不会再被接办，有利于及时息诉罢访。同时司法程序的普遍指导作用会使终局解决机制被信访人所共知，这样就会发挥制度本身对行为的规范作用，促使当事人有序信访。2. 有利于维护司法权威。"法治社会的关键是确立法的权威，而法的权威最终要通过司法的权威性来保证和实现，司法的终局性特征则是司法权威的必然要求和重要条件。"① "信访体制越有作为，法律规则即愈加疲软，司法权威也愈将弱化。"②不及时终结涉诉信访对司法制权威和司法部门形象都会产生恶劣的影响，甚至会影响全社会对法律的信仰。确立涉诉信访司法终结，有助于在权利救济程序中弥补司法裁判的瑕疵对司法权威的损害，使民众重拾对司法的信心，巩固司法权威。3. 有利于保障公民权利。司法权利救济体系能够充分体现出权利救济的完整性、有效性和公平性，在涉诉信访终结机制中果断引入司法救济能使得上访人的权利诉求得到更充分的救济。4. 有利于促进公平正义的实现。通过涉诉信访司法终结机制将闹访、缠访等信访顽疾纳入法治化轨道解决，按照严格的司法认定程序，使合法有理的诉愿得到伸张，对恶意无理的要求及时遏止，杜绝个别信访者"只有会哭的孩子才有奶吃"的错误思维，昭示真正的公平正义。

三、涉诉信访制度与司法终局原则的冲突

以司法权力对信访案件进行最终处理的涉诉信访司法终结制度，是一剂实现民主法治，化解冗访缠访的良药。但目前的信访救济制度却与司法终局性原则存在着严重冲突。这些冲突主要表现在以下三个方面：

(一) 审判独立性的削弱与司法行政化的加剧

实现司法终局性的基础在于依法公正独立审判。但当前的涉诉信访机制正威胁着司法基于公正独立运行而获得的权威。一方面，上访人为了实现诉讼目的，通过涉诉信访向人大、政府等部门频繁上访，必然会引起相关部门介入对法院裁判监督，其实质上使得个别监督主体成为"法官之上的法官"，这便为某些部门以监督之名干扰司法提供了制度空间。③ 另一方面，涉诉信访引发的外部压力加剧了对法官审判活动的干扰。为了应对各种外来压力，应该遵循什么样的法律已不是法官在裁判过程中所需考虑的唯一问题，而法律外的一些社会因素正不断影响着法官们对案件的判断与度量。有时对"法律效果、政治效果、社会效果"统一的追求甚至取代了法官的法律思维。④ 除此之外，当前的涉诉信访制度也正加剧着司法的行政化倾向。信访工作体现的是一种政府主导、社

---

① 石茂生：《司法的终结性与法的权威》，载《齐鲁学刊》2002年第3期。
② 刘炳君：《涉法涉诉信访工作的法治化研究》，载《法学论坛》2011年第1期。
③ 关于人大、检察院、党政机关对司法的监督与司法独立之间关系的介绍分析，详见郑成良、袁登明、吴光荣：《监督与司法公正——基于实证调研的分析》，载孙谦、郑成良主编：《司法改革报告——中国的检察院、法院改革》，法律出版社2004年版。
④ 张文国：《试论涉诉信访的制度困境及其出路》，载《华东师范大学学报(哲学社会科学版)》2007年第2期。

会参与的工作机制，在启动、处理等方面都带有浓厚的行政色彩，而信访制度的价值取向上，有时实现社会稳定的目的可能远远超过实现个体正义的诉求。① 当前要求法院在行使司法审判职能的同时还要承担一种并不生长于司法土壤且制度背景迥异的信访化解职能，这种将不同的矛盾解决方式纳入同一制度框架内，并试图达到多种职权相调和的做法，恰巧可能会模糊司法职权的内涵，产生司法职权行政化的错位。

(二) 司法权威的破坏与司法中立的受限

法治社会的关键是确立法的权威，司法的终局性特征则是司法权威彰显的必然要求和重要条件。正是由于司法的终局性直接关联着司法权威，如果允许在司法之上还有一种终极性的权力，那么司法的权威性必将大打折扣。我们发现当前的涉诉信访制度的运作正遵循着一种"审判审判者"的逻辑。在这种运作方式下，一方面异化出了一批司法体制外的裁决者——"法官之上的法官"，另一方面通过涉诉信访对已生效的判决反复提起再审，这意味着司法机关通过自我否定或者任由别人否定自己而丧失了权威，最终使得司法裁决处于一种进退两难的尴尬境地。目前的涉诉信访对司法中立的影响也很明显。司法中立是指为了保持裁判的公正性，司法者必须置身事外，以局外中立姿态进行裁判。只有司法中立才能保证司法的公正。但在涉诉信访案件中，由于上访人矛头所指的对象即是"司法不公"，这使得法官为了减少巨大的涉诉信访压力，有时费尽心机想通过调解等方式努力去让各方当事人都接受裁判认定的权益归属，有时为了能使当事人之间达成一致，甚至不惜背离法律准则，让一方接受不合理的条件抑或放弃其所应得的利益。"如果一个实体和程序完全正确的公正裁判会引起信访，而一个具有倾向性甚至不公正的裁判却能终结纠纷，那么法官的选择也就尽在情理中了"。② 然而这种局面会使司法的中立性荡然无存，其引发的直接后果便是司法因缺乏中立性而丧失公正性，因丧失公正性而丧失权威性。

(三) 司法在权利救济体系中的边缘化

就中国目前公力救济体系而言，主要是由司法和信访两大系统组成。在理论上，信访应当是作为一种辅助性的权利救济手段，为主流的司法救济拾遗补缺。但现实中由于司法人员专业素养的不足以及司法程序设计上的缺憾，使得司法裁判质量常常不尽如人意，引发公众不满。加上中国民众长久以来普遍存在的渴求实质正义的心理更是强化了对注重程序正义的司法的疑虑，这也动摇着司法作为主要纠纷解决方式的地位。另外，当前常规、有效和民主的民众表达机制的匮乏也从另一侧面推动着国民更多地选择涉诉

---

① 赵树坤：《社会冲突与法律控制：当代中国社会转型期的法律秩序检讨》，法律出版社2008年版，第98~102页。

② 熊荣根：《涉诉信访的理论分析和司法应对》，载《山西财经大学学报》2008年第2期。

信访来表达对司法的不满。① 正由于这些原因，在当下司法权威缺损的大背景下，信访一跃而占据了纠纷解决的主要位置，加之司法终结性的缺乏，更是让司法救济在信访面前被边缘化，甚至被信访所"挟持"。"信访把救济的希望寄托在诸多偶然因素上，它在使权利得到部分救济的同时，又再生产出使其权利遭到压制或侵害的制度的合法性。司法程序的正当性和安定性、生效判决的强行性和不可变更性，在涉诉信访面前发生了动摇。"②在这种局面下，涉诉信访在不断加强着民众们信"访"不信"法"的观念的同时，也最终在加剧着信访与法治之间的冲突。

四、确立司法终局是终结涉诉信访的治本良策

"头痛医头，脚痛医脚"的功利主义解决方式已无法应对涉诉信访现有的困局。因此有必要重构涉诉信访与司法之间的关系，以司法来终结涉诉信访，使司法机关成为终局裁决机关，这是解决当前信访与司法之困的最终目标。围绕这一目标一方面需要重新定位信访的主要功能，另一方面还需化解司法与民众之间的沟通障碍。

(一)定位信访救济前置，以司法终局收尾

在《信访条例》出台前，"挺信派"一方认为，由于司法体制自身一直问题不断，使其不能为民众所完全信赖，而我国信访制度的既有群众基础又有监督官员、化解矛盾、社会动员等现实功能，③ 应倡导强化信访机制，甚至应赋予信访机关更大的权力。④ 而"弱信派"一方认为，过分地用行政救济代替司法救济是对现代法治国家的基础——法治治理方式的破坏，⑤ 并预言无论信访机构将变得多么庞大和有力，当面临潮水般的各种社会矛盾时也会手足无措。⑥ 9 年后的今天，信访并没有如当初预期的那样成功化解大量的矛盾纠纷，反而增加了维权成本，威胁着社会秩序。但是当时两派的认识出发点是相同的，都是基于把信访定位于对政府行为做成后的事后补救制度。而当前信访运作受困的节点在于其僭越了本应是社会纠纷化解事后救济机制主角的司法制度，因而其才承受了太多本不应该承担的纠纷化解重担，故而继续在信访后置的制度框架内讨论改革问题，可能难以触及问题的根源，因此已有学者建议信访前置，将信访设计为"由公众

①　有学者从公民权利表达机制构建的角度来研究信访问题，参见张炜：《公民的权利表达及其机制构建》，人民出版社 2009 年版。

②　张敏、戴娟：《困惑与出路：转型期法院涉诉信访制度的理性探究》，载《法律适用》2009 年第 6 期。

③　高武平：《信访制度存废辨——兼谈中国信访制度的变革之道》[EB/OL]，http://www.aisixiang.com/data/5827.html，于 2014 年 10 月 1 日访问。

④　班文战：《我国信访制度救济功能的有效性问题》，载《中共中央党校学报》2009 年第 1 期。

⑤　于建嵘：《中国信访制度批判》，载《中国改革》2005 年第 2 期。

⑥　许志永、姚遥、李英强：《宪政视野中的信访治理》，载《甘肃理论学刊》2005 年第 3 期。

参与的矛盾的事前化解和预防机制"。① 这一观点的提出无疑为解决信访困局提供了一种新的思路。不过信访的功能不应仅停留在事前预防的层面，当前信访对司法的越俎代庖才是问题的关键。信访作为一种申诉制度并没有错，但关键在于制度运用的"对象"被混淆。纵观发达国家的公民监督体系，都能找到类似于我国信访制度的苦情处理制度、民愿委员会制度等申诉平台，② 但在这些国家中司法仍是定纷止争的主要渠道，不过由于司法救济繁琐、持久的特点，可能并不适合于解决所有经济纠纷，这些申诉制度的出现便主要针对一些简单的社会纠纷和某些行政决定。概言之，这些国家司法救济与申诉制度救济之间的主要区别在于申诉仅是对行政决定的而不是针对司法裁决，司法裁决是具有终局性的。

　　鉴于以上分析，我们建议首先在大的制度背景下可以重新定位信访在权利救济途径选用中的顺序，改变当前出现纠纷后的信访、司法平行的选取机制，将信访程序设定为仅在启动司法程序前公民可选择的申诉程序，一旦进入司法程序并作出终局裁判后，原有的涉诉信访程序的功能应取消并归入司法程序，由司法权力来保障实现司法的终局性。而对法院的信访问题反映应限于违法违纪问题和判决执行中的问题。其次，对终局裁判的不满可以考虑通过对现有的再审程序进行改革来解决，例如制定严格的再审程序适用的审查制度，对再审的审查应有次数限制，批示和指令等不可成为再审的理由，对决定再审的裁决应一裁终局等。这样既可以继续发挥信访的某些积极作用，同时还可节约司法资源，维护司法权威。

(二) 弱化信访救济功能，强化监督和参与功能

　　重构涉诉信访制度与司法终局救济之间的关系、缓解二者冲突的另一个方面可以从调整信访制度内部功能的角度入手。前文已述及有学者将信访的主要功能定义为权利救济功能和权力监督及政治参与功能。就当前信访权利救济功能的实际作用来看，其远没有想象中的巨大。与庞大的信访总量相比，根据有关报道，"通过上访解决问题的只有2‰"。③ 而从法律条文的沿革与解读中也可以发现法律本身就没有赋予信访强大的权利救济功能。原 1995 年制定的《信访条例》规定了四项信访功能，第一、二项是民主监督、民主参与功能，第三项是对信访救济功能的明确表述，④ 但其是与前两项功能相比，本就处于补充和辅助地位。2005 年新颁布的《信访条例》出台后，就直接删除了对

---

　　① 黄小勇：《"信访前置"：信访制度改革的一个恰当选择——兼对信访改革争论的评价》，载《公共管理评论》2010 年第 2 期。

　　② 对于国外苦情处理制度和民愿委员会制度的考察，参见陈丹、唐茂华：《试论我国信访制度的困境与"脱困"——日本苦情制度对我国信访制度的启示》，载《国家行政学院学报》2006 年第 1 期；胡冰：《国外民愿表达机制与我国信访体制改革》，载《特区实践与理论》2003 年第 12 期。

　　③ 赵凌：《国内首份信访报告获高层重视》，载《南方周末》2004 年 11 月 4 日第 2 版。

　　④ 1995 年《信访条例》第 8 条规定："信访人对下列信访事项，可以向有关行政机关发出：(1)对行政机关及其工作人员的批评、建议和要求；(2)检举、揭发行政机关工作人员的违法失职行为；(3)控告侵害自己合法权益的行为；(4)其他信访事项等。"

信访救济功能的规定，仅在第 32、36 条间接地提到信访的救济功能①，而且从条文中也可以看出现有的信访救济功能也很有限，例如第 32 条和第 36 条中就规定信访机关只有督促、督办和建议的权力，其自身是无权代替有关机构做出行为的。另外相较于行政复议和司法救济等程序来说，信访救济本身法律权源的位阶就很低，信访条例中也做出了明确的表示：即在有法定救济渠道的情况下，信访人应主要通过其他法定渠道获得权利救济。② 由此可见，不管从现实状况还是从法条规定来看，信访的权利救济功能本就十分有限，我们更不应过分妄自夸大。不过相对信访在权利救济功能上的种种不足，信访在广纳民意、反对腐败等方面的政治功能却十分突出，"据了解，在有关部门查处的违法违纪案件中，根据信访部门提供举报线索查处的约占 80%，大案要案中 80% 的线索也是从信访渠道获得的"。③ 另外 2005 年的《信访条例》也已将信访的政治参与与权力监督功能法定化。该条例第 1 条和第 3 条提出信访工作的主要目的就是增强与民众的联系，接受人民的监督，确保群众的政治参与。④

故此，结合现有法律规定与信访的实践结果，建议未来将信访明确定位于一种对国家机关的工作监督机制而非权利救济机制，把权利救济的功能从信访制度中剥离出去，这样一方面可以从侧面确保司法救济的权威性和终局性，民众即使对司法过程的某些不满也会选择司法程序去解决，促使涉诉问题真正回到司法框架内去终结，制止了产生涉诉信访反复无尽问题的制度源流。另一方面，将群众通过信访的关注点集中到权力监督与政治参与中恰好还能够扩大对司法机关监督的效果，通过强大的监督氛围使司法机关更加公正、合法、合理地作出裁决，反过来还可以争取从源头上堵住从前因司法不公、司法腐败等而产生的大量涉诉信访。以此救信访出窠臼，还可还司法以宁静。

(三) 加强司法与群众的沟通，减少涉诉信访的生成

德沃金曾说："任何国家部门都不比法院更为重要，也没有一个国家部门会像法院

---

① 《信访条例》第 32 条规定："对信访事项有权处理的行政机关经调查核实，应当依照有关法律、法规、规章及其他有关规定，分别作出以下处理，并书面答复信访人。"《信访条例》第 36 条规定："县级以上人民政府信访工作机构发现有关行政机关有下列情形之一的，应当及时督办，并提出改进建议：(1) 无正当理由未按规定的办理期限办结信访事项的；(2) 未按规定反馈信访事项办理结果的；(3) 未按规定程序办理信访事项的；(4) 办理信访事项推诿、敷衍、拖延的；(5) 不执行信访处理意见的；(6) 其他需要督办的情形。收到改进建议的行政机关应当在 30 日内书面反馈情况，未采纳改进建议的，应当说明理由。"

② 《信访条例》第 14 条规定："对依法应当通过诉讼、仲裁、行政复议等法定途径解决的投诉请求，信访人应当依照有关法律、行政法规规定的程序向有关机关提出。"

③ 韩春晖：《现代公法救济的整合》，北京大学出版社 2009 年版，第 167 页。

④ 《信访条例》第 1 条规定："为了保持各级人民政府同人民群众的密切联系，保护信访人的合法权益，维护信访秩序，制定本条例。"《信访条例》第 3 条规定："各级人民政府、县级以上人民政府工作部门应当做好信访工作，认真处理来信、接待来访，倾听人民群众的意见、建议和要求，接受人民群众的监督，努力为人民群众服务。"

那样受到公民那么彻底的误解。"①从司法的角度看，终结涉诉信访的要害之一在于要减少实践中大量的上访者因对司法判决不满而引发的信访，而这一现象又根源于当前司法裁判中一个显见的难题——法官与当事人之间的冲突与误解。一边是法官从规则法理出发，理性正义地去解构案件，另一边是百姓从人情事理出发，以朴素的道德观去评价审判，让双方基于不同认知层面去沟通自然难免产生冲突与误解。虽然当前越来越多的民众愿意接受司法作为矛盾解决的最重要的手段，但具有形式理性的现代程序主义司法活动与民众们在前法治时代所惯有的法律万能思想之间会形成明显的法律心理落差。这是在于：一方面，司法程序中民众由于对复杂的现代法律的理解有限，加上有时缺少专业法律人士的指导，在参与质证、审理等司法活动时往往不能适应这些制度化的法律程式，一旦在这些繁琐的流程中遭遇碰壁和打击就易于引发对法律程序的不满，并可能扩大为对整体司法体制的误会。另一方面，司法应是以一种看得见的方式实现正义，但受制于法官队伍的整体素质和某些僵化的制度，当前法院判决书中的裁判说理和判后释法答疑工作开展得并不到位。这使法院的裁决还不能让败诉方"心服口服"。这些导致的最终结果便是民众们既想利用司法，又对司法不理解，索性便选用自己所能理解的话语体系去实现自己看得见的公正——涉诉信访。

　　基于这种认识交流所造成的困境，有必要在司法程序中倡导一种"沟通主义司法观"，畅通民众与司法之间的交流。许多国外学者早已认识到法律层面沟通的重要性，德国学者恩吉施认为："作为人类社会的行为规范，任何国家的法律都是人与人之间实现交往、确定关系及秩序的最重要途径。就此而论，可断言未来人类的发展与和平，很大程度上将取决于全人类在法律法则上的沟通与趋同。"②而比利时学者凡·豪埃克以德国哲学家哈贝马斯的"沟通交往理论"③为基础进一步提出"沟通主义法律观"，其认为法律从根本意义上说是一种沟通，司法法律关系发生的过程可以被理解为一种对话沟通模式，而不必须是传统的强加与接受、命令和服从的权力控制模式。在这种双向沟通模式下，法官与当事人之间在初审审判、上诉评议、参考先例、社会舆论等多个沟通场域中通过一系列司法程序的互动实现双方法律思维之间的交流，由此一步步将终局裁判引

---

①　[美]德沃金：《法律帝国》，李长青译，中国大百科全书出版社1998年版，第10页。
②　[德]恩吉施：《法律思维导论》，郑永流译，法律出版社2004年版，第2页。
③　哈贝马斯的沟通交往理论是指：沟通行动是一种语言行动，实现沟通行动合理化的最重要途径是：在建立共同价值规范和充分论证基础上平等对话，即参与交谈的所有人在独立、平等的基础上，使用共同的原则、规范达成的共识。其主张构建一种程序主义民主交往模式，将民主对话和讨论作为国家政治生活的基础和中心，通过民主对话、讨论的方式一是可以确保公权力行为的正当性，二是可提高公民参政、议政的自主性。关于哈贝马斯的沟通交往理论的考察介绍，参见杨艳霞：《刑法解释的理论与方法——以哈贝马斯的沟通行动理论为视角》，法律出版社2007年版；高鸿钧：《走向交往理性的政治哲学和法学理论(上)——哈贝马斯的民主法治思想及对中国的借鉴意义》，载《政法论坛》2008年第5期。

向合法与合理并存的方向，① 这一看法也与我们当前倡导的协商型司法理念相类似。②
鉴于此，未来可以在沟通主义司法观指导下，通过完善当前的司法制度来从源头上减少
涉诉信访的形成。

首先，可在法院系统之外通过专门机构来受理对法院在判决执行、法官违纪、司法
赔偿方面所提出的信访，实现诉访分离。其工作职能设定为受理转办、调研分析和听证
调解。这样既能保证司法的中立与终局，案件本身的问题依然由司法解决，又能通过发
挥信访强大的监督、参与功能，使得对司法活动的一些预警性的信息及早呈现出来，便
于司法机关防患于未然。专门机构一方面将法院与信访者之间的意见互相传达，成为沟
通与交流的桥梁，另一方面可以通过上级机关的协调，组织信访听证。听证是一种有效
的商谈沟通方式，通过听证可以来调解法院与上访者之间的争议，再配合法官错案追责
等外围制度的辅助，力求在公民意愿表达与法院公正裁判之间找到契合。其次，提升法
官的裁判说理能力。法官应当根据案件事实的具体情况来制作个性化的裁判书，摆脱当
前这种千篇一律的简单描述事实，给出法律条文，推导判决结论的粗陋形式。裁判文书
的表述不仅应尽可能详实地展现一个清晰的自由心证的过程，而且对于败诉方有时也可
适当地展示一定的人文关怀与理解，这有利于与败诉方在心理上形成沟通与安抚。同时
在判后要做好释法答疑的工作，应当事人要求解释裁判推理和相关法律规定并及时获取
当事人的反馈。借此争取最大程度地弥合当事人与法官之间的认识分歧，减少因司法认
识差异而引发的涉诉信访。再次，可以将法律援助活动延伸到涉诉信访中。由专业的法
律援助人员或律师来介入司法沟通，为涉诉信访者提供法律意见、代理当事人向相关部
门投诉，这样做一是利用法律援助的专业化和制度化的优势引导信访工作走上法治化的
轨道，法律援助活动本就是司法框架内的一项重要国家司法救助制度，这样做也是将涉
诉信访化解在司法流程中的一种尝试。二是在专业法律援助人员的配合下更有利于减少
当前信访中对上访者的某些违法侵害行为，切实捍卫信访者的各项人身权利和财产权利
不被侵犯。

结　语

埃尔曼曾说："必须问问我们自己，作出司法判决之后发生了什么。一部动人的罗

---

① 参见徐亚文、孙国东：《"沟通理性"与全球化时代的法律哲学——凡·豪埃克〈作为沟通的
法律〉述要》，载《法制与社会发展》2006 年第 1 期。

② 协商型司法指：在程序法的框架内，通过案件相关者平等而理性的实际参与，针对案件事
实、证据、法律适用、法律责任划分等进行论辩和商议，将实用的、伦理的和道德的理由置入法律裁
判之中，以解决司法裁判的合法性、正当性和合理的可接受性之间的问题。关于协商型司法的分析介
绍，参见马明亮：《协商性司法》，法律出版社 2007 年版。韩德明：《协商性司法：理论内涵、实践形
态及语境》，载《南京社会科学》2010 年第 5 期。李贵成：《将协商引入司法——哈贝马斯法律商谈理
论启示》，载《人民检察》2009 年第 7 期。

曼蒂克小说以有情人终成眷属而结尾，但有时悲剧恰始于其后。"①解决司法裁判后纷至沓来的涉诉信访问题既是国家治理中的重要环节，又是构建和谐社会的题中之义。要最终确立司法终局在纠纷解决中的地位，首先必须将信访改革与司法改革统一起来。但是司法改革不应是苏永钦所说的法律人自己"茶壶里的风暴"，只有提高公民的民主法治理念，使民众参与到改革中才能逐步拉近公民与司法的距离，消除涉诉信访的根源。其次，政治与司法的关系同样是当前"中国政治体制改革的重要方面和司法改革的核心命题"②。面对当下信访与司法的矛盾缠结，无论是对信访制度还是对司法制度的改革，都应跳出问题本身去寻找答案，这个答案可能就在于把信访改革、司法改革纳入政治体制改革之中，唯有群策群力，确保信访制度和司法制度各司其职，方能真正实现"让上帝的归上帝，让恺撒的归恺撒"。

---

① Wolfgang Friedman, Legal Theory, 5th. New York：Columbia University Press，1967. 转引自埃尔曼：《比较法律文化》，贺卫方、高鸿钧译，三联书店 1990 年版，第 247 页。

② 肖金明：《司法改革的目标与司法模式——基于政治与司法关系的改革思路》，载《山东大学学报(哲学社会科学版)》2009 年第 3 期。

第三部分　人权与司法权理性运行研究

司法权的理性运行是人权保障的基础。司法权的运行必须合乎人类理性、坚守司法规律。法官的特殊职业保障是司法权高效、有序与稳定运行的主体性条件，应当重视探寻保身份、厚地位、重责任的法官职业保障之路。法官与律师在人权司法保障中承担着不可或缺的使命，都要恪守从业基本要求和道德底线，和而不同又彼此尊重，共建人权司法保障的职业共同体。裁判文书说理机制具有两个面向的功能，一是增强对当事人说服力与裁判公信力，二是优化法官自身裁判逻辑。应以激励、训练、倒逼三个手段来促进裁判文书说理机制的形成。减刑与假释制度密切关系被羁押人的人权，精细化、科学化、经济化、社会化、人本化的制度是充分改造与教育罪犯，体现人权关怀的必由之路。立案审查制向登记制的转型意味着当事人诉权的张扬，但过度张扬势必带来恶意诉讼、虚假诉讼的后果，侵害相对人合法权益，浪费司法资源，损害法律权威和司法公正性，必须构建科学制度予以应对。司法权运行理性的提升不仅是普适且内在的，还向科技与人文两个维度开放。司法理性体现了人类理性，而人类理性又以自然理性为前提。现代科技发展与司法的二元互动提升了司法理性。同时，司法理性运行应摒弃纯粹司法形式主义的诱惑，关注公众对司法活动的内心期待，并从司法为民的本质出发，紧扣当前的司法现实，探寻基层法院审判组织发展的人文脉络，使司法权运行动态地回应公众期待，真正为人民福祉服务。

第一篇
论现代科技发展与司法理性提升

何士青　何　琛　张　菁*

摘　要：司法理性体现人类理性的技巧，它是人类实践理性的最高体现，根植于热烈实践，依存于司法基本特征。现代科技发展为司法带来新的内容，也为司法理性发展提供了机遇。在应对科技案件的过程中，司法理性得到提升，主要表现在推理形式上的形式推理与实质推理并用，在举证责任分配上的实行举证责任倒置，在科技侵权归责原则上的以无过错责任为核心。

关键词：司法理性　科技案件　科技司法

法律一开始就与人类实践在一起，它是人类实践理性的集中体现。"法律的生命不在于逻辑，而在于经验。众所周知的或者尚未被人们意识到的、占主导地位的道德或政治理论，对公共政策的直觉甚至法官和他的同行所持有的偏见，在法官决定人们都应一体遵守的法律的时候，所起的作用要远远大于三段论所起的作用。"①美国法学家霍姆斯的这段名言揭示了司法的实践理性特质。法律来源于社会实践又回到社会实践，社会实践的发展带来法律变革、推进法律文明。在当今时代，科技突飞猛进使得司法实践呈现出新的特征，导致司法实践理性的提升。

一、司法理性及其存在的依据

虽然运用法律处理具体案件的活动古已有之，然而由特定国家机关和特定公职人员即司法机关和法官依据法定职权和程序运用法律处理案件的一项专门活动则是近代以来的事情，它源于近代启蒙思想家的分权思想，是近代以来分权制度的产物。司法是人类文明发展到近代的产物，是人类实践理性进步的重要标志。司法存在的必要性在于：一方面，它是实现立法目的和法律的价值、保障公民权利、维护社会秩序的必不可少的路径；另一方面，法律不会自发地实现对社会的调整，法律对社会的调整需要司法机关适用法律的活动——"如果法律可以自行运用，那么法院也就是多余的了"②。司法的目

---

* 作者简介：何士青，女，湖南长沙人，华中科技大学法学院教授、博士生导师。

① O. W. Holmes. Jr. The Common Law. London：Macmillan & Co. 1982. p. 1.

② 《马克思恩格斯全集》第 1 卷，人民出版社 1995 年版，第 180 页。

的和功能因司法体制的不同而具有差异性，但无论在什么样的司法体制下，司法都具有这些功能：给受到损害的权利提供最终的、权威的救济；对具有侵犯性和扩张性的国家权力进行监督和控制；对侵害他人利益和公共利益的违法犯罪行为予以制裁。

司法浸润着人类理性，人类理性与司法实践联姻形成司法理性。所谓司法理性，是指司法人员在司法过程中运用程序技术进行法律推理和判断、寻求结论的妥当性所体现出的实践智慧，它是合目的与合规律的统一，是合情与合理的统一，是价值性与工具性的统一。司法理性不是人们在空洞逻辑推演中的意外发现，也不是人们毫无依据的奇思妙想，它来源于司法实践，是法官在司法实践中形成和积累起来的。来源于司法实践的司法理性必须回归司法实践，唯其如此才能体现出存在的价值。康德的下列观点适用于司法理性："一切要务终归属于实践范围，甚至思辨理性的要务也只是受制约的，并且只有在实践的运用中才能圆满完成。"①在现实的法益冲突中，法官在司法理性的牵引下，以事实为依据，以法律为准绳，制裁违法行为，救济被侵害的权利，从而实现法律的规范功能。没有司法理性的牵引，司法就将陷入独断和专横，法律的规范作用在现实中就会是零。司法理性体现着理性的技巧，恰如黑格尔所言："理性的技巧，一般讲来表现为一种利用工具的活动。这种理性的活动，一方面让事物按照它们自己的本性，彼此互相影响，互相削弱，而它自己并不直接干预其过程，但同时却正好实现了它自己的目的。"②司法理性的技巧反映在司法的技术性之中，掌握一定的司法技术是对法官的最基本要求。庞德指出："法律是一门艺术，它需经长期的学习和实践才能掌握，在未达到这一水平之前，任何人都不能从事案件的审判工作。"③

司法理性是实践理性的最高体现。所谓实践理性，是指人类在实践中形成的关于对象世界"应如何"和"怎么做"等问题的观念掌握与解答，包括人在行为上的自我约束能力、认识上的有条理的逻辑思考能力以及非情绪化的因素、价值上的客观公正的评价尺度等内容。实践形式的多样性决定了实践理性的多样性。实践的基本形式有三种，即改造自然的生产活动、调控社会关系的社会活动和探索自然本质和规律的科技活动。与此相应，实践理性主要由三个方面构成，即生产实践理性、"社会"实践理性和科技实践理性。庞德说："在一个发达社会中法就是社会控制的最终有效的工具。"④在法治时代，制定和实施法律是调控社会关系的主要方式，不仅如此，生产实践和科技实践的顺利进行需要法律加以保障，因此，法律实践理性成为这个时代"社会"实践理性的核心内容。法律实践有立法、执法、司法、守法等方面，因而法律实践理性由立法理性、执法理性、司法理性和守法理性等方面构成，司法理性因司法的重要性而地位凸显。司法是实现社会正义的最重要一道关口，是保障社会正义的最后一道防线，因而司法理性成

---

① ［德］康德：《实践理性批判》，关文运译，广西师范大学出版社 2002 年版，第 117 页。
② ［德］黑格尔：《小逻辑》，贺麟译，商务印书馆 1980 年版，第 394 页。
③ 转引自［美］庞德《普通法的精神》，唐前宏、廖湘文等译，法律出版社 2001 年版，第 42 页。
④ ［美］罗斯科·庞德：《通过法律的社会控制 法律的任务》，沈宗灵、董世忠译，商务印书馆 1984 年版，第 89 页。

为实践理性的最高体现。培根曾经告诫世人："一次不公的裁判，比多次不平的举动为祸尤烈。因为这些不平的举动不过弄脏了水流，而不公的裁判则把水源败坏了。"①缺乏司法理性指导的司法裁判必然导致司法不公，动摇法治的根基，最终使人类的全部实践活动失去法律保障。

司法理性的存在具有充足的理由和依据，这些理由和依据寄寓于司法的基本特征之中，集中表现在三个方面。一是司法启动的被动性。司法权不是主动介入人们之间的纠纷，而是在纠纷业已存在并有当事人愿意将纠纷提交司法机关裁判的情况下，司法权在现实中才开始运作，司法实践活动才开始启动。早在100多年前，托克维尔作过如下说明："从性质上来说，司法权自身不是主动的。要想使它行动，就得推动它。向它告发一个犯罪案件，它就惩罚犯罪的人；请它纠正一个非法行为，它就加以纠正；让它审查一项法案，它就予以解释。但是，它不能自己去追捕罪犯、调查非法行为和纠察事实。"②二是司法运作的中立性。在司法过程中，法官不偏向争讼中的任何一方，他以中立的立场理性地对待双方当事人的权利请求和抗辩主张，不因情感影响而有所偏向。三是司法裁判的说理性。司法审判的过程是一个原告及其代理人以及被告及其代理人等各方参与论辩、最后由法官作出裁判的过程。多方参与使法官裁判成为一种利益平衡的理性过程，"面对控辩双方及庭内外各种力量的争锋，司法者必须保持自己内心的法律感、哲学感和历史感的完整，同时也要善于随机应变，及时调整法律运作的策略格局"。说理性是司法裁判极为重要的特征，"现代法治国家对司法判决书的撰写非常重视，设计出了许多旨在确保公众事后了解裁判过程和理由的制度。一些国家的最高法院甚至要求，判决书还要载明法官意见的分歧及各自理由。这就要求法官除了要作出决断，还要论证决断"。③ 法官在论证决断时需要运用法律推理、法律论证的基本方法。

二、现代科技发展对司法理性的挑战

在人类社会的很长一段时间里，科学和技术的关系并不密切，因而科学和技术最早也是分开使用的两个概念。最早尝试对科学进行界定的人是12世纪初期的宇宙论者威廉，他将科学与神学区分开来，认为科学是一种以物质为基础的知识的一部分。后来，人们将它界定为关于客观事物的本质和规律的知识体系。最早对技术进行严格定义是18世纪法国百科全书派代表人物狄德罗，他在其主编的《百科全书》中指出：技术是为了完成某种特定的目标而协同动作的方法、手段和规则的完整体系。后来，人们大多赋予技术以方法、手段、技巧等的内涵。从近代开始，科学和技术相互渗透、相互融合成为不可分割的有机整体，两者之间难有分界。在这种情况下，科技作为一个独立的概念既有必要也有可能，这个概念的内涵是：人类在认识和改造自然的过程中经过从感性认

① ［英］培根：《培根论说文集》，何新译，商务印书馆1983年版，第193页。
② ［法］托克威尔：《论美国的民主》上卷，董果良译，商务印书馆1993年版，第110页。
③ 李龙：《法理学》，武汉大学出版社2011年版，第232~233页。

识到理性认识的发展所获得的关于自然事物的本质和规律的知识体系以及基于这种知识体系而产生的技巧和方法的总和。

科技不是人主观自生的，也不是神创造的，它是人类在探索和改造自然的实践中获得的，因此具有鲜明的实践理性特征。科技基于实践而产生和发展，马克思早就指出了这一点："社会一旦有技术上的需要，这种需要就会比十所大学更能把科学推向前进。整个流体静力学（托里拆利等）是由于 16 世纪和 17 世纪意大利治理山区河流的需要而产生的。关于电，只是在发现它在技术上的实用价值以后，我们才知道了一些理性的东西。"①科技"历史的有力的杠杆"，是"最高意义上的革命力量"②，不仅指导人们认识、改造和利用自然，而且对社会组织结构、生活方式、意识形态有巨大影响。在现代，科技较以往更加进步，现代科技更深刻地揭示了自然的奥秘并为人类进一步认识和改造世界提供了更有效的方法，"它给我们一种鼓舞力量。这种力量正慢慢地但却稳稳当当地变成左右现代思想和活动的主要动力"③。

然而，科技是一柄"双刃剑"，诚如爱因斯坦所言："科学是一种强有力的工具。怎样用它，究竟是给人带来幸福还是带来灾难，全取决于人自己，而不取决于工具。刀子在人类生活上是有用的，但它也能用来杀人。"④在现代社会，科技的"双刃剑"效应凸显。现代科技发展带来了改造世界的新方式、人际交往的新途径，也带来了更加复杂的社会关系、更加多样的行为方式，甚至导致科技异化现象的滋生与蔓延，在科技研发和使用过程中，科技不道德不合理使用、科技违法、科技犯罪等现象时有发生。科技进步的法律保障以及科技异化的法律治理，既丰富了立法的内容，科技法逐渐发展为一个新兴法律部门，也丰富了司法的内容，科技司法成为司法实践不可或缺的内容。所谓科技司法，是指司法机关运用科技法律处理具体的科技案件的专门法律实践活动，它对贯彻和落实科技法律、实现科技立法理性的目的和价值等具有极为重要的作用。然而，科技司法不是在任何情况下都可启动，一般而言，它的启动只有在下列两种情况下才具有合理性：一是科技主体之间发生纠纷而不能自行解决时当事人提出诉讼请求；二是出现了科技犯罪而被检察机关提出检控。

马克思曾言："法律是普遍的。应当根据法律来确定的案件是个别的。要把个别的现象归结为普遍的现象，就需要判断。判断是件棘手的事情。"⑤法律的抽象性、稳定性与社会生活的具体性、变动性之间的矛盾使司法裁判成为非常"棘手的事情"，而科技发展以及科技异化所导致的科技案件纷呈更是考验着法官的司法理性。与非科技案件相比，科技案件具有三个基本特征。一是科技的专业性。科技案件除涉及法律问题外，还

---

① 《马克思恩格斯选集》第 4 卷，人民出版社 1995 年版，第 732 页。
② 《马克思恩格斯全集》第 19 卷，人民出版社 1963 年版，第 372 页。
③ ［英］J. D. 贝尔纳：《科学的社会功能》，陈体芳译，广西师范大学出版社 2003 年版，第 475 页。
④ ［美］爱因斯坦：《爱因斯坦文集》第 3 卷，许良英等编译，商务印书馆 1979 年版，第 56 页。
⑤ 《马克思恩格斯全集》第 1 卷，人民出版社 1995 年版，第 180 页。

广泛涉及科技领域的专业技术问题。因此，相对于普通案件，在科技案件的司法裁判过程中，举证、质证更加困难。二是侵害结果的复杂性。有些科技成果滥用对人体和资源的损害需要经过一定的时间才能显现出来，有些科技成果滥用的不良后果涉及范围广泛。这就使得一些科技案件的受害主体更加难以确定。三是侵害行为与损害事实之间因果联系的多样性，科技侵权行为、高科技犯罪行为具有隐蔽性、即逝性，因而调查取证更加困难。

众所周知，司法裁判是一个查明事实和适用法律的过程，"前者在于回溯案件发生的过程，以确定案件的存在与性质，从这个意义上讲，事实的有无、多少、轻重、是非，构成了法院进一步判断——适用法律的前提；后者则是在案件事实确定以后，通过相关的法律规则来就当前的案件作出判决，从而得出一个'非黑即白'式的结论"[1]。要获得公正的司法裁判，法官必须以事实为依据、以法律为准绳。为了使法官获得确定的案件事实，我国与大多数国家一样，设计了法庭辩论制度，采取公开辩论的形式，由双方当事人就案件事实进行举证、质证、辩论。然而，无数事实表明，一些人为了获得不法利益，或者为了逃避法律责任，往往隐瞒、掩盖、否定、歪曲甚至伪造事实，因此，查明事实成为一项艰巨的任务。科技发展为双方当事人查明事实提供了有效手段——例如，科技发展导致物证技术的产生和发展，也为法官确定案件事实提供了便捷方式——例如，法庭审判运用网络等科技手段在提高审判透明度。所有这些，都有利于更好地实现司法公正。

但是，科技案件对司法提出了新的要求，这些新要求对司法理性提出了挑战，法官必须运用司法理性思考和解决以下问题：一是如何看待用科技手段获取的证据？例如，我国的司法鉴定比较混乱，一会鉴定轻伤，一会重伤，一会是轻微伤；一会是精神病，一会不是精神病。对于不同的鉴定结论，法官如何采信？在庭审中，专家证人很少出庭作证，即使他们出庭作证，法官是否具有足够的意识和能力质证他们？二是能否准确适用法律中的科技规范？科技规范本来是一种技术操作规程，但是当它被赋予法律效力后，将成为司法裁判的重要依据。例如，在调整信息产业、环保、交通运输、医药、食品、建筑、基因等行业的法律中存在着诸多科技标准，当这些行业发生法律纠纷诉求司法时，法官是否有足够的智慧运用它们解决案件以实现司法公正？三是如何处理疑难案件？前面已经指出，科技案件具有三个基本特征。正是这些基本特征使得法律规定与具体案件之间本来就有的距离更加遥远，导致疑难案件时常出现。例如，人工授精、安乐死、互联网等的出现，使原有的法律中出现了某种"空隙"，导致法律适用出现合法与合理的冲突。面对疑难案件，法官不能运用传统的形式推理的逻辑方法加以解决，采用什么样的法律推理方法解决科技疑难案件是法官必须直面的司法实践课题之一。

---

[1]　胡玉鸿：《司法公正的理论根基——经典作家的分析视角》，社会科学文献出版社 2006 年版，第 126 页。

三、司法理性在现代科技推动下提升

法律的稳定性决定了司法的保守性，与经济社会发展的速度相比，司法是相对滞后和稳定的现象。然而，法律不是凝固不变的，司法也是不断发展的，"法律既为社会力，则社会变迁，法现象不能不为之俱变"①。不断发展的司法实践既对司法理性提出挑战，也为司法理性发展带来机遇。现代科技发展及其如影随形的科技异化，使得科技案件纷呈。司法理性在应对科技案件的挑战中表现出"回应性"特征，并在应对科技案件的挑战中提升自身。科技司法理性的出现是司法理性在应对科技案件的挑战中提升自身的明证。科技司法理性是人类理性在科技司法中的运用和体现，是法官在科技司法过程中运用程序技术进行法律推理寻求结论的妥当性所体现出的一种实践智慧。与一般司法理性相比，科技司法理性具有其独特的内容，主要有以下三个方面。

1. 在法律推理方式上，形式推理与实质推理并用

"以事实为依据，以法律为准绳"是司法的基本原则，这一原则表明法官对案件的司法裁判由三个方面组成：一是寻找确认案件的证据；二是选择相应的法律规范；三是推导合理的结论。从法律逻辑学看，这三个环节的统一构成一个完整的形式推理过程。所谓形式推理，是指依据形式逻辑的基本规则和基本规律、以现有的法律规定和确认的案件事实为前提、对具体案件作出裁决的法律推理方式，它不介入非法律因素，也不涉及价值判断，适用于有明确的法律规范可资援引的场合。形式推理在法律推理中大量使用，在科技案件的司法裁判中也经常采用。随着科技"双刃剑"效应的日益显现，各国加强科技立法，以促进科技进步和防治科技异化为价值取向的科技法律规范日益发展和完善，诸多国家构建了较为完善的科技法律规范体系。这一较为完善的科技法律规范体系使得科技司法基本上有法可依。于是，在已有明确科技法律规定的科技案件中，法官运用形式推理方式就可以获得确定性结论，从而使案件得到解决。

前已指出，科技法的稳定性、抽象性与科技发展日新月异、科技应用日益广泛之间的矛盾，导致科技疑难案件时常出现。科技疑难案件的司法裁判不能运用形式推理，只有采用实质推理才能得出加以解决。所谓实质推理，是指根据推理前提的实质内容以及推理者的价值倾向对具体案件作出裁决的法律推理方式，它不关涉思维的形式是否正确，而是涉及对法律规定和案件事实本身的实质内容的评价问题。从各国科技司法实践来看，运用实质推理解决科技疑难案件的路径主要有以下方面：（1）司法机关对科技法律的精神进行解释（仅仅文字上解释一般不能列入实质推理范畴）；（2）提出新科技案件判例，修改或推翻前科技案件判例；（3）根据正义、公平等法律伦理意识来作出判断；（4）根据习惯、法理（权威性法学著作中所阐述的学理）来作出判断；（5）根据国家政策或法律一般原则作出决定。需要指出的是，实质推理"以主观的司法价值偏爱为基础的

---

① ［日］穗积陈重：《法律进化论》，黄尊三、萨孟武等译，中国政法大学出版社1997年版，第53页。

判决，在正常情况下要比以正式或非正式的社会规范为基础的判决表现出更大程度的不确定性与不可预见性"①，因而必须慎重地使用。

2. 在举证责任分配上，实行举证责任倒置

在科技案件中，作为原告的受害者往往居于弱势地位，如果坚持"谁主张谁举证"一般举证规则，对受害者来说是不公正的。在这种情况下，实行举证责任倒置有利于实现司法公正。事实上，举证责任倒置原则正是适应公正处理科技案件的需要而产生的。在德国 19 世纪末 20 世纪初的工业革命时期，随着科技发展，出现了大规模的环境污染问题、医疗事故引起的伤害赔偿问题等案件。在审理这些案件时，如果沿用旧的举证责任分配原则，对受害者显失公平。于是，一些法官进行大胆的创造活动，他们在法律没有规定的情况下，根据司法实践中的新情况，借助自己的自由裁量权，将举证责任转移给加害人承担。后来，由于环境污染案件、医疗事故案件等大量发生，引起了立法机关的重视，于是，立法者将这类案件的举证责任明确规定由加害人承担，成为明文规定的"举证责任倒置"。②

在我国，自从 1991 年颁布新《民事诉讼法》以来，最高人民法院通过司法解释方法，明确规定在普通的侵权案件中适用由受害人承担举证责任的举证规则，即当事人对自己提出的主张，有责任提供证据；同时规定，在特殊情况下——从法律规定看大多属于在科技侵权诉讼案件中——加害人就自己的过错要件事实及因果关系事实承担举证责任。依据《最高人民法院关于适用〈中华人民共和国民事诉讼法〉若干问题的意见》第 74 条规定，在下列侵权诉讼中，对原告提出的侵权事实，被告否认的，由被告负责举证：(1)因产品制造方法发明专利引起的专利侵权诉讼；(2)高度危险作业致人损害的侵权诉讼；(3)因环境污染引起的损害赔偿诉讼；(4)建筑物或者其他设施以及建筑物上的搁置物、悬挂物发生倒塌、脱落、坠落致人损害的侵权诉讼；(5)饲养动物致人损害的侵权诉讼；(6)有关法律规定由被告承担举证责任的。这一规定对于举证责任倒置的制度设计有利于一些科技案件的公正解决，但它需要进一步完善。应该说，将举证责任倒置原则运用于所有的科技侵权案件诉讼中，既是实现司法公正的要求，也有利于提高科技研发者和使用者的科技安全意识，从而提高科技活动和科技产品的安全性能。

3. 在科技侵权归责原则上，以无过错责任为核心

科技侵权归责是不法科技行为与法律制裁之间的特种关系，因而法院不能随心所欲，不仅要遵循责任法定、因果联系、公平正义、责任自负等一般归责原则，还必须遵循过错责任、推定过错责任、无过错责任、公平责任等特殊归责原则。依据过错责任原则，只有当行为人主观上有过错时，法院才能追究其法律责任；依据推定过错责任原则，如果行为人不能证明自己的致害行为没有过错，那么法院可以推定其有过错并追究其应承担的法律责任；依据无过错责任原则，不管行为人主观上是否有过错，只要行为

---

① ［美］博登海默：《法理学——法哲学及其方法》，邓正来、姬敬武译，华夏出版社 1987 年版，第 488 页。

② 叶自强：《举证责任的确定性》，载《法学研究》2001 年第 3 期。

人的行为与所管理的人或物与造成的损害后果之间有因果联系，法院就可以追究其法律责任；依据公平责任原则，在当事人双方对造成损害都无过错的特殊情况下，法院可以依据公平理念责令侵权行为人承担一定的赔偿责任。

在上述科技侵权归责的特殊原则中，无过错责任原则是核心。科技的迅猛发展以及日益广泛的运用使得在近代已现端倪的异化现象在现代更加突出，现代科技在彰显生产力效应的同时，也使得意外灾害事件时有发生。科技导致的意外灾害具有四个特征："(1)造成事故的活动皆为合法而必要；(2)事故发生反复频繁；(3)导致的损害异常巨大，受害者众多；(4)事故的反复多为高度工业技术缺陷的结果，难以防范，加害人是否具有过失，被害人难以证明。"①在这种情况下，采用无过错责任原则既是实现公平的要求，也是维护公共利益的需要。进一步说，无过错责任原则对从事科技研发和运用提出了更高要求，因而它有利于促进科技工作者和科技成果使用者积极履行法律规定的义务，在科技研发和应用中高度重视科技安全，采取有效措施抑制科技的负面效应、防止科技意外事故的发生。

---

① 马俊驹、余延满：《民法原论》，法律出版社 2000 年版，第 1015 页。

第二篇
"加"功"真"效：减刑假释制度
前进的"五化"之路

车志平 *

摘 要：由于我国法治文化、法治发展、法制环境等方面的原因，轻视法律程序的观念仍未完全扭转，能够充分体现服刑罪犯重要权利的减刑假释制度在实践中的功能尚未得到完全释放。减刑假释工作与司法公正、司法效率、司法为民等司法宗旨的要求尚有较大距离，其欲达到的改造罪犯、促进刑罚执行以及构建和谐社会的目标未能有效实现。本文借鉴大陆法系和英美法系减刑假释制度发展比较成熟的经验，并结合国内一些法院比较有成效的做法，根据现有法律及最新司法解释的精神和内容，提出了减刑假释制度的完善路径，即精细化、科学化、经济化、社会化、人本化之路，对现行法律、司法解释的模糊规定，根据实践的要求进一步细化，对审理程序进行合理、科学的构建，提倡能动办案，推行公开审理，加强监督措施，体现人本关怀，充分实现减刑假释制度改造罪犯、教育罪犯的目的。

关键词：减刑 假释 服刑罪犯 改造

引 言

参与社会管理创新是当前司法工作的重要内容。慎重对刑罚执行过程中表现较好、确有悔过自新的罪犯适用减刑、假释，对于强化特殊人群帮教管理，对于减少社会对立面，促进罪犯改造和早日回归社会，具有非常重要的意义。随着刑事案件的增多，各刑罚执行单位在服刑犯居高不下，减刑、假释案件树立逐年大幅上升，案多人少的矛盾突出。同时，减刑、假释审理工作中存在以改造分为主、考评依据单一、贯彻全面审查原则不到位、裁量标准不科学、机制不健全、审理过程透明度不高等问题，这与公正适用减刑、假释，促进社会管理创新的要求不适应。

---

* 作者简介：车志平，湖北省宜昌市中级人民法院法官，硕士，在职法学博士研究生班结业。

一、实证与拷问：减刑假释的实证考察

针对减刑假释案件审理的特点，笔者对所在地区及周边地区的刑罚执行机关和法院近几年的减刑假释工作进行了统计调查和分析，以期对减刑假释的现状有个形象具体的认识。

(一)减刑假释适用率各异

通过对三个监狱和两个看守所减刑假释适用情况的调查(见图一和图二)，发现减刑假释比例不仅在各个监狱及不同时间之间相差较大，比例不稳定，变化较大，且人为控制减刑比例迹象明显；减刑为主、假释为辅；监狱、看守所的减刑适用率逐年上升，但看守所减刑比例较低；各监狱假释适用率不同，部分看守所假释为零；看守所与监狱减刑假释标准相差太大。

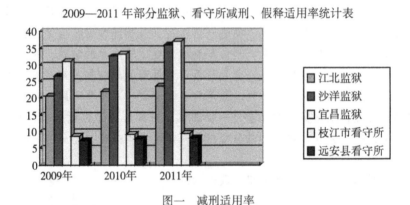

2009—2011年部分监狱、看守所减刑、假释适用率统计表

图一 减刑适用率

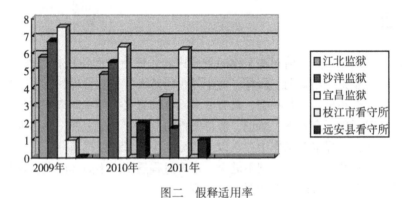

图二 假释适用率

(二)特殊服刑罪犯减刑假释适用率不统一

特殊罪犯主要指未成年犯、老病残犯、女犯、累犯等。从对省未成年犯管教所、武

汉女子监狱、宜昌监狱的统计来看，未成年人罪犯和女子罪犯的减刑假释体现了从宽的原则，但比例与普通罪犯没有区别；宜昌监狱老病残犯人数为 452 人，占在押犯总数的 9.45%，而老病残犯的减刑适用人数为 54 人，占当年减刑人数的 5.61%，假释适用人数为 23 人，适用率为 4.27%，老病残犯减刑假释适用率明显低于普通罪犯；累犯的减刑假释比例较普通罪犯低，减刑幅度小。

假释的适用意向较减刑更为明显

从对故意伤害、抢劫、盗窃、贪污贿赂等不同类型犯罪的随机抽查情况来看，20 多名被假释人员的考验期以 1 年半居多，而 40 多名被减刑人员的所减刑期以 1 年居多，假释的考验期相对更长。从对监狱警察、法官、罪犯及其家属的态度调查来看，减刑相对于假释更具吸引力，对于各方主体来说，假释的风险更大(见表一)。

表一　　　　　　　　　　　　各类人员减刑假释意愿统计表

人员	愿意假释	愿意减刑	没有明确态度	根据刑期长短考虑
监狱警察(50 人)	10	31	3	6
法官(20 人)	3	10	1	4
服刑人员(70 人)	20	39	3	8
服刑人员家属(50 人)	18	25	3	4

假释、减刑与刑满释放人员再犯罪率逐渐递减

从被假释者、被减刑者与刑满释放后重新违法犯罪的情况来分析，近几年已获假释的罪犯的再犯罪率低于减刑的罪犯的再犯罪率；而减刑的罪犯的再犯罪率低于刑满释放人员的再犯罪率(表二)。

表二　　　　　　　　2009—2011 年部分监狱服刑人员再犯罪情况表

监狱	假释总人数	考验期内犯新罪人数	考验期内再犯罪人数占假释总人数比例	减刑总人数	减刑后再犯罪人数	减刑后再犯罪人数占减刑总人数比例	刑满释放人数	刑满释放后再犯罪人数	刑满释放后再犯罪人数占刑满释放总人数比例
宜昌监狱	120	1	0.27%	366	12	3.27%	189	36	19.05%
荆州监狱	156	2	0.26%	452	24	5.31%	163	34	20.86%
黄冈监狱	135	1	0.18%	371	22	5.92%	116	28	24.14%

罪行越严重减刑机会越大的不正常现象

从对三个监狱、看守所100名服刑罪犯(其中死缓12名,无期徒刑15名,10年有期徒刑20名,5年有期徒刑35名,3年有期徒刑18名)的减刑情况调查来看,发现罪行相对更重、刑期越长的罪犯,其减刑的几率越大;而罪行越轻、刑期越短,减刑几率越低(表三)。

表三　　　　　　某监狱罪犯平均减刑比例情况统计表(截至2012年5月)

刑种	减刑次数	减刑时间总和	实际服刑时间	减刑时间占实际服刑时间比例	减刑时间占所判刑期比例
死缓	8次	7年2个月(死缓减为无期,无期减为有期暂不计算)	18年	39.81%	
无期徒刑	7次	6年(无期减为有期暂不计算)	15年	40%	
10年有期徒刑	4次	4年2个月	5年10个月	71.42%	41.67%
5年有期徒刑	1次	1年	4年	25%	20%
3年有期徒刑	1次	8个月	2年4个月	28.57%	22.22%

二、减刑假释工作不成熟的原因探析

(一)理念之缺

部分法院和法官思想上认识的偏差是导致减刑假释工作产生系列问题的重要原因之一,其主要表现在以下几个方面:

1. 程序价值理念的缺失。由于我国法治文化、法治发展、法制环境等方面的原因,轻视法律程序的观念仍未完全扭转,程序工具主义占有很大市场,程序内在价值被忽视,从而导致了刑事执法中的轻程序、重实体的观念和行为盛行。各地法院对减刑假释的认识不统一,减刑假释工作的操作不规范,减刑假释的适用率差异较大,忽视对罪犯权利的保护,严重影响了司法的统一性和公信力。

2. 人权保障理念的缺失。由于我国对服刑罪犯人权保障法律体系不完善和不成熟,加上一些司法部门和执法人员人权意识不强,导致能够充分体现服刑罪犯重要权利的减刑假释制度在实践中未能充分有效保障罪犯的人权,① 主要体现在减刑假释工作程序中

---

① [德]拉德布鲁赫:《社会主义的文化理论》,[日]野田良之、山田晟译,东京大学出版会社1970年版,第47页。

及时性、公允性、透明度等不足。① 实践中，减刑假释的办理超过法定期限的情况经常出现，及时性也被忽略；被害人和服刑罪犯的程序参与权一般被剥夺，公平性难以体现；考核、呈报、审理、监督也缺乏透明性。

3. 司法价值理念的缺失。相当一部分法院和法官没有将减刑假释工作与司法公正、司法效率、司法为民等司法宗旨联系起来。减刑假释工作被轻视化、边缘化，程序上呈现较大的随意性。制刑、求刑、量刑、用刑本是一个不可分割的整体，人为将用刑权予以割裂使司法公正性缺失。② 一些不科学、不健全的目标考核机制和错案追究机制，也严重影响了减刑假释工作的积极性、严肃性和创造性。

(二) 规制之弊

减刑假释工作在实践中出现诸多弊端，更多的原因在于制度的不健全，致使减刑假释的审理缺乏可操作性。

1. 减刑实质适用条件抽象性太强。《最高人民法院关于办理减刑、假释案件具体应用法律若干问题的规定》(以下简称《规定》)第 2 条③虽然对"确有悔改表现"有比较详细的阐释，但该解释仍显主观性过余，客观性不足，实际操作难度较大。第 2 条中的四种情形抽象性过强，其表现形式、内容以及衡量标准不易把握，刑罚执行机关广泛使用的计分考核制也明显表现出重表现行为，轻思想改造。

2. 假释实质适用条件操作性不强。假释中的"不致再危害社会"是一种要求较高的裁判标准，即刑罚执行机关和审判机关，在对服刑人员日常客观表现进行全面分析、评价、判定的同时，还需要就将来违法犯罪的可能性进行预测。而这些认定是一种事前预期推测，作为一种可能性，不易从罪犯现有改造情况来作出判断，其考察、评定缺乏具体的量化标准，准确、公平认定难度较大；且考虑到罪犯假释后再犯罪的风险责任，刑罚执行机关和法院多持保守态度，不愿适用假释。④

3. 对"立功表现"的认定标准模糊。《规定》第 3 条⑤关于"立功表现"的认定，在实践操作中存在难度。"阻止他人实施犯罪活动的"中"犯罪活动"的认定、"阻止"效果以及行为阶段的不同价值；"检举、揭发监狱内外犯罪活动，或者提供重要的破案线索"

---

① 陈兴良：《本体刑法学》，商务印书馆 2001 年版，第 105 页。

② 赵秉志：《刑法理论新探索》第三卷，法律出版社 2002 年版，第 365 页。

③ 《最高人民法院关于办理减刑、假释案件具体应用法律若干问题的规定》第 2 条规定"确有悔改表现"是指同时具备以下四个方面情形：认罪悔罪；认真遵守法律法规及监规，接受教育改造；积极参加思想、文化、职业技术教育；积极参加劳动，努力完成劳动任务。

④ 柳忠卫：《假释本质研究——兼论假释权的性质及归属》，载《中国法学》2004 年第 5 期。

⑤ 《最高人民法院关于办理减刑、假释案件具体应用法律若干问题的规定》第 3 条规定："具有下列情形之一的，应当认定为有'立功表现'：(1)阻止他人实施犯罪活动的；(2)检举、揭发监狱内外犯罪活动，或者提供重要的破案线索，经查证属实的；(3)协助司法机关抓捕其他犯罪嫌疑人(包括同案犯)的；(4)在生产、科研中进行技术革新，成绩突出的；(5)在抢险救灾或者排除重大事故中表现突出的；(6)对国家和社会有其他贡献的。"

的查证主体、"线索"的提供方式及时间；以及生产、抢险等方面"表现突出"的评价主体、界定标准、认定程序等，均缺乏具体量化标准。

(三) 操作之困

在减刑假释的具体实践中，一些操作不规范、随意性较大，严重影响了该制度的公信力。

1. 标准混乱。各刑罚执行机关所制定的奖惩体系、方法、标准以及劳动改造强度、改造条件不一样，不同刑罚执行机关和法院采取不同的标准，导致各地减刑假释标准不统一，相同表现得不到相同待遇。有的地方人为对每季度、每年、各监狱、监区的减刑、假释人数、比例进行限制，导致部分罪犯改造的积极性。

2. 偏重客观。由于刑法及司法解释规定得较为抽象，为了便于操作，在减刑、假释的实际操作中，刑罚执行机关一般以计分考核的方式来量化罪犯的客观表现，作为报请减刑假释的依据；而审判机关也是以计分考核结果为主要参照进行裁判。一方面唯分数论，纯粹以考核分数来认定是否有"确有悔改表现"；另一方面唯行为论，只要罪犯有违规行为，无论性质如何，一概予以否定。

3. 程序粗糙。法律虽然确立了减刑假释程序的基本构架，但对审理程序设定过于粗糙，缺乏明确标准和指引细则，对减刑假释的几大主要环节或关键节点，如报请时间、方式、保障、责任、比例、监督、权利等均缺乏相应规定，使减刑、假释的司法公信力备受质疑。①

(四) 效果之失

由于减刑、假释的相关规定缺乏操作性，程序设计不够成熟以及执法理念的缺失，导致减刑假释制度的实践效果不甚理想。

1. 罪犯改造积极性受挫。实践中，由于罪行相对较轻、刑期较短的罪犯所减刑机会相对于罪行相对重、刑期长的罪犯更小，所减刑比例也更低，从而严重影响了轻刑犯、短刑犯的教育、改造积极性。②

2. 假释之本效大打折扣。假释程序、条件相对于减刑在实践中的适用更加严格，使得刑罚执行机关和法院对假释的呈报与审理更为谨慎。从服刑罪犯获得自由的途径来看，通过假释出狱的不及减刑的 60%。假释在实践中的低比例适用，背离了让罪犯尽快回归社会、恢复社会秩序等假释制度之本意。③

---

① 河南省焦作市中级人民法院课题组：《减刑假释存在的问题及完善》，载《人民法院报》2009年6月11日第5版。

② 刘漫漫、冯兴吾：《当前我国减刑制度存在的问题及对策》，载《中国刑事法杂志》2011年第8期。

③ 李强斌：《审理减刑假释案件有关问题的思考》，载湖南省岳阳市中级人民法院网，http://hnyyzy.chinacourt.org/article/detail/2009/06/id/923429.shtml，于2014年9月5日访问。

3. 激励之作用明显失效。对罪犯减刑假释开始时间的设置以及对罪犯日常考核的认定，不利于短刑期罪犯获得减刑假释。新投入的罪犯因适应监所改造、掌握劳动技能等原因，不可能达到平均分的标准，造成了他们获得表彰的周期较长。短刑期犯本应是宽严相济政策所宽的对象，但由于制度上的忽略，实际上却享受不到宽的待遇，从而对该类罪犯改造、回归社会以及监所管理带来消极影响。

三、理论检视：域外减刑假释程序的基本构造

减刑、假释制度均起源于 19 世纪上半叶西方国家，历经了近 200 年的摸索、发展和沉淀，日渐成熟。

(一)大陆法系减刑假释制度构造

1. 法国。法国的减刑假释制度是一种由行政化向司法化发展的过程；1970 年后，司法化是减刑假释程序改革的基本方向，由执行法庭或执行法官决定是否减刑假释，其审查方式主要是对审辩论式，法官要听取检察机关的意见、被判刑人的陈述以及听取被害人的意见，并在听取双方言词辩论的基础上作出裁决。对裁决不服，被判刑人、检察官有权提出上诉或抗诉。[1]

2. 意大利。由公诉人、当事人或者辩护人的申请而启动减刑假释程序，由监督法院和监督法官审查决定是否适用减刑假释。当事人有权委托辩护人。减刑假释的审查也是采用对抗式庭审，当事人、公诉人、辩护人均需出庭陈述、监督、辩护，如果对裁定不服，当事人有上诉权。[2]

(二)英美法系减刑假释制度构造

1. 美国。总统有权对联邦罪犯、州长对本州犯人的刑期实行赦免或减刑。[3] 假释由假释委员会决定，其成员一般要与有可能获得假释的犯人举行简短会面，并对罪犯的前科、犯罪事实以及改造情况进行较为详细的调查。在美国联邦以及多数州，是否准许假释还须举行听证，并要获得对犯罪被害人影响的评价，征求被害人对罪犯可否假释的意见。在听证结束后，向当事人及被害人告知决定。[4]

2. 加拿大。假释的适用由行政性的假释委员会决定，并设置听证程序。假释委员会承担了向当事人及受害人交流信息的工作。听证程序是一种非常重要和严格的保障程序，当事人及其辩护人、假释委员会、监狱均需参加，公开进行，可以接受旁听。对裁

① 《法国刑事诉讼法典》，罗结珍译，中国检察出版社 2006 年版，第 538 页。

② 《意大利刑事诉讼法典》，黄风译，中国政法大学出版社 1994 年版，第 235~247 页。

③ 美国法学会：《美国模范刑法典及其评注》，刘仁文、王袆等译，法律出版社 2005 年版，第 262 页。

④ 刘强：《美国社区矫正的理论与实务》，中国人民公安大学出版社 2003 年版，第 90~98 页。

定不服，有权提起上诉。①

虽然大陆法系和英美法系减刑假释制度有所不同，但却存在共性：都进行由多方主体参加的对抗式庭审或听证；对减刑假释裁决不服的，有权提起上诉、抗诉或申诉，赋予当事人委托辩护的权利等。这些域外减刑假释制度及实践操作经验对我们如何完善减刑假释制度，提高其效用和公信力极有借鉴价值。②

四、实践探索：上下求索减刑假释程序完善之道

（一）宜昌经验

该院制定了统一办案程序，详细规定了减刑假释案件的立案和分案、条件和幅度、审理和公示、裁决和送达、结案和归档等。该院积极探索驻监所审判减刑假释案件，并扩大当庭宣判率。③ 及时审判，当庭宣判，促进罪犯安心改造，法律和社会效果显著。在减刑假释过程中对所判决罚金、赔偿款没有执行到位的罪犯采取通知当事人及其家属限期缴纳罚金、赔偿款，对确有困难的要求出示相关证明进行相应缓交、免交等方式，使得大量长期未执行到位的罚金刑、刑事附带民事判决、赃款得以迅速执行④。

（二）巢湖经验

巢湖中院在减刑假释案件审理中强化规范审理。一是统一减刑、假释案件呈报的时间；二是对于各监狱呈报的每批减刑假释案件的罪犯名单以及拟减刑期，一律要求予以公示；三是推行公开开庭审理制度，采取开庭审理与书面审理相结合的方式⑤。庭审在审判长主持下，由监管机关、罪犯本人、同改造的服刑人员、检察机关共同参与；推行裁前公示制度，将报请减刑假释罪犯个人情况、计分考核情况、报请减刑幅度、拟减刑幅度等信息在监管机关张榜公布。⑥

（三）广西经验

广西高院与该区检察院、公安、监狱部门建立了联席会议制度，共同会签了《关于

---

① 郭建安：《西方监狱制度概论》，法律出版社2003年版，第74页。

② 丁道源：《中外假释制度比较研究》，"台湾中央文物供应社"2001年版，第235页。

③ 宜昌中院在所辖地区监狱、看守所内利用会议室、电教室等办公场所改建、扩建和设立了18个审判法庭。2011年，宜昌中院当庭宣判率达到85.6%。

④ 据统计自2011年初宜昌中院实行这项制度以来，共执行到位罚金、赔偿金、赃款300多万元。

⑤ 对于职务犯罪的减刑、假释案件，一律开庭审理；对于严重暴力型犯罪分子、有组织犯罪案件中的首要分子和其他主犯以及其他重大、有影响案件的减刑假释，原则上要求开庭审理。

⑥ 周炎峰：《安徽巢湖中院严把减刑假释案件质量关》，载最高人民法院网站，http://www.court.gov.cn/xwzx/fyxw/dffyxw_1/gdfyxw/anhui/201008/t20100824_8823.htm，于2014年8月9日访问。

认真贯彻落实宽严相济刑事司法政策，进一步做好罪犯减刑、假释、暂予监外执行工作的意见》，规范减刑假释办案程序。推行"阳光司法"，转变审判方式；实现书面与开庭审理相结合，通过实施公开审理、阳光审判，保障了罪犯的正当权利，维护了公众的知情权，极大地调动了罪犯的改造积极性，大大增强了司法公信力。①

上述地方关于减刑假释的探索有诸多值得提取的元素，如程序中各个环节的紧密衔接、信息的公开化、多方主体共同参与、逐步走向抗辩式等不仅符合国际趋势，也取得了较好的效果。

五、路在何方："五化"之路的理想模式探寻

（一）规则的精细化

主要针对现行法律、司法解释的模糊规定，根据实践的要求进一步细化。

1. 完善"确有悔改表现"的认定。"确有悔改表现"的认定应当坚持主客观相统一的标准，要根据本地实际情况制定科学、系统、规范的罪犯考核评估制度，准确分析罪犯的主观心理状态和罪犯的实际改造情况。建议对罪犯减刑假释材料严格审查，规定通过证据来证明确有悔改表现客观性，综合审查改造的主动性、遵法守纪的自觉性、劳动学习的积极性、申诉控告的有理性等情况。② 对罪犯服刑期间的违规行为，要辩证看待，科学分析，查清是主动违规还是被动违规，违规的次数、性质、环境、间隔等。

2. 完善"立功表现"的认定。"阻止他人实施犯罪活动"中的犯罪活动的查证和界定，应当明确为人民法院的生效判决，以防止实践中标准多样化和认定不统一；"阻止"的效果包括：使他人欲实施的犯罪未得逞，使他人中止犯罪，使犯罪的危害性能够减小；阻止者尽了最大努力而未能阻止成功，一般不应认定为立功，但应作为酌定情节予以考虑，特别是在阻止重大犯罪活动过程中由于自己能力所不及导致未能阻止成功的，可以审慎认定；对于"重大的破案线索"的查证，应由法定侦查机关进行，即公安机关或检察机关为妥；"成绩突出"和"表现突出"的认定，需要相关部门制定统一标准，并由专门机构进行评价，法院在审理时应通知专门机构的评定人员出庭接受质询，然后进行认定。

3. 完善"不致再危害社会"的认定。不致再危害社会是一种事前预期推测，应当考察三个方面的因素：一是入狱前的影响因素，主要从罪犯的一贯表现、受教育情况、家庭情况、工作情况等因素对其人身危险性进行分析；二是监狱中的影响因素，主要从罪犯在服刑期间的教育改造、认罪态度、悔罪表现等主观情况以及犯罪性质、主观恶性方面进行综合考量；三是出狱后的影响因素，即假释后是否具备再犯条件，根据犯罪性质、罪犯年龄和身体状况、出狱后的监管条件、个人自身条件等综合判断其是否丧失作

---

① 《减刑假释"沐阳光"》，载《人民法院报》2012年3月29日第5版。
② 马克昌：《刑罚通论》，武汉大学出版社1999年版，第346页。

案机会、作案能力、犯罪动机、犯罪环境等。①

(二) 流程的科学化

科学的减刑假释观要求以实现刑罚目的为目标，以惩罚和教育改造相结合为方针，以变更适度性为原则，根据刑罚的功能、自身的特点、社会发展规律以及服刑人员心理等要素，进行合理、科学的构建。

1. 减刑假释的呈报程序。为了达到有效激励罪犯努力改造、愿意改造的目标，对减刑假释呈报程序要合理定位和系统设构，制定科学统一的标准。在呈报程序方面首先是要建立科学的减刑假释案件综合协调机制，通过确立联系人、定期沟通等措施，有效畅通法院与刑罚执行部门的沟通联系，确保与减刑假释案件审理的有关问题能够及时得到解决；其次要建立及时参保机制，规定呈报的及时性和时间间隔，以便于操作和激励罪犯；还要建立呈报反馈机制，刑罚执行部门应定期向法院呈报减刑假释案件情况，包括通报拟减刑假释案件数量、办理时间、重点案件注意事项等，法院则在研究讨论后，制定相应工作方案，再将有关信息反馈至刑罚执行部门，进行统筹安排。

2. 减刑假释的提请程序。刑罚执行部门对服刑罪犯的减刑假释申请进行审查，认为符合条件的，应进行集体评议，无异议的，将其材料提交减刑假释评审委员会作综合评审，评审调查时应对罪犯进行询问、听取意见，并且允许罪犯聘请律师或代理人提供法律帮助，在评审后公示拟减刑假释罪犯名单。罪犯对评审结果不服，可以提出申诉，减刑假释评审委员会应当及时进行复核，并告知结果。刑罚执行部门在规定的时间报送审批机关和检察机关。

3. 减刑假释的裁量程序。人民法院收到减刑假释建议书以及相关材料后，在三日内予以立案、排号、分案、组成合议庭，避免久拖不决，影响罪犯的改造情绪。审理减刑案件，罪犯应到庭陈述意见且允许其聘任律师到场给予法律帮助，通知犯罪行为被害人或其家属②、罪犯同监区服刑人员代表以及刑罚执行部门、检察机关出庭发表意见；③ 审理假释案件，应当组成合议庭进行听证审理，通知刑罚执行部门、检察机关、社区矫正组织、公安机关、拟假释罪犯、同监区服刑人员代表出席。听证也要设置对抗性程序④，在听取刑罚执行部门意见、同监服刑人员的意见、检察机关意见、罪犯本人的陈述和申辩的基础上，法院综合罪犯在服刑期间的表现、社区环境评估、矫正方案等内容，在合议后作出是否准予假释、减刑及具体减刑幅度的裁定。此外，减刑案件中的职务犯罪、集团犯罪等特殊案件也要进行听证，还要明确需要呈报庭长或专家组和向分

---

① 高铭暄：《刑法总则要义》，天津人民出版社 1986 年版，第 86 页。

② 杨正万：《被害人参与减刑假释程序思考》，载《政治与法律》2002 年第 4 期。

③ 龙宗智：《刑事庭审制度研究》，中国政法大学出版社 2001 年版，第 216 页。

④ 丹宁：《法律的正当程序》，李克强等译，群众出版社 1984 年版，第 52 页。

管领导汇报以及提交审委会讨论的案件类型。

4. 减刑假释的修复程序。公安机关发现假释人员在假释考验期限内犯有新罪或发现漏罪的，应当及时报送人民法院进行审理，原假释裁定自动撤销；社区矫正组织、公安机关发现假释人员有严重违反社区矫正规定、监管规定的，应当提供相应的证据材料提请人民法院予以撤销。人民法院对撤销假释的案件组成合议庭进行听证审理。同时，可以考虑设立减刑考验期及撤销制度，对拟减刑罪犯确定一个考验期，该期限等于或略高于减刑幅度。①

减刑假释案件审理流程图：

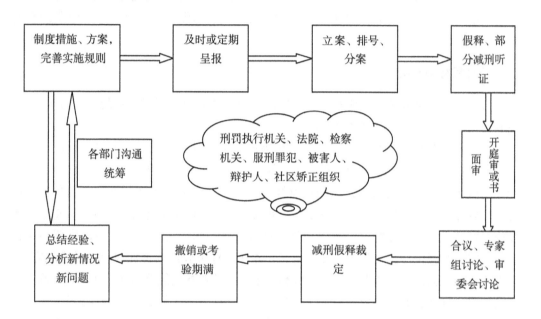

(三)效果的经济化

减刑假释效果经济化是将经济分析方法引入减刑假释实施过程中的体现，将罪犯的经济利益与减刑假释的悔罪表现、社会危害性结合起来，有效遏制罪犯的假悔过真保财、杜绝罪犯以牺牲自由为代价换取对以犯罪手段获得财产的拥有，避免财产刑在执行中的虚化。

1. 财产刑到位增实效。虽然法律规定人民法院任何时候发现被执行人有可能执行的财产，应当随时追缴，但对服刑人员缴纳罚金和财产刑及追赃情况与减刑假释的关系未作明确规定。罚金刑、附带民事赔偿履行以及赃款赃物的追缴应作为考量罪犯认罪态度、悔罪表现的一项参考，对此应当分清情况，区别对待：对恶意挥霍或拒不退赃、退

---

① 山东省高级人民法院课题组：《关于完善减刑假释制度的调研报告》，载《山东审判》2009 年第 4 期。

赔的罪犯，应严格限制、谨慎适用减刑假释；对有能力执行而拒不执行或执行不彻底的罪犯，可根据具体情节从严控制，适当降低减刑幅度；对确无财产可供执行的罪犯，刑罚执行机关应严格核查并提供相关证明材料；对减刑或假释的罪犯未缴纳或未完全缴纳罚金等财产的，应专门建立信息库，由法院定期责令其缴纳；罪犯出狱后表现积极，作出突出贡献的，可根据其实际情况决定减免其罚金刑。①

2. 保证金制度施压力。根据收益与风险对等原则，实行保证金或保证人制度，即对符合假释条件的罪犯，必须由其亲属或监护人申请担保，承担监护责任。如果出现严重违法或犯罪的情形，应当收缴保证金或追究保证人的责任，以通过经济手段给予假释人员一定的压力，促使假释人员自律，悔罪，顺利实现刑罚目的，体现刑罚公平与效益。②

(四) 目标的社会化

根据现代刑事政策，法律对犯罪人处以刑罚，并非出于报应，目的在于矫治罪犯，使其回归社会，以达到特殊预防目的。

1. 完善社区矫正制度。社区矫正被称为最为创新性的现代刑罚制度，以改造罪犯的思想、褪去罪犯的犯罪能力、提升罪犯的社会化为主要内容和目的。③ 社区矫正有利于罪犯形成健康的社会人格，顺利重返社会，体现了谦抑思想和行刑的人道价值。因此，可以在假释制度中引入社区矫正这一元素，彰显柔性司法之力量，如对改造效果明显的减轻其刑罚、缩短社区矫正考验期；社区矫正组织、公安机关应当出席假释听证会，了解、掌握拟假释人员各方面的情况，并在假释考验期内督促假释人员遵纪守法，帮助其回归社会；着重协调社区做好假释矫正对象的业务技能培训和就业安置，确保罪犯创新回归社会，有效避免监管责任不落实、"假释"变成"真释"现象发生。④

2. 实现公开公正审理。对减刑假释公开公正审理，实现减刑假释结果公平，是减刑假释工作促进社会管理创新的核心要求。因此，提高减刑假释工作透明度，实现减刑假释案件的阳光司法成为必然要求。法院收到刑罚执行机关呈报的减刑假释材料后进行初审，对罪犯基本情况及减刑假释依据进行公示。对涉及职务犯罪、暴力犯罪、有组织犯罪以及其他重大、有影响案件罪犯的减刑假释案件进行公开审理；在减刑假释案件审理中引入听证程序，积极扩大减刑假释案件的听证范围，除老年、残疾罪犯等特殊情形，假释案件一律适用听证程序。实现减刑假释审理程序面向社会的的公开化走向常态，促进社会公众对该项工作的有效监督。

3. 陪审监督确保质量。建立减刑假释案件人民陪审、监督制度，以切实保障减刑

---

① 李强斌：《审理减刑假释案件的有关问题的思考》，载《湖南审判研究》2010 年第 6 期。

② 腾云、李伟：《行刑经济化与我国假释制度的完善》，载《金陵法苑》2010 年第 3 期。

③ 任振金：《中国社区矫正制度研究》，西南政法大学 2007 年硕士学位论文。

④ 魏红：《论刑罚中社区矫正的运用》，载《法治知行》2011 年第 1 辑。

假释案件的审理质效。对社会公众较为关注、社会影响较大的一些典型减刑假释案件，邀请人民陪审员组成合议庭共同审理，确保减刑假释的审理符合社情民意；在对涉及严重暴力犯罪、有组织犯罪等对社会造成重大危害的罪犯减刑假释案件的审理、听证过程中，邀请人民监督员参与旁听，全程接受人民监督员的监督，并认真听取其意见建议；邀请有关专家参与社会广泛关注的职务犯罪、金融犯罪等专业性较强犯罪的减刑假释案件的审理与听证，确保案件办理质量。

(五)理念的人本化

"人道"抑或"人本"在近现代刑法中是一个非常具有亲和力的词语，犹如一面旗帜，引领刑罚朝向宽缓的方向前进。[1] 德国学者考夫曼认为，宽容已成为现代社会中最重要的伦理要求之一。[2] 社会对人道的需要是一种形而上的，而对刑罚的需要是形而下的，前者是道，后者是器，前者长远，后者时务。

1. 能动办案显人性。切实改变减刑假释案件审理过程中闭门办案、阅卷办案、唯分至上的做法，按照深入推进司法为民的要求，鼓励办案人员深入监所审理减刑假释案件，比如设立减刑假释巡回审判法庭。在巡回办案中，办案人员与服刑人员面对面进行沟通交流，以直观了解罪犯的个人状况和改造情况，同时掌握到书面材料难以反映的一些问题；提高减刑假释案件审理质量，发挥宣传鼓励作用。

2. 发挥假释之效用。根据假释制度的宗旨、目的，合理把握其适用对象，科学、客观、全面地甄别那些主观恶性、人身危险性、再犯的可能性相对较小的罪犯，对这类罪犯应以教育矫正为主，在其符合假释的一般条件时，及时依法适用假释。对未成年犯、老病残犯、女犯、自首犯、激情犯、初犯、偶犯等，应结合服刑表现从宽、从快适用假释。[3] 刑罚执行机关和审判机关应依法适当扩大假释适用比例。

3. 特殊犯优先待遇。针对过失犯、初犯、偶犯、未成年人犯、老病残犯、女犯等轻微及特殊人群，应制定更为宽松、人性的特别考核办法、审核标准、呈报程序，并建立有服刑人员及其家属、被害人、所在社区、村组织、派出所等主体共同参与的谅解、承诺、帮扶、监督等机制，使特殊犯优先待遇取得各方认同，实现实质公正。

---

[1] ［德］黑格尔：《法哲学原理——或自然法和国家学纲要》，范扬等译，商务印书馆1996年版，第1页。

[2] ［德］考夫曼主编：《当代法哲学和法律理论导论》，郑永流译，法律出版社2002年版，第22页。

[3] 山东省高级人民法院课题组：《关于完善减刑假释制度的调研报告》，载《山东审判》2009年第4期。

表四   **减刑假释制度"五化"设计表**

减刑假释制度完善之径	精细化之路	"确有悔改表现"	综合审查改造主动性、遵法守纪、劳动学习、履行罚金、民事赔偿、无理申诉控告等情况
		"立功表现"	明确犯罪活动、阻止效果、重大的破案线索、成绩突出、表现突出的查证、认定
		"不致再危害社会"	考察入狱前、监狱中及出狱后的影响因素
	科学化之路	减刑假释的呈报程序	建立综合协调、及时呈报和反馈机制
		减刑假释的提请程序	设置审查、评议、评审、询问、公示、申诉程序
		减刑假释的裁量程序	设置有刑罚执行部门、检察机关、社区矫正组织、假释罪犯、同监区服刑人员代表参加的对抗性程序
		减刑假释的修复程序	建立和完善减刑假释考验期和撤销制度
	经济化之路	将执行财产刑作为减刑假释的考量因素	罚金刑、附带民事赔偿履行以及赃款赃物的追缴的执行情况作为罪犯认罪态度、悔罪表现的一项参考
		建立保证制度	对符合假释条件的罪犯,由其亲属或监护人申请担保,承担监护责任
	社会化之路	完善社区矫正制度	制定社区奖惩制度,在柔性措施中突出奖励措施
		实现公开公正审理	通过公开、听证审理提高透明度,实现阳光司法
		推行陪审及人民监督员监督	邀请人民陪审员共同审理,邀请人民监督员监督
	人本化之路	巡回审理和就地办案	鼓励办案人员深入监所审理,设立巡回审判法庭
		发挥假释制度的作用	对主观恶性、人身危险性小的罪犯应依法适用假释
		特殊犯优先待遇	对未成年犯、老年犯、女犯、过失犯等优先考虑

六、结语

    减刑、假释制度的设置旨在促进罪犯改造、稳定监狱秩序、促进社会和谐、实现刑罚目的,减刑、假释制度的发展完善意义重大,直接关系到国家制刑、求刑、量刑权的最终实现,涉及对行刑权行使的规范以及对人权的保障。减刑、假释制度的合理、科学设置,关系司法公信力的提升、公平正义的实现、社会主义和谐社会的构建,必须慎重对待,积极改进。本文基于以上缘由,希望通过精细化、科学化、经济化、社会化、人本化之路的粗浅探索,推进减刑、假释制度向公正、高效、权威、科学、人文的方向发展,促进减刑、假释制度理论与实践的不断完善。

第三篇
比较与借鉴：法官职业保障制度的进路补善

肖　杰*

摘　要：2014 年 7 月 9 日，最高人民法院发布《四五改革纲要》，对中央提出的司法改革总体架构和司法改革任务进行了分解，进一步明确了法官职业保障改革的总体思路。按照纲要的改革思路，如何从根本上创建既区别于行政机关公务员并优于一般公务员的法官职业保障模式和机制，又从我国现实国情出发，真正提高法官的政治待遇和物质待遇，就显得尤为迫切和必要。本文结合《四五改革纲要》提出的改革思路，试图找出一条适合中国国情的隆待遇，保身份，厚地位的法官职权化、专业化、精英化、法律化的职业保障之路。

关键词：法官　职业保障　现状与问题　比较与借鉴　对策思考

引　言

近年来，法官职业保障制度，是人民法院在司法体制改革的一个关键问题。党的十八届三中全会通过的《中共中央关于全面深化改革若干重大问题的决定》（以下简称《中央改革决定》）明确提出，要不断建全和完善法官职业保障制度。2014 年 7 月 9 日，最高人民法院发布《人民法院第四个五年改革纲要（2014—2018）》（以下简称《四五改革纲要》），对中央提出的司法改革总体架构和司法改革任务进行了分解，进一步明确了法官职业保障改革的总体思路。① 但《四五改革纲要》毕竟只是一个纲领性文件。该纲要虽然强调完善法官职业保障措施，并试图从制度上进行某些跟进，② 然而纲要中对法官

---

* 作者简介：肖杰，男，湖北省宜昌市夷陵区人民法院四级法官。

① "四五改革纲要"针对八个重点领域，列出了 45 项改革清单。该纲要的改革亮点之一就是深化法院人事管理改革，健全司法人员职业保障体系。可以说，《四五改革纲要》是指导未来五年法院改革工作的纲领性文件。

② 比如"四五改革纲要"规定：要坚持以法官为中心、以服务审判工作为重心，建立分类科学、结构合理、分工明确、保障有力的法院人员管理制度。

职业保障的具体措施并未作出规定，若按照上海已公布的司法改革试点文件的规定，①
在法官的职业保障脱离行政机关公务员的保障模式后，如何真正体现和实现法官的职业
特点和特殊性，法官职业保障的改革是否又会沦入"法律表达与司法实践"脱节的怪圈，
成为了一大难题。因此，按照中央改革决定和四五改革纲要的改革思路，如何从根本上
创建既区别于行政机关公务员并优于一般公务员的法官职业保障模式和机制，又从我国
现实国情出发，让法官的政治待遇和物质待遇得到切实提高，在当下，就显得尤为迫切
和重要。当然，法官职业保障机制的建立是一个繁杂的系统工程。本文旨在通过对我国
法官职业保障概述，特别是近年来我国法官职业保障制度的现状评价，结合对西方国家
法官职业保障制度与我国法官保障制度的比较考察，结合《四五改革纲要》提出的改革
思路，对法官职业的特殊性、独立性和权威性进行解读，从而找出适合中国国情的隆待
遇、保身份、厚地位的法官职权化、专业化、精英化、法律化的职业保障之路。

一、法官职业保障概述

法官职业保障问题，历来是司法改革的一个"瓶颈"问题。它设置得科学与否是关
系法官职业权益能否得到充分实现的关键因素。《中华人民共和国法官法》(以下简称
《法官法》)与最高人民法院《关于加强法官队伍职业化建设的若干意见》(以下简称《法
官职业化意见》)的规定中，对法官职业保障的定义作出了明确规定。所谓法官职业保
障，是指国家为了实现法官职业化建设目标，创建相应的制度规范体系和运行机制，以
此来保障和全面落实法官的职业地位、权力、收入、教育等权利，切实维护法官的职业
权益和及其他合法权益，从而增强法官职业的尊荣，维护国家法律尊严和提高司法公
信力。

法官职业保障制度的内涵则是指，在法官日益职权化、专业化的发展进程之中，通过健
全和完善法院系统内外部的相应制度体系，从而使得法官的职业保障权力得到保障，使法官
的职业尊严有所提升，维护国家尊严，实现司法公正。由此可见，该制度有着丰富的内涵，
它不仅囊括了法官的职业权力、职业收入、职业地位等方面，也包含着职业教育、职业安全
及监督保障等一系列内容。② 正由于该制度体系的存在，才使国家司法保障得以顺利进
行。该制度的实施主体是国家，除了保障一个个法官的权益之外，法官职业保障更为核

---

① 2014 年 7 月 12 日，上海召开全市司法改革先行试点部署会，拉开了上海法官职业保障改革
的序幕。部署会确定市二中院及徐汇等 8 家单位先期开展为期半年改革试点。上海试点方案的总体内
容有三项，其中之一是：健全法官及司法辅助人员职业保障制度。建立以专业等级为基础的法官工资
待遇保障机制；建立分级管理的司法辅助人员薪酬制度；细化法官延迟申领养老金办法，建立符合法
官及司法辅助人员职业特点，有别于一般公务员的司法人员职业保障体系，为依法公正履职提供必要
的职业保障(参见姜微、杨金志：《上海启动司法改革试点》，载《人民法院报》2014 年 7 月 13 日第 1
版)。

② 王锡怀：《浅谈我国法官职业保障的现状及出路》，载 http://court.gmw.cn/html/article/
201401/23/149447.shtml，于 2014 年 1 月 23 日访问。

心的价值在于维护职业化的法官群体的一种制度化、组织化的权益。

有关法官职业保障的内容，我国理论界与实务界的看法并未统一，现在主要存在三种观点。第一种观点认为，法官职业保障制度应从法官的身份、经济、特权三个层面来进行有效保障。① 第二种观点认为，该制度的内容主要包括法官的职位保障与物质保障。② 第三种观点认为，该制度包括六个方面，分别是职业地位、权力、收入、安全、监督以及职业继续教育保障。③ 为从制度上切实保障法官依法履行自身职责，最高法院出台的《法官职业化意见》，将该保障制度划分为法官的职业权力、职业地位、职业收入三个层面。最高法院周强院长于2014年7月8日在第三次全国人民法庭工作会议上强调，"应当不断完善法官职业保障的相关措施，逐步提高基层法院法官的各项待遇，特别是人民法庭干警的待遇，强化法官人身安全保障"。这从另一个层面阐明了法官职业保障制度的具体相关内容。

至于法官职业保障制度体系的内容，主要包括两个层面，其一是非物质利益；其二是物质利益。具体来说，这些制度保障体系又由五个方面组成：(1)职业权力保障制度，即主要是法官的独立、中立地位得到有效保障，使其在不受任何非法干扰的前提下依法独立行使审判职权。(2)职业地位和身份保障制度，也即维护法官的职业尊荣，保障法官身为司法工作者的职业尊严与地位不得侵犯。典型表现在，法官一旦经过选举和任命而履职后，在没有法定事由或者经法定程序情况下，不得随意被更换，或受到免职、降职和撤职等处分。(3)职业薪俸保障制度。即通过保障薪酬让法官生活更为体面，使法官所享有的物质生活利益与之社会地位相对应。(4)安全和司法免责保障制度。法官在执行职务时，人身和财产安全应得到切实保障；其职务行为应予以免责。依法享有不受诉讼和骚扰、不会受到诬告、陷害和享有不用出庭作证的权利。(5)职业监督和司法责任保障制度。就是国家通过建立和完善符合司法规律和权力监督与制约规律的法治监督制约机制，强化法官自律和司法责任，在保障法官依法独立公正履行职权的同时，实行司法责任惩戒制度。上述权利众多，其中，独立行使权力保障制度为核心，职业地位和身份保障制度是基石，职业薪俸及收入保障制度是重点，职业监督和司法责任保障制度是基础，司法免责和职业安全保障制度是前提。

二、现状与问题：我国法官职业保障制度相关规定及评价

(一) 我国《法官法》关于法官职业保障的规定及评价

在我国现行法律当中，有关法官职业保障制度的规定主要源自《法官法》。该法第4

---

① 最高人民法院研究室编：《审判前沿问题研究》(下)，人民法院出版社2007年版，第1053~1055页。

② 黄竹胜：《司法权新探》，广西师范大学出版社2003年版，第226页。

③ 蔡则民主编：《法官职业化建设的探索与实践》，人民法院出版社2004年版，第117页。

条和第 8 条①对法官所享有的职业保障权利作出概括式的规定和具体规定(见图一)。

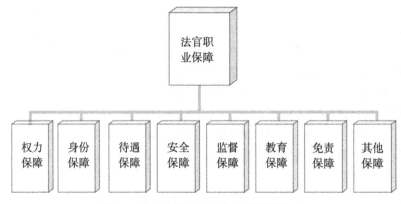

图一　法官法规定的法官职业保障体系

《法官法》第十二章明确规定了法官应当享有的工资保险福利,也即职业待遇保障。② 此外,该法还在法官的职业监督、教育模式以及职业安全保障等方面作出了原则性规定。③ 但时至今日,由于我国法院长期置身于"政法机关"的格局定位,上述《法官法》赋予的法官职业保障权利,因缺乏相应的配套及保障机制,加之司法体制运行行政化和地方化的桎梏由来已久,早已根深蒂固,致使法律规定与司法实践相脱节,至今仍存在许多职业保障权利尚未落实。

(二) 我国政策文件关于法官职业保障的规定及评价

2002 年 7 月 18 日,最高人民法院《法官职业化意见》的出台,第一次较为明确地规定了对法官的职业保障。从《法官职业意见》第 10 条的规定来看,主要牵涉的内容有以下三个方面:一是要保障法官的职业权力。法官负有排除外界干预,依法独立行使判断权和裁量权的职责。同时,应当有效阻绝法院内部的不当干扰,保障法官或合议庭对所审理案件有独立作出裁判的权力。二是要保障法官的职业地位。法官一旦履职,没有法

---

① 《法官法》第 4 条规定:法官依法履行职责,受法律保护。第 8 条共作出八个方面的规定:一是在履行法律规定的职责时应具有法定的职权和工作条件;二是在依法审判案件时,不受行政机关、社会团体和个人的干涉;三是非因法定事由、非经法定程序,不得被免职、降职、辞退或者处分;四是有获得工资报酬、享受医疗保险、福利待遇的权利;五是享有人身、财产和住所安全并受法律保护的权利;六是有参加教育培训的权利;七是有提出控告和申诉的权利;八是享有辞职的权利。

② 《法官法》第 36 条规定:法官的工资制度和工资标准,根据审判工作特点,由国家规定。第 37 条规定:法官实行定期增资制度。经考核确定为优秀、称职的,可以按照规定晋升工资;有特殊贡献的,可以按照规定提前晋升工资。第 38 条规定:法官享受国家规定的审判津贴、地区津贴、其他津贴以及保险和福利待遇。

③ 王锡怀:《浅谈我国法官职业保障的现状及出路》,载 http://court.gmw.cn/html/article/201401/23/149447.shtml,于 2014 年 1 月 23 日访问。

定事由或经过相关程序，其职务不得随意转任甚至受到降职、免职和辞退等处分。各级法院，尤其是上级法院，应当严格依法办事，采取措施督促法官依法履行自身职责。三是法官的薪金待遇要得到保障。要逐步提高法官的薪金和职级待遇，使法官职业尊荣得到有效的维护。

2006 年 5 月 3 日，中央第一次专门就加强人民法院工作作出《关于进一步加强人民法院、人民检察院工作的决定》。该《决定》就法官职业保障问题作出了较详细的专门规定。比如《决定》强调，要合理配置法官队伍的年龄结构，一方面要创造出有利于青年法官成长的条件，另一方面，也要发挥资深法官的经验和作用等，这些规定是党就加强法院法官职业保障的司法改革工作迈出的重要一步。[①]

从上述两个文件中，不难看出，法官职业保障制度依然主要在于身份保障与物质保障两大方面，不足之处在于，我国对法官的管理依然套用行政化的模式，无论哪一份文件，均未涉及针对法官的特权保障，这也为现阶段法官权利保障机制的改革提供了有说服力的依据。

2013 年 11 月 12 日，党的十八届三中全会通过了《中央改革决定》，该决定提出，应当建立法官分类管理制度，使法官的职业保障制度得到不断健全与完善。2014 年 7 月 9 日，最高法院出台了四五改革纲要，针对我国目前的总体司法改革架构，特别是中央全面深化改革领导小组第三次会议提出的司法改革任务进行了较系统的细化和分解，进一步明确了司法改革的总体思路。从四五改革纲要看，人民法院司法改革确立了以建立有中国特色的社会主义审判权力运行体系为改革总体目标，自 2014 年至 2018 年为期五年的改革方案，[②] 并重点归纳了八个方面的核心内容。

从中央的改革决定和四五改革纲要的规定中，笔者发现，本次司法改革的亮点之一，就是对司法权就是判断权和裁量权这一问题的明确，并且就现行司法权在运行过程中存在的物质限制、机制和体制缺憾、司法保障等诸多问题进行了原则性的规定，提出了总体的改革蓝图和愿景方案。

（三）我国目前法官职业保障需要解决的问题

"四五改革纲要"的理论基点之一是"司法权是判断权和裁量权"，而司法权作为判

---

① 该《决定》指出，各级法院应当认真落实《公务员法》、《法官法》，从而使法官职业保障机制得到不断完善。《决定》强调，要大力推进法官职业医疗保障和职业待遇保障工作，逐步建立与法官职业特点相符合的工资制度；要积极落实法官审判津贴，并对因公殉职的法官做好抚恤工作，中央财政部门设立的特别补助金和特别慰问金应当专款专用，为殉职法官家属发放生活补助。此外，人民法院还应与组织、人事等部门妥善协调，提高地方各级法院干部的职级比例。

② 四五改革纲要的内容主要有：以建立有中国特色的社会主义审判权力运行体系为改革总体目标，以国家判断权与公平正义论为理论基石，以司法为民、公正司法为改革工作主线，建立起判断权的主体要件、运行机制、体制保障三大逻辑板块，相互依存、相互制约，针对八个司法重点改革领域，提出 45 项具体举措，将重点归纳为 8 个方面的核心内容。（参见贺小荣：《人民法院四五改革纲要的理论基点、逻辑结构和实现路径》，载《人民法院报》2014 年 7 月 16 日第 5 版。）

断权和裁量权，其判断和裁量的结果公正，无疑取决于判断权和裁量权主体的独立。由于四五改革纲要并未涉及"法官独立"等敏感字眼，在法官的职业保障脱离行政机关公务员的保障模式后，如果判断和裁量主体不具有相对的独立性，那么，宪法所提出的"审判独立"与司法实践中推崇的"法官独立"依然是"两张皮"，判断和裁量法官的权力保障、经费保障、职级保障、福利保障等职业保障的相对独立，不仅不能以法官的独立作为前提，反而受到被裁判对象的牵制，长此以往，法官职业保障如何真正体现其职业特点与特殊性？法官职业保障是否还会沦入"法律表达与法律实践脱节"这一怪圈？此外，如果法官薪俸低于其他法律职业者和同等的公务员，法官的价值就会被社会低估，而优秀的法律院校毕业生以及其他优秀的候选人将对法官职业丧失兴趣，甚至会造成大批现任法官离职。这些都是本文需要重点探讨的问题。

三、比较与借鉴：对域外法官保障制度的比较法考察

关于法官职业保障制度，可以说是一个世界性话题。目前世界上绝大多数国家均通过以宪法为主，以其他法律文件为补充的立法形式为保障法官独立裁判、提升司法责任感，对法官的职业保障作出明确具体的规定，以此来保障法官独立公正的裁判案件。像《司法独立基本准则》、《司法独立世界宣言》等国际司法文献都规定了法官终身、司法豁免、高薪养廉等职业保障制度。[1] 同时，许多国际文件亦对法官的职业保障的标准作出了较为详细的规定。[2] 概括来说，像美国、德国和日本等英美法系和大陆法系国家的法官享有的职业保障权利，主要包括独立权、薪俸权、免责权、人身安全权、申诉权、继续教育权等内容。[3]

（一）美国法官的职业保障

1. 实行高薪养廉制度。在美国宪法缔造者看来，只有通过规定给予法官稳定的、优厚的薪俸，并在任职后不得随意削减薪酬，才能从根本上杜绝法官为保全职位和薪俸在处理案件时屈服于外部压力，独立和公正地审理裁判案件。"谁控制了法官的生存，谁就掌握了法官的意志。"[4]这是美国著名学者汉密尔顿在其撰写的《联邦党人文集》中说过的一句至理名言。因为法官在对一起纠纷案件作出裁量判断前，背后总要思虑其生存之需的"薪俸"由谁来供给，从何而来。如果法官的薪金待遇、法院的"经费"保障被

---

① 崔利娜：《法官职业保障制度研究》，山东大学 2009 年硕士学位论文。

② 2010 年 11 月 17 日，欧洲委员会部长委员会第 1098 次会议讨论通过了旨在维护法官独立、实现司法高效、提升司法责任感的《法官：独立、高效和责任》职业保障建议标准，以指导、促进各成员国建立相关法官职业保障制度。（参见夏南、彭何利、蒋丽萍编译：《法官职业保障的欧洲标准》，载《人民法院报》2013 年 7 月 5 日第 5 版。）

③ 陆洪生：《法官职业化建设的根基：法官职业保障》，载《人民司法》2003 年第 2 期。

④ 付小青：《刍议美国司法独立性的成因及其借鉴意义》，载 http://blog.tianya.cn/blogger/post_show.aspidWriter＝0&Key＝0&PostID＝23112938&BlogID＝1586870，于 2011 年 12 月 5 日访问。

外界控制，那么，法官在独立判断时不可避免地会受到影响。因此，美国宪法明确规定，联邦法官在履行职务期间领受的薪俸不得随意减少。① 总统和国会均无权随便降低法官的薪酬。美国联邦最高法院首席大法官的薪酬与副总统、联邦法院法官的薪酬与政府内阁官员相等。美国各州的法官收入也较高。② 正由于美国实行法官独立和高薪养廉制度，不受外界和个人的干涉，所以使得法官们能在复杂纷繁的政治、经济和社会文化环境之中，保持中立、理性公正地作出裁判。他们背后的信仰就是公平正义的法律至上理念，他们只负责对既有的相关判例的遵循，只负责在个案中阐释司法正义所蕴含的法律真谛。

2. 实行终身任职条件下的高龄退休制度。终身制和高龄退休制度是美国法院法官在身份保障上的一项重要制度。《美国宪法》虽然规定了法官的退休年龄，但到退休年龄后是否退休要根据本人的自愿。法官只要一经任命，除因健康的原因或弹劾罢免事由外，中间无需再履行任命手续，将终身任职。美国联邦法官的终身制可以说是名副其实，美国法律未明确规定法官的强制退休年龄，实行高年龄退休制度，法官即使退休，其退休年龄与国家机关公务员相比要大许多。③ 另外，像最高法院联邦法官在退休后，仍处于"资深法官"的地位，本人如果愿意，还可以到其他联邦法院继续担任法官，并享有法官的一切权利和薪金待遇。从实际情况来看，美国联邦最高法院的9名法官中，其中80岁1人，79岁2人，78岁者2人，很明显，75岁以上的法官已超过半数，没有一人主动退休。④ 正因为对法官实行高龄退休制度，使得法官对其职业充满尊荣感，他们深知自己的各种优厚待遇和职业身份来之不易因而特别的珍惜。这也使得他们在其职业生涯中一般都能耐得住寂寞，固守志节、秉持操守，公正地裁判每起案件。

3. 实行严格弹劾程序下的罢免法定制度。弹劾之罪是按《美国宪法》规定的犯有叛国、贿赂或其他重罪。联邦法官只有在犯有弹劾之罪，方可进行罢职免职。根据宪法规定，罢免联邦法官的法定事由被严格限制在犯叛国罪、贪污受贿罪、其他重罪三种。由于对法官的弹劾罢免直接关系到法官终身任职能实现的程度。若对法官如果可以随意弹劾罢免，法官终身任职制就会成空中楼阁。在美国，联邦法院的法官只有犯弹劾之罪，根据弹劾程序，由众议院提出弹劾案，参议院审理，在法庭上，被弹劾的法官有权为自己辩护。因而美国联邦宪法第2~3条规定，弹劾法官的程序和弹劾总统的程序一样，只有在参议院出席人数的三分之二多数通过时，才能判决。⑤ 我们从以上规定可以看出，在英美法系国家，都特别注重法官罢免理由法定化和弹劾程序法定化问题，法官在任职届满前，没有宪法所规定的法定事由，非经正式的弹劾程序，法院不得随意判决弹劾或罢免法官。

① 崔利娜：《法官职业保障制度研究》，山东大学2009年硕士学位论文。
② 转引自王利明：《司法改革研究》，法律出版社2000年版，第424~425页。
③ 孔祥俊：《职业法官与职位法官》，载《法律适用》2003年第9期。
④ 孙伟良：《我国法官权利保障研究》，吉林大学2012年博士论文。
⑤ 周道鸾：《外国法院组织和法官制度》，人民法院出版社2000年版，第324~330页。

4. 实行切实可行的法官尊严保障制度。为了使法官的权利得到体现，法官的尊严得到切实保障，西方大多数国家制定了相应的法官尊严保障体制。比如 1813 年美国国会制定了《关于明确宣布藐视法庭罪的法律》，该法律第 2 条规定了藐视法庭罪。① 法官可以对藐视法官的尊严或冲击、扰乱法庭秩序的行为人作出"藐视法庭罪"判决，这已成为美国法官较重要的一项权利。

(二)德国法官的职业保障

1. 任期较稳定，升迁需自愿。德国对法官采用任期制。依照德国《基本法》和《法官法》的规定，法官实行任期制度。法官在任期内，不得违反其意愿，予以转任或对其降职、停职、免职、转调或减少薪俸，除非经法院作出裁决。联邦宪法法院根据联邦议院的要求，联邦法官只有在不作为或作为其职权时，经三分之二多数裁决后，才可将其调职。② 若法官系故意侵犯，可以对其撤职。另外，若需升迁法官职务，须由法官自己申请和法官本人自愿。在法官没有申请和没有征得其同意的前提下，不能随意调动法官职务，在调动时必须以法官的同意和申请为前提。③

2. 高龄退休后，全薪享待遇。至于世界各国对法官在什么年龄退休，规定得并不一样，但大多数国家规定法官的退休年龄一般比政府公职人员的退休年龄要大，即较普遍实行高龄退休制度。从退休年龄上来看，德国实行法官高龄退休制度，即规定法官退休的年龄较晚，退休后并能享受较好的薪俸待遇。④ 如德国《法官法》第 48 条规定的联邦最高法院法官比政府的公职人员退休年龄要大，需年满 68 岁，其他法官需年满 65 岁才能退休。⑤在法官退休后的待遇，德国《法官法》第 70 条规定，任职于各州的法官，以公务人员给养法规定为蓝本，但任职联邦法院的法官，则没有明文的规定，一般是依据《法官法》第 46 条规定的准用公务人员给养法确定退休后的待遇。至于退休金的数额，则根据法官最后在职时的基本工资、地域补贴及薪酬法明确予以规定。一般来说，退休后其薪金待遇没有什么变化，享受的是全薪待遇。

3. 工资单独列，薪酬受重视。我们知道，足够的薪俸和津贴在一定程度上关系到法官的独立性。法官的高薪制不一定能使不廉洁者成为廉洁者，但至少可以使廉洁者不会因廉洁而遭受大的损失。⑥ 过去，中东欧一些国家未能给法官提供较充分的薪酬，改革者们相信法官及其家庭如果不能获得充分的薪俸保障，就极容易发生权钱交易，并滋生腐败，因此司法改革的很多措施也与此相关。德国法官的工资与同等条件下的公务员相比，其工资水平要高。法官实行的是单独的工资序列，法官待遇也因法官等级的不同

---

① 转引自赵小锁：《中国法官制度架构》，人民法院出版社 2003 年版，第 170 页。

② 周道鸾：《外国法院组织和法官制度》，人民法院出版社 2000 年版，第 324~330 页。

③ 宋冰主编：《程序、正义与现代化》，中国政法大学出版社 1998 年版，第 9 页。

④ 陈文兴：《法官职业与司法改革》，中国人民大学出版社 2004 年版，第 178~181 页。

⑤ 赵小锁：《中国法官制度构架——法官职业化建设若干问题》，人民法院出版社 2003 年版，第 173 页。

⑥ 肖扬主编：《当代司法体制》，中国政法大学出版社 1998 年版，第 54 页。

有明显差异，其工资序列分为 10 个等级，① R1 是最低的档次，初级法院和部分中级法院的法官一般为 R1 级，而德国宪法法院院长是 R10 级，为最高级。

（三）日本法官的职业保障

1. 任期长，高龄退休。在法官任期上，日本同德国的法官一样，也是实行的任期制。日本法官在任期届满前，其职务具有不可侵犯性，执行的是"不可更换"制度，任期较长，一般为 10 年，在期满后可以连任。同时，日本实行高龄退休制度，最高法院和简易法院的法官，退休年龄均为 70 周岁，其他法官为 65 周岁。② 而其他公职人员退休年龄为男性 60 岁、女性 55 岁。

2. 高薪制，退休金优。日本对法官实行高薪制，最高法院院长与国会两院议长、最高法院法官与内阁部长、东京高等法院院长与内阁法制局长的薪俸相等，其他高等法院院长的薪俸高于国会议员。③ 同时，日本法律还规定，对法官进行处分时，不得减薪。法官在退休后，其薪俸不得减少。并规定，因通货或因政策紧缩而对公务员的薪俸采取减额时，不得减少现任法官的薪俸待遇。④

3. 规定细，弹劾程序严。日本对法官的弹劾严格实行议会专门机关的方式，是其一个制度上的特点。《日本宪法》第 64 条第 1 款对弹劾机构的组成明确规定："国会为了审判遭罢免起诉的法官，设立由参议院和众议院议员组成的弹劾法院。"⑤ 在启动弹劾时必须严格履行相关司法程序，被弹劾法官除拥有辩护权利，可以自己辩护外，还可委托律师代为自己辩护。正因为其弹劾条件和程序异常严格，大陆法系国家长期以来因弹劾被免职的法官少之又少。从司法实践来看，日本自开始实行法官弹劾制度至 2004 年，仅 5 名法官被弹劾免职。⑥

4. 经费"统包"，改革目标明。在法院经费保障方面，大陆法系国家法院经费保障体制和运行机制为法官的经济权利提供了较好的借鉴模式。日本法院的经费采用的是"统包"模式，即各级法院的经费统一由中央政府来负担，而对法院经费的管理则由最高法院事务总局来负责管理。⑦ 与此同时，进入 21 世纪以来，日本的司法改革在全世界已引起较大的关注。一方面，日本的司法改革思路明确，几乎所有改革的措施都是围绕既定的目标进行；另一方面，日本政府历来比较重视司法改革，出台了《司法制度改革审议会意见书》，在内阁设立了专门司法改革审议会；另外，日本非常重视司法改革

---

① 周道鸾：《外国法院组织与法官制度》，人民法院出社 2000 年版，第 179 页。

② 王德志：《西方国家对法官独立的保障》，载《山东大学学报（哲社版）》1999 年第 4 期。

③ 肖扬主编：《当代司法体制》，中国政法大学出版社 1998 年版，第 54 页。

④ 崔利娜：《法官职业保障制度研究》，山东大学 2009 年硕士学位论文。

⑤ 周道鸾：《外国法院组织和法官制度》，人民法院出版社 2000 年版，第 324~330 页。

⑥ 冷罗生：《日本现代审判制度》，中国政法大学出版社 2002 年版，第 235~239 页。

⑦ 蒋惠岭、王劲松：《国外法院体制比较研究》，载《法律适用》2004 年版，第 1 期。

的前期准备工作，在每一项重大改革措施出台前，都进行了充分准备。①

他山之石，可以攻玉。上述国家的法官职业保障制度的产生和发展虽然有其特殊的社会环境和历史背景，但其作为人类法治文明进步的组成部分，可以从中反映出法官职业保障制度发展与变化的一般规律和共同特点。我们通过窥探上述三个国家的法官职业保障制度，对我国的法官职业保障制度可以起一定的借鉴作用。

四、出路和思考：完善我国法官职业保障制度的构想

改革的使命，从来都是除旧布新。中央改革决定第一次把建立"司法人员分类管理制度，健全法官职业保障制度"作为深化司法改革的重要组成部分，无易为法官职业保障制度体系和机制的建立提供了千载难逢的机遇和政策平台。笔者认为，从我国国情出发，是法官职业保障制度改革成功的关键和前提。具体来说，应从以下几个重点方面来构建和完善我国法官职业保障的制度体系。

(一)权力保障：应以实现法官依法独立行使审判权为重点

司法权既然是判断权和裁量权，而法官是司法权行使的主体，法官能否得到切实的权力保障，具备独立判断和裁量的权力，直接决定着独立审判和司法公正的实现。中央改革决定对人民法院独立审判和公正执法从制度上提供了保障。② 因此，如何确保法官在办理具体案件时，依法独立行使判断权和裁量权，就成为法官职业权力保障中的核心和基础。

1. 落实法官审判独立制度。法院司法改革即法官职业保障的最终目的是要保障法官独立行使审判权。而从理论与实践的双重角度考量，法院的独立主要涉及三个层面的内容：一是整个法院系统的独立；二是各个法院的独立；三是每个法官的独立。四五改革纲要则重点针对的是法院后两个方面的独立。那么，法院如何通过改革，实现后面的两个独立呢？可遗憾的是，四五改革纲要则重点并未触及"法官独立"等敏感字眼，这也可理解为若提"法官独立"，必须涉及我国法官法的修改问题。因此，笔者认为，要从外部管理体制上保证法官独立审判，立法机关就需修改《法院组织法》和《法官法》等制度规范，将"法官独立裁判"予以明确规定或界定，真正确立起法官在审判活动中的主体地位，确保法官独立行使判断权。只有从制度层面确保"法官独立裁判"，才能真正落实四五改革纲要提出的法院后两个方面的改革举措。

2. 完善法官内部管理制度。在法院内部建立能保证法官独立判断的运行机制，必

---

① 《日本司法改革的主要成果与最新动态》，方金刚、黄斌编译，载最高人民法院《中国应用法学研究信息》2006年第14期。

② 贺小荣：《人民法院四五改革纲要的理论基点、逻辑结构和实现路径》，载《人民法院报》2014年7月16日第5版。

经尊重判断权的属性和裁量权运作的特殊规律，突出在办理案件过程中法官的主导地位。① 一方面，要理顺关系。要借四五法院改革纲要司法改革的东风，深化法院人事管理改革，理顺法官审判职责与行政管理职责的相互关系，落实好中央和最高法院已有的制度规范，② 强化各类人员的职责，并实施分类管理。另一方面，要转变职能。四五法院改革纲要已明确提出健全审判权力运行机制，改革现行审判委员会的职能，并对"审者不判、判者不审"等问题从措施上进行了制度上的跟进。那么，在解决"让审理者裁判"问题后，就必须进一步完善法院内部运行机制，建立以强化法官职业化建设的制度和措施，及时创设法官遴选委员会和法官惩戒委员会，完善以法官为责任主体的裁判责任制度。

3. 构建法官职责豁免和"特权"保障制度。法官在办理案件、履行审判职责时，应享有职责豁免即免受责任追究的"特权"，这已成为世界各国的习惯做法。可从目前我国法院法官的现实状况来看，法官因裁判的案件不符有关部门的授意特别是有关领导的"指示"而被任意撤职、免职，在履行审判职务后被随意丑化和追究责任的现象时有发生，因此，在我国建立法官职责豁免和特权保障制度，有助于维护法官形象，解除法官的后顾之忧，使法官的职业权力更有保障，从而更充分地保护法官行使审判权的独立性，树立司法权威，增强司法公信力。

（二）身份保障：应以确保法官职业地位的稳定为重点

《法官法》对法官职业身份作了原则性的规定，四五改革纲要亦作出有别于公务员进行管理的制度性安排，这对法官的职业身份保障措施的实现来说，是重大利好。但如何在借鉴国外有益经验的基础上，结合我国国情落实好法官身份保障制度，是我们需要认真研讨的问题。笔者认为，落实法官身份保障制度，应从两个方面来进行：一方面，落实《法官法》，确保法官职业身份稳定。法官经任命后，其履职行为除非严重违背职业道德或触犯相关刑律，不应被起诉或受到追究；其工作变动除经本人自愿和申请，不可任意撤职、免职、罢免、调任、停职或降职，以此来确保法官职业地位和身份的稳定。另一方面，修改《法官法》，提高法官退休年龄。我们知道，法官是经验积累型的职业，既需要有法律专业方面的知识，更需要有丰富的审判实践经验积累，其专业性特点决定了法官年龄不适合年轻化。因此，在目前我国法官素质还有待整体提高，尚不具备跳跃式推行法官终身制的现实条件下，为有效解决目前各基层法院法官断层、短缺、流失，法官事多人少等问题，应及时修改《法官法》，适当延迟法官的退休年龄，即除因法官自愿申请退休或自身健康等因素外，基层或中级以下法院一定职级的女法官的退休年龄可以延迟至 60 周岁，男法官可延迟至 65 周岁；最高法院和各高级法院的女法官

---

① 钱锋：《法官职业保障与独立审判》，载《法律适用》2005 年第 1 期。

② 2013 年 3 月，中组部和最高法院联合发文，出台了《人民法院工作人员分类管理制度改革意见》，该意见明确了法院工作人员的类别和职责、设置员额比例、确定职务序列和职数并实施分类管理。

可以延迟至 65 周岁，男法官可延迟至 70 周岁退休。

(三) 收入保障：应以维护法官的职业尊荣为重点

法官只有在不为生存所需的物质条件所操心时，才能为公平正义而操心。笔者建议，依照《法官法》第 36 条的规定，最高法院应会同相关部门，结合中国现实国情制定出台《人民法院法官职业收入保障实施办法》，该实施办法可考虑设计三项内容：即法官工资、法官津贴、法官廉政保证金。通过最高法院和中央有关职能部门的顶层设计，从而使法官的职业保障能在制度的框架内统一实施。

1. 建立法官工资制度。由于目前我国还没有建立一个立足法院实际、符合审判特点、体现法官特色的工资薪金制度，那么，按中央司法改革的精神，在将法官职务与公务员行政职级分离后，及时建立起科学的法官等级晋升机制和单独序列的配套工资制度就显得尤为紧迫。而现行《法官法》确定的法官等级制度，部分内容已不适应司法改革的现实需要。因此，通过修改《法官法》，打破法官等级模式的"天花板"设计，① 从而建立起全国统一法院法官的工资标准。笔者建议，新的法官的工资可由法官基础、等级和工龄三部分组成，并定期对法官进行增资，确保法官的工资随着工龄增加、等级提升等因素得到及时合理调整。

2. 完善法官津贴制度。为什么要设立和完善法官岗位津贴制度，这主要是鉴于法官职业具有特殊性，同时这也是维护法官职业尊荣的有效保障和途径。现阶段，我国法官津贴不多，相互差距也很小。② 笔者认为，由于我国各地经济发展不平衡，东西部地区工资收入差距大，法官的岗位津贴可考虑由各省、市、自治区来确定标准。具体可分为审判津贴、地区津贴和其他津贴三个部分。

3. 创设法官廉洁保证金制度。高的薪俸未必养廉，但起码可以降低腐败的发生。笔者认为，在目前我国高薪养廉还有现实障碍的情况下，建立法官职业廉洁保证金制度，既符合中国的国情，又是对高薪养廉制度的一个补充。法官职业廉洁保证金可由国家、单位和个人三方按一定比例承担，只要法官在任期内不出现被弹劾罢免的情形，在其退休时一次性返还，这样，较优厚的廉洁保证金既可以促进其任职期间的清正廉洁、公正办案，又可以在其退休后，享受无忧的晚年生活(见图二)。

(四) 监督保障：应以规范法官职业行为重点

对法官职业进行监督，实际上是对法官审判权的监督。它是近代宪政的基本精神，

---

① 张立勇代表建议，取消基层法院、中级法院和高级法院最高只能评定四高、二高和二级大法官的限制，将法官的专业能力和工作业绩作为评定等级的主要依据，各级法院法官都能通过业绩考核评定较高的法官等级，获得相应的职业待遇。(参见吴倩、李向华：《张立勇代表：法官职业保障制度的完善》，载《大河网》，于 2014 年 3 月 14 日访问。)

② 2007 年 7 月 31 日，国家人事部和财政部联合下文并实行的法官审判津贴制度，这为全面落实法官法确定的法官津贴和福利待遇制度开了个好头。

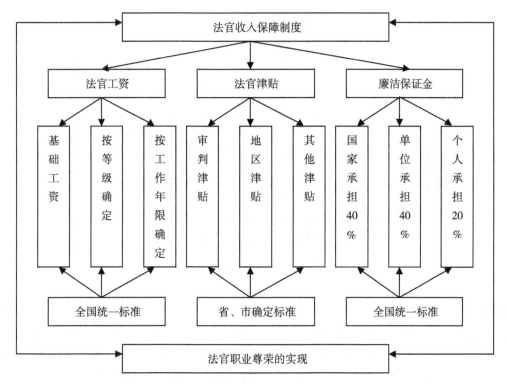

图二　法官的收入保障组成图

也是民主法治国家采用的普遍做法和努力方向。比如我国宪法明确规定了人民代表大会等机关对审判权的主体监督；《法官法》第13条至第15条，第30条至第33条也明确规定了对法官职业进行监督的内容和方法。而四五改革纲要则规定，要通过完善合议庭成员共同参与审理案件，强化主审法官的责任等监督制约机制，创设法官惩戒委员会等措施，来规范法官的职业行为。这些刚性规定或单独出台的制度性规范和措施，为法官的职业监督保障提供了有力的法律和政策依据。

1. 要创设法官职业监督的内部衔接机制。完善法官职业保障内部监督机制，关键是要改革以往那种监督多元，对人的监督和对案的监督相互脱节的状况。为解决监督失衡的问题，按照四五法院改革纲要提出的改革思路，创制和完善现有法官职业内部监督问责机制，及时在法院设立法官职业监督的专门机构——法官职业监督惩戒委员会。该委员会作为对法官监督惩戒的专门机构，主要是收集法官有关违法违纪的证据，但惩戒法官则由纪检监察部门具体负责，实行处理法官与处理案件分离，实现对法官违法与案件违法进行同步调查、分别追责的内部监督制约机制(见图三)。

2. 要规范法官职业保障的外部监督机制。较长时期以来，我国对法官的职业监督运行模式违背了审判规律和权力制约与监督制约规律，加之司法监督立法上的缺位和监督程序的缺失，导致现行法官监督的无序和随意。因此，按照中央司法改革的思路，在

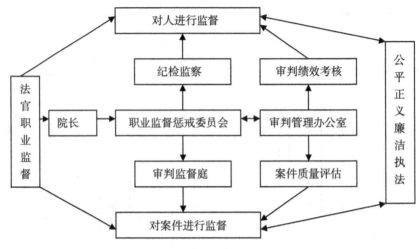

图三 法官职业监督流程图

法院人、财、物逐步与地方政府分离后，对法官职业的外部监督机制必须加以规范和完善。要以落实《监督法》的相关规定为基础，及时修订和完善《法官法》中关于法官职业监督保障的相关规定，全面规范法官职业监督的主体和程序，克服过去各级各部门特别是各级领导随意监督、不当监督的做法，强化对法官司法行为是否规范合法进行监督。

3. 要完善法官职业监督的保障机制。要以法官申诉、控告的程序为规范重点，创制法官职业监督的立案启动程序、责任认定程序、问责后的复议程序。我们为什么强调法官职业监督程序的重要，是因为正当的程序是法官职业监督科学化、民主化和公开化的保障。唯有这样，才能做到打击与保护并重。

(五)安全保障：应以落实法官人身安全的举措为重点

近年来，随着市场经济的多元化发展和法治建设的积极推进，广大公民的法律觉悟逐渐提高，特别是在各级法院的诉讼费用大幅度降低后，诉至人民法院的各类民商事案件逐年攀升，这不仅加大了法官的审判工作压力，而且愈来愈大的职业风险正困扰着法官。因此，落实法官人身安全的举措就显得尤为重要。

1. 强化法官职业安全的保障措施。一方面，要对危害法官职业行为保持高压态势。对于故意诬告、打击、报复，特别是对法官有施以暴力伤害行为的苗头和倾向，既要提前做好预防工作，又要在上述行为发生后，从严、从快对其追究刑责，切实保障法官的合法权益和人身安全不受侵害。另一方面，修改和细化法官职业保险的相关规定。要通过修改《法官法》，要硬性规定并及时为法官办理有关人身、财产等方面的保险，从而解除广大法官的后顾之忧，使其能安心办案。

2. 建立法官尊严保障制度，严厉打击藐视法庭的各种行为。法官的职业尊言必须得到切实保障，借鉴美国等国家有关维护法官职业尊严的经验，在刑法中应增设"藐视法庭罪"的法律规定。像对在法庭上故意起哄，拒不听从法官劝阻，甚至打骂、侮辱法官、故意扰乱法庭秩序以及恶意对法官实施言语攻击、严重损害法官名誉、荣誉等情节严重的当事人和案外人；若其行为和情节符合藐视法庭罪的构成要件规定，就应及时对该行为依法进行刑罚。①

3. 完善法官职务任免制度，保障法官休假和休息的权利。依照四五法院改革纲要的设计思路，在坚持党管干部的同时，强化上级国家权力机关对法官的晋职考察、司法监督和晋级考核任免；在目前的条件下，应尽快改革地方人大任命同级法官的做法。与此同时，为了减轻法官的工作压力，必须保障法官享受年休假和在工作日之外休息的权利。法官的休息权和休假的权利不得随便侵犯，任何单位和个人更不得强令法官加班。

五、结语

建立具有中国特色的法官职业保障制度，可以说是现代法律人特别是所有法官的职业追求和梦想。唯有正本清源的完善法官职业保障制度并实施改革，才能从根本上解决法官独立和法官职业尊荣感下降的现实问题，才能真正实现法官的素质强、待遇好，身份稳，威信高、公信升的目标。现在，中国法官职业保障改革的破冰之举已经开启，四五改革纲要亦对司法改革有了进一步细化和深化，但"画图不易，施行更难"，法官职业保障的突破和推进，目前只是艰难的起步，一切才刚刚开始，还需落到实处的具体举措，我们正拭目以待。

---

①　胡云腾：《江苏法官山东执行遭绑架　失去人身自由 14 小时》，载中国法院网，http://www.chinacourt.org/article/detail/2007/03/id/241146.shtml，于 2014 年 7 月 23 日访问。

第四篇
裁判文书说理机制研究

李国强　聂长建*

摘　要：裁判文书的制作过程是说理的过程，裁判文书通过说理，给出当事人在法律适用和事实认定上的明晰理由，说服而不是强制当事人接受裁判结果，说理是现代法治对裁判文书的要求。裁判文书说理机制包括激励机制、训练机制、倒逼机制三个部分：激励机制就是将"判决说理"的质量与法官的考评、工资、奖励、晋升等利益挂钩，激发法官写好裁判文书说理的动力；训练机制包括法律知识训练、法律思维训练和法律修辞训练；倒逼机制就是将裁判文书说理与法官利益反向挂钩，法官为了避免不利影响，被迫重视和做好裁判文书说理，包括错案追究制和审判公开判决书上网。裁判文书说理机制的良好运作，有利于法官提升说理能力，提高裁判文书的质量，提高司法公信力。

关键词：裁判文书　裁判　说理　激励机制

　　裁判文书旧称"判词"，是记载审判机关对案件的审理过程和裁判结果的法律文书，是审判机关确定和分配诉讼双方权利义务的唯一凭证。"说理"是裁判文书的要求，伴随着法治社会的发展，裁判文书对"说理"的要求也越来越高，以致我们说在法治社会，无"说理"就无"裁判"。因为在前法治社会，法律以义务为本位，以强制性为主要特征，裁判文书具有"专横擅断"性质，对"说理"的需求大为减弱。而在法治社会，法律以权利为本位，以正当性为主要特征，裁判文书具有"协商对话"性质，对"说理"要求大为增强。裁判文书的制作过程是协商对话的过程，也是一个说理的过程，裁判文书通过说理，给出当事人在法律适用和事实认定上的明晰理由，说服而不是强制当事人接受裁判结果，使当事人感受到公正对待，增强裁判文书的正当性、合法性和可接受性。

　　裁判说理机制是随着资本主义的发展而逐步确立的，法国、德国分别于1790年、1879年确立了法官裁判说理的义务，裁判说理的重要意义受到法学界的高度重视，达维德就指出："判决必须说明理由这一原则今天是极为牢固地确立了；在意大利，宪法本身就此作了规定。对于我们这个时代的人来说，这个原则是反对专断的判决的保证，也许还是深思熟虑的判决的保证。"①判决说理是法律、法官、当事人、社会沟通、交

---

　　* 作者简介：李国强，河南光山县人民法院民三庭庭长；聂长建，中南民族大学法学院副教授。
　　① ［法］达维德：《当代主要法律体系》，漆竹生译，上海译文出版社1984年版，第132页。

流、妥协而达成的各方接受的共识，是对公民人格的尊重和权利的保障，和现代民主法治理念完全契合；判决说理还能够防止法官恣意专断、徇私枉法、暗箱操作，通过判决书正确性的保障促进司法公正、维护司法公信力；判决说理有助于当事人根据判决的理由决定是否上诉的必要性，实际上避免不必要的诉讼而节约诉讼资源，增强必要的诉讼维护司法公正。裁判文书说理非常重要，但目前的裁判文书普遍存在着说理认识不充分、说理艺术不成熟、说理机制不健全等问题，很有必要进行学术上的探讨。

一、裁判文书说理的激励机制

马克思指出："人们所奋斗的一切，都同他们的利益有关。"[1]"思想一旦离开利益，就一定会使自己出丑。"[2]激励被广泛应用于现代管理中，就是通过利益导向，激发人们的工作动力、挖掘人们的工作潜力、开拓人们的工作创造力，取得更大的工作成效。没有良好的激励机制，就不可能有高效率、高质量的工作。判决说理的激励机制，就是将"判决说理"的质量与法官的考评、工资、奖励、晋升等利益挂钩，激发法官写好判决书说理的动力，写出具有说服力和可接受性的判决书来。比较英美法系和大陆法系，对于判决书的说理，英美法系的法官做得好，尤其是美国联邦法院的大法官们动辄写出上百页的理据充分、逻辑清晰、文辞优美的判决意见，而大陆法系的法官一般只写明适用的法律和认定的事实，不注重说理，或者说理也比较简略，"无论是说理之充分、分析之绵密、涉猎之广博或是文采或风格都只能望英美法官之项背。"[3]造成这种差异，并不在于两种法系的法官在说理能力上的差别，而在于他们对待说理态度上的差距，英美法系的法官比大陆法系的法官更加重视说理，而这态度上的差异，又是由于两大法系的裁判文书说理的激励机制不同造成的。在大陆法系，以制定法为主，法官只是机械地操作法律，孟德斯鸠称法官是法律的喉舌，韦伯称法官是自动售货机，法官在法律面前完全是被动的，判例没有法律效力，法官的判决书写得再好，也不会作为法律援引带来声誉，法官也不会因为出色的判决书受到什么嘉奖和晋升，一言以蔽之，判决书好坏与法官的利益没有什么联系，那么法官也就没有必要对判决书质量孜孜以求，哪怕书写上百页的判决意见，那也是白费力气，实乃不明智之举，因此，"他们个人没有多少激励去努力撰写一份超出处理本案之必需的司法判决书，即使撰写了，对一般的法官也没有太多的个人效用，不可能给法官个人带来更多的收益，无论是司法权力上的还是学术权力上的"。[4]英美法系则与之不同，英美法系是以判例法为主，判例具有法律效力，法官在法律面前是主动的，一份好的判例会作为法律援引，给法官带来巨大的声誉。如美国的大法官波斯纳，到1999年就著30本书、写330篇论文、撰1680篇司法意见，他的

---

①　《马克思恩格斯选集》第4卷，人民出版社1995年版，第285页。
②　《马克思恩格斯全集》第2卷，人民出版社1957年版，第103页。
③　苏力：《判决书的背后》，载《法学研究》2001年第3期。
④　苏力：《判决书的背后》，载《法学研究》2001年第3期。

上诉判决意见不仅在数量上而且在引用率上遥遥领先于其他法官，波斯纳还是修辞大师，其判决书文采飞扬，给读者带来美文享受。在英美法系，判决书的说理质量是衡量法官工作水平的重要指标，是法官的利益之所在，也受到法官的高度重视。纵使在美国，先例的重要性会随着审级的上升而增大，判决书说理的激励作用对上诉审法官远比初审法官大，所以裁判文书说理在上诉审法官那里比初审法官那里更受到重视，更加详实、精致、透彻、雄辩，因此更有说服力，质量更好。同一个人由初审法官晋升为上诉审法官之后，其判决书的说理质量立即有了质的飞跃，甚至那些刚出校门的法学院毕业生在做上诉审法官时照样写出说理充分的判决书。这就是说，激励制度的强弱决定了法官说理的态度，而说理态度又决定了裁判文书的质量，就如德沃金所言："法律的帝国并非由疆界、权力或程序界定，而是由态度界定。"①而态度又是由什么决定的呢，激励机制是重要的影响因子之一。

当下中国裁判文书的说理水平不高直接影响着裁判文书的质量和可接受性，对司法公信力也是严重的侵蚀。由于中国也是大陆法系，法官对于法律也是消极被动的，没有什么能动性可言，说理对法官的利益没有什么影响，也不可能像波斯纳那样凭借出色的判决书成为出类拔萃的大法官，现行的说理机制对法官并没有什么激励作用，这就直接影响法官说理的动力，对说理采取消极回避的态度："'说理'也是费时费力的苦差事，一个说理充分的判决书就像一篇理论穿透力很强的论文，非殚精竭虑是不可能写出的，如果法官缺乏敬业精神也就懒得说理。更要命的是，一个法官所作的判决书纵使说理不充分或干脆不说理，也并未受到制度的制裁，法官就没有充分说理的动力，整个司法制度提供给判决书充分'说理'的，不是肥沃的土壤而是贫瘠的土壤。"②我们要吸收英美法系的优点，高度重视裁判文书的说理，强化对判决说理的激励机制，使法官的声誉、待遇、奖惩、晋升等切身利益与说理挂钩，让每一名法官明白他们在说理上所费的心血都没有白流，懒惰行为也是要付出代价的，裁判文书说理对法官而言，不仅是应尽职责，更是锻炼自己的能力，提高自身的工作水平，事关自身利益前途的有价值之举，为裁判说理所付出的一切都是值得的，那么法官的说理积极性就大为提高、说理的主动性就被激活、说理的能力就会得到充分展现，判决书的质量就会有质的提升。中国的判例制度，能够成为具有指导意义的经典判例当然是说理充分的判决书，应加大激励力度，鼓励法官写出更高的有说服力和可接受性的文书。

不可否认，对裁判文书说理要具体分析，以必要为限，对于事实和法律都很清楚明白的案件，过多的推理解释和论证反而是累赘废话，多此一举，过多的说理实在没有必要，因为"理"已经很清楚了，可以适用简易程序审判，也包括判决书相对简略，将很清楚的法律和事实陈述一下就可以了，没有必要长篇累牍地"众所周知"地说理。而且基层的案件那么多，既不可能又无必要对每一个案件进行过多的说理。裁判文书说理，

---

① ［美］德沃金：《法律帝国》，李常青译，中国大百科全书出版社1996年版，第367页。

② 聂长建、李国强：《司法判决有效性的平衡艺术和说理艺术》，载《理论与现代化》2011年第2期。

重点放在对法律适用和事实认定都不是很清楚的疑难案件上，正因为民众对于疑难案件的事实和规范都有疑惑，才有必要通过详细清晰的说理来解惑，增强人们对裁判的认同感。如果在道理很清楚的地方还去不厌其烦地解释论证，那就不是说理而是废话，不是在说服人而是在烦人。

二、裁判文书说理的训练机制

激励机制是端正法官的说理态度，而训练机制是培养法官的说理能力。法官的说理态度再好，如果能力跟不上，那对于裁判说理还是"有心无力"。而法官的说理能力既与法官的天赋有关，也与法官的训练有关，法官只有加强以下三个方面的训练，才能够提高说理能力。

1. 法律知识训练。"问渠那得清如许，为有源头活水来"，法官裁判文书说理的活水源头首先是法官具有审判案件所具备的丰富的法律知识，因为司法裁判具有很强的专业性，只有经过专门法律知识训练的人才能胜任这一工作，正如大法官柯克反驳英国国王詹姆斯一世企图做一名法官时说道："法律是一门艺术，它需要经过长期的学习和实践才能掌握，在未达到这一水平前，任何人都不能从事案件的审判工作。"①这需要训练的法律知识在笔者看来包括三个部分：一是法条知识，司法考试很多是直接考察对法条的记忆理解，因为判决的法律适用首先表现在对法条的适用，作为一名优秀的法官，必须对所从事的审判领域的法律熟练地掌握，每一法条都能够了然于胸，不仅仅是记忆，还要能够正确地理解和运用。在判决中，法律规范是司法三段论的大前提，这里的法律规范就是指法律条文，也就是一部部门法中具体的一条或几条法律条文，司法判决要求以法律为准绳，因此对每一个法律条文都要引用准确，一个字甚至一个标点符号都不能错误或错位、不多不少，达到一丝不苟的程度。二是经验知识。大法官霍姆斯指出："法律的生命不是逻辑，而是经验。一个时代为人们所感受到的需求、主流道德和政治理论、对公共政策的直觉——无论是公开宣布的还是下意识的。甚至是法官与其同胞们共有的偏见，在决定赖以治理人们的规则方面的作用都比三段论推理大得多。法律蕴含着一个国家数个世纪发展的故事，我们不能像对待仅仅包含定理和推论的数学教科书一样对待它。"②丰富的生活阅历是法官审判，特别是准确认定案件事实的必备条件，道理就在经验中，利用好经验是法官说理的可行路径。例如，古以色列国王所罗门审理两个妇女争一个婴儿的案件，当时并没有现代的亲子鉴定技术，虽然没有鉴定技术可用，但有经验可资利用，这条经验就是：真正的母亲是不可能伤害自己的孩子，所罗门欲擒故纵，故意提出将婴儿一分为二、每人一半的看似公平实则伤害婴儿的方案，骗子果然上当赞成这个方案，也就是赞成对这个婴儿的伤害，所罗门因此断定赞成他方案的妇女不是婴儿的真正母亲而是骗子，因为你是孩子的母亲怎么能够伤害孩子呢，这个反驳理由

---

① ［美］庞德：《普通法的精神》，唐前宏等译，法律出版社 2001 年版，第 42 页。
② ［美］霍姆斯：《普通法》，冉昊、姚中秋译，中国政法大学出版社 2006 年版，第 1 页。

是非常充分的，也是对人性的经验总结，而真正的母亲就是不能够伤害自己的孩子所以也不赞成这个方案，通过两个妇女对伤害孩子方案的态度和母亲不会伤害孩子这个经验之谈，真相也就大白了。"面对这样法律根本就没有说的案子，所罗门运用经验智慧说得不多却很有说服力。当然，如果经验归纳的理由很勉强，盖然性并不大，反例比比皆是，那就不能适用，彭宇案就是代表性例子。"①彭宇案中，法官对经验归纳法运用不当，并没有把判决理由说清楚，裁判结论不具有可接受性。三是法律理论知识。法律理论知识是对法律现象的抽象本质化研究，在裁判的推理、论证、解释过程中都有巨大作用，能够很好帮助法官说理。在沸沸扬扬的许霆案一审判决中，如果不懂得司法三段论与三段论涵摄模式的区别，那就只能按照三段论的涵摄模式机械司法，判处许霆无期徒刑也是别无选择，但这个判决是错误的，此案的说理并不能令人信服。对于许霆案有许多解决方案，"这些方案是经不起学理上的推敲，如果将司法三段论与三段论涵摄模式的区别开来，问题迎刃而解。"②再如，盗窃、抢夺、抢劫这三个罪名的定性一直争论不休，我们认为还是法学理论不够所致，"抢夺罪、抢劫罪区别于盗窃罪的'平和'状态，就是因为盗窃罪里没有暴力，连隐形暴力也没有，因而不可能有致人伤亡的情况出现，这就保证了'平和'的彻底性和真实性；反之，只要存在暴力，即行为人的绝对力量远远超过被害人，哪怕这暴力没有爆发因而也呈现'平和'状态，这'平和'状态也与盗窃罪的'平和'状态有着本质的不同，尽管在现象上是一样的，但对案件事实的定性，应依案件事实的本质而非现象。"③只有掌握好案件事实定性的理论，才能在认定事实时，定性准确，说理充分，无懈可击。

2. 法律思维训练。思维是人类最美丽的花朵，是人区别于动物的本质特征，思维和说理是正相关联的，思维能力越强，说理能力也越强。法律推理是法律思维的主要形式，也就是从已知前提推导出未知的结论，由于推理遵循正确的推理形式，因此推理过程和推理结论都很有说服力，推理也是一种说理，演绎推理、归纳推理和类比推理都广泛应用于法律说理过程中。归纳和类比具有创新性，运用得当就会产生无可辩驳的说理力量。波斯坦认为，法律类比推理中的同案同判，公正、公平、合理，对诉讼双方都具有说服力和可接受性，"如果禁止雇主因雇员拒绝为雇主做伪证而解雇雇员，那么法院就可以以此作为理由之一——通过类比推理——应当禁止因雇员提出工伤赔偿主张而解雇雇员。"④著名的"焚猪验尸"案例，运用类比思维查出真凶，理由非常充分。张举任县令时，有一妇人毒杀死丈夫后以"火烧夫死"掩盖真相。张举将一头捆绑的活猪和一头死猪扔到火里，比较两头猪的嘴里有什么不同，死猪嘴里无灰，而活猪被烧死后嘴里

① 聂长建：《法律修辞与法律思维》，载《山西大学学报》（哲学社会科学版）2014年第1期。

② 聂长建、李国强：《司法判决有效性的平衡艺术和说理艺术》，载《理论与现代化》2011年第2期。

③ 聂长建、李国强：《论案件事实的定性原则——以盗窃与抢劫、抢夺三个概念的界限为例》，载《中南大学学报》（社会科学版）2010年第5期。

④ ［美］波斯纳：《超越法律》，苏力译，中国政法大学出版社2001年版，第592页。

有灰，而被火烧死的人和猪具有类比性，就是嘴里都有灰，最后检查那妇人丈夫的嘴里没有灰，说明他不是被火烧死的，妇人就无法抵赖了。"这种类比思维，就是找出可比对象进行检验，一旦检验出明确的结果，那么事实的真相也即浮出水面，其效率远远胜过千言万语的讯问。"①

3. 法律修辞训练。说理都是通过语言表述的，粗糙低劣的语言平淡无味，也无法说出一个道理来，只有经过修辞锤炼的语言，才是精致高雅的语言，才能有吸引力和说服力。修辞是裁判文书说理的必不可少的手段，通过修辞来说理、明理、辨理，裁判文书的说理质量就有了根本保证。"在社会科学中，法律是最强调'说理'的艺术，它和文学的'言情'艺术构成了对修辞要求的两极。"②澳大利亚在 1919 年通过了《地方政府法案》，规定泳者"着装不当、衣服修补不当、衣料透明等不文明"的情况可定罪起诉。在 19 世纪 80 年代，澳大利亚新南威尔士州的曼利市政府据此以"着装不当"的罪名，起诉 70 名裸体运动爱好者。法院以《地方政府法案》并没有提到"裸体"为由，判决地方政府败诉。"法律明文禁止透明衣料也就等于无文字也无需文字的却又明白无误地规定禁止裸体，因此就损害风化而比较，'衣料透明'为'轻'，'裸体'为'重'，按照入罪举轻明重的原则，只需规定'衣料透明'为罪，'裸体'在思维推导和语言引申意义上当然为罪，根本无需规定裸体为罪，专门的如此规定反而是思维和语言的双重累赘。"③举轻明重和举重明轻都是修辞艺术，也都具有很强的说服力。修辞是说理的交通工具，没有修辞的助力，理由很难说得清楚，很难达到说服人的目的，孔子所言"言之无文，行而不远"（《左传·襄公二十五年》）也说明修辞和说理的密切关系，没有经过修辞的语言是没有什么价值的，没有什么说服力的，也不能为人们所接受，所以是"行而不远"。法官要提高说理能力必须加强修辞学的训练，从亚里士多德到佩雷尔曼，已经有相当多的优秀法律修辞学著作，更有很多的法律修辞学论文，值得法官研读模仿练习。当然修辞说理要有正确的立场，修辞是为了揭示真理，而不是文过饰非，讲歪理，不是把谬误粉饰成真理，修辞在说理中要被正当地使用，正当与否取决于它是否符合"正义"的要求。

三、裁判文书说理的倒逼机制

倒逼机制与激励机制是反向的，就是将裁判文书不说理与法官利益反向挂钩，法官为了避免不利影响，被迫重视和做好裁判文书说理。在正向激励机制仍不大起作用的情况下，反向倒逼机制不失为裁判文书说理机制的一项较优选择，尤其是对那些不思进取，"不求无功、但求无过"的法官而言，裁判文书说理是"有功"，裁判文书不说理就不是"无过"而是"有过"，再也不能够置之不理了，这就从外到里反向逼迫法官重视和做好裁判文书说理。

---

① 聂长建：《法律修辞与法律思维》，载《山西大学学报》（哲学社会科学版）2014 年第 1 期。
② 聂长建：《孔子的法律修辞学研究》，载《西北师大学报》（社会科学版）2012 年第 6 期。
③ 聂长建：《法律修辞与法律思维》，载《山西大学学报》（哲学社会科学版）2014 年第 1 期。

1. 错案追究制。最高人民法院于 1998 年 9 月 3 日公布了《人民法院审判人员违法审判责任追究办法》，从程序和实体两方面对法官承担责任的范围进行规定，实体错案的追究是第 14 条："故意违背事实和法律，作出错误裁判的。因过失导致裁判错误，造成严重后果的"，并且在第 22 条规定，因对法律法规理解和认识上的偏差、因对案件事实和证据认识上的偏差而导致裁判错误的或者因出现新的证据而改变裁判的，不承担错案责任。实体错案的追究在于故意和过失造成错判的主观方面，而不在于对法律和事实认识偏差造成错判的客观方面，原因在于前者是枉法裁判，是可以避免的，后者则是由于法律认识能力和证据获取鉴定能力不足引起的，是不可避免的，没有主观上的违法故意或过失，所以前者追究责任而后者不追究责任。最高人民法院的错案追究是以程序为主要标准的，因为程序是看得见的正义，具有客观性和可操作性，避免实体上的仁者见仁智者见智，绝大部分错案是由于程序不当导致的，刑讯逼供、诱供、耳目侦查、钓鱼执法等不当程序构成了错案的主体。程序错案都是由于主观上的故意过失造成的，属于主观上的违法故意或过失，是本可避免却实际发生了，因此必须追究责任。党的十八届三中全会通过的《关于全面深化改革若干重大问题的决定》明确提出，要完善人权司法保障制度，健全错案防止、纠正、责任追究机制。而一个错案，总是说理不充分的案件，在案件错误的地方，也就无理由可讲，就如赵作海案件中，赵作海被认定是一人作案的杀人凶手，而死者身上的三个石碾每个都有五六百斤重，赵作海作为普通人，哪有那么大的力气搬动呢，这是一个讲不清理由的地方，当然是个错案。通过错案追究制，倒逼法官在裁判中注重说理，只有把法律适用和事实认定的理由说清楚了，才能避免错案。当然，错案追究制的实施也要防止其消极面，"错案利害关系群体化会使得法院内部难以有效地实施错案追究，甚至因此不愿纠错。为了保全自己或是为了袒护属下，院长或审判委员会通常不愿意启动再审程序，而且即便再审程序得以进行，改判的可能性也不会很大，惩戒的风险必然成为要求法院自认其错的阻力。"①法官为避免错案追究而缺乏办案积极性，甚至用个案请示等方式转移责任，降低司法效率。但是不能因噎废食，错案追究对推动裁判说理具有不可忽视和无法替代的作用，注重说理是法官避免错案的不二法门。

2. 审判公开和判决书上网。邪恶是见不得阳光的，司法腐败总和暗箱操作联系在一起，司法公开就在于司法以维护正义为使命，是正大光明的，阳光是最好的防腐剂，防止权力腐败就"必须让权力在阳光下运行"。"把法官的司法行为完全曝光在公众的视野之下，就使得法官没有暗箱操作的机会，断掉司法腐败的念想，也会让当事人和律师把功夫下在依法应诉上，而不是想方设法拉拢腐蚀法官。"②司法公开还能增强司法公信，提升法官素质。司法公开是司法能力提升的倒逼机制。"随着法官主持的庭审活动及撰写的裁判文书向社会公开，法官的职业能力与水平就在法律同行和社会公众面前昭

---

① 丁文生：《错案追究制的困境与反思》，载《广西民族大学学报》(哲学社会科学版)2013 年第 3 期。

② 黄文艺：《司法公开意义深远》，载《法制与社会发展》2014 年第 3 期。

然若揭。一名法官要想树立良好的职业声誉和社会形象,就必须不断加强业务学习和能力培养,努力提高自己的专业素质和职业修养。"①这当然包括提高司法能力尤其是司法说理能力。

司法权是一种关系社会正义的权力,当然也应在阳光下进行,也就是司法公开性。2009 年 12 月,最高人民法院印发了《关于司法公开的六项规定》,内容包括立案公开、庭审公开、执行公开、听证公开、文书公开、审务公开,使人民法院的司法公开提升到了一个新的高度。审判公开和判决书上网是司法公开的重要内容,公开就是将裁判的实体、程序和载体公布于众,将裁判的法律依据、事实根据和判决结果公布于众。在这一公开机制下,只有说理充分的判决书才能经得起民众的评理,才能够理直气壮、大大方方地和民众见面,那种无理判决书绝不敢自取其辱地和民众见面。特别是那些违背程序正义的判决书,用非法手段获取证据,对事实的认定是主观恣意的、漏洞百出的,根本无理可讲,也不敢公开的。甚至出现原被告都胜诉的"阴阳判决书",这显然不是主判法官的笔误,而是法官"吃了原告吃被告"的逻辑选择。这样的阴阳判决书如果不上网,原被告都只见己方的胜诉判决,浑然不知对方也是胜诉方,不知道自己被愚弄了。一旦上网,阴阳判决书是自曝无理,也让人们明白其中的司法腐败,法官绝不敢写出这样的判决书。可以看出,司法公开和判决书上网能够倒逼法官注重说理,维护司法公正和司法公信力。

---

① 黄文艺:《司法公开意义深远》,载《法制与社会发展》2014 年第 3 期。

第五篇
和而不同：律师与法官之间

张忠斌 *

摘　要：法官和律师同为法律人，有着共同的知识、共同的语言、共同的思维、共同的信仰和共同的追求，都应该是法律职业共同体的一员，仅仅是在社会上的分工不同、占据的社会资源不同和表现的方式不同而产生了具体差异。法官和律师都要恪守从业的基本要求和道德底线，建立彼此尊重、和而不同的司法理念，以自身点滴的言行影响并引导民众学会对法律的敬畏，在每一件平凡琐碎的纠纷处理中学会彼此尊敬。也只有如此，才能从根本上维护公民的合法权益，才能使已制定的法律得到贯彻执行，并且促进立法进步，才能使"依法治国"最终得以实现，从而真正实现法治中国、法治社会、和谐发展。

关键词：律师　法官　职业共同体　和而不同

"和而不同"的含义是，和睦相处但不随便附和。"和而不同"比较准确地反映了律师和法官的关系。当然，有的人不一定这样认为。前不久我看了两篇文章，一篇是《律师与法官，离冤家很近，离共同体很远》。还有一篇文章是《厌恶？同情？尊重？律师眼中的法官是咋样》，这两篇文章中的观点有它的片面性，但多少反映了一部分人的心理。

一、他们是法律职业的共同体

法官和律师之间至少有以下三点是相同的：

1. 有共同的法律知识和法律技巧。法官和律师学的都是同一部法律，有的是师出同校，甚至师出同门，老师都是一个，只是因为走出了校园，社会分工不同，有的当了律师，有的当了法官，但是有共同的学历背景、知识背景是不可能否认的，而且准入门槛都是司法考试，都是一份考卷。律师和法官有共同的舞台就是法庭，在法庭上法律程序、诉讼技巧和规则都是一致的。

2. 有共同的法律思维。法律职业人与政治家的思维是不同的，主要有五点区别：

---

* 作者简介：张忠斌，男，湖北松滋人，刑法学博士、郧阳高等师范专科学校兼职教授，现为湖北省宜昌市中级人民法院党组书记、代院长。

①思维的语言不同。作为法官和律师，要用法律语言来思维和表达，政治家则要用通俗的语言来表达，让更多的民众能够理解他的施政方针，当然现在提法有些改变，法官和律师也要讲家常话，针对不同的诉讼对象要讲不同的语言，我觉得律师也应该是这样，但根本的要求是法律语言。十堰市 350 万人口，116 万是贫困人口，对这个群体在诉讼过程中就只能讲家常话，不能讲过深的法律语言，他听不懂。我曾经在房县调研的时候，开庭之前一位老头坐那儿，我问："您是原告还是被告?"他答不上来。后来我又问："您是告别人还是别人告您?"他说："别人告我"，我才知道他是被告。如果你和他讲过多的法律语言，他听不懂。反过来，如果在武汉或北京出庭，仍然讲十堰的方言，别人会觉得这个律师不地道，所以我们要培养法律语言。②思维的方向不同。律师和法官是往后看，政治家是往前看，高瞻远瞩、规划。每年开人大会，县长、市长、省长都要承诺办十件大事，但是法官和律师是不行的，他们是对已经发生的事实通过证据予以重现，那就是法官和律师的职责，必须往后看，不能往前看。③思维的程序不同。律师和法官必须严格遵守程序，三大程序法规定违反程序的无条件发回重审，这是没有余地的。但是行政行为不同，我们国家要依法行政，但是在目前这个社会转型时期，社会要加速发展的话如果都严格按程序，那么行政效率上不来，因为我们国家目前特殊的体制，对我们行政诉讼提出了新的要求。行政诉讼是不能调解的，但是后来出现了行政诉讼协调机制，变换了一种说法。十堰法院去年创造了行政诉讼"圆桌审判"，就是要行政机关和行政相对人在一块协调，把问题解决。④对情理的关注度不同。对于法官而言，是不能过多表露情感的，但要同情弱者，只能从宏观的层面上，价值取向上是可以的，个案中不能明显表现出来，法院是一个讲理的地方，你只能讲"理"，当然律师我认为也应该是这样。但是政治家不同，政治家的情感很重要。爱民的情怀要展示出来。中央"八条规定"的出台反特权化，也是一种"情"的关注。⑤对结果的判断不同。任何一个诉讼一旦进入诉讼程序，法官就不能拒绝裁判，必须作出结论，非此即彼。政治家不同，他对任何行为的处理要有一个权衡利弊，要实现利益的最大化，某种程度上是一个模糊的东西。但法官和律师的思维都是法律思维，总体上是相同的，至少都是希望案件公正，案件审理能够忠于事实，案件能够按程序走。

3. 有共同的职业追求和职业信仰，或者说职业的价值取向。 因为律师和法官都希望忠诚于法律，捍卫法律的尊严，捍卫正义的实现，要有做人的基本的真诚，都不能丢弃自己的人格，不能把法律变成自己的一种捞取好处、捞取私利的工具，这些职业道德对法官和律师是通用的。前不久我看了《律师的五重境界》一文，文章讲到，"律师是一个看起来很美，说起来很烦，听起来很富，做起来很难的职业"。如十堰有 400 多名执业律师，全市法院在一线办案的法官也就是 400 多人，一名法官基本上有了一名律师，竞争很激烈，所以做起来很难，特别是社会上有一些人一直对律师存在误会。但是作为律师应该怎么定位，确实是一个值得思考的问题。这篇文章对律师的定位有"五重"，也就是有"五种人"。第一种人认为律师就是"一个饭碗"。这部分人做律师就是为了挣钱，为了衣食住行，谁给钱就为谁说话，谁给钱多就多为谁说话，为了赚钱，甚至不择手段。刑事诉讼法修改引入对抗制后，诉讼风险加大，不少律师为了打赢官司，伪造证据，翻了船。第二种人把律师当作"一份工作"。工作的目的可以是为了谋生，也可以不是为了谋生，可以是为了证明自己，也可以是退而求其次的无奈选择，就是为了工作。第三种人把律师当作"一类职业"。如果把律师当作一种职业，则律师就像法官、检察官、警察、教师等职业一样，要恪守职业道德、职业规范和职业评价体系，这应该是律师更高一层的境界。第四种人认为律师是"一种专业"。因为律师的专业性很强，具有不可替代性，律师的核心特征就是具备必须的法律专业知识，而且这种专业知识的积累与运用必须通过国家司法资格考试并获取职业资格证书。最高的一种境界就是把律师当作"一项事业"。事业是由职业人自己确定的人生目标和理想，无论待遇高低、环境好坏，无论荣辱、顺逆，都将义无反顾，坚持不懈。像我们的张思之老前辈，他很少打赢官司，但是从来没有动摇他律师界泰斗的位置，这就是真正的大律师，他就是把律师当作一项事业来做。

二、彼此尊重弥足珍贵

法官和律师毕竟不同，是两种不同的法律职业人，既然有不同就要相互理解，相互尊重。那么有哪些不同？我认为主要有三点：

1. 中立与非中立。 在诉讼中，法官是处于绝对中立的地位，超脱于公诉人和被告人，超脱于原告和被告，他的主要工作就是认定事实、适用法律、作出裁判；律师在代理活动中就不同了，他总是在为其中一方的利益进行诉讼代理，处于非中立的地位，尤其在民商事诉讼活动中，或者作为原告的诉讼代理人，或者作为被告的诉讼代理人，律师总是以被代理人的意志进行诉讼代理活动，当事人所期待的利益最大化，也决定了律师必须以自己的法律知识和诉讼技巧来实现被代理人的最大利益，这就决定了律师的非中立性。

以我主持刑事案件庭审的经验，死刑案件辩护的目标、追求是什么？值得思考。当然当事人要免死，但是作为律师如果把第一目的定位为免死的话，这个辩护就可能不成功，有些案件是明摆着的必须判死刑，你还要辩护？我就遇到过几个事：

一是无话可说的尴尬。他的当事人手段残忍、动机卑劣、后果严重，又没有自首、立功，也没有赔偿能力，可以说"罪该万死"，有的律师坐在辩护席上无话可说，最后是尴尬的下台。可能有的死刑律师是法律援助，不负责任，他本来没有思考，你至少坐在台上作为一个法律职业人，舞台在法庭，你应该多少说些话。原最高人民法院副院长张军的一段话可以给大家带来思考。他说："研究法律的，有时必须跳出法律；研究具体案件，有时必须跳出具体案件。"像这样的案件就不能局限于法律或者犯罪构成来进行辩护，应该从他的出生、人生轨迹、走向犯罪的原因，有家庭的、社会的、体制的影响来进行辩护，唤起被告人的良知，唤起被害人或其家属的理解，这也是一种成功。

二是"无罪律师"的出现。有的律师为了博取委托人的好感，不惜歪曲事实，歪曲法律，丧失法律人的立场作出有悖于法律常识的辩护。如一起入室抢劫杀人案，被告人在抢劫时遭到被害人反抗后连刺数刀致被害人死亡。辩护人在辩护时说被害人死亡的原因是被害人反抗的结果，他还反问道：如果他不反抗，被告人就不会杀人。你为被告人开脱罪责不能这样开脱啊！还有个别律师，无论接受什么样的案件，辩护观点都离不开"两不"，即事实不清，证据不足。既然事实不清，证据不足，怎么能定罪呢。当然你要说事实不清也可以，但要说出个所以然来。更可笑的是我认识的一位律师，他每一次开庭都说："我认真阅读了卷宗，会见了我的当事人，我的当事人痛哭流涕，表示没有作案，请法官当庭释放我的当事人。"两个月后，一声枪响结束了他的当事人的生命。"无罪律师"是没有认真阅卷、认真思考的结果。

三是角色错位，充当"第二公诉人"。律师是为他的被代理人说话的，罪重罪轻，有罪无罪，你要往轻了说，但是有的律师，他发表的辩护意见是"公诉人对案件的定性成立，证据确实充分，希望法庭公正判决"。这是辩护人该说的话吗？当然现在检察院当"第二辩护人"的也有。我曾看过一则报道，一位律师曾经为被告人作了个重罪辩护。被告人本来被公诉机关以涉嫌诈骗罪起诉，律师在庭上却建议定非法集资或合同诈骗罪，此罪名之量刑，比公诉方指控的诈骗罪要重。这一"壮举"在当时律师界引起了很大的反响，这叫踢"乌龙球"。

四是触摸"红线"。个别律师不惜伪造证据、窜供、到看守所违规给他的当事人提供立功的线索。最高人民法院发现这个问题后规定"违法取得立功线索的，不能认定为立功"。还有的是出钱买通法官，贿赂法官。现在社会上说律师贿赂法官，这个观点我不很同意。律师和法官之间到底是谁腐蚀了谁现在不好说，我们有些法官职业道德也有问题。

五是不顾被害人的感受。有的律师在庭上指责被害人而为被告人开脱罪责，这个定位是对的，但是应适可而止，我主张更多的可以在庭下和法官交流。我经历过有的当事人和律师在庭上就吵起来，有的一出法院门就被围攻，人身安全受到威胁。现在这个社会维权意识越来越强，再说"面子是中国人的精神纲领"。切莫伤别人的面子，而且很多被害人都死去了，还说那么多干嘛呢，说到最后你就脱不了身，你的人身安全就受到威胁。

2. 多向度与单向度。法官是作为中立的裁判者来审视整个案件事实，从超越当事人各自利益的立场来认定事实和适用法律，法官的理念是根据案件的实施情况正确适用法律，这样必然会全盘地来考虑整个案件情况，而不会从一方当事人的角度来考量案件事实。在许多情况下，法官甚至会将一个特定的具体案件置于整个社会的宏观背景之下，来考虑案件的处理，这非常重要。湖北省高级法院李静院长要求我们："处理案件要兼顾立法精神、司法原则、法律规定，注重利用和谐手段，从法律视角判断是非，从社会视角解决问题，从政治视角检验效果，实现'案结、事了、人和'。"这三个视角是法官必须要考虑的。但我们律师可能只从法律视角来判断问题，现在对法官的定位不仅是法律工作者，也是社会工作者，同时还是群众工作者。当然，对律师的定位问题，是法律工作者还是社会法律工作者，争论也很多，但是应当承担一定的社会责任。

律师基于其职业特点，在诉讼活动中会从尽可能有利于被代理人的角度去理解法律的规定。法律无论规定得多么详细也不可能将社会上的万千现象加以具体规定，总会给人们以解释的空间和余地。我们的律师就尽量在这个空间中寻找有利于自己当事人的解释，用自己的解释来影响法官对法律的理解，这是可以的，而且是有利的，有利于法官兼听则明。

目前，人民法院的工作可以说面临前所未有的纠结。当律师难，当法官也难。为什么这么说呢？就是因为我们的社会已提前进入了"诉讼社会"，各种矛盾纠纷纷纷涌向法院，但是法院在目前的体制下它的职能无法解决所有问题，导致法院成了"第二信访局"。在这个漩涡和矛盾中，法官也非常难当。说我们国家目前已经进入了"诉讼社会"，怎么来界定呢？如果一个社会呈现涉法纠纷急剧增长，诉讼案件层出不穷的态势，且每年约有 10%的人涉及诉讼，就可以说它已经进入"诉讼社会"。那么，我们国家现在是一个什么状况呢？进入 21 世纪以来，我国每年有 1 亿 2 千万(也就是占全国人口的 9.2%)左右人次牵涉各种诉讼或准诉讼、类诉讼程序，所以说我们国家已经进入了"诉讼社会"。但是我们国家进入"诉讼社会"是属于提前的，进入诉讼社会并不是坏事，是个好事，有了问题打官司，这次中央的改革就是所有的信访要改革，改革的方向就是信访要纳入诉讼渠道。

20 世纪 70 年代美国就进入了"诉讼社会"，整个社会很有序，一个是它的民众爱法律如爱父母，就是对法律的信仰；二个是美国建立起了比较完善的司法制度，并且具有庞大的律师队伍，应该说为诉讼案件的快速增长提供了良好的制度空间。但我们不具备"诉讼社会"的基本条件。

①没有信仰法律、信服裁判、信赖法官的社会氛围。中国是一个以农村为主体的农业社会，农民占绝大多数，虽然城镇化进程在推进，但仍是一个相当漫长的过程，人进了城，但是文化修养、思维方式没有进城。我们现在的法律修养是什么程度呢？应该说我们的党政干部在某种程度上素质是较高的，但是我们党政官员目前的法律信仰是什么状况。有一个省对 350 名党政官员的法律素质进行了封闭式问卷调查，地厅级干部 34 人，县级干部 59 人，科局级干部 158 人，有 27%的干部竟没有学宪法，对地方人大和地方政府的关系这样一个宪法常识问题，回答的正确率仅有 56%。在问到"您处理违法行为时，您的上司来电话说情，这时你首先想到的是什么？"表示能继续依法办事的为 66.1%，准备迎合领导意图，而违心地打点折扣的占 33.9%。党政干部群体都只有这个法律信仰，何谈我们的老百姓呢？

再者，信服裁判的问题。最高人民法院工作报告显示，2011 年，各类案件一审后当事人服判息诉率为 90.61%，二审后达到 98.99%，2012 年，一审后当事人服判息诉率为 91.2%，二审后达到 99.4%，这个数字真实，但是现在老百姓对法院的评价为什么没有达到 99.4%的高度呢？经过调查，一个案件平均涉及 6 个人，一年我们就假设按这个比例至少有 50 万左右的人涉及诉讼，就 0.6%的这个群体就可以对整个司法的社会评价带来不可逆转的影响。

通过调查，对十堰中级法院的裁判满意度有 96.8%，就是这个 3.2%的群体也不小，所以说人们对法院评价不是很高，这部分人不信赖裁判不信赖法官。我们法官的工作是艰辛的，能够达到 99%以上的满意度不简单。社会上有些人认为法官不负责任，不敬业，这个看法是片面的。

②法院的职能转变后配套措施没有跟上。在社会转型时期，法院必然要承担更多的解决社会矛盾的角色，法院不再只是国家的专政工具，而要承载更多的社会使命。随着社会的发展，国家与社会的分离，人们的法制意识逐渐觉醒，对法治的期待值逐渐提高，过去那种有矛盾、有纠纷找单位、找政府，通过行政手段解决纠纷的现象大大减少了，法院的压力越来越大，但配套措施没跟上。现在法院和过去相比只有办案经费的问题解决了，过去法院靠自己创收来解决工资福利，这是非常危险的，怎么有司法公正呢？但是这个问题中央看到了，现在法院财政保证是相当充足的。这个问题解决了，但还有很多细节问题没有解决。

一是案多人少的矛盾。全国法院法官近33万人，其中至少40%不在审判执行岗位，一线办案法官19万，每年办1220多万件案子，人平结案64件，沿海发达地区法官办案数更多。如：浙江人均办案154.5件，广东东莞第二人民法院人均结案402件。有限的工作时间要办这么多案子，要么牺牲法官的健康，要么牺牲案件的质量。十堰法院共有法官935人，有审判资格的法官631人，一线办案的法官有454人，去年案件数是44691件，茅箭法院人均结案是166件，张湾也是100多件，多数法官在超负荷劳动。

二是孤军奋战局面。长期以来形成一种思维惯性，认为只要是案件进入了法院，就是法院的事，其他部门躲之不及。实际上有些纠纷，党委政府解决不了的，法院是绝对解决不了的，但是现在的党政官员遇到问题后都是说"依法解决"，引导人民群众到法院来了，"依法解决"不等于"依法院解决"。

三是能力不足。我对十堰法官的总体评价是三低：学历层次低，真正的全日制本科生只有22%，全日制法律专业本科毕业的是18%；基础低，两个城区法院为案件数量所累，六个县级法院留不住人，进不了人，郧县法院进来10个大学生走了9个；争先创优意识低，十堰地处鄂西北边陲，与外界交往少，不爱学习，不钻研业务，与外界比起来差距较大。

3. 平衡与失衡。不管是原告的律师，还是被告的律师，他们代表的都是各自当事人的利益，必然会向法官提出自己对案件法律适用的主张，尽可能以自己的法律认知去影响法官对案件的法律认知。在诉讼中，一方利益的受保护必然导致另一方利益的受损，双方当事人的利益是失衡的。这种状况很正常。现在对法官的监督为什么这么强烈？就是因为法官掌握的是对私权利的裁判，案件双方原被告一方得的多，另一方就少，所以我们的法官必须从案件的全盘加以考虑，在这个过程中我们就要和律师的观点发生碰撞，在碰撞中取得双方理解。

律师不能平衡，只能失衡。假设以后发展的方向是律师也要承担更多社会责任，应该也要起到社会平衡器的作用，不能把矛盾越挑越大。

当前处理案件的难度和平衡利益关系的难度越来越大，其原因在于：

一是案件类型日益复杂，涉及民生案件增加，群体性诉讼增多，过去常见的是刑事案件和婚姻家庭纠纷案件，现在类型就很多了。这几类案件现在是比较难处理的：①企业改制、破产涉及的劳资、社保问题；②征地拆迁安置补偿问题；③涉农案件审理和执行难度问题；④劳动争议引发的矛盾，现在劳动争议案件呈90%以上的速度增长，产业工人、农民工维权意识增强；⑤非法集资引发的矛盾很大；⑥道路交通事故损害赔偿案件，全国目前这类案件数量呈30%的比例增长。

二是当事人利益博弈的心理、争取利益最大化和胜诉的欲望强劲。现在当事人的维权意识和博弈心理太强了，所以说我们作为法官和律师在受理案件的时候，至少应该给当事人一个比较明了的说法，不要把他的欲望越调越高，不然你会在他的欲望烈火中得到永生。

三是案件事实与法律规范之间呈现张力。目前我们法律规定不明确，法律缺失，法律规定得比较模糊，对法律的解释不一致，法官与法官不一致，法官与律师不一致，律师与当事人不一致，这就带来很大的隐患，造成社会对法律的不信任，导致我们目前处理案件的难度加大。

三、让我们携手走向法治的又一个春天

十八大以来，对法治的重视程度进一步加大。十八大报告专门提到了"法治是治国理政的基本方式，全面推进依法治国，加快建设社会主义法治国家"。"十八大"一闭幕，2012年12月4日，习近平同志在首都各界纪念现行宪法颁布30周年大会上专门提到"宪法的生命在于实施，宪法的权威也在于实施"。一个月过三天的时间，2013年1月7日，习近平就做好新形势下政法工作作出重要批示，"努力让人民群众在每一个司法案件中都能感受到公平正义"。这是一个很高的高度。2013年2月23日习近平又召集了中央政治局进行了第四次专题学习，主题是全面推进依法治国。3月17日，李克强总理答记者问的时候，其开场白就有这样一段话："我们将忠诚于宪法，忠实于人民，以民之所望为施政所向，把努力实现人民对未来生活的期盼作为神圣使命，以对法律敬畏、对人民敬重、敢于担当、勇于作为的政府去造福全体人民，建设强盛国家。"他把对法律的敬畏摆在对人民敬重之前，将法治提高到一个相当重要的地位。

律师和法官是推进和维护国家法治这架马车的"两个车轮"。把法官和律师丢掉了，不可能搞法治，法治进程不可能推进。在人类的法制史上，律师是发挥了重要作用的。从某种程度上说，律师对法治的进程推进作用高于法官，很多重大的法治进程都有律师的身影。比如孙志刚事件，导致1982年5月国务院发布的《城市流浪乞讨人员收容遣送办法》被废止和《城市生活无着的流浪乞讨人员救助管理办法》的出台，这次劳教制度的改革等，都有律师的贡献。比如这次《刑事诉讼法》的修改，最大贡献之一应该说是对辩护制度的改动比较大，律师的会见难、阅卷难、调查取证难的问题有望得到缓解，这是一种文明进步。在法治的春天里，让我们这两个车轮并肩同行。

第六篇
论恶意诉讼的法律识别和规制

方正权＊　黎　锦

摘　要：恶意诉讼的行为违背了法律设立的初衷，侵害相对人合法权益，浪费司法资源，损害法律权威和司法公正性，造成负面的社会影响。正确界定恶意诉讼的概念，厘清相关概念的界限，以便以立法形式明确予以规制，是有效遏制恶意诉讼的法律途径，也是符合现代法律公正秩序价值追求的本质要求。本文通过对恶意诉讼理论的梳理、相关易混淆概念的辨析，总结司法实践中常见的恶意诉讼类型，以及现行立法和制度规定的不足，从实体法和程序法两方面提出立法规制建议。

关键词：恶意诉讼　侵权行为　法律识别　法律规制

恶意诉讼自古有之，英美法理论和实践中虽并未明确采用恶意诉讼的概念，但"滥用法律诉讼"作为一种独立的民事侵权责任①，正是广泛意义上的恶意诉讼。该项制度在日本和德国经历理论和实践的多次反复，最终在实体法与程序法中都得以确立。现行法律直接采用"恶意诉讼"概念的典范，当属西班牙和我国澳门地区的民事法律规定。我国法律规定的空白，正是当今社会恶意诉讼现象频发的重要原因。建立健全相关法律制度，遏制恶意诉讼行为的发生，而不致悖离立法的初衷与本意。

一、恶意诉讼：良法的偏离

（一）恶意诉讼的维度界定

我国学者对恶意诉讼理论的研究已颇多涉及。学者们对于恶意诉讼的定义虽各有不同，但究其异同，大体可以分为以下几类：

1. 适用范围。有学者将恶意诉讼限定于民事行为，将其界定为"故意以他人受到侵害为目的，无事实根据和正当理由提起民事诉讼，致使他人受损的行为"②。有学者则

＊　作者简介：方正权，男，宜昌市西陵区人民法院院长。

①　徐爱国：《英美法中的"滥用法律诉讼"的侵权责任》，载《法学家》2000年第2期。

②　杨立新：《中华人民共和国侵权责任法草案建议稿及说明》，法律出版社2007年版，第182页。

认为应该扩展到刑事、行政诉讼，只要满足"当事人明知或应当知道诉讼目的是不正当的仍然诉请保护"，"侵害对方合法权益"的行为①或是"为自己谋取不正当利益，故意提起的事实上和法律上无根据之诉的行为"②均可以纳入恶意诉讼的范畴。更有学者认为恶意诉讼只针对刑事诉讼而言③。

当事人在刑事自诉案件中捏造事实，恶意提起刑事诉讼损害他人利益的或者恶意告发意图使他人受到刑事追究，应当受到刑罚④。该恶意行为如果造成相对人物质损失的，在刑事诉讼过程中，可以提起附带民事诉讼⑤。当事人在刑事诉讼中恶意提起诉讼的行为已经有法律明文规制，因此恶意诉讼概念界定的实际意义不宜包括刑事诉讼行为。有学者提出，恶意诉讼的行为并非都造成相对人实际物质损失，刑事附带民事赔偿制度无法救济精神损害，笔者认为精神损害是否应纳入上述制度当中，可以通过该制度自身的完善或是在民事诉讼中设立恶意诉讼赔偿制度，另行起诉来解决。我国行政诉讼中，原告相对于作为被告的行政权力机关已经处于弱势，若再以恶意诉讼制度加以限制，将进一步造成原被告"地位的严重失衡"⑥，故就我国国情而言，恶意诉讼制度不应适用于行政诉讼。

2. 责任主体。有学者对当事人的理解仅限于案件的原、被告，有学者则认为应当扩展到诉讼参与人，即刑事诉讼中的被害人、自诉人，犯罪嫌疑人、被告人，附带民事诉讼的原告和被告；民事诉讼中原告、被告、共同诉讼人、第三人；行政诉讼中的原、被告，以及其他诉讼参与人，如代理人、辩护人、证人、鉴定人和翻译人员。

恶意诉讼是行为人出于不正当目的提起诉讼的行为。我国刑法对证人、鉴定人、记录人、翻译人故意虚假陈述、鉴定、记录、翻译行为，或是代理人毁灭伪造或帮助毁灭伪造证据的种种恶意行为作了明文规定，而并未对当事人恶意行为加以规制。故将恶意诉讼责任主体理应限定为具有直接对抗性的诉讼行为的双方，更有利于法律规定的完整性和连接性。

3. 行为方式。有学者将恶意诉讼等同于诉讼欺诈，将其表述为，"采取虚假陈述、伪造、变造重要证据或指使、贿买、胁迫他人为其伪造、变造重要证据"，向法院提起

---

① 王加庚：《应设恶意诉讼赔偿制度》，载《人民法院报》2004 年 7 月 20 日第 3 版。

② 汤维建：《恶意诉讼及其防治》，载《诉讼法理论与实践》，中国政法大学出版社 2003 年版，第 331 页。

③ ERIC.J. Limiting the antitrust immunity for concerted attempts to influence courts and adjudicatory agencies: anologies to malicious procecution an abuse of process, Harverd Law Rewiew, 2004(86), p. 715.

④ 参见《中华人民共和国刑法》第二百四十三条第一款，全文为"捏造事实诬告陷害他人，意图使他人受刑事追究，情节严重的，处三年以下有期徒刑、拘役或者管制；造成严重后果的，处三年以上十年以下有期徒刑。"

⑤ 参见《中华人民共和国刑事诉讼法》第七十七条第一款，全文为"被害人由于被告人的犯罪行为而遭受物质损失的，在刑事诉讼过程中，有权提起附带民事诉讼。"

⑥ 怀宇：《我国恶意诉讼侵权制度的构建》，载《法律适用》2009 年第 1 期。

诉讼的行为①。也有学者认为应该限定于"为达到非法目的而提起诉讼的违法行为或现象"②，即滥用诉权的行为。笔者更倾向于后者。诉讼欺诈只是主观恶性的外在表现形式的一种，仅限定为欺诈行为，未免以偏概全。

(二) 相关概念的理论辨析

恶意诉讼之于滥用诉权、滥用诉讼权利、诉讼欺诈等概念，大多数学者并未将几者加以区别，往往是通而用之。但笔者认为，几者虽颇为相似，但对相关概念的辨析有助于我们更好地界定恶意诉讼的外延。

1. 滥用诉权和诉讼权利

学者对于滥用诉权和诉讼权利的概念本身界定就存在实质差别。有学者将二者直接等同，认为滥用诉权即当事人"缺乏合理根据，违反诉讼目的而行使法律所赋予的各项诉讼权利"的行为③。笔者认为，诉权作为大陆法系特有的民事诉讼法理论，基于两种主流理论中无论是"具体诉权说"还是"本案判决请求权说"，诉权和诉讼权利都应该作以区别，而并非像有学者所说"诉权是诉讼权利的简称"④。从某种意义可以说诉权是诉讼权利的基础，而诉讼权利则是诉权在诉讼中的具体表现形式。从主体上看，只有具备实体权益保护对象的当事人才能"向法院请求特定内容的胜诉判决的权利"⑤，而任何诉讼参与人都可能出于某种特定目的超出合理限制使用诉讼权利，侵害到他人合法权益。从提起阶段来看，诉权的滥用只发生在诉讼的提起阶段(包括起诉权、反诉权、上诉权、申请再审权等)，而诉讼权利的滥用存在于诉讼的各个阶段。

相对于恶意诉讼而言，从主观要件上来看，滥用诉权和诉讼权利往往包括两种形式，即"无权而行使"或是"超出正当行使范围"⑥，其主观要件满足"一般过错"，即"行为人由于疏忽或者懈怠而未尽到合理注意义务"或者"对结果的追求或放任"⑦，而恶意诉讼对主观要件则更严格一些，要求必须以"为自己谋取不正当利益"⑧为目的。从主体要件来看，无论是原告单方行为还是原被告恶意串通侵权第三方的行为，将其主体都尽限于诉讼狭义的当事人理解。

2. 诉讼欺诈

诉讼欺诈，是指当事人恶意串通，虚构民事法律关系或法律事实，使法院作出错误

---

① 肖启赋：《让滥用诉权者付出代价》，载《法律与生活》2002 年第 10 期。
② 黄龙：《论恶意诉讼问题》，载《人民法院报》2003 年 2 月 7 日第 4 版。
③ 郭卫华：《滥用诉权之侵权责任》，载《法学研究》1998 年第 6 期。
④ 郭卫华：《滥用诉权之侵权责任》，载《法学研究》1998 年第 6 期。
⑤ 张培：《民事诉权滥用界说》，载《湖北社会科学》2012 年第 1 期。
⑥ 参见《中华人民共和国刑事诉讼法》第七十七条第一款，全文为"被害人由于被告人的犯罪行为而遭受物质损失的，在刑事诉讼过程中，有权提起附带民事诉讼"。
⑦ 王利明：《民法·侵权责任法研究》，人民法院出版社 2004 年版，第 12 页。
⑧ 汤维建：《恶意诉讼及其防治》，载《诉讼法理论与实践》，中国政法大学出版社 2003 年版，第 331 页。

裁判，从而达到损害他人利益，谋取非法利益的目的的违法行为①。诉讼欺诈的概念虽同样未在我国现行法律中明文规定，定义各有差异，但学者们对其主观要件和行为方式欺诈性的要求却是一致的。从行为方式来看，诉讼欺诈侧重于意识串通、虚构事实的行为，而恶意诉讼可以只是当事人单方的行为方式。

分析几个相近概念的关系，笔者认为可以用下面的图例表示（见图一）。

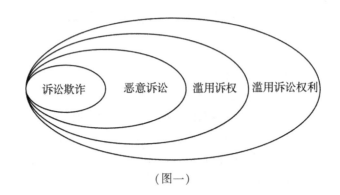

（图一）

（三）恶意诉讼法律矫正之必要性

1. 与立法本意相违背

公平和正义是法律价值追求的本质要求。恶意诉讼行为侵害他人合法权益，是对社会正义和秩序的直接扭曲与破坏。保护个人合法权益"不受到不合法的诉讼困扰"和"鼓励个人从法律的实施中获得帮助的价值"②是现代社会两种重要而对立的社会价值，而恶意诉讼制度的设立之本意就在于在二者之间寻求一种平衡。

2. 社会危害性

（1）直接侵害他人合法权益。无论是处于何种目的的恶意诉讼，都会让相对人陷入不必要的讼累当中。而在以损害他人名誉为目的的恶意诉讼不仅即使相对人耗费人力、物力，造成经济损失，还会造成无形且无法估量的精神损害。

（2）造成司法资源的浪费。有效利用现有的社会资源是社会维持可持续性发展的有利条件。效率原则是行政、司法等国家行为的基本原则。效率原则主要包括两个方面含义：一是国家进行社会管理的过程当中，应该在不损害相对人合法权益的前提下确保程序的快捷与便利③；二是尽可能充分利用现有的社会资源获取更多的社会效益。毫无意义的恶意诉讼占用原本就十分有限的司法资源，而司法资源的有限性和社会矛盾的无限性原本就是无法调和的矛盾④。更有甚者，诸如当事人串通调解侵占他人财物，并已经

---

① 陈桂明：《程序理念与程序规则》，中国法制出版社1999年版，第115页。

② Fleming, The Law of Tort(8th. ed., 1992), p. 609.

③ 朱维究、王成栋主编：《一般行政法原理》，高等教育出版社2005年版，第344页。

④ 章晓洪：《论恶意诉讼》，载《河北法学》2005年第5期。

进入执行程序此类已经造成实质损害的案件，因此而进行执行回转、提起再审，更是对司法资源的无端耗费。

(3)损害司法公正。迟来的正义并非真正意义上的正义。诉讼行为本身是公民寻求权利救济的公法途径，法律对恶意诉讼行为的纵容，更是直接动摇了民众对司法权威的信仰，产生对法律尊严的怀疑。只有法律对于这种恶意的行为持有否定态度并且意在抑制该恶意行为的发生，对于恶意侵害他人权益的诉讼行为进行惩罚，而且直接针对该行为的主观恶意性，才是受害人所唯一关心的问题。

二、恶意诉讼的法律识别

(一)恶意诉讼的构成要件

恶意诉讼构成要件是判别行为构成侵权的标准。英美法中，恶意诉讼作为一种独立的民事侵权行为，必须满足的条件包括：被告恶意地、没有合理和合适理由，使原告陷入诉讼过程；诉讼结果有利于原告；原告因此受到损害[1]。恶意诉讼作为一种特殊侵权行为首先应该满足一般侵权行为的基本要件的几个方面，即当事人具备主观过错、实施了恶意诉讼的行为、造成相对人损害以及该损失与行为之间存在因果关系。因果关系的判断应该参照一般侵权行为的判断标准和判断方式。本文仅就主观过错和恶意行为两个区别于其他侵权行为的根本要素进行详细论述。

1. 主观过错

主观恶意是恶意诉讼的基本要素。大多数学者也是基于此要素对恶意诉讼的概念进行界定。汉德大法官在 1947 年 United States V. Carroll Towing Co. 一案当中，提出了著名的汉德公式 $B \geqslant LP$(其中 B 表示投入的预防金额，L 表示事故发生的损失，P 表示事故发生的几率)作为判断行为人有无过失的准则。

恶意诉讼制度是直接对行为人的主观恶意的惩罚和威慑，因此只有在行为人主观存在严重过错的情况下才可以适用。虽有学者指出，主观恶意的判断无法量化，笔者认为恶意表示还是可以通过特定行为外化的，所以按照通常人一般判断常识，恶意还是与一般过错有本质区别的。当事人明知行为会造成损害而追求或放任的主观心理状态与无任何正当理由，以损害他人为目的的恶意行为，在对行为恶性评价上，"恶意"还是远大于"一般故意"的过错形式。

2. 恶意行为

恶意诉讼当事人实施了提起恶意诉讼的行为。英国通过案例确立了几种主要的恶意诉讼行为，即"指控原告破产的诉讼"以及"指控公司为资不抵债的诉讼"[2]以及其他的"恶意和无根据的民事诉讼"，也有学者认为应将其扩大到"恶意导致执行原告财产"的诉讼。美国侵权法重述则倾向于涵盖只要能够证明对原告人身和财产产生特别损害的更

---

① 徐爱国：《英美法中的"滥用法律诉讼"的侵权责任》，载《法学家》2000 年第 2 期。

② 徐爱国：《英美法中的"滥用法律诉讼"的侵权责任》，载《法学家》2000 年第 2 期。

广的范围。笔者认为，当事人提起基于实现某种特定的不正当目的而确实对相对人造成损害的诉讼的行为，均能构成恶意诉讼行为，而不论诉讼行为本身造成的损害是精神上的还是物质上的。实践中，主要包括行为人没有诉权或不符合基本起诉条件而起诉的行为和没有事实理由或法律依据提起的诉讼。

(二)恶意诉讼的行为特征

恶意诉讼案件在实践中的表现方式通常有以下几个特征，这些特征往往也是洞察恶意诉讼的重要线索。

(1)庭审过程缺乏对抗性。恶意诉讼案件尤其是原、被告双方恶意串通侵害第三人财产的案件，庭审过程中，在法庭质证和法庭辩论阶段，往往配合默契，多自认行为，缺乏激烈的庭审对抗。委托代理人的答辩与质证，多是象征性对真实性、合法性、关联性表示无异议。

(2)对案件细节陈述模糊性。通常情况下，当事人制造恶意诉讼案件的目的是希望尽快获得有利于自己的法律后果，对法律过程往往不会太多关注，因此对于法官庭审过程中提出的问题不可能准备面面俱到，对主张事实的细节设计也未必足够精巧。若是当事人经过周密计划的，双方陈述完全一致，在庭审过程中也会因为每个人的说话方式差异，导致经设计的庭审对质犹如背书一般生硬。

(3)证据链环节缺乏完整性。恶意诉讼因为本身缺乏事实基础和法律依据，在证据链上必然出现错漏。如虚假的民间借贷案件，当事人往往无法提供出借资金的来源。

(4)结案方式选择具有倾向性。因调解制度的非程序化和非规则化，对审理过程要求较少，且调解协议一旦生效不能上诉，只能启动再审程序。侵财类恶意诉讼案件的当事人往往选择调解方式结案，以迅速进入执行程序。以侵害他人名誉权为目的的案件，往往用尽所有诉讼程序。而骚扰类案件则倾向于在相对人应诉后撤诉，或不参加庭审让案件按撤诉处理。

(三)恶意诉讼的行为方式

当今社会飞速发展，日新月异，当事人基于各种不同的非正当目的提起恶意诉讼，立法的滞后性导致法律往往很难穷尽列举违法行为。按照侵害客体分类，恶意诉讼可以分为侵财型和侵权型(人身权利)。按照行为目的，主要可以分为侵占财产型、转移财产型、骚扰诉讼型和规避法律型。结合我国司法实践，恶意诉讼往往容易出现在以下几类案件中：

(1)民间借贷诉讼。在恶意侵占他人财产或转移他人财产的案件中，虚构民间借贷案件是最简单有效的。司法实践中，民间借贷案件只要具备借条，而无相反证据，根据现行证据规则①，无须证据证明出借资金来源、出借事由、给付能力，即可认定案件法

---

① 参见最高人民法院《关于民事诉讼证据的若干规定》第二条，全文为"当事人对自己提出的诉讼请求所依据的事实或者反驳对方诉讼请求所依据的事实有责任提供证据加以证明。没有证据或者证据不足以证明当事人的事实主张的，由负有举证责任的当事人承担不利后果。"

律关系成立。

(2)协议离婚诉讼。夫妻双方通过提起离婚诉讼,在审理过程中达成调解协议,经将夫妻共同财产进行不公平的分配,以达到削减个人偿债能力的目的,逃避债务人责任。

(3)知识产权类诉讼。知识产权法律制度本身的特点使恶意诉讼在此类案件中具有较大的隐蔽性,往往被恶意使用。如实用新型专利不实行实质审查,权利可能存在缺陷和瑕疵,为权利人借此指控他人侵权,在一定程度上提供了便利①。再者知识产权类纠纷诉讼周期较长,当事人通过冻结资金、终止商标使用等方式能够迅速达到损害他人的目的。

(4)法律规避类诉讼。当事人为规避法律的某些规定,利用法律判决的既定力原则,以制造诉讼方式获取法律生效文书。如在房屋抵押合同纠纷案件,当事人合意远低于抵押物(房屋)实际价值的价格获取调解文书,并以此到产权登记部门办理过户手续,以达到规避较高税收的目的。

(四)相关问题探讨

1. 重大过失能否构成恶意诉讼

一般侵权责任的过错包括故意和过失。而重大过失往往在实践中等同于故意。恶意诉讼制度的设立,最终是为了保护合法权益和禁止权利滥用二者之间的平衡,既要保护相对人避免讼累,同时也不能阻碍为了保护自身权利努力寻求救济的行为,因此如果过于宽泛的界定恶意诉讼的主观恶意,很大程度上给当事人造成不必要的诉讼心理负担,往往成为当事人在寻求正当利益选择公力救济时不得不进行的博弈,从而扼杀正不断提高的社会公民的法律意识。这与恶意诉讼制度本身设立的初衷也是相悖的。因此,笔者认为恶意诉讼的主观过错应当严格界定为"非法目的"或"不正当理由",而重大过失不能涵盖其中。

2. 是否适用精神损害赔偿

恶意诉讼作为一种特殊的侵权行为,相应赔偿制度的建立着力于对因其主观恶意造成的损害进行规制,精神损害赔偿是因为其人身权利受到不法侵害,使其人格利益和身份利益受到损害或者遭受精神痛苦,要求侵权人通过财产赔偿等方法进行救济和保护的制度②。其主要目的就是为了弥补当事人的精神利益损失,以有限的物质手段平复受害人的心灵创伤。在损害后果中,精神损害往往又甚于物质损害,将精神损害纳入赔偿范围,可以进一步增加恶意诉讼行为成本。因此,恶意诉讼行为只要符合我国法律关于精神损害赔偿相关规定的③,应当一并适用。

---

① 许浩:《知识产权案件:恶意维权怎分辨?》,载《中国经济周刊》2008年第14期;马治国、张小号:《知识产权恶意诉讼的认定及其民法规制》,载《电子知识产权》2008年第6期。

② 杨立新主编:《侵权行为法》,复旦大学出版社2005年版,第435页。

③ 参见最高人民法院《关于确定民事侵权精神损害赔偿责任若干问题的解释》。

3. 代理人承担连带责任

诉讼代理人较之当事人具备更专业的法律知识和法律素养。尤其是律师，更是应当具备基本的职业道德。无论是实体法还是程序法，诚实信用原则都是基本原则，也是对职业道德的基本约束。代理人在接受当事人法律咨询的同时，应当具备更高的注意义务，避免毫无意义的诉讼的发生。若是代理人出于个人目的，直接授意当事人实施恶意诉讼行为，应当视为共同侵权人，承担连带责任。

三、恶意诉讼的法律规制

(一)我国立法与制度现状

1. 现行立法

我国民法典起草过程中，曾对恶意诉讼做出规定，虽最终并未成文，但从某种意义上来说也体现出我国学者对恶意诉讼制度研究的成果。目前，我国法律中对于恶意诉讼行为规制的主要条款如下表中所列：

法律法规	法律条款	条　文　内　容
民法通则	第4条	民事活动应当遵循自愿、公平、等价有偿、诚实信用的原则。
	第5条	公民、法人的合法的民事权益受法律保护，任何组织和个人不得侵犯。
	第106条	公民、法人由于过错侵害国家的、集体的财产，侵害他人财产、人身的，应当承担民事责任。
民事诉讼法	第102条	诉讼参与人或者其他人有下列行为之一的，人民法院可以根据情节轻重予以罚款、拘留；构成犯罪的，依法追究刑事责任：(一)伪造、毁灭重要证据，妨碍人民法院审理案件的；(二)以暴力、威胁、贿买方法阻止证人作证或者指使、贿买、胁迫他人作伪证的；(三)隐藏、转移、变卖、毁损已被查封、扣押的财产，或者已被清点并责令其保管的财产，转移已被冻结的财产的；(四)对司法工作人员、诉讼参加人、证人、翻译人员、鉴定人、勘验人、协助执行的人，进行侮辱、诽谤、诬陷、殴打或者打击报复的；(五)以暴力、威胁或者其他方法阻碍司法工作人员执行职务的；(六)拒不履行人民法院已经发生法律效力的判决、裁定的。人民法院对有前款规定的行为之一的单位，可以对其主要负责人或者直接责任人员予以罚款、拘留；构成犯罪的，依法追究刑事责任。

续表

法律法规	法律条款	条 文 内 容
专利法	第47条	因专利权人的恶意给他人造成的损失，应当给予赔偿。 依照前款规定不返还专利侵权赔偿金、专利使用费、专利权转让费，明显违反公平原则的，应当全部或者部分返还。
关于诉前停止侵犯注册商标专用权行为和保全证据适用法律问题的解释	第13条	申请人不起诉或者申请错误造成被申请人损失的，被申请人可以向有管辖权的人民法院起诉请求申请人赔偿，也可以在商标注册人或者利害关系人提起的侵犯注册商标专用权的诉讼中提出损害赔偿请求，人民法院可以一并处理。
关于对诉前停止侵犯专利权行为适用法律问题的若干规定	第13条	申请人不起诉或者申请错误造成被申请人损失，被申请人可以向有管辖权的人民法院起诉请求申请人赔偿，也可以在专利权人或者利害关系人提起的专利权侵权诉讼中提出损害赔偿的请求，人民法院可以一并处理
TRIPS①	第8条	1. 在制订或修改其法律和规章时，各成员可采取必要措施来保护公共健康和营养，促进对其社会经济和技术发展至关重要部门的公共利益，只要这些措施符合本协定的规定。2. 只要符合本协定的规定，必要时可以采取适当措施来防止知识产权持有人滥用知识产权或采取不正当的限制贸易或严重影响国际技术转让的做法。
人民法院诉讼收费办法	第25条	由于当事人不正当行为所支出费用的，不论事实不正当行为的当事人诉讼结果是否败诉，都由该当事人负担。

在司法实践中，也有恶意诉讼侵权赔偿的案例②，但援引的法律条款主要是上述法律做出的关于诚信原则的规定。因此，对于恶意诉讼的规定，法律几近于空白，更谈不上对恶意行为起到法律应有的起到示范推进和惩罚威慑的作用，通过对合法行为的鼓励和对违法行动的制裁，减少甚至杜绝违法行为的发生，实现法律的预防功能。这是一项法律制度设计的最终归宿。值得一提的是，在知识产权诉讼领域相关法律规定应该说是我国在建立恶意诉讼制度上的有益探索。

----

① "TRIPS"协议是《与贸易有关的知识产权(包括假冒商品贸易)协议》的简称。这个文件是知识产权保护的国际标准。

② 智敏：《"恶意"的代价——全国首例知识产权恶意诉讼案审理纪实》，载《民主与法制》2007年第6期。

2. 制度阻碍

(1)民事诉讼法证据自认规则。

现行民事诉讼法采取"谁主张，谁举证"的基本原则，法院在审理民事案件时，对于当事人"自认"的案件并不要求对另一方当事人陈述内容真实性进行实质审查①，这使得恶意诉讼行为更加具有隐蔽性。

(2)诉讼调解制度。

诉讼调解因其程序简便高效，与中国传统"耻讼"思想相符，与构建和谐社会理念相契合，成为被国际司法界誉为"东方经验"的一项特殊诉讼制度。而正是调解制度本身的这一非程序化和非规则化的优点，成为"恶意"当事人利用的把柄。我国民诉法第八十五条规定，调解应"根据当事人自愿的原则，在事实清楚的基础上，分清是非，进行调解"②，但无论是学界还是在司法实践中，都存在着不必要将"查明事实真相"作为调解的前提条件③的争论和实际操作，调解文书的制作也并不要求具备"审理查明"部分的阐述。对于已经发生效力的调解文书，也只有当事人可以申请再审④，这一规定对于案件双方当事人串通损害利益的案外人寻求救济而言亦是一道门槛。调解制度自身的有待完善也为恶意诉讼提供了形式上的便利。

(3)立案审查制度。

根据我国现行民事诉讼法规定，起诉只要符合原告是与本案有直接利害关系、有明确的被告、有具体的诉讼请求和事实、理由以及属于人民法院受理民事诉讼范围和受诉人民法院管辖这四个要素⑤，法院则应当受理。实践中，法院立案只对上述要素进行形式审查。原、被告主体资格是否适格、利害关系是否真实存在、诉请是否合法合理，均是通过庭审过程予以确认。

(4)诉讼费收取办法。

现行诉讼收费办法虽规定，恶意诉讼当事人实施"不正当行为"，无论"诉讼结果是

---

① 参见最高人民法院《关于民事诉讼证据的若干规定》第八条，全文为"诉讼过程中，一方当事人对另一方当事人陈述的案件事实明确表示承认的，另一方当事人无需举证。但涉及身份关系的案件除外。对一方当事人陈述的事实，另一方当事人既未表示承认也未否认，经审判人员充分说明并询问后，其仍不明确表示肯定或者否定的，视为对该项事实的承认。"

② 参见《中华人民共和国民事诉讼法》第八十五条。全文为"人民法院审理民事案件，根据当事人自愿的原则，在事实清楚的基础上，分清是非，进行调解"。

③ 刘茂清：《民事调解不应强调必须"事实清楚、是非分明"》，载东方法眼网，http://www.dffy.com/sifashijian/sw/200711/20071102084813.htm，于2014年9月9日访问。

④ 参见《中华人民共和国民事诉讼法》第一百八十二条。全文为"当事人对已经发生法律效力的调解书，提出证据证明调解违反自愿原则或者调解协议的内容违反法律的，可以申请再审。经人民法院审查属实的，应当再审。"

⑤ 参见《中华人民共和国民事诉讼法》第一百零八条。全文为"起诉必须符合下列条件：（一）原告是与本案有直接利害关系的公民法人和其他组织；（二）有明确的被告；（三）有具体的诉讼请求和事实、理由；（四）属于人民法院受理民事诉讼范围和受诉人民法院管辖"。

否败诉"，均应负担其不当行为所支出的费用①。上述费用包括但不仅限于诉讼费、申请财产保全、先予执行、申请扣押、留置货物的申请费用，但目前我国民事诉讼采取便民原则，诉讼费的收取与欧美国家相比，费用较低，大大降低了恶意诉讼的门槛。对于驳回起诉的案件，应全额退还诉讼费②。法官即使发现案件为恶意诉讼，驳回原告的起诉，对于原告而言，并无任何损失。对于追求利益最大化的经济人来说，行为直接经济成本趋近于零。

（5）法官考核制度。

按照目前法院系统内部目标责任要求，结案数量、调解撤诉率、上诉率、改判发回率都是重要的考核指标，与法官业务能力测评、工资绩效、晋级晋职直接挂钩，部分法官为了追求既定调解撤诉率目标，减少案件判决风险，具有明显的调解偏好，即便是在审判实践中发现案件确有"恶意诉讼"之嫌疑，也依旧抱以侥幸心理迅速结案，更有甚者，希望出现大量此类案件以完成考核目标责任。而当事人也往往正是利用部分法官的这种心理，与熟识的法官达成某种意义上的默契，制造此类案件以达到所谓"双赢"的效果。从某种层面上说，现行考核体系成为恶意诉讼制度设立的一道阻碍。

（二）立法建议：回归良法的本意

1. 实体法规制

（1）建立恶意诉讼赔偿制度。

英美法中，滥用诉讼权利能够构成一种特殊的民事侵权行为责任，当事人可以提起滥用法律诉讼的侵权行为诉讼，从被告处得到补偿③。大陆法系国家如德国、日本虽没有明确规定恶意诉讼制度，但是通过对一般侵权行为的司法解释可以认定当事人须对恶意诉讼行为承担赔偿责任。如《德国民法典》第八百二十六条规定，"以违反善良风俗的方式故意对他人施加损害的人，对他人负有损害赔偿义务"。④ 日本在理论和实务界都倾向于认为恶意诉讼是一种侵权行为，并依照民法典第七百零九条"因故意或过失侵害他人权利时，负因此而产生损害的赔偿责任"之规定，对恶意行为进行惩罚。

---

① ［日］兼子一、竹下守夫：《民事诉讼法》，白绿铉译，法律出版社1995年版，第356页。

② 参见最高人民法院《人民法院诉讼收费办法》第二十五条。全文为"由于当事人不正当行为所支出费用的，不论事实不正当行为的当事人诉讼结果是否败诉，都由该当事人负担"。

③ 参见《人民法院诉讼收费办法》第二十七条。原文为"第二审人民法院决定将案件发回重审的，应当退还上诉人已交纳的第二审案件受理费。一审人民法院裁定不予受理或者驳回起诉的，应当退还当事人已交纳的案件受理费；当事人对第一审人民法院不予受理、驳回起诉的裁定提起上诉，第二审人民法院维持第一审人民法院作出的裁定的，第一审人民法院应当退还当事人已交纳的案件受理费。"

④ C. D. Baker, Tort (3rd edition), Sweet & Maxwell 1981, p. 295. 转引自徐爱国：《英美法中的"滥用法律诉讼"的侵权责任》，载《法学家》2000年第2期。

在我国社科院法学研究所起草的民法典草案建议稿第 1582 条以及中国人民大学民商事法律科学研究中心起草的民法典草案建议稿第 1863 条都明确设立恶意诉讼制度①，虽然两者对恶意诉讼概念以及行为认定标准上还存在很大差异，但不可否认，伴随着侵权责任法理论的发展与完善，恶意诉讼制度的设立是立法趋势所在，也是本意价值追求的必须。

（2）设立民事恶意诉讼罪。

对于因恶意诉讼严重损害他人财产和人身权利的行为，情节严重、性质恶劣，造成较大影响的当事人还应予以刑事处罚。现行刑法规定的诬告陷害罪只限于恶意提起刑事诉讼的行为，妨害司法罪一节中规定的伪证罪、辩护人、诉讼代理人毁坏证据、伪造证据、妨害作证罪等罪名均不包括当事人恶意提起民事诉讼的行为，故可在该章节中增设"民事恶意诉讼罪"予以制裁。

2. 程序法规制

（1）案外人参与诉讼制度。

允许案外人参与诉讼制度在形式上类似于日本的"诈害防止参加"②。在现有第三人诉讼制度的基础上，扩大案外人参加诉讼的范围，并且赋予案外人对已生效调解文书异议权和申请撤销的权力。在发现或有可能发生恶意诉讼行为时，法院可依职权通知案外人参与诉讼或对法律利害关系予以释明，由案外人决定是否参与诉讼，便于及时查处恶意诉讼案件，避免、及时挽回或尽可能减少对案外人造成的损失。因此，该制度在很大程度上能够有效遏制当事人串通损害案外人的行为。

（2）诉讼强制措施。

对于恶意诉讼行为，国际上通行的做法均是采取一定强制措施。较为常见的如罚款。对以拖延为目的的上诉的当事人，法国法律规定可以处以 100 到 10000 法郎的罚款。日本规定可命其最高缴纳 10 倍于诉讼费金额③。西班牙明文规定诉讼欺诈行为将被处 1~6 年监禁和相当于诉讼费 6~12 倍罚款④。这些远高于仅负担全部诉讼费的罚

---

① 社科院法学研究所起草的民法典草案建议稿第 1582 条规定："恶意对他人提起民事诉讼或者进行违法犯罪告发，起诉或告发的事实被证明不成立，并且给被起诉、被告发者造成财产损失的，应当承担赔偿责任。恶意起诉、告发行为对受害人的名誉、隐私或者其他人格尊严构成严重损害的，适用本法第 1570 条、第 1571 条的规定。加害人承担恶意起诉、告发侵权行为的民事责任，应当是故意的而且被证明其所起诉、告发的事实不真实并给受害人造成财产损失。如果同时造成名誉、隐私和其他人格损害的，按照相关规定处理、国家机关追诉犯罪发生错误，不适用本条的规定而适用国家机关及其工作人员违法执行职务致人损害的规定。"中国人民大学民商事法律科学研究中心起草的民法典草案建议稿第 1863 条规定："故意以他人受到损害为目的，无事实根据和正当理由而提起民事诉讼，致使相对人在诉讼中遭受损失的，应当承担民事责任。前款所称损失，是指恶意诉讼的被告在诉讼中支付的律师代理费、因诉讼所造成的经济损失以及其他相关的财产损失。故意以他人受到损害为目的，无事实根据进行违法犯罪告发，使对方遭受损害的，应当承担民事责任。"

② ［日］中村英郎：《新民事诉讼法讲义》，陈刚译，法律出版社 2001 年版，第 86 页。

③ ［日］兼子一、竹下守夫：《民事诉讼法》，白绿铉译，法律出版社 1995 年版，第 81 页。

④ 张晓薇：《滥用诉讼权利之比较研究》，载《比较法研究》2004 年第 4 期。

款，在经济成本上增加实施侵权行为的成本，在很大程度上遏制了恶意诉讼行为。我国现行民事诉讼法对妨害民事诉讼秩序如伪造、毁灭重要证据，妨碍审理案件的行为实施强制措施，包括拘留和罚款，构成犯罪的，依法追求刑事责任，可以增设条款，对于其他恶意诉讼行为加以规制。

第七篇
从"被诉讼"到"司法公信"
——谈基层法院民事审判组织的人文发展

周林波　龚　瑜*

摘　要：在司法改革稳步前行脚步中，面对"诉讼爆炸"、"司法腐败"的种种现实，司法公信力一再地成为群情爆发的焦点，司法在公众的心目中不再是"最佳的裁判官"而是"最后的裁判官"，公众对于诉讼的选择无奈地走入了"被诉讼"的瓶颈。鉴于此，如何塑造司法公信的力量，如何使当事人选择诉讼的本意基于信赖而不是无奈，已经成为成就社会法治所亟待解决的问题。在诸多学者共同探讨之时，笔者离开遏制权力、强化法治、促进公正、提高效率的视角，将目光投向了审判权运行的承载者——法官及当事人，尤其关注公众对司法活动的内心期待，并从司法为民的本质出发，剖析目前的司法现实，探寻基层法院审判组织及其成员——法官、合议庭、审判委员会、人民陪审员的人文发展，使审判权运行的动态过程着眼于法官之需求、公众之期待，使司法真正为民之福祉服务。

关键词：司法公信　基层法院　民事　审判组织　人文发展

一、从"被诉讼"说起

现在社会流行一种"被"文化，指代那种并非甘愿却不得不被动接受的现实状况。司法的脚步发展至今也迈出了这样无奈的一步。司法的创立之初是站在国家与阶级的立场上去解决矛盾纠纷，除了司法力挺的公平与正义之外，当事人也不愿以私力救济的方式再触法律的雷火，因此，诉诸法律成为了理性之选。但当司法不公、司法不济、司法腐败的行为层出不穷之时，当事人诉诸法律的行为便陷入了一种"被诉讼"的状态——因为司法在公众的心中不再是"最佳的裁判官"而是"最后的裁判官"，是穷其他途径（如沟通、居委会或单位调解、仲裁等）而不得不接受的解决方式，接踵而来的，便是司法公信力下滑的恶性循环。

更无奈的是，司法工作者不得不接受这样一种现实：一个好法官的事例犹如一首流

* 作者简介：周林波，男，宜昌市中级人民法院党组成员，执行局局长；龚瑜，湖北省宜昌市西陵区人民法院办公室副主任、民事审判第二庭审判员。

行歌曲，再怎么优美，被人传唱的时间也不过数周或数月；而一个腐败的司法案例，通过媒体的广泛传播，却能唤醒所有公众"举一反三"的能力，使之对诉讼之路充满了怀疑与不满。

诚然，民事审判程序从订立至今，在诸多学者的不断探索之下稳步前行，但所有的研究都停留在理论基础、程序、制度的范畴之中，所有的关注都着眼在遏制权力、强化法治、促进公正、提高效率上，却鲜少关注一个问题——公众因何选择司法而放弃私力救济？换言之，公众对司法活动的期冀除了法律框条内"看得见的公平与正义"之外，还有什么？

所幸，在司法改革不断拓展的脚步之中，已经有越来越多的学者开始关注到人——审判权运行的承载者——法官及当事人，审判活动也越来越人性化，"司法为民"的口号亦愈发响亮。

笔者从法学专业毕业，也曾是一名法条的信守者，然而多年的民事案件，尤其是婚姻家庭类案件的审理，让我从法律的文字回到了司法的现实，对审判活动有了全新的体会、理解与权衡。我依然忠实于法律，却更能体会法之于民的深刻意义所在，不再古板地刻守教条，而是学会在法律适用中为当事人排忧解难。司法，不仅应当公正，更应当人文。鉴于此，笔者撰此拙文，以期从公众对审判权运行的内心意识出发谈谈基层法院民事审判组织的人文发展，为司法改革的谋略者们抛砖引玉。

二、审视公众的意识基础与内心期待

林贤治、筱敏在《人文随笔》中有述，"以立人为本。人是万物的尺度、也是精神的尺度"。这当是他们给"人文"所下的最简洁的定义。从"万物与精神的尺度"出发，"司法为民"也就是要求回归司法的人文本质。因此，关注审判活动的两大主角——法官与当事人，关注他们对法律、对审判活动的内心期待，当是"司法为民"的应有之意。

近年来，对法官品质和司法信力的关注引发了诸多学者对法官内心的探究，故而，笔者不再赘述，且从公众的视角出发，一探其对审判活动的内心期待。

(一)对信仰的膜拜

在人类社会的发展史上，曾经出现过氏族审判(中国有家族审判)、长老审判、君主审判及教会审判等[1]，在一段时间里甚至还出现过水判、火判等[2]，即将审判权不交由人来行使而交由所谓的"神"来行使的"神判"。在封建社会，圣诣堪比法律，君王一声"斩"，便可见午门的人头……

放至今日，这些审判方式(或者说审判组织)也许只让人联想到原始与落后，但恰

---

[1] 高其才、罗昶：《中国古代社会宗族审判制度初探》，载《华中师范大学学报(人文社会科学版)》2006年第1期。

[2] 阎照祥：《中古盛期英国神判法析略》，载《郑州大学学报(哲学社会科学版)》2010年第2期。

恰证明，在这些不断的变迁之中，唯一不变的正是人类信仰的支撑。古代，人们对神的崇拜使之接受神示的审判方式；封建社会对皇权的信奉，使人们遵从天子的谕命；到封建社会后期，西方人权理论传入中国，人们开始对天赋皇权的真实性质疑，取而代之的是天赋人权的思想，而这一思想所引爆的反抗不仅仅是朝代的变更、社会意识形态的改变，更使整个司法机构、审判权运行的机制走入了一个新的时代。人们对人权、对平等、对自由的信仰使之开始相信从行政中分立出来的司法。

可见审判权的运行乃至生效，依赖的是信仰、信赖、信任。只有当审判活动遵从、符合公众信仰的时候，公众才会尊重审判并接受审判，否则就会奋起反抗之。

(二) 对伦理的遵从

所谓伦理，就是指在处理人与人，人与社会相互关系时应遵循的道理和准则。它包含做人的道理，是指人际之间符合某种道德标准的行为准则。①

在司法理论与实践中，无论是立法的归依，还是当事人选择诉讼的心理都离不开流传至今的伦理道德，这是千百年来人与人之间关系处理的行为规范。恩格斯在讲到法的起源时说，"在社会发展某个早的阶段，产生了这样一种需要，把每天的重复生产、分配和交换产品的行为用一个共同的规则概括起来，设法使个人服从生产和交换的一般条件，这个规则首先表现为习惯，后来便成了法律"。② 也就是说，法是由习惯而来，这种习惯，就是基本的伦理道德；而选择诉讼的当事人未必懂法，却知伦理道德。换言之，当事人未必读过《合同法》，却知"欠债还钱，天经地义"；未必读过《刑法》，却知"杀人偿命"；未必读过《婚姻法》，却知"家庭暴力、第三者插足"为世俗所不容。基于此，当事人选择诉讼，即是选择了由法院来完成他们心中的"公理"与"正义"——伦理道德，而不是为了实现某部法律、某句条款的基本含义。

可谓，法因民而存在，而非民为法而活。可惜的是，很多法官却只看到了法律的规范，简单地把公民的全部行为置于法律之下进行审视，却忽略了民事立法的本意是为纠正偏差、化解纠纷，而无视当事人对情感、伦理的态度及需求、孤立道德的存在。结果，倘若司法都不能为当事人找到符合伦理道德的信仰——公平与正义，当事人又因何而信赖司法？

(三) 对权力的敬畏

在审判权的运行过程中，我们又看到：审判组织的形式——是独任还是合议？是承办法官独立审案，还是审委会讨论决定？是普通法官承办还是庭长承办？都可能让某些当事人觉得案件的级别有异，其受到的关注不同。而在调解工作中，法官的等级和行政级别，有时候也会影响人们作出决定的时间和效果。简言之，有的当事人在意的并不是一种物质的结果，而是一口气；更有甚者认为领导的督办或参与显示的是对个体的一种

---

① 伦理的定义，载 http://baike.baidu.com/view/266635.htm，于 2010 年 5 月 23 日访问。
② 《马克思全集》(第 2 卷)，人民出版社 1990 年版，第 98 页。

重视。因此，在这种法院领导组织的调解下，往往能迅速达成一致，使物质需求为精神关注让步。

不得不承认，尽管我们已经处在社会主义社会之中，但两千余年封建"官僚"意识的余孽仍在部分公众的心里悄然作祟。尽管我们一再强调，法官不是官，法官手中的权力是人民赋予的，权力行使的范围也无外乎法律的条条框框，但处于矛盾纠纷之中的人们之所以愿意寻求司法的审判与裁决，也正是相信法官手中的"权力"能给予其用私力所不能获得的结果。于是，在审判活动中，有些公众一方面把法官置于高高的官位之上，期待"荣宠"；一方面又停留在"官大一级压死人"、"官官相卫"诸多的猜忌中。

又因为权必须加载于人才有行使的可能，故而大多数情况下，权力与权力的享有者在公众的心中已经模糊化，即公众既可能敬畏的是权力，也可能敬畏的是掌握权力之人。前者的敬畏基于权力本身，是一种"被敬畏"；后者则基于权力享有者的个人品质，是基于公众内心自发的认可与尊重。反之，权力的享有者也当是因其品质的不断提升而获得更高的权力。司法要求的公信力就应当是后者。司法就是一种权力——还原是非曲直的权力，公众亦理当敬畏。但所有的敬畏不是基于法院"主宰"判决结果的权力，而是基于法官高尚的个人品质，基于法院彰显公正的表率。

三、司法现实——法官与公众的双向困境

目前，基层法院民事审判的现实状况频频与当事人的内心期待相碰撞。当公众感觉到被忽略，伦理道德与法律变得泾渭分明之时，公众对司法公正的信仰便无从谈起，司法的本质沦为了法律条文而不是人文，以至于公众对正义的"最后一道防线"也失去了信赖的意识基础。

(一)案件数量与法官队伍的失衡

(1)案件绝对数量增加，案多人少的矛盾突出。近年来，基层人民法院受理的案件数量不断增加，乃至于出现所谓"诉讼爆炸"的提法，相应地，法官及其他工作人员的任务也不断加重。以我院受理的各类民事案件为例，2007 年受理 1053 件，2008 年受理 1203 件，2009 年已经达到 1581 件，2010 年民事案件的收案数量仍在大幅上升，截至 5 月，已经受理 882 件。反观 2007 年至今，我院民事审判庭一线办案法官的数量，却几乎未变，各庭均是三个审判员一个书记的标准配置，法官个人承办案件的绝对数量在急速上涨，办案压力相当大。

(2)一线法官的事务性活动繁杂。我国基层法院的法官，囿于行政色彩的管理和职务晋升的需要，除了完成承办案件的审理之外，往往还兼负数职，如：参加各类论坛、调研的征文比赛，参加各级管辖政府安排的各类辖区服务性工作和会议，参加政府人事组织部门的学习和交流，甚至被临时抽调至其他政府部门工作长达数月甚至数年等。而合议庭的承办法官除此之外，还要兼顾其他两名法官或人民陪审员在时间精力上的协调，适时安排开庭和合议程序。

(3)优秀审判资源"闲置"。在大多数基层法院，院长、各分管副院长、政治处主任、纪检组长等是基层法院最优秀的审判资源，拥有丰富的审判经验和思想沉淀，但他们一般都在步入领导岗位后不再具体审理案件，最多也只是作为审判委员会的委员对个案进行讨论。

由于案多人少，法官花在个案上的精力和时间也越来越少，甚至对某些细节缺乏应有的关注。当事人越是期望法官字斟句酌地推敲自己的案件，便越是觉得法官对其关注不够，甚至于催促办案或频频往来于法院，并怀疑法官在审理过程中是否足够耐心细致。

(二)裁判结果与当事人期冀的落差

(1)裁判结果缺乏统一性。现实中可以看到，有同类案件在不同法院之间审出较大差异的结果，这当然与法官频繁调任、博而不专的原因大有关系。当当事人以其他法院的判决为证甚至两相比较之时，迥异的结果使法官在接受当事人"质问"时显得相当被动。而这种现象最坏的结果是：当事人对法律适用的标准产生质疑，并在诉讼中诸多猜测；自由裁量权的随意性，使得公众更愿意相信法官或领导的"权力"而非法律条文本身，公众对权力的敬畏由此更甚。

(2)证据规则、法官中立与客观真实的博弈。囿于精力的限制，任务繁重的法官越来越倾向于当事人主义的审判模式，以减少工作量。而举证责任的一味加大，使部分当事人力求通过诉讼实现伦理道德的期待破灭。如对于婚姻家庭案件，有讼无据的现象常常存在。基于婚姻家庭与其他契约的区别，男女之间、亲人之间无条件的信任是婚姻和家庭和谐的基础，在此基础上，不能苛刻要求男女双方、亲人之间对婚姻及家庭生活中的每一过程、每一事件，像普通买卖关系一样留下字据、合同，对于偶尔产生的家暴现象、经济往来，也不能要求其用普通的证据保全方式处理，这样可能引发家庭成员之间的诸多猜忌甚至小争端的扩大化。因此一旦诉诸法庭时，举证难已经成了不争的事实。

再者，根据证据采信的规则，调解的内容及当事人在庭外未入笔录的陈述不能作为判决的依据，故而即便是法官在庭审笔录之外亲眼所见、亲耳所听之内容，也不能作为证据对当事人一方的主张进行佐证，而这一主张该当事人有可能无法拿出其他证据，结果自然是法庭根据证据采信的规则不予以认可。如在离婚之诉中，有时可见被告既不同意离婚又不能与原告协商，甚至在双方分居的情况下没有一点示好的表示，既不接原告回家，也不与原告联系，甚至在休庭后或调解时公然表示要"拖死原告"。双方在法官的眼皮底下也是如此漠然地生活，但是原告却无法对被告这种漠然举证。法官出于中立的基本职责，也不能单以个人眼中所见来判定二人感情破裂。在原告不能举出更充分证据的情况下，法院也只能无奈地基于被告在法庭所述的"不同意离婚"，视为"双方有和好可能"，从而判决驳回原告的诉讼请求。可见，证据规则与法官中立的基本要求，到最后成了法官无奈的束缚。但这些在当事人眼中看来，法官便成为了"睁眼瞎"，连基本的伦理都无法实现的法律也未必可信。更糟糕的是，冲动之下采用暴力解决问题的现象也不是没有发生过。

(三)审判组织运行的异化

(1)合议庭流于形式。有调研表明,在某些情形下,合议庭存在"形合独实"的状况,全体合议庭成员共同参与、集体决策的表象下是案件承办人一人唱"独角戏",即使确有合议之实,但承办人员仍旧包揽了绝大部分实质性的审理活动,合议庭成员可能和审判委员会置于一样的境地——"判而不审"。① 尤其对于一开始适用简易程序审理的案件来说,部分案件转为普通程序仅仅是因为调解及审理工作的时间需要,这种普通程序意味着增加两名审判人员重新开庭,并将简易程序时审理过的内容像热剩菜一样再炒一遍,而实质则有可能是,增加的两名审判人员坐在庭上想各自承办的案件,将这一案件所有的权责仍留给承办法官,但当事人却不得不为这一程序性的规定增加一次或几次庭审的讼累。甚至于,对当事人来说,这增加的三个月换来的不一定是更值得信服的判决结果,而有可能是无奈之下的和解、内心漫长的痛苦煎熬或者是大失所望的愤慨。

(2)审判委员会诸多弊端。毋庸讳言,审判委员会在我国司法体制中具有无可替代的功能。尽管它是作为审判业务机构设置的,但实际上审判委员会委员们享受的却是行政职务待遇,和他们在法院任职级别相连接,这样就在一定意义上制约着审委会这一机构功能的发挥,尤其是可能会导致专业技术性的降低,在个别情形下甚至出现"未审则判"。而审委会委员"外行"现象也广泛存在。审判委员会委员中很多只精通某一部门法,如民事行政案件的分管副院长,往往只对民事行政疑难、复杂案件具有较强的分析能力;刑庭庭长往往只对刑事案件的定罪量刑较为熟悉,对其他案件则缺乏敏锐的断案能力。② 却要他们在不参与开庭的基础上,对各种类型的疑难案件进行评议,评议结果的优劣不得而知。

(3)人民陪审员难以发挥应有价值。虽然《关于完善人民陪审员制度的决定》实施后,陪审员的选任和管理更为科学,但一旦涉及到专业性较强的陪审案件,人民陪审员囿于知识结构和业务水平的限制,常常无法对案件形成独到的法律见解,不得不接受法官的指导。③ 在作出判决时,往往折服于法官的专业知识,从而自然地产生一种权威趋从心理,在表决时总是遵从法官的意志,没有体现人民陪审员对法官知识的补充价值。因此,"陪而不审"现象在一定范围内仍然存在。

四、审判组织的人文发展——从期待到信赖

审判权的运行是一个动态的过程,在审判权运行的诸多支点之中,与当事人产生最直接联系的便是法官,两大主体一同承担着审判活动运作者的角色,两者也同样受其意

---

① 尹忠显:《合议制问题研究》,法律出版社 2002 年版,第 31 页。

② 冯俊海著:《基层法院审判委员会制度改革之思考》,载《人民司法》2006 年第 1 期。

③ 赵喆:《关于人民陪审员制度的现状分析及制度完善的思考》,载中国法院网,http://www.chinacourt.org/html/article/200811/12/330062.shtml,于 2010 年 5 月 26 日访问。

识与情感的操控，而审判组织则是法官的合体。因此，探寻基层法院民事审判组织的人文发展，当是塑造司法公信的第一步。

言及"人文"，是因为审判组织的改革不应当只是追求如何完成审判程序、如何实践法律条文，更应当应法官之需求、合公众之期待，使司法真正为民之福祉服务；言及"发展"，是因为现存的审判组织已经日趋完善，诸多学者也提出了建设性的改良意见，笔者拙作不是要将它们连根拔起，而是在这些良好的基础上加以扬弃与完善。

（一）法官专业化——创造信仰的力量

诚然，司法运行的所有步骤都置于公众的审视之下，任何一个角落的些微偏差，都可能破坏司法在公众心中的地位，要打造司法的公信品牌，不是某一个人、诉讼的某一个部分或是某一个案件能够成就的。但是，法官——作为全程参与的操作者，作为始终与公众面对面的鲜活个体，其更能代表司法的尺度，进而成为一种力量，使公众有信赖司法理由。因此，审判组织的人文发展必须从塑造法官开始，法官应当专业化。

所谓法官专业化，有别于法官职业化①，是指以案件分类为基础，使法官在不同的法律领域形成专业化的审案模式。尤其是在婚姻家庭、劳动争议、合同等各类法律适用尤为集中的案件上，法官越是专业化，越是能更深地理解相关法律的内涵，并对该类案件所需求的情感与其他专业常识进行纵深的体会与钻研，在同类案件中才更能体会公众需求、迅速抓住案件重点，调解工作也更能得心应手。法官专业化不仅能促进办案效率的提高，在一定程度上缓解案多人少的矛盾，更能以法官的个人经验与操守向公众展现司法的威信。一如某类案件的专职律师在同类案件的审理中，更容易被当事人选择与信赖。

其实，目前许多法院都已经将民事审判庭分门别类，只是各庭室的人员常有调动。因此，法官专业化已经有其实现的基础。可以设置法官在分类审判庭的最低任职年限（法官外调除外），如专职审理某类案件的法官五年内不得调任其他审判庭。而为防止法官审理同类案件的倦怠感和案件难易对法官之间造成的隐形不公平待遇，可允许法官在五年后申请调任其他审判庭，一旦明确具体审理的案件类型，同样在五年内不得随意调动。

在专业化之路上，对法官的素质自然也有着相当的要求：

1. 心要静、情要动。笔者认为，一个不带感情、不知伦常、不理会公众需求的法官不是正义的化身，而是伪中立。他所有的立场不是基于公众利益，而是以法律的名义自顾地办理案件。因此，法官专业化的第一要件，是法官必须心静情动。心静，才能不

①　最高人民法院在 2002 年发布的《关于法官队伍职业化建设的若干意见》中提出了在当前和今后一个时期对法官队伍职业化建设的主要目标：以邓小平理论和"三个代表"重要思想为指导，认真贯彻执行法官法，大力提高法官的思想政治、业务素质，努力造就一支政治坚定、业务精通、纪律严明、作风优良、品格高尚的职业法官队伍，为全面实现"公正与效率"世纪工作主题，促进改革开放和社会主义现代化建设，提供强有力的组织保证和人才支持。

受外界的诱惑干扰；情动，才能从公众利益的角度出发，用心对待每一个案件。

2. 庭审能动性取决于公众取证的难易。秉着追求实体公正的最终目标，在不同的案件类型中，对法官把握庭审能动性的要求也不尽相同。如在经济合同类案件中，基于契约而形成的人际关系要比基于"身份"而形成的人际关系淡漠得多，因此，当事人在经济活动过程中有当然的趋利避害性，其保全证据的能力也大得多，法官采取当事人主义为主的审判模式，在不影响审判质量的情况下更有利于提高办案效率。相反，在婚姻家庭案件的审理中，鉴于举证难的客观存在，法官在案件事实的证明和确认上发挥较大的能动性则更合情理，即便是西周时的"五听"制度，也完全可以用来提高法官在庭审过程中的洞察力和敏感性，而不应一味拘泥于当事人主义或是职权主义的选择上。否则，多少冤屈假司法之名而行？最大程度地接近客观真实，最大程度地满足公众对伦理道德的捍卫，才能让司法为公众所信服。

3. 法官以其情感、经验为案件审理服务。不同类型的案件，对法官情感与经验的要求不尽相同。以离婚案件为例，男女的结合取决于情感上的自愿，而分开则是以感情破裂为基础，而法庭审理过程，也是当事人情感宣泄的过程。诚然，司法的中立与严谨需要法官有基本的职业素养。但除此之外，一个有正常情感与较高情商的法官，才能从纷繁复杂的忿恨与抱怨中，给这场婚姻一个适当的总结。在台湾的家事法庭中，家事法庭的"庭长或法官，应遴选对家事事件具有研究并资深者充任之。候补法官及未曾结婚之法官，原则上不得承办"。① 可见，经验亦是法官最大的资本，由己及人，自身的经历更能加深法官对婚姻家庭案件的情感与理解，并在调解过程中，以恰当的言语与当事人沟通。再如，人身损害案件中，需要对于人身伤害的因果关系、等级划分和适用更为明晰的法官；在劳动争议案件中，需要对单位的用人机制和劳动合同的评价更为成熟的法官，等等。

4. 筑造基层法官交流的平台。通过举办同类案件的学术探讨活动、新生案件的汇总交流会议等，可以给不同基层法院审理同类案件的法官创造一个交流探讨的平台，减少法律适用和经济标准的误差，以加强司法裁判的稳定性，减少自由裁量的随意性。而统一的司法裁判结果，更能展示良好的示范效应，消除当事人对于"司法腐败"的猜疑，使法官成为公信的力量。

(二)独任还是合议——以正义的实现为先导

在我国，简易程序意味着独任审判，而普通程序就等于合议庭的审判形式；且从《中华人民共和国民事诉讼法》的章节和篇幅看来，独任审判形式的简易程序不过是普通程序的一个例外，而非主流的审理模式。无可否认，集体智慧优于个人智慧，但这一认识规律是相对于较为复杂的事项而言，对于简单或一般的民事案件，其优越性未必能

---

① 台湾当局于 1999 年 2 月 9 日发布的"家事事件处理办法"第 4 条，载 http://www.chinalawedu.com/news/1200/23155/23157/23192/23212/2006/4/zh87971145611246002 6215-0.htm，于 2010 年 6 月 1 日访问。

够得到发挥，因为审判人员的简单相加并不能导致审判质量的显著上升，相反却增加了诉讼的成本与周期。而审判组织形式是国家对审判人力的投入，其对诉讼的作用在于以合理的人力投入来保证对案件事实的认定和对法律的适用尽可能正确。基于诉讼程序与审判组织的不同作用，二者没有必须一一对应的特质。因此，选择独任庭还是合议庭，应当基于公众对"公平正义"追求，而不是机械地照搬"公式"。

1. 独任制审理模式应上升为基层法院审判组织形式的主流。在独任制的审判组织形式上，法官拥有了足以完成全部审判活动的职权，可以通过对庭审活动的操控和对辅助人员的管理，优化工作时间，将自己从审判以外的其他事务性活动中解脱出来，从而最大限度地调动积极性，使审判工作更从容、更自主；而岗位责任制的行政管理模式，也能使独审法官拥有更强的责任意识。因此，在法官职业化、专业化上升的基础上，既然独审法官一人就足以作出符合认识规律的正确判断，也应当是时候将独任制的审判形式作为基层法院民事审判的主流形式。

2. 探索独任审判形式的普通程序。正因为诉讼程序与审判组织没有一一对应特质，那么普通程序不应当排斥独任审判的形式。因此，在法官人数并未实际影响普通程序审理效果的情况下，普通程序完全可以存在合议审判和独任审判两种审判组织形式。况且，法官之间完全可以不以个案为基础进行司法实践的经验交流，进而弥补自己在司法实践上的欠缺，而不一定要用合议制的形式来探讨判决结果，更何况这种合议有时候也许是形同虚设。

但独任审判的普通程序应当仅限于由简易程序转为普通程序审理的案件，以适应某些因为时间上的需要而转为普通程序审理的案件，取消不必要的开庭，减少当事人讼累。而自始立为普通程序审理的案件必然有其复杂性，故而采取合议庭的形式更为稳妥。对简易程序转化为普通程序审理的案件，在送达转变审判程序的告知书时，应一并赋予当事人审判组织的选择权，即由当事人选择是继续由承办法官独任审理，还是增加审判人员改为合议庭审理。这种适当的征询与选择，也能从心理上使当事人有被尊重的感觉，并提升其对程序公正的信任。承办人员基于对当事人选择的不确定性，也会遏制其滥用简易转为普通的程序拖延判决。

(三) 对审判委员会的新期待——发挥权力与资源的价值

审判委员会是我国各级人民法院内部的最高审判组织，它的任务主要是总结审判经验、讨论决定疑难、复杂案件以及研究与审判工作有关的问题。审判委员会是我国司法制度的重要组成部分，也是中国司法制度的一大特色。在目前形势下，应当对审判委员会委员提出新的要求，使特色成为特长。

如前所述，审判委员会委员的地位正好符合公众对权力和行政等级的要求，对公众而言，他们甚至是权力的"代言"。如前所述，现阶段要求公众把法官与行政意义上的"官"区别开来，甚至不论法官的行政等级，颇有难度。于是乎，当尊崇权力的官僚意识在一时之间难以改变，法院何不在行为上加以转化与引导呢？

1. 审委会委员应当主动参与调解工作。中国法院有一个特点，那就是司法行政化，审判委员会的委员们基本是处于法院中较高的行政级别，掌握的行政权力也相对较大，这一点众所周知。许多学者谈司法独立，其中一点便指出废除法官的行政级别。想法固然很好，但就现阶段而言时机尚不成熟。而审判委员的存在恰恰对于权力崇拜意识突出的当事人有了一条新的出路。审判委员会委员们一旦主动参与调解工作，不仅更能体会一线法官的工作艰辛，融洽法院的工作氛围，更能适当运用其"领导的地位"来宽慰部分有"官权情结"的当事人，满足他们的意识需求，促成调解。

2. 建议审判委员会委员轮岗审案，每年完成一定数量的不同类型的民事案件。 轮岗审案，一是可以拓展委员们的法律知识面，使之在个案的集中评议时对法律的适用更加准确、案件理解更加通透，即便未能参与具体的审理，能通过个案卷宗的查阅抓住矛盾本质；二是能缓解一线法官在案件数量上的压力，给一线法官有更宽裕的时间和精力完成其承办的案件；三是更能使法院领导在司法大局的把握中，不至于与审判实务脱节。

（四）人民陪审员的优势利用——让司法离公众更近些

就目前来看，我国人民陪审员制度没有明显的起色，实施效果仍不理想。有的学者将"陪而不审"责任归之于制度或者法院，甚至建议取消这一制度，未免有失偏颇。"哪怕这种民主仅仅具有宣示作用，也表明该制度的存在还是必要的"[1]。因为，陪审制的内在价值在于它是民主过程的具体展现和说明，通过真正参与审判，实现司法的大众化、民主化，是程序主义民主观的体现。

我们应当看到，法律适用需要有专门的法律知识，对于没有经过专门的司法训练的人民陪审员而言，独立适用法律确实困难，而要其在本职工作之外，花大量的时间和精力去钻研大法学也过于不尽人情，甚至有可能将这一光荣的职责变成人民陪审员生活和工作的负累。因此，笔者认为，既然不能克服某些问题，那么不如选择更恰当的利用方式来扬长避短：

1. 提高人民陪审员的准入标准。 在陪审人员的选择上要尽可能选拔一些具有良好的道德品质、富有正义感，在当地有一定威信的人，这不仅有助于提高陪审质量，更能增加公众对人民陪审员制度乃至裁判结果的认同感。

2. 因案制宜进行分类陪审。 即根据案件分类有选择性地确定人民陪审员，使审判工作与其本职工作或生活环境相联系，依靠其工作经验和生活常识，能更好地与法官共同认定事实，运用陪审员的经验和常识补充法官知识的不足，确保事实认定的民主性。如妇联工作人员宜参与婚姻家庭案件的审理；社区工作人员宜参与相邻关系案件的审理；劳动部门的工作人员可以参与劳动争议类案件的审理等。

3. 司法培训类别化。 在区分案件类型确定人民陪审员的前提下，可针对人民陪审员参与审理的案件类型就相关的法律法规进行集中专项培训，这样，培训的内容不会太多，具有可操作性，也便于人民陪审员吸收理解，进而增强其独立适用法律的能力和参

---

[1] 胡玉鸿：《人民的法院与陪审制度》，载《政法论坛》2005 年第 7 期。

与诉讼的积极性。

4. 扩大人民陪审员的参与范围。对于有人民陪审员参加的案件进行审判委员会评议程序之时，可允许人民陪审员列席参加审判委员会，让他们对案件的事实认定、适用法律等方面进行说明，如他们的观点成立，必须采纳。真正发挥人民陪审员的职能作用，让法更透明，让判决更具公信力。而这种公信力能给予法官更强大的能力，并促使更多当事人坦然接受司法裁判结果。

结　语

其实，法治之路任重而道远，其间所要探究的问题又岂止这寥寥数千字？在西方法治理念不断植入千年传承之下的现代化中国之时，过于批判中国传统文化，把一切归究于意识余孽，盲目崇拜西方法学；或是既尊新又恋旧，以西方法学来简单印证国法的存在价值，都不是正确的态度。作为一个具有五千年文明史的中华民族，中国自有其传统的法文化和公众意识，不可能完全改变自身的发展轨道与特色，也不可能脱离固有的文明大道，它只有在自己的文化土壤与文化气候中培育，才能充分体现自身存在的理由与价值；而基于这种民族文化的司法运作才更能唤起公众的共鸣，并深入人心。司法应以民族为基，应为人文服务，真正成为有中国特色的社会主义法治。只有当审判活动走入良性循环，成为"最佳的裁判官"而不是"最后的裁判官"时；只有当公众真正给司法以支持与信赖之时，法律才能以"司法为民"的姿态接受当事人的选择，并以最优的方式成就社会的法治。简言之，我们不期待诉讼成为解决纠纷的唯一方式，但求公众在选择诉讼之时，是基于信赖而不是无奈。

第四部分 人权与治理研究

人权司法保障是一个系统工程，它关涉到依法治国的方方面面，而国家治理现代化、法治与人权司法保障互为目标、相辅相成，相互促进。

从理论上来讲，要实现国家的良治首先必须厘清我国国家治理的概念内涵、治理基础与治理目标，进而确保国家治理的路径正确、运行有序与结果高效。从历史与文化传统上来看，中国社会是一个儒家社会，儒家文化规范有着自身的奖惩机制、强韧的文化传承性与社会生活干预力。国家治理现代化对儒家文化规范应以科学的法律程序回应，既控制其解构现代法治的负面功能，又赋予其有利于国家治理现代化发展因素的理性演化空间，进而实现现代制度理性与儒家文化理性的统一。就宏观领域而言，国家治理的法治化、民主化、文明化与科学化是国家治理现代化的重要目标；就具体领域而言，国家治理现代化涵盖国家行政制度、决策制度、立法制度、司法制度、预算制度、监督制度诸多领域，而治理制度理性化、治理技术现代化、治理结构网络化和治理手段法治化则是不可回避的重大现实问题。只有构建科学成熟的法律规范、型塑理性文明的法律行为、追求规范可控的自由裁量、建构合理有效的正当程序，我国的法治现代化才能最大程度地实现，进而为人权司法保障的这个战略目标提供良好的宏观制度环境。

第一篇
论国家治理与中国特色社会主义法学话语体系

任　颖*

摘　要：党的十八届三中全会提出"推进国家治理体系和治理能力现代化"，引起举国上下一致关注，这是中华民族的伟大创举！但是，以往的研究成果多将"治理"看作 20 世纪 90 年代从西方引入的舶来品，忽略了中国自己的历史传承、文化传统与经济社会发展中"长期发展、渐进改革、内生性演化"的治理基础。习近平总书记反复强调要"在不断学习中把他人的好东西化成我们自己的东西"，更要有坚定的制度自信，"加强对中华优秀传统文化的挖掘和阐发"，"把继承优秀传统文化又弘扬时代精神、立足本国又面向世界的当代中国文化创新成果传播出去"。要完成这一任务，就需要把概念逻辑放到历史事实演进的过程中去，考证概念本身是怎么来的，在什么意义上使用。

关键词：国家治理　全面深化改革　中国特色社会主义法学话语体系

1883 年马克思去世后，恩格斯为捍卫、发展马克思主义贡献卓著，马克思生前《资本论》只付印了第 1 卷，恩格斯整理了马克思《资本论》的手稿，并付印了第 2 卷与第 3 卷，在这一整理过程中，他阅读了马克思留下的关于摩尔根《古代社会》的读书笔记，结合自己丰富的人类学、社会学、历史学、政治学积累与理论积淀，完成《家庭、私有制和国家的起源》这一对古代社会发展规律、国家与法律起源的经典著作，副标题为"就路易斯·亨·摩尔根的研究成果而作"，于 1884 年 10 月在瑞士苏黎世出版，后原著德语版本被译为多国文字发行。这部著作包含两篇序言，九章正文，1892 年恩格斯将其《新发现的群婚实例》一文作为附录列于书后，第一章、第三章、第四章、第五章、第六章、第八章由"史前文化各阶段"的特征分析了早期"家庭"形式从原始状态演变出来并获得一定发展的过程，继而，从"易洛魁人的氏族"、"希腊人的氏族"社会的状态，到"雅典国家的产生"、"罗马的氏族和国家"，从"克尔特人和德意志人的氏族"到"德意志人国家的形成"，论述了从原始氏族社会发展到国家形态的历史进程，揭示了国家的经济基础、阶级本质与产生、消亡的必然规律，总结了"野蛮时代"和"文明时代"的重大区别，是马克思主义唯物史观在国家学说方面的丰富和发展。结合中国实际与时代特色，总结如下：

---

* 作者简介：任颖，武汉大学法学院 2013 级法学理论博士生。

一、马克思主义的治理观

国家是为调和社会阶级对立而产生的，并建立在社会分工基础上，"这样以来就跨出了摧毁氏族制度的第一步，因为这是后来容许不属于全阿提卡任何部落并且始终都完全处于雅典氏族制度以外的人也成为公民的第一步。据说是提修斯所规定的第二个制度，就是把全体人民，不问氏族、胞族或部落，一概分为 Eupatriden 即贵族、Geomoren 即农民和 Demiurgen 即手工业者三个阶级，并赋予贵族以担任公职的独占权。……但它有着重大的意义，因为它向我们展示了新的、悄悄发展起来的社会要素。它表明，由一定家庭的成员担任氏族公职的习惯，已经变为这些家庭担任公职的无可争辩的权利；这些因拥有财富而本来就有势力的家庭，开始在自己的氏族之外联合成一种独特的特权阶级；而刚刚萌芽的国家，也就使这种霸占行为神圣化。其次，它表明，农民和手工业者之间的分工已经如此牢固，以致以前氏族和部落的划分在社会意义方面已不是最重要的。最后，它宣告了氏族社会和国家之间的不可调和的对立；建立国家的最初企图，就在于破坏氏族的联系，其办法就是把每一氏族的成员分为特权者和非特权者，把非特权者又按照他们的职业分为两个阶级，从而使之互相对立起来。"在这里，恩格斯揭示了社会分工、私有制与国家产生之初的阶级本质之间的必然联系，是历史唯物主义观点的突出体现。同时，意味着当社会发展到共产主义社会，阶级、利益冲突、人与人之间的争斗都消融在平等、根本利益的一致与和睦之中，"每个人的自由发展是一切人自由发展的条件"，体现了马克思主义唯物史观基本观点。列宁在 1917 年出版的《国家与革命》中指出，"在马克思看来，国家是阶级统治的机关，是一个阶级压迫另一个阶级的机关，是建立一种'秩序'来抑制阶级冲突，使这种压迫合法化、固定化。"①

国家法律是凌驾于习惯（法）之上的、具有普遍性的规范，从是否普遍适用角度看，法律不仅区别于民间规则，而且，具有更高的位阶，更为广阔的效力范围，而民间习俗则具有适用上、认同上的地域性、特殊性与局限性，这为当下深刻认识一些主张与社会思潮的本质，提高认识的层次与思想的警惕性具有十分重大的现实意义。法源自习惯，又高于习惯法，对于前一个方面，马克思早在《关于林木盗窃法的辩论》中就对"习惯法作为和制定法同时存在的一个特殊领域"的情形进行了分析，指出在这一时间、空间的同时存在中，只有在"习惯是制定法的预先实现的场合才是合理的"，而在其遗稿中对摩尔根的《古代社会》做了大量的摘要与评介（后收录为《摩尔根〈古代史〉一书摘要》），也指出文明时代开始后，最初的法律形式是把习俗中的经验成果变为法律条文；关于后一个方面，在马克思遗稿的基础上，恩格斯进一步论述到，"相邻的各部落的单纯的联盟，已经由这些部落融合为单一的民族所代替了。于是就产生了凌驾于各部落和氏族的法的习惯之上的雅典普遍适用的民族法；只要是雅典的公民，即使在非自己部落的地区，也取得了确定的权利和新的法律保护。"而他在《论住宅问题》中进一步将其中的习

---

① 《马克思恩格斯选集》，第 1 卷，人民出版社 1995 年版，第 250 页。

惯具体化为约束生产、分配和交换领域的共同规则。

恩格斯在该书中论述了"在历史上的大多数国家中，公民的权利是按照财产状态分级规定的，这直接地宣告国家是有产阶级用来防御无产阶级的组织。在按照财产状况划分阶级的雅典和罗马，就已经是这样。在中世纪的封建国家中，也是这样，在那里，政治的权力地位是按照地产来排列的。现代的代议制的国家的选举资格，也是这样。"从经济本原上看，这一依附而非独立关系的形成是由作为其自然基础的市民社会的本质属性决定的，马克思恩格斯在《神圣家族》中指出，"现代国家的自然基础是市民社会以及市民社会中的人，即仅仅通过私人利益和无意识的自然的必要性这一纽带同别人发生关系的独立的人，即自己营业的奴隶，自己以及别人的私欲的奴隶。""同样整个的市民社会只是由于个人的特性而彼此分离的个人之间的相互斗争，是摆脱了特权桎梏的自发的生命力的不可遏制的普遍运动。民主的代议制国家和市民社会的对立是公法团体和奴隶制(指资产阶级私有制——引者注)的典型对立的完成。……市民社会的奴隶制恰恰在表面上看来是最大的自由，因为它似乎是个人独立的完备形式；这种个人往往把像财产、工业、宗教等这些孤立的生活要素所表现的那种既不再受一般的结合也不再受人所约束的不可遏止的运动，当做自己的自由，但是，这样的运动反而成了个人的完备的奴隶制和人性的直接对立物。这里，代替了特权的是法。""而市民社会的无政府状态则是现代公法状况的基础，正像公法状况本身也是这种无政府状态的保障一样。它们怎样相互对立，也就怎样相互制约。"①它不仅揭示了市民社会(资产阶级私有制)与资产阶级的法的本质，也反映出市民社会的几个特点：其一，所谓的个性成了私利，其二，所谓的独立成了对立，其三，所谓的自由成了无序，无政府主义。

二、国家治理体系与治理能力现代化建设

国家从社会中产生，先有社会，再有国家，恩格斯指出："确切说，国家是社会在一定发展阶段上的产物；国家是承认：这个社会陷入了不可解决的自我矛盾，分裂为不可调和的对立面而又无力摆脱这些对立面。而为了使这些对立面，这些经济利益互相冲突的阶级，不致在无谓的斗争中把自己和社会消灭，就需要有一种表面上凌驾于社会之上的力量，这种力量应当缓和冲突，把冲突保持在'秩序'的范围以内，这种从社会中产生但又居于社会之上并且日益同社会相异化的力量，就是国家。国家和氏族组织不同的地方，第一点就是按地区来划分它的国民。……第二个不同点，是公共权力的设立，这种公共权力已经不再直接就是自己组织为武装力量的居民了。……构成这种权力的，不仅有武装的人，而且还有物质的附属物，如监狱和各种强制设施，这些东西都是以前的氏族社会所没有的。……官吏既然掌握着公共权力和征税权，他们就作为社会机关而凌驾于社会之上。从前人们对于氏族制度的机关的那种自由的、自愿的尊敬，即使他们能够获得，也不能使他们满足了；他们作为同社会相异化的力量的代表，必须用特别的

---

① 《马克思恩格斯全集》，第2卷，人民出版社1995年版，第145~150页。

法律来取得尊敬，凭借这种法律，他们享有了特殊神圣和不可侵犯的地位。"①马克思在《对民主主义者莱茵区域委员会的审判》中也从旧的法律不能成为新的社会的基础角度论述了法律不能创制社会关系，这一论断符合社会发展的规律与客观事实，构成以下法治国家与法治社会关系的立论基础。

习近平总书记指出要"坚持依法治国、依法执政、依法行政共同推进，坚持法治国家、法治政府、法治社会一体建设，不断开创依法治国新局面"。在党的群众路线教育实践活动工作会议上强调，群众路线是我们党的生命线和根本工作路线，要牢记并恪守全心全意为人民服务的根本宗旨，充分调动最广大人民的积极性、主动性、创造性，"必须高举中国特色社会主义伟大旗帜，全面贯彻落实党的十八大精神，以马克思列宁主义、毛泽东思想、邓小平理论、"三个代表"重要思想、科学发展观为指导，切实加强全体党员马克思主义群众观点和党的群众路线教育"；10月11日进一步就坚持和发展"枫桥经验"做出重要指示指出，50年前浙江枫桥干部群众创造了"依靠群众就地化解矛盾"的"枫桥经验"，毛泽东同志进行了批示，要"善于运用法治思维和法治方式解决涉及群众切身利益的矛盾和问题"，创新群众工作方法，"把党的群众路线坚持好、贯彻好"。脱离群众的法治不符合社会主义一切为了人、依靠人、发展成果人人共享的本质属性。因而，从法与社会的一般理论到中国特色社会主义法治的具体实践，中国共产党领导中国人民开创了社会主义法治新局面，打破了西方话语霸权，为世界法治文明发展作出了重要贡献，而这离不开群众路线的贯彻落实。法治与群众路线既相互对立，又相互统一，在社会主义基本制度的基础上，共同服务于人民根本利益的实现与中华民族伟大复兴的宏伟目标。

进入21世纪，尽管现在的"多层全球治理"面临合法性危机，但正如安南在"千年峰会"上的报告所述，包括联合国(UN)、国际货币基金组织(IMF)、国际劳工组织(ILO)、世界贸易组织(WTO)、国际证监会组织(IOSCO)、全球疫苗和免疫联盟、欧盟(EU)、亚太经合组织(APEC)、东南亚国家联盟(ASEAN)、拉丁美洲南锥体共同市场(MERCOSUR)在内的政府间组织与非政府间组织的联合、协议、会谈，正在致力于建立国家多边协商、民间力量交流合作、国际组织平等的政治协调与经济社会发展支持的"新的全球治理之网"。如对世界贸易组织的"全球抗议"的影响正逐步扩大；多数国家的海洋法在国际海事组织(IMO)中拟定、空气安全法在国际民用航空组织(ICAO)中拟定、食品标准在粮食与农业组织(FAO)中拟定、知识产权法在世界贸易组织(WTO)和世界知识产权组织(WIPO)中拟定，国际会计准则委员会(IASC)建立全球会计准则，金融行动特别工作组(FATF)采取反洗钱措施，都在致力于促进主权国家平等对话、跨国协商民主(transnational deliberate democracy)、制度改革、市场矫正、社会公平、人类安全、免于贫困等有益于全人类的"全球治理理念"的实现。[53]导言1,10,15,21 中国坚持走和平发

---

① 《马克思恩格斯选集》，第4卷，人民出版社1995年版，第107、170~172页。

展道路，致力于促进国家富强、人民幸福、人类和谐的治理的实现。建立在国家利益、党的利益与人民根本利益统一的基础上的中国的国家治理体系与治理能力现代化，立足中国国情，面向世界与未来，对治理范畴的科学建构，在理论基础、制度保障、根本价值内涵、路径选择、评估与发展方面有独特贡献：① 第一，理论基础方面，中国国家治理体系建设以马克思主义为指导，是马克思主义与中国具体实际相结合的重要成果，是马克思主义世界观和方法论的时代体现。第二，制度保障方面，中国的治理建立在以人民民主专政为基础的中国特色社会主义制度基础上，是适应国家现代化总进程的具体实践，以让发展成果更多更公平惠及全体人民为目标，以人民性为本质属性。第三，根本价值内涵方面，中国的治理以"富强、民主、文明、和谐"为根本价值内涵；以制度文明推进国家治理文明，以"自由、平等、公正、法治"保障社会充满活力、健康有序、人民幸福、国家发展，"以国家的力量积极化解社会矛盾、修复社会裂痕、倡导和谐共处、促进社会和谐，形成万众一心、众志成城的国家力量"。第四，路径选择方面，中国的国家治理是顶层设计与末端治理的统一。充分发挥国家、政党、政府、社会、公民的积极作用，"提高党科学执政、民主执政、依法执政水平，提高国家机构履职能力，提高人民群众依法管理国家事务、经济社会文化事务、自身事务的能力，实现党、国家、社会各项事务治理制度化、规范化、程序化，不断提高运用中国特色社会主义制度有效治理国家的能力。""在治理过程中，一味地强调社会自治或是市场自由，都是不切实际的伪命题。只有在顶层设计上不断优化，在末端治理上懂得放手，才能更好地应对社会的变革，完成治理的现代化转型"。

三、中国特色社会主义法学话语体系

中国特色社会主义法律体系是党领导人民制定的，是从国家层面推进的进路；立足中国实际，要实现从中国特色社会主义法律体系到法治体系的转变，需要完善党领导下国家权力保障与社会活力推进相结合的法治进路。结合以上明确国家法与民间规则的关系界定，可以得出这样的结论，其一，法治国家建设的任务在于保障"有法可依"，不断完善中国特色社会主义法律体系，充分实现民主的制度化、法律化，并从国家总体的层面保护人民根本利益免受不法的以及超出边界的合法权利伸张的侵害；其二，作为其基础的法治社会建设，则是从中国特色社会主义法律体系转变为法治体系的强大力量与社会支持，使法治的制度建构真正转化为每个人心中公共意识、法治观念与法治精神的重要基础，才能真正在人们的日常生活中实现社会的和谐有序，从而奠定国家改革、稳定、发展的坚实基础。

---

① 习近平：《完善和发展中国特色社会主义制度，推进国家治理体系和治理能力现代化》，载《人民日报》2014 年 2 月 18 日第 1 版。

因而，法治社会是法治国家的基础，法治国家是法治社会的保障。

	在法治国家层面	在法治社会层面
客体	人民主权与社会正义	社会民主与个人正义
衡量法治实现程度的重要标尺	法治制度保障下公平正义的实现程度	法治精神引导下公民参与的实现程度
法治的重要原则	职权由法定	用权受监督
法治的核心内容	依法治国	依法行政
法治的本质要求	执法为民	维护最广大人民根本利益
法治的价值追求	公平正义	社会民主
法治的重要使命	服务大局	保障人民当家做主
法治的根本保证	党的领导	党的领导
实现法治的目的	实现国家安全、政局稳定	实现社会活力、和谐有序

最终，实现法治国家与法治社会的双向互动，这是保障国家富强、人民幸福的必由之路，"法律应该以社会为基础"，坚持实事求是的唯物主义思想，遵循这一规律，中国特色社会主义法治坚持"民主立法"、"科学立法"，然而法律不仅是一种事实判断，也是一种价值判断，在法治社会为我们贴民心、合民意提供大量的实际需要与权利要求时，需要法治国家层面的价值判断与党的领导下社会主义核心价值体系的引领，这也对执政党的执政水平和执政能力提出了更高的要求，法律是以国家为中介的，怎样保障每一个公民的知情权、参与权与监督权，使立法能真实表达民意，同时，保障法制的统一与法律的尊严，需要党的领导，那种法治国家无用甚至违反法治权力制约原则而致畸形法治发展的观点是孤立、静止、片面的，法治国家与法治社会在不同层面、不同角度共同实现"法治中国"理想。

第二篇
论依法治国在国家治理现代化中的作用

周　昕*

《中共中央关于全面深化改革若干重大问题的决定》明确提出："推进国家治理体系和治理能力现代化。"国家治理现代化是一项庞大的系统工程，包括治理制度理性化、治理技术现代化、治理结构网络化和治理手段法治化等，其中依法治国是国家治理现代化的核心要素和必然要求。依法治国是党领导人民治国理政的基本方式，是社会主义民主的根本保障，也是全面深化改革的必由之路；实现国家治理现代化，关键在于落实依法治国这一基本方略。即将2014年10月召开的十八届四中全会，全面推进依法治国将首次成为中央重要会议的主题，充分显示出中央对法治高度重视，不断加快依法治国的顶层设计，必将推动"法治中国"建设走向新的辉煌。

一、依法治国是国家治理现代化的必然要求

"法，国之权衡也，时之准绳也。"（［唐］吴兢《贞观政要·公平》）党的十八大指出，要更加注重发挥法治在国家治理和社会管理中的重要作用，全面推进依法治国，加快建设社会主义法治国家。所谓依法治国，是指依照体现人民意志和社会发展规律的法律治理国家，而不是依照个人意志、主张治理国家；要求国家的政治、经济运作、社会各方面的活动统统依照法律进行，而不受任何个人意志的干预、阻碍或破坏。依法治国是党领导人民治理国家的基本方略，是社会进步的重要标志。从依法治国和国家治理现代化的关系来看，二者紧密契合，互相促进，不可分割。

一方面，依法治国是国家治理体系现代化的核心。所谓国家治理体系，是指保证党领导人民有效治理国家的制度体系。在《中共中央关于全面深化改革若干重大问题的决定》中，明确提出到2020年"形成系统完备、科学规范、运行有效的制度体系"。国家治理体系现代化涵盖国家的行政制度、决策制度、立法制度、司法制度、预算制度、监督制度等多个重要领域，其主要内容包括四个方面：**一是国家治理的法治化。**国家政权的所有者、管理者和利益相关者参与国家治理的行为，都应纳入法治化的轨道进行；公共权力的运行也应受到宪法和法律的约束；规则和程序之治要代替人治。**二是国家治理的**

　＊　作者简介：周昕，男，湖北宜昌人，中共武汉市委党校法学教研部副主任、副教授，法学博士。

民主化。人民成为国家政权的所有者，能够通过合法的渠道直接地或通过自己选举的代表参与决策、执行和监督等国家治理的全过程，并拥有追究责任者的制度化手段。**三是国家治理的文明化。**国家治理追求更多的对话协商与沟通合作，更少的独断专行，更加注重对民众的心理疏导和人文关怀。**四是国家治理的科学化。**各类治理主体拥有充分的自主性，其履行各自功能的专业化和职业化分工程度不断提高，执政党和政府机关协调其他治理主体的能力、进行战略和政策规划的能力不断提高等。①

从国家治理体系现代化的四个主要内容来看，依法治国不仅是民主得以实现的根本保障，也是推动社会文明和政治文明进步、实现科学治理的重要动力。在当代中国，实现党的领导、人民当家作主、依法治国有机统一，是健全完善国家治理体系必须遵循的基本原则。**由此可见，国家治理体系建构在法治基础之上；国家治理体系现代化的核心要素就是依法治国。**要实现国家治理体系现代化，就要打破人治思维范式，善于使党的主张通过法定程序成为国家意志，形成以制度化、体系化、系统化为外在表现，以法治化为价值内核的制度体系。

另一方面，依法治国是提升国家治理能力的关键。所谓国家治理能力，是指运用国家制度管理国家事务和社会事务、管理经济和文化事业的能力。在依法治国方略的指引下，法律在整个国家治理机制与全部社会规范体系中居于主导地位，不得以政策、道德、习俗等调整手段或其他社会规范冲击或代替法律；当法律确实不合时宜时，应依法定程序废除或修改，而不能随意废弃。国家机关和公职人员的一切权力均来源于、受制于法律；一切国家机关和公职人员都要依法行使国家权力，不得违反法律滥用权力、以权谋私，更不得以言代法、以言废法。

从依法治国在提升国家治理能力中的作用来看：首先，依法治国具有公正性。有助于凝聚转型时期的社会共识，调动各类主体的积极性、创造性，使不同利益主体求同存异，依法追求和实现自身价值。**其次，依法治国具有权威性。**任何组织和个人都要受到法律约束，党的意志通过法律形式实现，政府的权力被关进制度的笼子，个人权利义务有法定的边界。**再次，依法治国具有稳定性。**有助于人们预测行为后果，规范言行，在理性的轨道上实现个人的全面自由发展，同时促进构建稳定的社会秩序以及和谐的人际关系。**第四，依法治国具有科学性。**能够根据事物的规律制定相应的规范和程序，并因时制宜地进行修改完善，更加符合规律、易于操作，从而提高治理国家的效率。**第五，法治具有强制性。**能够清除障碍、减少阻力，有助于革除体制机制弊端，推动改革阔步前行。**由此可见，依法治国是一切国家治理活动必须遵循的基本原则，是提升国家治理能力的关键路径。**

二、依法治国是全面深化改革的重要检验标准

全面深化改革是关系党和国家事业发展全局的重大战略部署，是一场决定当代中国

---

① 何增科：《理解国家治理及其现代化》，载《马克思主义与现实》2014年第1期。

命运的关键抉择，必然触及更多深层次矛盾，复杂性和难度前所未有。正如李克强总理在 2014 年《政府工作报告》中指出："当前改革已进入攻坚期和深水区"，"要以壮士断腕的决心、背水一战的气概，冲破思想观念的束缚，突破利益固化的藩篱，全面深化各领域改革。"同时又强调："深入贯彻依法治国基本方略，把政府工作全面纳入法治轨道。"在深入推进依法治国、实现国家治理现代化的时代背景下，我们既要坚定不移地深化改革，又必须确保改革在宪法和法律的轨道上有序推进；既要发挥改革对法律制度的革新和促进作用，又要发挥依法治国对改革的引领和保障作用，将依法治国作为全面深化改革的重要检验标准，做到凡属重大改革事项都要于法有据。

第一，全面深化改革的科学决策需要法治引领。当代中国正处于转型和改革交织融合的关键期。转型倒逼改革，改革又面临时间和空间的双重约束，种种利益失衡导致各类社会矛盾凸显。为突破利益固化的藩篱，找准全面深化改革的切入点和突破口，需要依法治国在顶层设计、制度构架、运行机制上保驾护航，通过健全完善立法体系，坚持依法决策、民主决策，进一步完善与改革相关的法律制度，用法治政府、有限政府、责任政府的法治理念指导改革决策，为全面深化改革的战略性部署提供严谨、周密、科学的法律制度支撑。

第二，全面深化改革的具体程序需要法治规范。严格遵循程序是依法治国的内在要求，也是顺利推进各项改革事业的重要保障。全面深化改革的任务艰巨而繁重，必须依法按照有关程序积极稳妥推进，避免出现大的波折，降低改革成本。一是完善有关改革的机构职能设置程序和权力授予程序，使权力来源有法可依、有章可循。二是坚持程序和实体并重，每一项重大改革举措都必须通过立法设定实施方式、步骤和时限等，明确各项改革程序，避免举措最终流于形式，及时化解改革面临的实际困难和阻力。三是健全惩治与预防腐败的程序，让人民主权和权力制约原则充分体现在改革的事前、事中、事后全过程动态进行。四是建立公众参与、信息公开和民主监督程序，涉及群众切身利益的决策要充分听取群众意见，保障群众的知情权、参与权和监督权，紧紧依靠人民推动改革。

第三，全面深化改革的利益关系需要法治协调。当前的改革除了顶层设计和推动之外，需要通过发挥各类社会力量来挖掘新潜力，这就需要平衡不同社会群体的利益关系，处理好不同主体的利益冲突。依法治国对于平衡和协调改革利益，及时化解利益冲突发挥着重要作用，能够使社会在经济高速增长过程中维持稳定，走向布局更加合理的可持续发展。从法理上而言，法治是对社会不同利益进行界定、协调、平衡、整合和确认的过程；能够通过设定权利义务关系，将各方主体的利益需求转化为附加义务的特定权利，实现利益分配的规范化、制度化。① 因此，全面深化改革必须发挥法律的引导和推动作用，充分运用权利义务思维和行为法限方式，将利益分配难题转化为权利义务配置问题，依法设定和调整各方权利义务关系，逐步形成法律层面上的改革共识，防止改

---

① 李宇铭：《全面深化改革的法治思考》，载中国共产党新闻网，http://fanfu.people.com.cn/n/2014/0211/c141423-24326364.html，于 2014 年 7 月 5 日访问。

革功利化、利益部门化等现象，确保改革走出利益博弈困境。

第四，全面深化改革的公正环境需要法治营造。公平正义是改革要实现的最终价值目标之一。在转型期的当代中国，从教育公平到机会公平，从制度公平到分配公平，从权利平等到人格平等，公平正义的理念已经拓展到各种领域，成为改革中产生的刚性需求。市场经济体制改革需要公平正义的交易规则，行政体制改革的顶层设计需要体现公平正义的依法行政理念，社会治理领域的改革也需要公平正义的矛盾纠纷解决机制。为营造公平正义的改革环境，一方面应健全完善和落实领导干部问责制，加强对改革任务落实情况的督促检查，依法严肃问责那些拒不落实、弄虚作假、失职渎职的干部；另一方面，应坚持在法律框架内追究责任，把一般失误与严重失职区分开来，宽容改革失误，激励改革活力，营造崇尚实干、敢于创新的改革氛围。

第五，全面深化改革的最终成果需要法治巩固。当改革初见成效后，应将改革成果和成功经验及时总结提升，以法律形式固定下来，将成熟的改革措施上升为法律法规，转化为国家意志，运用法律手段巩固改革成果，形成系统完备、科学规范、运行有效的制度体系；通过改革逐步解决法律规定中不合理的问题，通过修改法律再纳入法律里面，在面上推开，进一步减少工作的随意性，增强规范性，保证公开性，确保改革措施的稳定性和连续性，为下一步全面深化改革奠定坚实的法治基础。

邓小平同志指出，实践是检验真理的唯一标准。习近平总书记进一步强调，实践是法律的基础；法律要随着实践发展而发展。依法治国科学阐明了法律稳定性和改革变动性的关系，既充分肯定了改革开放三十余年来的成功经验，又为进一步推进国家治理现代化预留了发展空间，是全面深化改革的主要路径，也是检验改革成效的重要标准之一。

三、依法治国对领导干部提出新的时代要求

习近平总书记在2014年1月中央政法工作会议上明确提出："各级领导干部要提高运用法治思维和法治方式深化改革、推动发展、化解矛盾、维护稳定能力。"这表明，运用法治思维和法治方式不仅是提高领导干部执政水平的重要内容，也是依法治国得以实现的前提，是全面深化改革的新时期对领导干部提出的时代要求。

所谓"法治思维"，是依法执政的具体表现，是指执政者在法治理念的基础上，运用法律规范、法律原则、法律精神和法律逻辑对所遇到或所要处理的问题进行分析、综合、判断、推理和形成结论、决定的思想认识活动与过程。**所谓"法治方式"**，是指执政者通过制定、执行法律、法规、规章，运用法律创制的制度、机制、设施、程序处理各种经济、社会问题、解决各种社会矛盾、争议，促进经济、社会发展的措施、方式、方法。提高领导干部运用法治思维和法治方式的能力，要求领导干部必须牢固树立对宪法和法律的绝对信仰；深刻掌握社会主义法治理念的科学内涵；严格按照法定程序行使职权，时刻意识到权力行使必然会带来责任和后果，做到有权必有责、用权受监督、失职要问责、违法受追究。

首先，领导干部要树立正确的法治信仰。法学家道格拉斯认为，"法律需要被信仰，否则它形同虚设。"要始终坚持党的事业至上、人民利益至上、宪法法律至上，要始终坚持党的领导、人民当家作主、依法治国的有机统一。如果仅仅要求百姓守法，领导干部可以随意违法凌驾于法律之上，那么法治国家只能是空中楼阁。只有领导干部带头遵循法律，发自内心地信仰法律、倡导法治，自觉以法律规则为自身行动准绳，整个社会才会守法、信法、用法。

其次，要不断拓宽外部监督渠道。权力是由人民让渡给政府的，人民有权了解政府、监督政府、参与政府活动。要善于发挥"电视问政"、"官方微博"等新媒体的外部监督优势，充分保障公众知情权，依法构建对各级领导干部的全方位监督网络，督促领导干部逐步培养法治思维心智模式，自觉按照法治方式办事。

再次，要强化领导干部的法治教育培训。由于长期受到"人治"思想干扰，法治思维和法治方式必须通过外在的教化、引导和熏陶才能逐步形成，这就对干部教育培训工作提出了新的要求。近年来，随着"六五"普法活动深入开展，加强对领导干部的法治教育培训正逐步走向制度化和规范化。应将法治思维训练作为干部教育培训工作的重要内容，加强对国家治理现代化的法治理论宣讲力度，认真组织领导干部认真学习《刑法》、《行政复议法》、《行政诉讼法》、《公务员法》等重要法律法规，不断提升领导干部运用法律解决实际问题的能力。

综上所述，依法治国是国家治理现代化的必然要求，也是全面深化改革的重要检验标准。必须切实维护宪法和法律权威，善于运用法治思维和法治方式，充分发挥法治对国家治理的引领与推动作用，将实现国家治理现代化、全面深化改革的时代要求与依法治国有机结合起来，相得益彰，相互促进。

第三篇
论法治的五维结构

马忠泉 *

摘　要：法治内含着价值理念之维的公平正义，制度构建之维的法律规范，社会自治之维的法律行为，权威决断之维的自由裁量和权力约束之维的正当程序这样的五维结构。只有综合协调地同时发展五个方面，才能真正构建起法治的国家和社会。

关键词：法治　公平正义　法律规范　法律行为　自由裁量　正当程序

导　言

西方古典时期，法治思想的雏形主要表现在柏拉图和亚里士多德的思想中。柏拉图的法治思想可以简单地表述为"法律的统治"，是其晚年提出的相对于其"哲学王统治"思想的一种治国理念，代表性的表述为："在法律服从于其他某种权威，而它自己一无所有的地方，我看，这个国家的崩溃已为时不远了。但如果法律是政府的主人并且政府是他的奴仆，那么形势就充满了希望，人们能够享受众神赐给城市的一切好处。"①如果说柏拉图还是倾向于"哲学王统治"，"法律的统治"只是不得已而为之的话，那么亚里士多德则明确提出"法治应当优于一人之治"，并进行了详尽的论证，最后得出了我们现在概括为以"良法之治"和"普遍服从"为核心内涵的法治思想，即"我们应该注意到邦国虽有良法，要是人民不能全部遵循，仍然不能实现法治。法治应该包含两重含义：已成立的法律获得普遍的服从，而大家所服从的法律又应该是本身制定得良好的法律。"②

近代资产阶级法治理论源于英国，其思想的集大成者是英国的洛克。在洛克提出完整的近代法治理论之前，斯宾诺莎在其《神学政治论》中就从保障公民权利，尤其是自由权出发，从确保法律内容的明确性和法律解释权的分离的角度已经初步提出了权力制约的法治思想。他说："如果解释法律之权归于别人之手，或者法律的条文极其明白，没人会对其意义有什么不明了之处，则操政权的人就不那么自由了。""所以，这些首领们想极受人尊敬，为他们自身设想，就不得不按照设置的众所周知的法律，小心翼翼地

---

* 作者简介：马忠泉，湖北警官学院法律系副教授。

① ［古希腊］柏拉图：《法律篇》，上海人民出版社 2001 年版，第 123 页。

② ［古希腊］亚里士多德：《政治学》，商务印书馆 1981 年版，第 167~199 页。

处理事务。"①到了英国资产阶级革命成功后，1690 年洛克在其《政府论(下篇)》中系统地提出了以保障自由、平等为实质内容，以法律的明确、普遍和稳定为形式要件为代表的近代资产阶级经典、权威的法治思想和保障法治实现的分权理论。② 洛克思想在美国的继承和发展由潘恩完成，在法国的继承和发展则表现在孟德斯鸠的法治思想中。戴雪第一次从公法的层面、宪政的高度比较全面地阐述了法治的含义："首先，法治意味着与专横权力的影响相对，人人皆受法律统治而不受任性统治。其次，法治意味着法律面前的平等，人人皆平等地服从普通法和法院的管辖，无人可以凌驾于法律之上。再次，个人权利是法律的来源而不是法律的结果。"③

当代法治理论，依其是更关注实质法治还是形式法治，法治是优先保障平等还是优先保障自由为标准，大致可以划分为两个流派，前者以罗尔斯的法治理论为代表，后者以哈耶克的法治理论为代表。罗尔斯的法治理论是融入了其正义理论的，在他看来，只有满足其正义的两个原则，并且满足法律之可行性、类似的案件要类似处理、法律无明文规定不为罪、司法过程遵守正当程序四条形式标准，④ 才可以称为法治的国家。尽管哈耶克也谈到法治的实质意义的两个方面，即反对专制和保障自由与人权。⑤ 但是总体上，哈耶克强调的是法治的形式方面，正如其形象地说明的："要使法治生效，应当有一个毫无例外的适用的规则，这一点比规则的内容如何更重要。——(正如)究竟我们大家沿着马路的左边还是右边开车是无所谓的，只要我们大家都做同样的事就行。"⑥哈耶克的法治理论特别强调自由，这一点只要看其几部法哲学代表作的名称就很清楚了。⑦

最近，美国学者布莱恩·Z. 塔马纳哈(Brian Z. Tamanaha)从"薄"和"厚"、"形式"和"实质"两个维度对古今中外的法治思想做出了类型化的分类。在他看来，法治的发展一般是从"薄"的法治向"厚"的法治发展的，"厚"的法治至少包括民主、一般规则、社会福利、实质平等、社群的忠诚等要件或原则。⑧

20 世纪 90 年代，我国法学界开始了对法治的关注和研究，主要是对西方法治理论的介绍、解释与总结。1997 年中国共产党第十五次全国代表大会将"依法治国"确定为治国基本方略后，尤其在 1999 年，"中华人民共和国实行依法治国，建设社会主义法治国家"载入宪法后，法治成为法学研究的核心命题，法学家们(主要是法理学家们)对法

①　[荷]斯宾诺莎：《神学政治论》，商务印书馆 1963 年版，第 239~240 页。

②　[英]洛克：《政府论》(下)，商务印书馆 1964 年版，第 85~91 页。

③　A.V.Dicey：The Law of Constitution ed.E.C.S.Wade, Macmillan, London, 1961, pp.183,202-203.

④　[美]罗尔斯：《正义论》，何怀宏译，中国社会科学出版社 1985 年版，第 373 页。

⑤　[英]哈耶克：《通往奴役之路》，王明毅等译，中国社会科学出版社 1997 年版，第 84 页。

⑥　[英]哈耶克：《通往奴役之路》,，王明毅等译，中国社会科学出版社 1997 年版，第 80 页。

⑦　从哈耶克的几部代表性的法哲学著作《法律、立法与自由》、《自由秩序原理》和《通往奴役之路》的书名，可以明显看出哈耶克对自由的偏爱。

⑧　Brian Z. Tamanaha, On the Rule of Law：History, Politics, Theory, Combridge University, 2004，pp. 91-92.

治进行了深入的研究，主要侧重于以下几个方面：(1)对法治做宏观的、抽象的形而上的研究；(2)在官方阐述的基础上，解释、评价和重新建构当代有中国特色的社会主义法律体系；(3)从社会管理的视角，结合某一社会目标或具体问题，或对各个行业、某一区域的法治进行微观化的研究；(4)从中国政治体制改革的战略高度和宏观视角探讨法治的价值和可能的建设途径；(5)从量化的角度对法治指数(或者称为"法治量化评价指标"、"法治评估体系"、"法治 GDP")进行研究；(6)对法治建设的途径和方法的研究，包括从主体的角度研究法治建设的依靠力量、法治建设对当代社群主义法学思想的借鉴、最新的一些西方法治理论对我国法治建设的启示意义、"软法"对法治建设的可能促进作用、通过地方法治的竞争推动全国法治的实现等；(7)对中国改革开放以来三十多年的法治建设里程进行全面的总结。

具体到对法治的定义，我国学者多是从对西方法治思想的概括，以及从法治与人治、法治与德治的比较的视角来定义法治的。有的学者主张：法治即"法的统治"，它是以民主为前提，以严格的依法办事为核心，以确保权力正当运行为重点的社会管理机制、社会活动方式和社会秩序。① 有的学者主张：法治是以民主政治为前提，以公正和人权为核心，以宪法至上为标志的，对执政权、立法权、行政权、司法权与公民权利的界限与关系所做的系统安排。② 有的学者认为法治包含以下五层含义：法治是指一种治国方略或社会调控方式，法治是依法办事的行为方式，法治是一种良好的社会秩序，法治代表着某种价值规定性和社会生活方式，法治表示一种对法律的信仰。③ 有的学者指出法治的核心内涵是指："政府依照既定的、公开的普遍性法律行使权力与管理公共事务，政府权力受到法律制约，公民的自由和权利受到法律保障。"④

总体来看，尽管对法治的定义非常多，但尊重法的权威、保障个人人权的实现和严格依法办事三层含义几乎是每一位学者都认同的。抽象总结出法治的核心内涵，明确了法制(Rule by law)与法治(Rule of law)的本质区别，这是近些年法学研究中关于法治问题的重要成果。但总结已有的法治研究成果，依然存在着一些不足：第一，虽然指出了与"法制"相区别的"法治"内含的价值原则，但是对价值原则的概括不够，所以，学者们有些各说各的，尽管大家努力在寻求法治原则的"重叠共识"，但最终还是无法形成共识。⑤ 第二，法治以保障人权为目标只是从自然法(应然法)意义上的宪法层面明确了要求，对于民法层面的自然人的自主安排自己生活的权利问题没有给以足够的重视。第三，对于法官的自由裁量权问题仍然没有给出深入的论证。如果说专门的司法机构的出现是法律产生的标志的话，那么法官的独立和法官自由裁量权的出现则是法治社会出

---

① 张文显主编：《法理学》，高等教育出版社、北京大学出版社 2011 年版，第 330 页。

② 汪习根等著：《法治中国：民主法治精神举要》，中国人民大学出版社 2014 年版，前言部分。

③ 舒国滢主编：《法理学阶梯》，清华大学出版社 2006 年版，第 273~275 页。

④ 张光杰主编：《法理学导论》，复旦大学出版社 2009 年版，第 274 页。

⑤ 这明显表现在，连民法学家也开始提出自己关于法治原则的观点了。如王利明认为法治的基本内涵包括：法律至上、良法之治、人权保障、司法公正和依法行政五层内涵(原则)。(参见王利明：《中国为什么要建设法治国家》，载《中国人民大学学报》2011 年第 6 期)。

现的标志。第四，有单纯强调法律制度的构建对法治实践的意义，而忽略了法治的整体制度设计。基于以上对已有研究存在的不足的分析，本文将法治的内涵概括为公平正义、法律规范、法律行为、自由裁量和正当程序五个维度。力图综合考虑法治的价值层面与形式层面、法治的国家维度与社会维度（公法视角与私法视角）、法治的权利保障功能与权力控制功能，并结合一个虚拟的故事，对法治给出更全面、清晰、形象的解释。本文并不试图对法治下一个定义，因为正如《牛津法律大辞典》认为的那样，"'法治'是一个无比重要的，但未被定义，也不能随便就能定义的概念。"

一、公平正义——法治的价值理念之维

正义是客观存在的，它是一种应然的客观存在。应然并不是说它是我们主观构建的，只是说我们只能在经验之外思辨地认识。法律以正义为价值，公平正义①内涵着秩序、自由和平等三个要素，法律的实践以实现正义为目的。公平正义也是现实社会中各种具体的法治形式的理念和完美形式。因为绝对的正义以理念的形式存在于人类的经验之外，所以一切法律规则都是对正义理念的近似表达，是对正义的无限趋近。虽然法律既不能定义正义，也无法完全实现正义，只能无限地趋近正义，但是这并不代表法律与正义无关，二者是统一的，统一于人类改造世界的实践中。

从道德客观主义的立场来看，正义是客观的，不以人的意志为转移的，普遍的、永恒的，正义的客观存在就像自然规律一样，只不过我们可能并不能仅仅基于感官的认识和理性推理就认识到客观存在的正义，绝对的正义以理念的形式存在于人类的经验之外。认识正义要比我们认识相对论还要困难，更需要一些良知和信仰。正义的主观性、关系性理论只看到了一个实然的世界，只从人的动物本能的一面来看待人与实然世界的关系，其并没有揭示出人的本质，也没有正确地认识到事实与价值的统一性。正义的客观性要求我们要看到那个应然的世界，要看到人的实践理性能力，要看到人与应然世界的关系。人的本质并不表现为动物的本能，正义也不表现为对人之外在利益的满足。人之本质在于人的实践理性，在于人可以体验正义，体悟指导人之一切行为的"绝对命令"，并实践它。这并不必然地为人带来利益，但不能体悟并且对其执着追求，则人之不在为人。

正确认识实然的法律和应然的正义之间的关系，我们要先讨论我们对现象世界的认识。我们对现象的分类是自然现象和社会现象，其本质的区别是自然现象不关乎人的意志和行为，社会现象关乎人的意志和行为。我们观察自然现象是为了准确地描述它，我

---

① 在汉语中正义、公平和公正这三个词汇一般可以互用，本文不对其作出区分，根据行文中用语的习惯分别应用。但是，本文认为，正义具有客观性，绝对性，理念性，是一个上位概念。而公平、公正都是正义的下位概念，具有主观性，相对性，现实性。而公平侧重于说事之正义，包括过程和结果的正义。而公正则侧重于说处理事务过程中的人之正义。正义价值的表现复杂多样，本文仅仅以分配正义为例来讨论法的正义价值。

们一般使用"是"来描述，如水总是由高处流往低处。我们观察社会现象是为了更好地规范它，我们一般使用"应当"来描述。如张三应当守约，李四不应当杀人。描述自然现象是自然科学家的任务，自然科学家要做的就是发现个别自然现象背后的自然规律，并论证自然规律是客观的、普遍的和永恒的。如水从高处流向低处是符合能量守恒定律，以及物体的势能与动能的转化规律。规范社会现象是法学家的任务，法学家要做的就是发现个别正义规则背后的正义原则，并论证正义原则是客观的、普遍的和永恒的。如张三应当守约符合"有约必践"的正义原则；李四不应当杀人符合"不得伤害他人"的正义原则。自然科学家永恒的追求是发现唯一的自然规律(如爱因斯坦的努力)。法学家永恒的追求是发现终极的正义原则(康德的追求，当然，康德更主要的还是一名哲学家)。但是，人类自身理性能力的局限决定了我们只能发现具体的一些正义原则，如法律谚语中的"有约必践"、"不能伤害他人"等，无法发现统辖一切人类行为的正义原则。[1] 自然科学家对自然现象的解释是要用自然规律解释其因果关系，回答一个现象的前因是什么。如天空为什么是蓝色的？科学家的任务就是用光的散射理论解释天空呈蓝色这一现象的成因。法学家对行为现象的解释是要用正义原则解释它的目的原因，回答一个行为的目的是什么？如我们为什么要守法，法学家要用正义原则解释我们守法的目的。

尽管我们对自然现象的知识和对于社会现象的知识可以做出如上的区别，但是二者并不是截然分离的，它们统一于人类改造世界的实践中。人的本质决定了人具有改造世界的能力，人可以过一种有希望的生活。尽管万事万物只能存在于当下，但是人可以憧憬未来，人可以活在希望中。人类有着天然的改变世界的意志，人类的科学知识与法学知识最终都是为改造世界服务的。科学知识对世界的改造是应用自然规律，实现"是向应当"的转化。如发明机械将水从低处引向高处，满足人的利益的需要。法学知识对世界的改造是落实正义原则，实现"应当向是"的转化。如通过立法落实"有约必践"、"不能伤害他人"的原则，通过利益机制满足人的正义追求。所以，无论是自然世界的"实然"与"应然"，还是正义世界的"实然"与"应然"都不是不可转化的，因此，"休谟问题"要么是休谟错了，要么是我们错读了休谟。自然现象的实然世界向应然世界的转变需要一种物理世界的能量的输入，即力的作用。正义现象的应然世界向实然世界的转变则需要一种法律世界的能量的输入，如法律强制。终极的正义世界的图景是明确的，在中国的大同观念中，在基督教的天国中都有着清晰的描述。人类要做的就是把那个终极的完美画卷从现在开始就描绘出蓝图。所以，对于未来的正义世界，人类大可以乐观看待。重要的是我们怎样把已经发现的普遍的、永恒的正义原则具体化为具有强制力的法律规则。

为了更形象地说明法治以追求正义为价值，并且存在这一个表现为理念的客观正义，以及法律是如何近似地实现正义的，让我们看一个虚拟的案例，这一案例也是本文接下来分析法治的其他方面要用到的分析材料。

从前有兄弟三人 A、B、C。A 和 B 是手工工匠。C 什么手艺都没有。A 和 B 想帮助 C，于是让他养羊。A 从自己的 30 头羊中拿出 5 头，B 从自己的 3 头羊中拿出 1 头给了 C。C 红红火火地养起羊来，没想到八年后 C 突然死去而没有留下遗嘱。这时 C 的羊已经达到了 132 头。A 和 B 养羊没有 C 那样顺利。在 C 去世的时候，A 有 50 头羊，B 有 10 头羊。C 除了 A 和 B 以外没有其他亲人。于是，A 和 B 坐到一起商量怎样分这 132 头羊。但是，当时没有调整继承关系的法律。A 和 B 越想越是想不出最后的解决方法，因为他们自己想到的及其聪明的朋友们所想到的分配方法实在太多，至少包括以下七种：

方法一：C 遗留下来的 132 头羊 A 和 B 各得一半，即每人 66 头。此时，分配的正义标准是：身份相同，分配相同。

方法二：首先每人将自己送给 C 的羊拿回，即 A 拿回 5 头，B 拿回 1 头。余下的 126 头羊 (132-6)，兄弟二人各得一半，即：A：5+63＝68 头羊，B：1+63＝64 头羊。这里，分配的正义标准有两个，一个是等量偿还，另一个依然是身份相同，分配相同。

方法三：B 建议，应当按照在 C 开始饲养时各人对 C 的"资助比例"（资助的羊的头数占自己当时所养的羊的头数的比例）来计算。那么 B 当时将他 1/3 的羊（3 头羊中的 1 头）给 C，而 A 将他 1/6 的羊（30 头羊中的 5 头）给 C。那么相应地分配就是 1/3：1/6＝2：1。即 B 可以得到 132 * 2/3＝88 头，A 可以得到 132 * 1/3＝44 头。此时，分配的正义标准是收益和风险成正比。

方法四：A 认为方法三不公平。当他们不能取得一致的时候，一个朋友建议 132 头羊的一半（66 头羊）按照方法三中的"资助比例"分配，另一半（66 头羊）按照方法一平均分配。基于前面方法一和方法三的计算可知，B 就应该得到 66 * 2/3+33＝77 头羊。A 应该得到 66 * 1/3+33＝55 头羊。在这里，分配的正义标准包含方法三和方法一的正义标准，即收益和风险成正比，以及身份相同，分配相同。

方法五：A 建议，应该以当时赠与 C 的羊的比例为基础，也就是以 5：1（（A 给 C 的羊的头数 5 头与 B 给 C 的羊的头数 1 头的比）的方式分配。这样，A 得到 132 * 5/6＝110 头羊，B 得到 132 * 1/6＝22 头羊。这里分配的正义标准是收益和投资成正比。

方法六：B 认为方法五不公平，当他们不能取得一致的时候，另一个朋友建议 132 头羊的一半（66 头羊）按照方法五中的赠与 C 的羊的比例为基础分配，另一半（66 头羊）按照方法一平均分配。最终，A 分得 66 * 5/6+33＝88 头羊，B 分得 66 * 1/6+33＝44 头羊。此时分配的正义标准就是方法五和方法一的正义标准的复合，即收益和投资成正比，以及身份相同，分配相同。

方法七：一位友好的法官建议，如果 A 和 B 都没有给过 C 羊，那就照下面的方案分配。A 的羊由当初的 25 头羊变成现在的 50 头，也就是增加了一倍。如果当初是 30 头羊，现在就应该变成 60 头羊。因此他现在应该分到 10 头羊。B 的羊从 2 头变成 10 头，是原先的五倍。如果是原先的 3 头羊，现在就应该得到 15 头。那么 B 现在应该分到 5 头。余下的 117 头羊就平分。每人得到 58 头羊。最后剩下一头可以用来庆祝分配成功，成为气氛友好的晚餐。法官提供的分配方案，最后 A 应该分得 68 头羊；B 应该分得 63 头羊。在这一分配方案中，法官就 A、B 两兄弟向 C 提供羊的行为，既没有看做是出借行为，也没有看做是投资行为，就好像什么都没有发生过一样。但是这里依然包含着分配方法一中的身份相同，分配相同的正义标准，也许法官还认为，自然的、和谐的，也就是公正的。

就这一虚拟的故事而言，如果不承认正义之价值，我们就无法解释在故事中，A、B、双方的朋友、友好的法官为什么都要执着于追求分配结果的公平正义。不承认正义的客观性，我们就无法理解在七种分配方案中，即使从现代的正义观念看，所出现的四种分配原则，即(1)等量偿还原则；(2)身份相同，分配相同原则；(3)收益和风险成正比原则；(4)收益和投资成正比原则，也是符合正义原则的。那么，如何解释正义在法治中的价值及一般的社会价值、正义必然内含着秩序、自由和平等三重结构及其客观性呢？一切法律制度的价值最终都落实在保障人类社会的存在和发展这一正义的目标上。而存在需要基本的秩序，发展则取决于两个方面，一是社会主体个人创造力的发挥，而个体的创造力的发挥要求个人是自由的；一是个体和其他社会主体的分工和协作是否成功，这种成功要求这一分工和合作过程及其创造的成果的分配是平等的。因此，客观正义有着必然的秩序、自由和平等三维结构。在故事中，客观存在的秩序决定了在羊只分配的过程中，兄弟之间不断地相互妥协，友人不断地提出的调解方案，最后法官又给出权威性裁断等。这就保证了在分配过程中没有出现兄弟相残的悲剧。自由决定了A、B两兄弟可以自己协商如何分配羊只，也可以自主决定是否采纳友人的调解方案，是否同意法官的裁断。平等决定了七种方案中除方案三和方案五之外的五种方案都不同程度地考虑到了"平等情况平等对待"的平等原则，方案三和方案五也体现了"不同情况不同对待"的平等原则。

正义之理念在现实中的表现之一是法律规范，正义之价值的实现也主要依赖于法律规范的健全。

二、法律规范——法治的制度构建之维

法治的基础是要有完善的法律制度，也就是从国家到社会，从个人到国家机关，涉及社会正义或者说公共利益的事物，无论何事、无论何人的行为都应该有明确的法律规范。无论我们对法治怎样解释，这一点应该是我们的共识，也就是我们通常所说的"有法可依，有法必依"。

正义价值发现在先，法治构建在后，其目的是实现正义价值。所以，在世界范围内，普遍立法出现之前的轴心时代，无论是儒家思想、还是基督教思想、还是佛教思想都已经发现了人类社会普遍的正义原则。从轴心时代到当下，是一个不断地通过立法将应然的客观正义原则具体化为实然的法律规则的过程，也就是一个不断实现法治的过程。正义世界从应然向实然的转化过程就决定了法律规则制定的必然性，也是法治社会建构的必然性。这种必然性也是由简单的正义原则必然要通过复杂的法律规则不断的自我否定来实现所决定的，又是人类自身实践理性的局限、人类社会太过复杂以及人类自身本能和偏爱的客观存在所决定的。正如果实的成熟需要阳光、水分、空气和各种元素不断地合成、生成才能完成一样，最终的正义原则和法治社会的实现也需要一条一条法

律规范的完善、一点一点正义观念的积累、一个一个合法行为的做出来积累完成。

前文所述的故事毕竟是虚拟的，我们很难想象在没有任何法律规范的情况下，故事的结局会是什么样。因此，秩序、自由、平等这些正义原则必然要化为"后故事叙述"中的各种法律规范，包括："禁止为了个人利益伤害他人"、"公民享有财产继承权"、"遗嘱具有法律的效力"、"同一顺序的继承人具有同等的继承权"等等。考虑到社会的复杂性，如故事中出现的，不是每个人都会留有遗嘱，立法者必须通过立法确定无遗嘱情况下的法定继承规则。当然故事反映出的社会复杂程度似乎远超出现有继承法立法者的想象能力。表现为，当遗产中包含有遗产继承人的贡献，且贡献又不等同时，遗产应该如何让分配？所以，表现在故事中就是，大多数现有国家的继承法也只提供了故事中七种一定意义上都合理的遗产分配方案中的一种。这又表现出法律制度构建自身的局限性。为了实现人类社会的正义价值，构建起日趋完善的法律规则，是不得已而为之，是现实的、权宜之计的考量。那种希望靠完善的法律规范设计调整人类社会一切生活、生产的"法定主义"思想是绝不可行的。因为人类生活是丰富的，也是具体的，其复杂程度会超出任何一个哪怕具有神祇一般智慧的立法者的想象能力。因此，正义和法治的实现除了制定系统的法律规范外，还需要构建沟通立法和具体的法律关系成立的内在机制——法律行为制度。

三、法律行为——法治的社会自治之维

古代立法通常是严格的法定主义的，无论是民事行为及其责任、还是犯罪与刑罚，其具体内容都由法律事先明确规定。在中国古代的《禹刑》和《秦律》中，在《汉谟拉比法典》里，抑或是在《十二铜表法》中，这种例证无处不在。

《禹刑》的具体内容虽已无法考证，但是无论是根据东汉郑玄所说的："夏刑，大辟二百，膑辟三百，宫辟五百，劓、墨各千"，还是《隋书·经籍志》记载的："夏后氏正刑有五，科条三千"，基本可以证实夏朝法律规定了五种刑罚，共三千条。再看《秦律》，《秦律》中有大概如下内容的规定："居邑靠近牛马的皂和其他禁苑的，幼兽繁殖时不准带着狗去狩猎。百姓的狗进入禁苑和捕兽的，不准打死；如追兽和捕兽的要打死。在专门设置的警戒地区打死的狗要完整上缴官府，其他禁苑打死的，可以吃掉狗肉而上缴狗皮。"[②]可见，我国古代的立法详细程度、明确程度甚至远远超过我国当前适用的《刑法》。

距今约四千年前的《汉谟拉比法典》有这样的规定："自由民租处女地三年，以资垦植，但怠惰不耕，则至第四年时应将田犁翻、掘松、耙平，交还田主，并按每1布耳凡10库鲁之额，以谷物交付田主。"更早的一部古巴比伦文明时期的《俾拉拉马法典》则具体规定了："乂麦者雇佣之费为大麦2苏图；倘以银记，则其雇佣费为12乌土图。"[①]

古罗马的《十二铜表法》中关于各种要式交易仪式，如曼兮帕蓄、拟诉弃权、耐克逊等，其相关规定更是繁琐至极。

也许人类社会最初的法定主义立法模式所显现出的具体，甚至是琐碎的立法形式可

能受到人类理性能力以及逻辑学不发达的限制，但不可否认的是其存在的客观合理性在于人类社会早期的人口规模小，经济交往少。我们很难想象在日益复杂的当代社会，立法还会采取这样的完全法定主义的模式，如果那样，立法将不堪重负，所以我们看到的法典总是抽象的、一般的。那么当代立法是如何解决社会交往千变万化、复杂多样与法律规范抽象、一般的固有矛盾的呢？其内在机制就是法律行为制度。

德国人开创了系统的法律行为制度，使法律行为制度成为"《德国民法典》中的精华"。不仅如此，德国学者对于法律行为理论的研究也被大陆法学者誉为"民法规则理论化之象征"，"大陆法民法学中最辉煌的成就"。以至于法律行为理论被"如此多的第一流（思想家）的大脑用于对这种行为的立法研究上"。[3] 我国学者对法律行为理论的研究也成果丰富，但观点各异。[4] 本文并不是对于法律行为理论的专门研究，所以只是在法治的框架下简要阐述本文对法律行为制度的本质、法治意义以及更一般的社会意义的观点。

如果抛开对法律行为进行形而上学的本质主义思考，法律行为既是行为者的意思表示，也是行为者自身的一种设权，其效力也等同于一个具体的法律规范。所以，法律行为这一概念在德国法中自提出之时就是指一种旨在产生法律效果的意思表示行为，在于强调人的内心意思与法律效果之间的关联。法律行为制度是法律主体的数量日益发展，经济交往现象日益发展之后，严格的法定主义调整人类社会经济生活不再可能所必然催生出的一种解决方案。法律行为制度与国家立法共同成为调整社会经济生活的协调合作机制。系统的法律规范构建之后，法律行为制度就成为连接抽象的法律规范与法定权利与具体的法律关系中的具体规范与具体权利的必然环节，也就成为沟通抽象的正义与具体的正义之间的内在机制。以现代合同法为例，没有法律行为制度，只是依据合同法的规定，我们根本无法签订一个具体的、有实质内容和实际意义的现实生活中的合同。

如果我们从自由的角度理解法治和权利，法律行为这一设权性行为的社会意义就很容易理解。自由意味着责任，责任意味着诚信。所以，法律行为制度赋予主体为自己立法的权利，对于现代社会诚信的发展具有不可估量的意义。正是古代即时交易、各种仪式性交易向当代社会预期交易的发展过程促进了当代社会诚信的发展。反过来，社会诚信的发展又使法律行为制度的进一步发展成为可能，如当代社会超越时空的交易的出现。单独的意思表示就具有法律上的效力，这在诚信充分发展的现代社会之前是难以想象的，也因此，在古代社会，交易几乎都会采取要式的形式和即时交付的形式。梅因说诺成契约是现代意义上真正的契约，代表了罗马契约史上"巨大的道德进步"，可谓一语中的。

回到前文的虚拟案例，在没有相关财产分配的立法的情况下，如果 C 在临终前留有遗嘱，那么其遗嘱就具有同国王或君主之立法等同的法律效力。这从古罗马人将遗嘱称为"遗令"或"遗命"可明显地看出来。在 C 没有留下遗嘱的情况下，如果 A 和 B 就羊只的分配达成协议，这一协议同样具有法律的效力，这从法律谚语"合同等同于法律"中也可以看出来。当然，我们会辩证地分析出，严格的法定主义不可能，绝对的法律行为制度，或者说私法自治主义也不可能。所以，现代的遗嘱继承制度会对遗嘱做出如我国《继承法》第十九条"遗嘱应当对缺乏劳动能力又没有生活来源的继承人保留必要的遗产份额。"以及第二十二条"无行为能力人或者限制行为能力人所立的遗嘱无效"这样的法律限制。而现代的合同法律制度也会认定侵害到第三人利益或国家利益的合同为效力待定或无效合同。

如果立法、私人自治的安排仍然留下不确定的空间，仍然不足以保证法治的实现，我们还保有什么样的机制呢？那就是法官自由裁量权的设定。

四、自由裁量——法治的权威决断之维

法官严格按照法律的明确而具体规定来处理法律问题的情形是很少见的，如果说有，那么这种情形下法官的司法活动其本质上只是一种执法活动，因为他只是基于立法者的理由来处理法律问题。真正的司法活动表现在法官自由裁量权的行使，即基于自己的理由来处理法律问题。

法官的自由裁量权（Judicial discretion）是西方法学理论中的一个核心理论问题，无数的法学家，包括约翰·亨利·梅里曼、德沃金、哈特等都有专门的论述。英国学者R. 帕滕顿（R. Pattenden）则系统地梳理了法官自由裁量权一词在学者讨论中的六种用法。[5]根据《牛津法律大辞典》的一般解释，法官自由裁量权是指："（法官）根据具体情况作出裁定或决定的权限，其做出的决定应该是正义、公平、公正和合理的。法律规则通常授予法官在某种情况下行使自由裁量权的权力或责任，法官行使自由裁量权有时需要满足某种条件，有时则仅能在法律规定的限度内行使。"[6]

如果我们充分认识到法律的原则性与抽象性及其不确定性，认识到现实生活中人们行为的复杂性，我们就会理解到法律会在社会生活中留下多少的空白和可能出现的法律争议。如果我们认识到，双方合意并不必然证明合同的公平（如基于欺诈或重大误解而达成的合同），以及合同内容的丰富性，合同订立后各种可能的情形变更，我们也会意识到无论是合同还是其他民事法律行为在成立后可能面临的其法律内涵和效力因在当事人之间的不同理解而产生的法律争议。法官审判案件的实质就是在各种争议之间做出判断，那么，赋予法官以自由裁量权就是必然的制度设定。近现代法律制度发展历程的一个明显特征就是法官的自由裁量权范围在不断扩大，其客观原因也在于此，尽管这里也有整个法律发展过程中司法权与立法权不断博弈的因素。法官的自由裁量权理论和制度是理论上主张法律体系具有逻辑自足性，法律解释强调文义解释，法律推理强调演绎推理，以及立法法典化运动的批判和反思。当然在实践上应该保持适度，已取得法律之稳定性和发展性之间的平衡。所以庞德曾指出"法律必须稳定，但又不能静止不变，因此，所有的法律思想都力图协调稳定必要性与变化必要性这两种彼此冲突的要求……从某种程度来看，这变成了一个在规则与自由裁量权之间进行调适的问题。"[7]正是法官自由裁量权制度的存在以及其与成文法典和法律行为制度之间的密切结合，才使得法律制度能够通过对自身漏洞的及时补充、克服法律适用的僵化、纠正个案中的不公正等途径得以渐进式的发展和完善，进而保证了法治的实现。

在我们分析的虚拟案例中，方法七就是一位友好的法官给出的一个自由裁量式的解决方案。法官基于自己的自由裁量权，将 A、B 两兄弟向 C 提供羊的行为，既没有看做是出借行为，也没有看做是投资行为，就好像没有发生过一样。这就是法官先分给 A10 头羊，分给 B5 头羊的理由。法官只承认了 A 和 B 同等身份应该同等对待的正义原则，所以，132 头羊还回 A 和 B 一共 15 头之后余下的 117 头羊就平分。每人得到 58 头羊。最后剩下一头羊该怎样分？法官再一次运用自己的自由裁量权，（这次的自由裁量权的行使甚至可以看做是决断权的行使，因为法官没有给出任何可以看作是正义标准的理由和依据）将最后一只无法分的羊用来庆祝分配成功，成为气氛友好的晚餐。我们可以认为法官将兄弟和谐相处看作是必须实现的正义。套用当下的话语，我们不得不承认，法官给出的解决方案实现了法律效果和社会效果的统一。针对本文的主题而言，法官的方案正是运用了自身的自由裁量权真正实现了法律的公平、秩序、和谐、安全以及纠纷及时解决等法治所追求的价值。但是，我们必须认识到，赋予法官以自由裁量权是存在风险的，因为我们不能保证每一个法官，在每一次运用自己的自由裁量权时都能做到公正。最大程度地防范这一风险的制度设计就是正当程序制度。

五、正当程序——法治的权力约束之维

正当程序原则进入法律制度，一般可以追溯到 1215 年英国《大宪章》的第 39 条，即"除依据国内法律之外，任何自由民不受监禁人身、侵占财产、剥夺公民权、流放及其他任何形式的惩罚，也不受公众攻击和驱逐。"到了 1354 年英王爱德华三世时期，在其公布的第 28 号法令中，正式出现了"正当法律程序"一词，即"不依正当法律程序，不得对任何人(无论其财产和社会地位如何)加以驱逐出国境或住宅，不得逮捕、监禁、流放或者处于以死刑。"在美国，正当程序条款在 1641 年马萨诸塞州的《马萨诸塞州自由法典》中、在 1789 年《权利法案》中，在 1791 年美国宪法第 5 条修正案中，在 1868 年第 14 条修正案中，不断地得到确认和强调。[1]

正当程序观念和理论的发展经历了从程序法到程序价值，再到程序正义的发展过程。正如原始的法和原始的道德规范、宗教戒律浑然一体一样，早期的实体法和程序法也是浑然一体的。最早认识到程序法的独立意义，并第一次将法律从总体上分为实体法和程序法的法学家是英国的边沁。在刑事诉讼领域提出无罪推定原则、刑事程序的人道化原则、刑事程序有着独立于刑法的意义的思想家则是意大利刑法学家贝卡利亚。20世纪 70 年代，美国法学家罗伯特·萨莫斯系统地提出了法律程序的独立价值标准。他在 1974 年发表的《对法律程序的评价与改进——关于"程序价值"的陈辩》一文中认为程序价值包括：参与性统治、程序正统性、程序和平性、人道性及尊重人的尊严、个人隐

---

[1]　这里只是一个最简单的介绍，更详细的、权威的阐述，参见徐亚文著：《程序正义论》，山东人民出版社，2004 年版之第一编程序正义之史。

私的保护、程序公平性、程序法治、程序理性、及时性和终极性等。① 将法律正当程序上升到正义层面讨论的法学家是罗尔斯,他在《正义论》一书中将程序正义分为纯粹的程序正义、完全的程序正义和不完全的程序正义三种类型。他认为法律上的程序属于不完全的程序正义,即程序不一定每一次都导致正当的结果,程序之外的评价标准以及半纯粹的程序正义(如陪审制度)是保证程序正义结果的重要因素。②

在我国,正当程序理论发展的第二个阶段,即对正当程序的独立价值进行研究开始于 20 世纪 90 年代,刑事诉讼法领域的学者以陈瑞华教授为代表,③ 法理学领域以季卫东教授为代表。④ 正当程序理论发展的第三个阶段,即将正当程序问题上升为正义问题,开始于本世纪初,代表性学者为徐亚文教授。⑤

正当程序理论在当代的兴起至少和以下几种观念的兴起是相关的:第一,实质主义正义观的衰落。人们不再争论正义的本质以及是平等更重要还是自由更重要,而转向探讨保障正义的技术性和程序性原则是什么。第二,公法观念的兴起,这一方面表现为程序法一直都被看作是公法的核心组成部分;另一方面则是因为公法的兴起才使如何限制公权力成为一个严肃而重要的法理问题。第三,人权的保障从强调人权确立观念向强调权力约束观念的转变。第四,美国过程哲学的兴起,以及受其直接影响,由富勒开创的以程序为中心的法理学研究转向。富勒终其一生强调法理学研究和政府法治建设中程序问题的重要性。在其之后,程序法、程序权利、程序正义、程序法治等观念广为传播。⑥ 第五,法理学研究不断从社会学研究借鉴理论和方法的影响。

正当程序理论的兴起也是自然的,这不仅是因为通说所说的,它渊源于悠久的英国古老的“自然正义”(Natural justice)理念。⑦ 事实上,从我国民间解决争议问题的无数俗语中都可以找到正当程序的观念。如,不看人亲不亲,要看理顺不顺;兼听则明,偏信则暗;大街上掌嘴,茅厕里赔礼;水不平要流,理不平要说;碾谷要碾出米来,说话要说出理来;天无二日,人无二理;等。程序正义理论是自然的,因此具有普世性,这种普世性表现为程序正义体现出了法律的真善美。正当程序原则用最简单的模式解释就是一个纠纷解决过程中应当坚持的原则。如警察处理一宗邻里纠纷,首先的要求就是警察

---

① R. S. Summers, Evaluating and Improving Legal Process—APlea for "Process Values", in Cornell Law Review, Vol. November 1974, No. 1, pp. 25-26.

② [美]罗尔斯:《正义论》,何怀宏译,中国社会科学出版社,1985 年版。

③ 陈瑞华:《通过法律实现程序正义:萨莫斯“程序价值”理论评析》,载《北大法律评论》,1998 年第 1 卷第 1 辑;陈瑞华:《程序正义理论》,中国法制出版社 2010 年版;陈瑞华:《看得见的正义》,北京大学出版社 2013 年版。

④ 季卫东:《法治秩序的构建》,中国政法大学出版社 1999 年版;季卫东:《论中国的法治方式》,载《交大法学》2013 年第 4 期。

⑤ 徐亚文:《程序正义论》,山东人民出版社 2004 年版,第二篇。

⑥ [美]罗伯特. 萨默斯:《大师学述:富勒》,马驰译,法律出版社 2010 年版,第六章。

⑦ 即两项基本的程序原则:第一,任何人不能自己审理自己的或与自己有利害关系的案件;第二,任何一方的诉词都要被听取。

与当事人其中的一方不能是亲戚关系或朋友关系；其次，警察在处理过程中要同时听取双方的意见，然后找到折中的解决方案。这就是正当程序原则在现实生活中的原型。那么这一原型我们可以将其抽象成一个天平的结构，争议双方处于天平的两端，争议解决的权威者处于天平的支点。正当程序原则就是要求天平的支点要处于中点，而天平的两边是对等的。经过这样的形象化解释，我们很容易发现正当程序就是发现法律中的真善美的必然要求。首先，只有坚持正当程序原则，兼听争议双方的意见，才最大可能发现争议的真实原因。其次，只有坚持正当程序原则，争议解决人自身公正，公平听取争议双方的意见，才最大可能实现公平的处理。再次，正当程序情境的天平模型是"对称"的，而对称是美的基本结构。因此，我们可以说正当程序制度是法律领域真、善、美相统一的实例。

法治的实现离不开正当程序，这是因为无论我们强调法治的权利保障一面，还是强调法治的权力制约一面，都和正当程序不可分离。尤其是权力制约方面，正当程序从其起源上就是对权力的制约，最初主要表现为对司法权的制约，然后转向对立法权的制约。当代，在行政权日益扩张的背景下，正当程序越来越强调对行政权的制约。尤其是行政机关在行使自由裁量权时（当然也适用于法官的自由裁量权的行使过程中），更应该满足正当程序原则。所以，正当程序是法治的权力约束之维，没有正当程序制度的法治根本就不能称之为法治。那么，正当程序是如何实现对权利的保障和对权力的限制的呢。以行政执法的正当程序为例，行政执法的正当程序通说包括三个标准：第一，合理的通知；第二，行政相对人有提出证据和陈述的机会；第三，行政机关与行政相对人之间的纠纷应该交由独立的裁决者决定。在相关立法中，违反告知程序的执法会被撤销，为相对人提供听证、申诉、复议、聆讯等机会，以及行政诉讼制度的完善等，都是以上执法正当程序的三个标准的法律体现。这里，行政执法正当程序的三个标准分别保障了行政相对人的知情权、辩护权和公平审判权。相对应的就是执法者的告知义务、举行听证的义务以及其他相应的职责。这很好地体现了正当程序的权利保障和权力限制的功能。再比如，正当程序原则中的任何决定都要充分的说理的要求可以看作是对执法专制、擅断最好的约束。可以说，正当程序的所有要求都直接或间接地指向公民权利的保障和政府权力的限制。

在我们给出的虚拟案例中，正当程序表现为法官朋友是兄弟双方共同的朋友，分配的过程也不涉及法官自身的利益。法官听取了兄弟双方的辩解，同时照顾到了双方的利益，最后争议友好和平地得以解决。这与萨莫斯的程序价值标准体系何其相符！①

结　语

法治是一种社会治理技术，法治保卫正义。一定意义上，法治和人们在自家宅院周

---

① R. S. Summers, Evaluating and Improving Legal Process—Aplea for "Process Values", in Cornell Law Review, Vol. November 1974, No. 1, pp. 25-26.

围竖起的篱笆起到同样的作用。从整个社会治理的角度观察，它与道德教育、技术防范一起，是任何一个社会都不可或缺的。以个人财产保护为例，不能垂涎于他人的财产的道德教育，惩罚财产侵权、盗窃和抢劫的法律制定，以及在个人空间或公共空间设置各种技术性防范和保护措施（自己建起的院墙，国家建起的监控设施等等），往往同时并存。近代社会法治的兴起自然和资本主义制度的产生密切相关，但也和人口的增长、经济的发展，个人权威的丧失，道德观念的多元化息息相关。

作为社会规范技术的法律制度要真正实现对社会的规范，塑造法治的社会，进而实现正义价值，其必然要明确自身的正义价值，建立起一整套相对明确可行的规范体系，同时附之以社会公众自由的行为空间以及纠纷解决者——法官自由裁量的空间，和约束各种可能的权力滥用的正当程序制度。我国当前的法治建设，在实践上只是完成了第二方面的建设，这也许是法治进程缓慢的根本原因。只有五个方面整体推进，从五个维度建立起来的法治体系才是真正的法治，法治也才真正可能最大程度地实现。

第四篇
国家治理现代化中的儒家元素及程序性包容
——基于博弈论的分析

涂少彬 李振海*

摘　要：中国社会是一个儒家社会，儒家文化规范是中国社会普遍存在的柔性社会规范，它有着自身的奖惩机制与强韧的文化传承性和社会生活干预力。对于儒家文化规范，中国国家治理现代化面临着三个选择，漠视、排斥或包容整合。包容整合是一个理性选择，它使得中国的国家治理一方面具有现代国家治理模式的普遍性，另一方面能实现国家治理的有效性与适切性。国家治理现代化对儒家文化规范包容整合的总原则是通过科学、理性、透明与严密的法律程序性设计来包容整合儒家文化规范，既控制其解构现代法治的负面功能，又赋予其有利于国家治理现代化发展因素的理性演化空间，进而实现现代制度理性与儒家文化理性的统一。

关键词：国家治理现代化　儒家文化　程序性包容

中国社会是一个儒家社会，这是一个无法回避的社会事实。国家治理现代化的模式选择不能首先把这个国家想象成一块文化白板，然后可以嵌入抽象的适合于任何一个国家的现代治理模式。法学理论界的很多制度研究就有这个倾向：毫不顾及儒家文化规范作为一种"微观制度"的存在①，任意抽取西方的制度然后套用进中国社会进行规范层面的设计。这种寻求制度建构一般性的做法忽视了一个非常重要的社会事实，一个社会中的文化有相当一部分内容也是制度，不过常常是一种"柔性社会制度"②或是"软法③。这种微观制度、柔性社会制度或软法是历史的产物也是现实的存在，我们无法选择，更不能假装它不存在，漠视、排斥它的国家治理模式必然容易使得制度设计失去现实效用，其结果是多走弯路，加大国家治理成本。

治理不同于统治，从统治走向治理，是国家治理现代化的普遍趋势。从法理学来

---

* 作者简介：涂少彬，湖北浠水人，中南民族大学法学院副教授、法学博士；李振海，中南民族大学法学院硕士研究生。

① 苏力：《纲常、礼仪、称呼与秩序建构——追求对儒家的制度性理解》，载《中国法学》2007年第5期。

② 涂少彬、江河：《儒家"活法"初论》，载《法学评论》2010年第5期。

③ 罗豪才：《通过软法的治理》，载《法学家》2006年第1期。

看，国家治理现代化有以下特征：治理的主体不仅强调公权力，还强调社会主体的参与；治理与统治的对抗性特征不同，它更多地强调协商性；治理不仅强调国家法律的控制，还强调各种社会规范对治理的功效；治理不仅强调权力与治理对象的隶属性关系，还借助平行的社会权力的管理参与；治理比政府权力涵盖的边界更宽，凡属于公共领域，治理皆可及其边界。① 从治理的上述特征来看，对作为微观制度、柔性社会规范与软法存在的儒家文化来说，它必然是国家治理现代化必须考虑的维度之一。

一、博弈论是国家治理现代化问题的显微镜与望远镜

从法理学层面来看，研究中国国家治理现代化需要引入新的研究工具。如果没有分析工具的更新，仅从一种宏大叙事走向另一种宏大叙事，法理学的分析就易滑向一种空泛的宏大叙事，就会产生像后现代主义法学所讥讽的讲"大故事"（great narrative）。

在西方，博弈论自 20 世纪 20 年代就开始发展起来。1994 年，三位博弈论学者获得了该年度的诺贝尔奖，这个标志性的事实使得西方法学界更多的学者开始关注并使用博弈论的观点与方法来分析法学问题。然而，在中国，博弈论尤其是博弈论最近发展的阶段——演化博弈论的应用在法学界还非常少见。尽管如此，建立在实证与数理逻辑上的演化博弈论对社会问题所具有的强大解释力使得我们不得不对它给予足够的关注与应用——演化博弈论应成为法理学的基础研究方法之一。

当然，演化博弈论也是建立在博弈论的一些典型范例与基础模型之上。如果用我们熟悉的语言来解释博弈论，博弈论就是研究人际间的互动策略与行为及相应行为规则，进而形成社会文化的研究工具。用英国经济学家肯·宾默尔的话来讲，所谓博弈，"就是人类或者动物在任何情况之下的互动。参与者所计划采取的行动称为策略（strategy）。"② 当然，更多的学者将策略界定为博弈参与人行为选择的规则，而参与人的行为则是策略中的变量。实际上，博弈论中的策略，我们日常生活中每个人每天都在用，比如，在中国驾车，你会右行，右行就是你的策略；比如，你与一个人相向而行，你们都在悄无声息地协调自身的步行速度、位置与方向而不至于相互碰撞。你悄无声息的协调行为，也是博弈论中所指的策略。又由于人们的行为与人们所共享的一些符号相关，或者说，人们的很多行为受其自身所知的符号的影响，而这种符号又多与人们所处的各种文化相关，因而，文化对人们的策略及行为影响非常大。这里的符号含义广泛，它包括人们的精神、理念、知识以及更宏观层面的文化等等。比如，结合本文论述的儒家文化规范来说，中国人在人际交往中为什么那么重视"面子"？用博弈论的观点来看，这是由千千万万中国人个人的策略选择而促进演化的，一旦社会形成了重视"面子"的均衡，它就是一种规则，一种习俗，一种文化。如果有人偏离这种文化，它可能会被儒家文化规范所惩罚，进而付出大的代价。均衡，简言之，就是某一活动参与人对该活动

---

① 俞可平：《推进国家治理现体系与治理能力现代化》，载《前线》2014 年第 1 期。

② ［英］肯·宾默尔：《自然正义》，李晋译，上海财经大学出版社 2010 年版，第 10 页。

的参与行为采取的最优策略或行动的集合。

在人类社会中，从宏观到微观，人们的策略行为无处不在，而社会均衡也无处不在：从一国特定宗教、道德、惯例、习俗、文化等社会现象的形成，到即时通讯工具比如QQ的使用，某些流行语言的普及使用，都体现了千千万万的个人分散的策略最后达致一个稳定的均衡；而均衡，在演化博弈论中，与一国的文化、宗教、道德、惯例、习俗与流行的规则几乎是等同的，或者说，后者是人们的行为演化均衡的现象与结果。

进一步来讲，本文之所以花大篇幅来论述博弈论与均衡，具有以下原因：

第一，博弈论对宏观社会中个人行为的选择分析入微，它已成为关于人们行为选择模式的一般性理论。博弈论对个人行为选择的研究非常细化，它不仅研究人们的自主理性选择，也研究人们的模仿性选择与机械性反应选择。博弈论对人们行为的研究能周延而又入微地进行解释。这种对人们的文化性行为的模式化研究对解释国家治理现代化与儒家文化规范的关系是非常具有说服力的。

第二，博弈论对社会宏观层面的文化、传统、习俗与惯例的解释力及说服力非常强。博弈论不仅解释人们的微观行为，而且通过模型与数理运算来解释千千万万的个人微观行为的集体结果——均衡。均衡，简言之，即不特定个人在给定预期下其优势策略选择的稳定结果状态的集合。经过人们长期的选择与演化，均衡往往形成了某种文化、传统、习俗与惯例，或者是某种法定的制度等。

第三，博弈论中的基本范畴"均衡"不仅能够便利地用来解释一些曾经只能模糊解释的法社会学现象，比如儒家文化规范，而且能够把这些现象的内涵与外延用数理逻辑描述得更清晰。此外，均衡这一概念不仅能描述静态的法社会学现象比如一个具体的社会习俗的存在，而且还能够描述动态的法社会学现象比如一个社会习俗的发展演变趋势。这就使得曾经难以言说或者述而不清的法社会学研究对象得以明晰化，进而能够拓展研究对象的广度与深度。

第四，博弈论中的经典博弈模型，如囚徒困境、驾车博弈、狩猎博弈、情侣博弈等能够很好地解释国家治理现代化与儒家文化规范之间的宏观关系。类似的，这些博弈模型能将传统法学研究方法中一般性的论述语言无法论述清楚的问题予以明细而细致的论述，这种论述更具有解释力与说服力。

总而言之，对于国家治理现代化与儒家文化规范问题，引入博弈论来进行细致与深入的研究方能避免宏大叙事的空泛，并尽可能地将问题论述得更清楚。

引入博弈论的方法，我们可以发现，对于一些儒家文化规范中的一些负面因素并非是贴一个负面的价值标签评价——如庸俗、不正之风、落后、封建、无价值等——就能使其自动退出社会规范的舞台，相反，这些看起来的负面的儒家文化规范，其生命力的强韧可能足以与国家治理的正式法制规范展开竞争。同时，我们还可以看出，国家治理现代化与儒家文化规范与之间并不一定是一场零和博弈：制度设计不当，它们之间的竞争会使我们陷入囚徒困境；制度设计得当，国家治理现代化与儒家文化规范之间也会存在帕累托改善空间①。

二、日常生活反观：国家治理现代化儒家文化维度的切入

要用博弈论来研究国家治理现代化的儒家文化规范之间的关系，我们的研究视角要切入人们的日常行为，反观中国儒家性质的日常社会生活。当当代中国的法理学研究借助西方近代法学话语的叙事狂飙突进，在学界内部进行着话语循环生产时，或许，反观一下被宏大叙事忽视的日常生活，我们可能发现另外一些东西。

据《中国新闻周刊》报道，2006 年，贵州人肖敬明远赴宁波做点小生意，与在当地的贵州老乡打成一片，因得老乡的照顾，倒也赚了些钱，小日子过得还不错。然而，在这些愿意照顾他生意的老乡中，也有一些在"道上"混的，常常打架斗殴。2008 年，几个老乡因跟一个东北人发生纠纷，杀死了该东北人。肖敬明是这场杀人事件的主要见证人。在公安机关反复做思想工作的情况下，肖敬明愿意出来指认嫌凶。《中国新闻周刊》刊文写道，"出于良知，见证一桩斗殴致死案的贵州农民肖敬明，匿名指认了行凶者——自己的亲戚和老乡。他的匿名在法院出乎意料地被曝光。他受到死亡威胁，被迫流亡天涯，在'法律'与'乡党'、'公民作证'与'保护缺失'之间苦苦挣扎"。②

表面上，这个悲剧是刑事诉讼法的制度缺失造成的。但如果只是这么看，我们可能就会丧失一个反思自己日常生活进而反思我国治理现代化与儒家文化规范的机会——国家构造的法制均衡与传统文化形成的非契约性均衡之间存在什么样的竞争关系吗？我们的国家治理现代化必须对这个问题有明晰的回答。

法治规则能否进入生活，在学界许多人看来，这是关涉到国家治理现代化能否成功实现的关键目标。比如，有学者认为，"与一些人的看法相同，我也认为，中国法治的主要问题是法律不能贯彻于生活。"③法治构造的社会关系能进入日常生活吗？要回答这个问题，我们可以再看几个生活中的实例。

2011 年，四川人熊汉江在其打工的广东省潮州市古巷镇讨要工资，结果被人挑断手脚筋。在当地四川同乡会的参与下，四川省籍的打工者集体讨要公平，并引发了一场群体性事件。④ 无独有偶，同年，广州增城，一四川摊贩因与当地城市协管员发生冲

---

① 帕累托（1848—1923）是法国巴黎出生的意大利经济学家。自从现代经济学家主要关注社会资源的配置以来，经济学界逐渐倾向于接受以帕累托命名的所谓帕累托效率准则：经济效率体现于配置社会资源以改善人们的境况，主要看资源是否已经被充分利用。如果资源已经被充分利用，想再改善我就必须损害你或别的什么人，想要再改善你就必须损害另外某个他人的利益，这时候就说一个经济已经实现了帕累托效率。（参见王则柯：《博弈论平话》，中国经济出版社 2004 年版，第 77 页）在纳什均衡中，博弈参与人收益总和最大的均衡为具有帕累托优势的均衡。

② 张鹭：《证人肖敬明的恐惧》，载《中国新闻周刊》2008 年第 47 期。

③ 郑永流：《法律方法阶梯》，北京大学出版社 2008 年版，第 7 页。

④ 丘濂：《潮州外来工讨薪悲剧引发的群体性事件》，载《三联生活周刊》第 27 期。

突，结果引发了另一场以四川籍为主的在粤同乡的群体性事件。①

从上述事件中，我们可以分析出许多的问题，但是，有一个问题很重要，即，在国家治理现代化的背景下，同乡会这种具有强韧传承性的社会团结方式我们该怎样对待？用博弈论的观念来看，同乡会是以特定地缘为纽带自发形成的一个社会团结均衡的组织。在上述几个事件中，老乡关系，即地缘纽带，仍然在中国人的社会团结方式中占据着重要地位。这种社会团结均衡是如何形成的？它为什么具有这么强韧的传承性？为什么当地官方的相关组织难以起到联系、组织与管理一些外来打工者的功能？它与中国当今官方的社会组织制度有什么样的关系？需要整合吗？能够以官方组织整合它吗？无论是前文所述的挣扎于法律与老乡关系之间的肖敬明，还是这里的同乡会，这些日常生活中反映出来的问题，并非是可以随意忽视的不重要的问题，也非是用"落后"或者"没有法律意识"之类的标签就可以打发的，它反映了我国国家治理现代化中无法回避的一些重要问题。

对于中国的法治状况与国家治理现代化，我们也不能仅仅通过纸面上的法律规则与极少数进入司法程序或新闻事件中的事件来进行评判，更重要的是，我们要深入规则、司法实践与新闻事件的背后，看到社会生活中的普通人与社会生活中的事实，去认识社会生活的均衡，进而探寻理性的治理之道。

就同乡会来看，尽管一些媒体习惯以简单的修辞语言将其标签为庸俗团体，但实际上，在中国社会的许多群体中，同乡会是层出不穷的。有时候，虽然没有同乡会的正式名称与组织形式，但是，基于同乡纽带的团结形式仍然以种种形态在运作。

我们且看一些新闻媒体的报道，《解放军生活》有一篇小文，题目为《老乡观念的七宗罪》；《中国教育报》一篇小文报道，《武汉高校，学生拒绝庸俗风》；《解放军报》还有一篇文章报道，《"老乡"真的管"用"吗？》。实际上，地缘纽带、老乡会等对中国社会团结方式的影响远远不只是报道的这么多。只不过，在有些领域，这种纽带或组织却是被鼓励的，比如，在全国很多地方都存在的××商会便是其中之一。

实际上，地缘纽带只是中国社会的传统团结方式之一。除了地缘纽带之外，中国社会还有血缘、学缘、亲缘等团结纽带，它们在社会生活许多领域中发挥着实实在在的作用。如果我们只是认为，这些"庸俗"的社会团结方式只是某些社会角落甚至是所谓文化层次不高的群体才有团结方式，那我们可能就错了。即使是受西来法治理念与规则浸淫日久的法律人，也常常"动用同学关系与师生情缘"来办理案件。② 而这种关系与情缘正是中国社会传统均衡表现的另一种团结方式，即学缘。无论地缘也好，学缘也罢，都与本文要论述的传统儒家文化规范构造的社会均衡密切相关，也是中国国家治理现代化的文化背景。

也就是说，即使是在最应该以新的法治均衡与社会团结方式——法治的方式来安排

---

① 蔡庆标：《广州增城通报聚众事件 因四川籍孕妇占道摆摊》，http://cd.qq.com/a/20110612/000681.htm，于 2014 年 5 月 8 日访问。

② 宋功德：《法学的坦白》，法律出版社 2001 年版，第 105 页。

自己的行为、组织社会共同体及其生活的时候，一些法律人一样得心应手地来利用传统儒家文化规范构造的均衡并使用传统的社会团结方式来"生活"。这是偶然的、例外的或者说是不合规律的还是我们对此应该有更多的思考与分析？

这么多年来，我们的法治叙事狂飙突进，我们的权利理论建构也是汗牛充栋，然而，我们最应该给予关注的日常社会生活及其均衡却似乎很少进入我们研究的"法眼"，即使很多学者认为社会生活的法治化是中国国家治理现代化能否成功的关键。在这种意义上来说，很多时候，我们学界的研究似乎是在一个虚拟的界面上操作，这些理论操作的并非是社会生活，也没有深入日常生活，而是在操作话语本身。易言之，我们或许是遭遇了一个视域是否适当的问题。中国的法治，我们必须要将视域放置到每个普通个人的行为选择上，放到他们的日常规则与认同的均衡上来观察、研究与建构。一言以蔽之，我们的法学与法律到底要如何处置我们的日常生活中无处不在的均衡，到底要如何对待我们的日常生活中的最普通、最常见、最一般的理念、原则、规则、认同及其均衡。

实际上，中国国家治理现代化的一个基础性的问题或许是在外来话语及规则构造的均衡与传统儒家话语及其规则构造的均衡之间的长期竞争的问题。对中国而言，在没有现代意义上的法治与国家治理已有几千年了。然而，没有现代意义上的法治与国家治理，并不意味着传统社会是无政府无治理无均衡的，相反，在传统社会条件下形成各种社会均衡的过程中传统社会秩序的维持规则也同时形成。当然，中国传统社会没有平衡好社会精英之间的关系，① 没有制约好权力，用博弈论的观点来看，社会的统治阶层与被统治阶层之间竞争容易形成囚徒困境，所以它往往日趋衰败。当传统的社会治理规则被视为落后而引入西方的法治治理方略的时候，传统的均衡及其对应的话语体系只不过是从国家支持的话语层面隐退了，然而，传统的社会均衡本身并没有退出社会生活的舞台，它仍然以强有力的方式在支配着我们的社会生活——退出，只是一种正式的官方层面上的话语与规则上的退出而已。作为借鉴而来的法治方略，它要构建一种均衡，并要切入并嵌入这个已有均衡支配的社会，就面临着既有社会均衡的强力竞争。

在既有众多的法治叙事中，法治价值与目标上的修辞性论述多过法社会学尤其是法经济学的研究，以演化博弈论为理论工具进行研究的更是少见。这些修辞性论述往往遮蔽了法治的重要问题，即，中国社会既有传统文化构造的均衡的影响力。我们的"法眼"常常忽略了我们的日常生活本身。日常生活中的儒家文化理念、规则、逻辑及其背后的社会均衡，才使得我们的生活不同于基督徒、穆斯林及其他文化形态下的人们的生活。

三、儒家文化仍是我们当下的现实与命运

当我们用"法眼"反观我们的日常生活，我们将会发现，中国社会的儒家文化规范

---

① ［英］S. 戈登·雷丁：《华人的资本主义精神》，谢婉莹译，上海人民出版社 2009 年版，第 43页。

是我们常常行之而不觉的认同及规范。这些认同与规范，使得我们在国家治理现代化问题上经常出现不自觉地思与行上的分裂：按照博弈论的观点来看，这是由于同一个个体在面对一些社会问题时分裂出现了两个"理性人"：一方面，我们可能认为国家治理现代化是一种有效率的社会均衡，并认同其法治的治理方式与规则；但另一方面，传统儒家文化构造的社会均衡仍然在起作用，由于传统的社会均衡仍有其奖惩机制，因而，在具体行为上，我们会选择顺从儒家文化构造的均衡来行动。进而言之，在目前中国力图构造的治理现代化均衡与儒家文化规范构造的均衡中，二者相互竞争，传统儒家文化构造的均衡仍然具有强大的竞争力。

当面对两种均衡时，理性人发生了分裂，我们的问题是，这种"理性"的分裂是可控的吗？易言之，这种分裂，作为分裂主体的个人是能够自由选择吗？

对这一问题的回答，西方的叙事资源中有两种"主义"来回答：一是自由主义，一是社群主义。自由主义强调个人选择——用博弈论的观点来讲就是策略的自由选择——的自由与超越性：个人面对自己行为及目标的各种可能，具有选择的自由与自主性，这种自由与自主能够超越外在环境的约束与影响；而社群主义则认为，个人的偏好具有文化性与社群性——用博弈论的理论来讲就是特定社群的文化构造的均衡对个人行为的选择具有收敛性①，从将个人偏离社会均衡的行为吸收到社群的文化均衡中，表面上看起来的一个自由与自主的超越行为，实际上并不具有超越性——个人选择的行为与目标都是受文化均衡的影响，尤其是当一个人接受外来文化及其构造均衡形态有限的情形下更是这样。自由主义的观点在常识上更具说服力——我们确实在很多事情上可以做出超越文化的选择，而社群主义从历史与均衡的发展上来看也极具说服力——中国历史上那么多的思想家，他们左冲右突，看似"自由"与"自主"地选择，但也终究没有冲出中国文化的均衡。

然而，实证可以观察到的却不像自由主义与社群主义那么泾渭分明，实证可以观察到的是，一定社群中的人，虽然他的偏好的确受其社群文化所型塑（shaping），而且，他的选择经常受不自觉的文化均衡的影响；同时，一定社会也确实可以观察得到，它的发展路径确实具有超越自身文化均衡的事实与趋势。比如，儒家文化地区，受外来文化及其构造的规则的影响，也确实发展出来了不同于儒家文化的外来法治文化，或者说，外来法治文化在儒家文化地区也确实生根发芽了。

然而，当我们环顾港台地区及日韩新各国，可以发现，即使是受西来法政制度与文化的影响，儒家文化并没有因此而日渐式微，它只是调整了其形态、构造、领域与影响力。简言之，即使是在西方法政制度与文化的影响下，儒家文化不过是进行了一定的自我调整并顽强地生存下来。

论述至此，以下问题自然产生，即，在国家治理现代化的目标下，每个个体会如何在法治均衡与儒家文化构造的均衡之间做出选择，我们的国家治理现代化的宏观与微观

---

① 博弈论中是收敛（converge），是指一定均衡通过维持自身存在的奖惩机制，使得人们为了效用收益最大化，调整自己的策略，并由不均衡状态向均衡状态发展的现象。

制度该如何设计，能抛开中国社会的儒家文化规范来进行抽象的法治与国家治理现代化的制度设计吗？儒家文化仍然是我们的文化现实与宿命吗？对这些问题的回答，既要对社会经验进行观察，同时也要从理论层面进行论证。然而，自由主义和社群主义这两套叙事极难清楚明晰对之予以论述，虽然它们也确实找到实证的社会现象来支持自己的观点，但总是模模糊糊，难以解释对方主张的观点中现象为何存在，而这种存在对己方观点又意味着什么。而作为科学工具的博弈论，能简易地将自由主义与社群主义的观点予以明晰地解释：简言之，自由主义与社群主义表达的是社会文化、传统、习俗与惯例等演进路径中不同策略的结果：社群主义表达的是一个特定社群的不同均衡的演进状态——有限理性的主体人很难真正确知自己完全正确的利益所在，他一般会通过模仿被认为是最有利的策略来进行行动，因为在特定文化构造的规范下，偏离他所模仿的行动，他可能要付出大的代价。这样，一个特定社群的主体就不断地跟随自己社群的文化演进；而自由主义则反映了尽管特定社会有不同的均衡，但是，人们可能会尝试背离传统均衡来获利，也可能会"犯错"，当这种背离或"犯错"而获得了更大的利益的时候，经过一段时间类似案例的积累，它们就可能开辟出一个新的均衡。只不过，可能让人有点难以理解的是，自由主义所表达的均衡可能恰恰是自由本身：一个社会选择了崇尚自由的这种传统的均衡，若有人企图偏离自由要给人们以遏制自由的制度，那么，他可能会付出大的代价。比如，英王要不经国会同意而征税，他可能被驱赶下台，接受法律的制裁。这实际上可解读为英王违背了英国社会长期形成的贵族与英王之间的关系均衡：贵族在当时的英国社会享有很大的自由，贵族的自由就是一种历史形成的均衡。

类似的，儒家文化构造了中国社会数千年来形成的均衡，这些均衡仍然在发挥着它的作用。我们有太多的社会传统与习惯难以偏离，如果偏离可能遭受社会的惩罚——这种惩罚可能是冷眼、嘲笑、排斥等；或者我们有太多的社会均衡需要我们遵从，如果遵从，我们可能从中获利——比如好的名声、赞扬、温暖、支持等。比如前文所述的同乡会就是特定均衡的产物。一个社会的均衡无处不在，同一种事务，可以有不同策略去参与，进而形成不同的均衡。然而，从一个均衡发展到另一个均衡，有时是很短的时间，例如，从计划经济均衡到市场经济均衡；有的均衡则持续非常久远的时间，例如，清明祭扫祖先。显然，儒家文化的形成、发展与演进的时间久远，它与社会中其他的均衡之间关系复杂而密切，要完全摆脱哪怕是降低它的影响，非短时间内所能够促就的。

1840 年以来的中国，屡遭挫折，似一慌不择路的路人，在危亡与理想中左冲右突，欲摆脱外来的压力与一些传统的均衡求救亡图治，结果仍然留下了民族的诸多痛苦与遗憾。现时切入国家治理现代化之路，以现代法治上的权利义务模式来重构中国社会，从制度层面激活公民主体性，使得每一个个人都是自己的主权者，发挥最大的主动性与社会进步的能动力从促成现代性法治均衡的形成。然而，沿着这种目标的道路上，我们能走多深走多远呢？

从传统社会儒家的人治、德治、礼治到当今社会的国家治理现代化，用博弈论的观点来看，就是从一种社会均衡转到另外一种社会均衡，即从人治的均衡转向以法治均为核心的现代治理均衡。这有点像博弈论中的驾车博弈。在大革命期间，因为当时的法国社会认为左是落后的而右是进步的，因而一夜之间从传统的驾车左行改为右行。① 当然，这只是一个类比，事实上，从人治的均衡到法治的均衡，其复杂程度、冲突的激烈与耗时的久远，显然要远远超过驾车博弈中的改车行道。

实际上，我们从近代以来一直引入西方的理念与制度，这个方向本身被认为是正确的，因为共识是，西方的法治理念与制度更具进步性与效率性。但在技术上，我们应该更理性与精细。通过国家治理现代化将传统治国的轨道切入现代社会的方向是共识，但国家治理现代化是由一系列的理念、规范与制度资源构成的，它并非是一种器物而可以通过物理手段来构建。在国家治理现代化方略切入中国之前，中国社会一直存在着以儒学义理为中心的理念、价值、原则与规则体系，这套体系既是国家治理的体系，也是社会治理的体系，它经过了 2000 多年的社会化过程，形成的国家与社会治理的均衡已深深地嵌入中国社会之中。按照演化博弈论对制度惰性 (inertia) 的数理逻辑分析，传统社会形成的制度均衡具有非常大的惰性，要想短时间内就从人治的均衡走向法治的均衡，必须要大量的随机突变在极短时间内发生才能做到，就像法国大革命时期突然改变车行道一样。即使是通过官方确立法治均衡来完成国家治理现代化，但当这种法治没有被赋予至上的权威时，这种均衡极易被既有的社会文化传统构造的均衡所干扰，因而从根本与结构上来看，国家治理现代化很难在短时间内完成。

既然这样，那国家治理现代化与儒家文化规范之间到底又是一种怎样的关系呢？

实际上，只要环顾我们的日常生活，本着我们的经验与常识就可以认识到，我们的社会确实是儒家社会，以儒学义理为核心价值与规范的社会均衡形成几千年了，要短时改变，谈何容易！甚至，即使是植入被认为是更有效率的外来法治均衡，在可见的时间内也可能注定无法改变传统均衡中的儒家元素。从东亚地区其他的儒家社会来看，即使是在法政领域非常重视学习西方的日韩及台湾地区，其社会规范及社会性质仍然是儒家的。既然这样，或许是该调整我们的方法论及论述的时候了。这种论述的调整不仅是一般的定性的宏观论述，还应是更为精细的甚至是定量的论述。

四、以科学理性透明与严密的法律程序包容整合儒家文化

当儒家文化被判定为我们当前的现实与命运，它与国家治理现代化及法治之间的关系就应该有更为精细的论述②；粗疏地从价值层面将儒家文化与国家治理现代化及法治对立起来，不仅仅立论上存在问题，而且就论述本身也是远远不够；我们应引入博弈论

---

① 法国大革命时期，走马路左边被认为是政治不正确，是特权阶级的习惯；走马路右边被认为是普通人的习惯，更多地体现了民主。之后，马拉车行右边被立法确立。参见 H. Peyton Young：《The Economics of Convention》，The Journal of Economic Perspectives Vol. 10, No. 2 (Spring, 1996), pp. 105-122。

② 由于国家治理现代化的重要基础是法治现代化，因而在本文的论述中，国家治理现代化与法治常被放置一起进行论述。

的方法，更为精细地论述它们之间的关系；同时，从程序法治的角度，通过制度空间来赋予更多积极意义的制度均衡自然生发与演化，赋予国家治理模式以更多的制度创新空间，这样不仅能静态地处理好一时一地的儒家文化与国家治理现代化的关系，而且能够与时俱进，动态地处理好儒家文化与国家治理现代化之间的演进关系，使得中国的国家治理现代化既能紧跟现代文明国家的一般做法，又能够适切地照应中国人的社会生活与精神层面的认同与归宿。

通常人们都关心自己的利益，但在很多情形下，能促进其利益的信念与信息是并非当然就能拥有的，它们可能是稀缺的。比如在囚徒博弈中①，被检察官隔离的囚徒，相互合作才能使他们的利益最大化，然而，在被隔离的情形下，关于合作的信念与信息是稀缺的，他们基于自身利益最大化的理性只会让他们做出低效率的出卖策略。事实上，即使在日常生活中，人们能够自由交流沟通，但由于信念与信息是稀缺资源，其生产与传播都是有成本的，加之其他许多原因，社会生活中的囚徒困境比比皆是。

在日常生活中，大多数中国人虽然知道法律的存在，然而，在日常交往中，法律常常对他们来讲是备而不用的。在现实生活中，人们按照儒家的文化规范来处理彼此之间的关系，小心翼翼地维护着儒家文化属性的连带关系，因为对大多数人的大多数时间而言，这种关系更为普遍与现实。

儒家社会中每个人都极力维护儒家属性的社会连带关系，尤其是在私人领域。要这种努力突然在公共领域发生改变非常困难，通常，他们不仅不会改变这种努力，相反还极力在公共领域中延伸这种努力，以维护这种连带感同时进行交易。因此，如果没有特别的规范设置以推动儒家社会中的个体进行经济逻辑上的判断与选择，私人的连带关系必然充斥并压倒法律上个人主义的预设，法律之公便为儒家之私人连带关系充斥。

之所以出现这种情形，是因为儒家文化构造的秩序具有心理与经济两个方面的逻辑支撑，并使得它具有自我生长的能力，能够应对社会的变化。即使在现代市场经济时代，它仍然能够依赖儒家社会中人的精神认同与经济逻辑来保持自己的连带关系。

在这种条件下，有一个重大的问题必须回答，这个问题不仅仅是当代中国问题，也是近代以来就有过的重大争论的问题。在这里结合论述的主题，本文将这个主题缩小为，国家治理现代化如何对应儒家文化秩序的问题。围绕着这个问题有两个问题需要明晰：（1）如果不明晰这个问题，中国的国家治理现代化就具有盲目性，简单地移植西方的法律制度，意欲构造同样的法律秩序，结果造就了中国社会的二元秩序：即儒家社会秩序和现代法制秩序。简言之，国家治理现代化必须首先要有明确而自觉的意识：中国的国家治理现代化是在既有的儒家社会秩序存在的条件下的现代化，而不是在别的什么社会秩序与文化中的现代化，只有有了这个意识，我们的国家治理现代化建设既具有普遍性，又具有儒家社会的针对性、有效性与适切性。（2）国家治理现代化如何能规范层

---

① 下文要专门讲述囚徒困境。囚徒困境说明了即使在合作使所有人状况变好时，人们在生活中也往往不能相互合作。参见［美］曼昆：《经济学原理》（上），梁小民译，机械工业出版社 2006 年版，第 295 页。

面合理有效地应对儒家文化规范的存在呢？它既不能急于生硬地通过法制解构既有的儒家文化规范，又要确立国家治理现代化的权威与有效性，将儒家文化规范中的负面功能有效地排除在公共领域之外，降低权力运行的腐败性的可能性；既要让社会个体能够接受现代法律，在法制秩序与儒家社会秩序做出有效的选择，又不能让他们为这种选择承担巨大的成本。很显然，如果选择法律秩序的成本超过维护社会连带的成本，理性人的选择将会低成本行为。然而，这个问题并不这么简单，有时候，对个人来讲的低成本行为对社会而言则是高成本行为。肖敬明的选择对司法而言是一个低成本的选择，然而，对他个人而言则是一个高成本行为。或许这种选择是小众的选择，所以证人逃亡案成为一个经典。

正是在上述意义上，中国国家治理现代化应具有自己的特色就不是一个修辞的说法。学界很多人要么对儒家延续五四以来的标签式理解，要么乐于对儒家文化进行本文解读，而罔顾中国人普遍遵循儒家文化及其社会秩序的事实，要么以"取其精华，去其糟粕"等空洞而没有可操作性的原则来应对这种规范体系。对儒家文化规范存在的漠视与排斥是法学界存在的一种匪夷所思的态度，只要在中国知网上进行搜索，便可以发现，法学界对儒家文化规范对现实社会影响的研究文章相当少。而且，中国知网上的法治叙事基本只存在两个维度，一是马克思主义的叙事，二是实质上的自由主义叙事，儒家维度的叙事基本上是缺失的。

强行解构它必然会遭到它的逻辑反弹，制造效率低下或空转的法律秩序；而由法律帮助扩张儒家文化规范回归到传统儒家社会也显然没有前途。在这种两难且儒家文化规范自身又不断变化的情况下，如何从制度层面进行理性的应对呢？

实际上，英国法通过程序控制来构造传统文化理性演化的制度空间的做法值得借鉴。英国法制之所以能在包容传统的同时，又不保守僵化，还能适时地推动社会进步，并将其推向文化如此多元的海外殖民地，其重要原因之一在于利用了法律程序的包容性与适应力。我们也可以找出一种法律程序框架，让儒家文化规范在国家治理现代化的制度框架中继续演进：在一些领域中，是选择法律规范还是选择儒家文化规范来调整有当事人进行自由选择，权力主体只需要进行法定的程序控制即可；在另外一些领域，有权力主体进行法律控制，保证儒家文化规范不至于侵入法律规范之中。这种制度安排既不会以法律规范去生硬强制性解构儒家文化规范，造成社会生活失序，又能保证在必要的公共领域国家的现代化治理能够通过法律规范有效实现。

通过科学、理性、透明与严密的法律程序的设计，国家治理现代化能够完成对儒家文化规范的回应与介入。法律本身不去艰难地区分所谓"精华"与"糟粕"——通常这种区分也是徒劳的，因为所谓"精华"与"糟粕"很多时候是一体的，它的区别在不同领域如私域或公域的作用不同而已，而是通过法律程序去划分其存在的空间，允许其在法律空间内自发理性演化，不人为割裂国家法制系统与日常生活系统，也不放任儒家文化规范去架空国家治理现代化的制度与目标。

第五篇
《禁止酷刑公约》在中国的最新进展

罗　姗*

摘　要： 自我国加入《禁止酷刑和其他残忍、不人道或有辱人格的待遇或处罚公约》以来，已经向联合国提交了六次履约报告，我国在反酷刑方面取得了举世瞩目的成就和进步。特别是十八大以来，随着十八届三中全会、四中全会的召开，我国反酷刑从立法到实践等各方面又有了新举措和新进展。本文立足于我国酷刑现象存在的形式，拟对我国酷刑现状进行原因分析，并梳理了近两年来我国的反酷刑事业所取得的新成就与新出路。

关键词： 反酷刑　人权　司法

引　言

人权是人类生存和共处的基础，而酷刑和其他残忍、不人道或有辱人格的待遇或处罚行为（以下简称"酷刑现象"）严重侵犯人权，是与现代法治人权理念、现代文明所水火不容的罪恶。作为一个具有普遍性意义的社会问题，酷刑现象得到全世界的愈来愈高的关注度，特别是 20 世纪以来，酷刑已成为国际社会公认的严重犯罪之一，包含禁止酷刑规定的国际文件也越来越多。其中，1984 年联合国通过的《禁止酷刑和其他残忍、不人道或有辱人格的待遇或处罚公约》（Convention against Torture and Other Cruel, Inhuman or Degrading Treatment or Punishment）是对在其产生之前的一系列国际人权文件中有关禁止酷刑条款的具体化，它的问世是当代人权理念不断发展的结果，是当代人权的权利主体、权利内容、权利实现方式不断丰富的结果[①]。1986 年，我国签署加入了《禁止酷刑和其他残忍、不人道或有辱人格的待遇或处罚公约》（以下简称《禁止酷刑公约》），表明了我国的反酷刑斗争的明确立场和坚定决心，标志着我国反酷刑运动进入了一个全新时期。

一、禁止酷刑的紧迫性

我国在禁止酷刑和其他残忍、不人道或有辱人格的待遇或处罚方面取得了举世瞩目

---

* 武汉大学法学院硕士生。

① 徐显明：《人权法原理》，中国政法大学出版社 2008 年版，第 22 页。

的伟大成就，特别是党的十八届四中全会《中共中央关于全面推进依法治国若干重大问题的决定》(以下简称《决定》)中明确指出："健全落实罪刑法定、疑罪从无、非法证据排除等法律原则的法律制度。完善对限制人身自由司法措施和侦查手段的司法监督，加强对刑讯逼供和非法取证的源头预防，健全冤假错案有效防范、及时纠正机制。"①这表明我国在履行《禁止酷刑公约》的义务、严禁各种形式的酷刑以保障人权方面正在采取行之有效的措施，积极应对在酷刑问题上面临的各种挑战、问题和困惑。

根据《禁止酷刑公约》的规定，"酷刑"是指为了向某人或第三者取得情报或供状，为了他或第三者所作或涉嫌的行为对他加以处罚，或为了恐吓或威胁他或第三者，或为了基于任何一种歧视的任何理由，蓄意使某人在肉体或精神上遭受剧烈疼痛或痛苦的任何行为，而这种疼痛或痛苦是由公职人员或以官方身份行使职权的其他人所造成或在其唆使、同意或默许下造成的。纯因法律制裁而引起或法律制裁所固有或附带的疼痛或痛苦不包括在内②；"其他残忍、不人道或有辱人格的待遇或处罚"是指缔约国的公职人员或以官方身份行使职权的其他人在该国管辖的任何领土内施加、唆使、同意或默许未达酷刑程度的其他残忍、不人道或有辱人格的待遇或处罚的行为。③ 根据其定义可知，符合"酷刑和其他残忍、不人道或有辱人格的待遇或处罚"特征的现象(以下简称"酷刑现象")主要表现为国家工作人员滥用职权侵犯被剥夺自由或被限制自由的公民的生命健康权、人身自由权或人格尊严的行为。结合我国的行政司法实践，酷刑现象在我国可能存在的形式包括：

1. 刑事诉讼过程中对犯罪嫌疑人或被告的酷刑现象

我国刑事诉讼过程主要包括立案、侦查、起诉、审判等阶段，在这个过程中，酷刑现象主要表现在侦查阶段刑事侦查机关工作人员的刑讯逼供行为以及在刑事诉讼各个阶段采取强制措施过程中的体罚、虐待被监管人和超期羁押行为。其中刑讯逼供行为是指在刑事侦查阶段司法工作人员对犯罪嫌疑人、被告人使用肉刑或者是变相肉刑，逼取口供的行为④，是我国酷刑现象存在的主要表现形式，也是我国政府在反酷刑斗争中的主要努力方向；刑事强制措施过程中的体罚、虐待被监管人的情形是指被告或犯罪嫌疑人在被采取刑事强制措施过程中，监管人员体罚、虐待被监管人或者唆使、同意或默许其他被监管人虐待被监管人的情形；超期羁押是指犯罪嫌疑人、被告人在侦查、审查起诉、审判阶段的羁押时间超过法律规定的羁押期限，而长时间的羁押对犯罪嫌疑人和被告人的伤害可能比一些常见的刑讯及精神强制行为更大。

2. 在刑罚执行过程中对服刑罪犯的酷刑现象

我国刑罚的种类包括自由刑、生命刑(死刑)、罚金刑，其中酷刑现象可能发生的场合主要集中在执行生命刑和自由刑的过程中。生命刑作为剥夺罪犯生命的刑罚，是我

---

① 《中共中央关于全面推进依法治国若干重大问题的决定》，2014 年 10 月 23 日。
② 《禁止酷刑和其他残忍、不人道或有辱人格的待遇或处罚公约》第 1 条。
③ 《禁止酷刑和其他残忍、不人道或有辱人格的待遇或处罚公约》第 16 条。
④ 高铭暄、马克昌主编：《刑法学》，北京大学出版社、高等教育出版社 2014 年版，第 538 页。

国刑法体系中最重的刑种，对人肉体或精神上造成的疼痛或痛苦的程度最为剧烈，生命刑的适用不当会造成难以挽回的后果，对此有些学者认为死刑超出了应然刑罚的边界，故具有酷刑性；自由刑由于刑期通常比较长，其罪犯的身份容易受到歧视，并因此容易受到超出刑罚惩罚合理范围的待遇。

3. 治安行政处罚过程中的酷刑现象

治安行政处罚中剥夺或限制公民自由的情形主要表现为劳动教养和行政拘留这两种情形。在治安行政处罚(尤其是劳动教养)过程中，行政机关也享有一定的人身强制权，对这种权利的滥用会导致酷刑现象的存在空间。然而在2013年12月，我国废止了劳动教养制度，而行政拘留的期限相对较短，一般不超过15天，故在此种情况下发生酷刑现象的几率和程度相对较少，故本文将不对此种情形进行着重讨论。

4. 其他的依法限制人身自由期间的酷刑现象

对于根据其他法律、法规，依照法定程序被临时或者较长时期限制一定人身自由的人员，也存在着酷刑行为的可能性①。比如一些符合强制医疗条件的严重精神病患者、强制戒毒人员监管的过程中，可能会限制其一定人身自由，也可能存在酷刑现象。

围绕酷刑现象在中国产生的主要原因，学界观点纷呈，归纳起来主要有以下三个方面的内容：

一是思想根源②：我国古代重刑主义的刑事法律传统和法律思想形塑了我国近现代的刑罚观念和刑事诉讼模式，"重实体、轻程序"和报复主义的观念造成了政府和社会公众人权意识的觉醒的滞后以及对于酷刑现象的游离态度。事实证明，酷刑在我国历史上存在着漫长和影响的深远，仅在距今不到一百年前，酷刑还合法地生存着③。即便随着我国社会的发展与进步，政府严厉禁止酷刑行为，由于我国传统法律思想根深蒂固的影响，以及对执法司法实务工作人员的法律培训和教育力度不够，导致我国办案人员法治观念与人权意识淡薄，习惯性的沿袭传统的办案方法和思路，难以根除痼疾和顽症。

二是社会和司法环境：作为世界上人口最多、幅员辽阔的单一制国家，特别在改革开放以来社会转型、矛盾多发的大环境中，只有较高社会治安管理水平才能保证整个社会的稳定、和谐和发展。社会治安的压力对我国司法考评制度、刑事拘留数、批捕率、起诉率、有罪判决率、结案率等司法考核项目提出了高要求，进而对公安司法机关工作人员造成价值误导和办案压力，从而造成部分国家工作人员不顾法律规则采取刑讯逼供、超期羁押等非法手段以达到破案和维稳目的，导致酷刑现象的产生。

三是制度缺位：在新的刑事诉讼法出台以前，我国在反酷刑法律制度的构建方面尚有诸多有待填充的空白。首先，刑事诉讼法规不完善，有罪推定的错误观念、证据制度中的问题均有待进一步矫正和规范；其次，我国法律对酷刑行为的追责体系和方法不健全，无论是规范酷刑行为的法律法规还是在司法实践中因酷刑行为被追诉罪责的案例都

① 赵秉志：《酷刑遏制论》，中国人民公安大学出版社2003年版，第129页。

② 唐艳秋：《我国反酷刑问题成因分析》，载《政法论丛》2011年第3期。

③ 俞荣根：《儒家反酷刑的理论与实践》，载《现代法学》2001年第23卷第5期。

并不多见，这导致了酷刑行为的追责风险小、违法成本低，纵容了酷刑现象的发生；再次，刑事侦查活动的监督与制约机制不完善，我国酷刑现象的表现形式是国家工作人员滥用职权侵犯公民的合法权利，其本质上是对公权力滥用，症结在于监督和制约机制不完善，虽然有些法律明确规定了禁止酷刑，但由于缺乏具体的监督和制约机制，其施行状况往往不尽人意。

二、近年来中国在反酷刑事业上所作出的巨大努力

自 1986 年我国签署《禁止酷刑公约》以来，我国认真落实公约各项规定，已经向联合国提交了第六次履约报告。特别是十八大以来，随着十八届三中全会、四中全会的召开，"加强人权司法保障"这一重要命题被屡次提出，全面推进依法治国、深化司法体制改革的各项工作的进行也刻不容缓，为我国进一步进行反酷刑事业指明了方向。近两年来，我国反酷刑事业从立法到实践等各方面又有了新举措和新进展。

(一) 刑事诉讼过程中对犯罪嫌疑人或被告的反酷刑措施

1. 禁止刑事侦查机关的刑讯逼供行为

近两年来，我国政府对刑讯逼供行为的打击力度空前加大，2013 年 1 月 1 日新施行的《刑事诉讼法》在第 2 条将"尊重和保障人权"写入了刑事诉讼法的立法任务之中，体现了刑事司法中对人权保障价值的弘扬。同时为了防止在刑事诉讼活动中出现的刑讯逼供现象，新《刑事诉讼法》进一步明确具体规定了不得强迫自证其罪原则、完善非法证据排除制度、完善辩护制度、规范强制措施和侦查措施的程序、强化人民检察院的法律监督等，维护司法公正和刑事诉讼参与人的合法权利[1]。除此之外，为了贯彻十八届三中全、四中全会提出的改革司法体制和运行体制、加强人权司法保障的新要求和新标准，我国立法和司法实践中又有了新举措和新进展，构建了对刑讯逼供行为的事先预防、事中控制和事后追责机制。

(1) 刑讯逼供的事前预防：改革司法考核指标和体系。不合理的司法考核指标和体系是刑讯逼供现象产生的主要原因之一，为了杜绝片面追求刑事拘留数、批捕率、起诉率、有罪判决率、结案率等不合理的考核项目的现象，在 2015 年 1 月 20 日举行的中央政法工作会议中，中央政法委对各类执法司法考核指标提出了进行全面清理的要求，要求取消刑事拘留数、批捕率、起诉率、有罪判决率、结案率等不合理的考核项目，建立科学的激励机制。[2] 这一重大的改革举措意味着我国将转变在执法司法实务中指标型思维和维稳型思维，释放不合理的办案压力，引导司法执法人员要体现正确的价值导向，

---

[1] 中华人民共和国执行《禁止酷刑和其他残忍、不人道或有辱人格的待遇或处罚公约》的第六次履约报告，2013 年 6 月 20 日。

[2] 陈菲、邹伟：《政法机关今年全面清理执法司法考核指标有罪判决率、结案率等将取消》，新华网 2015 年 01 月 23 日 http://news.xinhuanet.com/legal/2015-01/21/c_1114079201.htm。

纠正片面追求惩罚违法犯罪而忽略人权保障的办案观念，进一步遏制酷刑现象的产生。

（2）刑讯逼供的事中控制——三大路径：其一，完善录音录像制度、规范办案场所及其管理。在侦查阶段的刑讯逼供等酷刑现象主要发生在讯问过程中，由于讯问地点是在侦查机关内部以及由侦查机关控制的羁押场所，讯问的环境具有封闭性①，导致对酷刑行为的法律监督和举证都无法顺利进行。对此，我国在新的《刑事诉讼法》的基础上，进一步细化了录音录像制度，规范了办案场所及其管理。最高检和公安部在 2014 年相继制定了《人民检察院讯问职务犯罪嫌疑人实行全程同步录音录像的规定》、《公安机关讯问犯罪嫌疑人录音录像工作规定》，规定了检察院对所有的职务犯罪案件、公安机关对重大、疑难、复杂案件的录音录像制度，对录音录像的完整性、程序性事项作出了明确的要求，并对录像资料的管理使用制度以及相应的监督责任等方面也作出详细规定，严格落实讯问犯罪嫌疑人录音录像工作②；同时，公安部 2013 年印发的《公安机关执法办案场所办案区使用管理规定》，规范了犯罪嫌疑人出入办案区把关制度、公安机关使用管理登记制度、对犯罪嫌疑人的安全检查、信息采集制度、讯问、询问制度以及办案区的安全管理和监督责任。③ 该举措将有利于规制侦查机关的办案活动，对办案过程进一步加强程序监督和把关，以保障办案安全、禁止刑讯逼供。其二，落实非法证据排除规则。我国的非法证据排除规则的适用主要集中在法院的审判阶段，而在司法实践中，我国公、检、法机关呈现"配合有余、制约不足"的现状，法院系统处于弱势地位，审判在刑事司法中处于次要角色，法官在审判阶段主观动机上趋于避免使用非法证据排除的权力④。鉴于此种现状，为了进一步保证法官的独立审判、落实非法证据排除规则，十八届四中全会《决定》提出，推进以审判为中心的诉讼制度改革，由此切实发挥审判程序应有的制约、把关作用，形成一种倒逼机制，促使公检法三机关办案人员树立案件必须经得起法律检验、庭审检验的理念⑤。为了进一步落实《决定》的相关规定，最高人民法院在 2015 年 8 月分别出台了《人民法院落实〈司法机关内部人员过问案件的记录和责任追究规定〉的实施办法》、《人民法院落实〈领导干部干预司法活动、插手具体案件处理的记录、通报和责任追究规定〉的实施办法》两个文件，切实保证人民法院工作人员独立行使审判权、免于司法机关内外部的干预。强调检察院适用非法证据排除规则的制度，将非法证据排除规则贯彻到审判程序之外的其他阶段。2013 年 9 月检察院出

① 陈瑞华：《社会学视角下的反酷刑问题》，北京大学出版社 2012 年版，第 10 页。

② 参见最高人民检察院《人民检察院讯问职务犯罪嫌疑人实行全程同步录音录像的规定》，高检发反贪字〔2014〕213 号，2014 年 5 月 26 日；公安部《公安机关讯问犯罪嫌疑人录音录像工作规定》，公通字〔2014〕33 号，2014 年 9 月 5 日。

③ 参见公安部《公安机关执法办案场所办案区使用管理规定》，公法〔2013〕1102 号，2013 年 11 月。

④ ［美］玛格丽特·路易斯：《非法证据排除规则在中国：通过控制滥权实现"权力正当"（下）》，林喜芬译，载《东方法学》2012 年第 1 期。

⑤ 沈德咏：《以统一刑事司法标准为核心，加快推进以审判为中心的诉讼制度改革》，载《人民法院报》2015 年 6 月 12 日，第 2 版。

台的《最高人民检察院关于切实履行检察职能防止和纠正冤假错案的若干意见》明确规定，采用刑讯逼供等非法方法收集的犯罪嫌疑人供述和采用暴力、威胁等非法方法收集的证人证言、被害人陈述，应当依法排除，不得作为批准、决定逮捕或者提起公诉的依据①。这一规定强调了检察院主动适用非法证据排除规则的义务，旨在全方位、各阶段全面落实非法证据排除规则，以达到遏制酷刑、保障人权的目的。其三，进一步细化疑罪从无规则。新的《刑事诉讼法》实施后，中央政法委在2013年9月制定的《中央政法委关于切实防止冤假错案的规定》中明确指出，只有被告人供述，没有其他证据的，不能认定被告人有罪和处以刑罚。对于定罪证据不足的案件，应当坚持疑罪从无原则，依法宣告被告人无罪，不能降格作出"留有余地"的判决。② 这一规定首次具体明确规定了疑罪从无的实施方法，对于我国司法实践中贯彻疑罪从无的规则提出了具体要求和实施标准，对于减少我国司法实践中的冤假错案具有里程碑式的意义。

(3)刑讯逼供的事后追责：错案追究机制。为了构建刑讯逼供的错案追究机制，我国立法对司法权力运行机制提出了新的要求。首先，在十八届三中全会提出了完善首席法官责任制后，中央全面深化改革领导小组第三次会议通过了《关于司法体制改革试点若干问题的框架意见》，将司法责任制作为改革试点的重要内容之一，以完善主审法官责任制、合议庭办案责任制和办案责任制为重点，明确法官办案的权力和责任，对所办案件终身负责，严格错案责任追究③。其次，建立了检察官办案责任终身制。最高人民检察在2013年、2015年出台的《最高人民检察院关于切实履行检察职能防止和纠正冤假错案的若干意见》、《最高人民检察院职务犯罪侦查工作八项禁令》这两份文件中提出了建立健全办案质量终身负责制的要求以及落实办案责任的具体办法，对检察官刑讯逼供、暴力取证、徇私舞弊、枉法裁判构成犯罪的，依法追究刑事责任；对违法违规办案或者严重不负责任造成犯罪嫌疑人脱逃、伤残、自杀或者证人伤残、自杀等办案安全事故的，对指挥者、执行者，一律先停职再依纪依法处理。④ 严格刑讯逼供的事后追责机制，遏制酷刑。

2. 清理和纠正刑事诉讼强制措施过程中的久押不决、超期羁押等酷刑行为

超期羁押和隐性超期羁押不仅是影响我国司法公正的重要原因，也是我国不人道或有辱人格的待遇或处罚现象的主要表现之一。为了规范刑事司法实践中的超期羁押和隐性超期羁押的现象，2015年6月最高人民检察院出台了《人民检察院刑事执行检察部门预防和纠正超期羁押和久押不决案件工作规定》，对于"犯罪嫌疑人、被告人在侦查、审查起诉、审判阶段的羁押时间超过法律规定的羁押期限的超期羁押案件"和"被羁押

---

① 最高人民检察院《最高人民检察院关于切实履行检察职能防止和纠正冤假错案的若干意见》，2013年9月。

② 中国政法委《关于切实防止冤假错案的规定》，中政委〔2013〕27号。

③ 参见中央全面深化改革领导小组《关于司法体制改革试点若干问题的框架意见》，2014年6月6日。

④ 最高人民检察院《最高人民检察院关于切实履行检察职能防止和纠正冤假错案的若干意见》，2013年9月；最高人民检察院《最高人民检察院职务犯罪侦查工作八项禁令》，2015年8月4日。

超过 5 年，案件仍然处于侦查、审查起诉、一审、二审阶段的久押不决案件"这两类案件作出了规范，建立了人民检察院刑事执行检察部门对这两类案件的"发现、报告、通知、提出纠正意见"监督制度，强调了刑事执行检察人员的监督职责以及造成超期羁押的直接责任人员的纪律处分和刑事责任追究办法。① 同时，在司法实践中，2014 年检察院对政法各机关羁押 3 年以上仍未办结的案件持续进行集中清理，对羁押 8 年以上的案件挂牌督办，逐案提出处理建议，清理出的 4459 人已纠正 4299 人②，是 2013 年检察院办理同类案件的 10 倍左右。可见我国清理和纠正久押不决、超期羁押等不人道或有辱人格的待遇或处罚行为的空前力度和坚定决心。

（二）在刑罚执行过程中的反酷刑措施

1. 严格控制和慎用死刑

为了进一步落实十八届三中全会提出的逐步减少死刑罪名的改革任务，我国刑法逐步减少了死刑的罪名，并提高了死缓罪犯死刑执行的门槛。2015 年 8 月 31 日全国人大常委会通过的《刑法修正案九》在《刑法修正案八》的基础上，采取既保留死刑，又严格控制和慎用死刑的做法。具体而言，刑法修正案九进一步减少了使用死刑的罪名，对走私武器、弹药罪、走私核材料罪、走私假币罪、伪造货币罪、集资诈骗罪、组织卖淫罪、强迫卖淫罪、阻碍执行军事职务罪、战时造谣惑众罪 9 个刑罚规定作出调整，取消死刑；同时进一步提高死缓罪犯执行死刑的门槛，对于死缓期间故意犯罪的，不再一律执行死刑，而是依据犯罪情节而定，只有对于情节恶劣的罪犯，才执行死刑，其他情形下死刑缓期执行的期间重新计算。③ 刑法修正案九的出台表明立法机关正在进一步贯彻"少杀、慎杀"的死刑政策和尊重和保障人权、反对酷刑的立场。

2. 规范监狱服刑人员的人权保障措施

监狱是我国不人道或有辱人格的待遇或处罚现象最容易发生的场所，规范监狱执法行为、强化监狱内部管理是我国反酷刑事业的主要阵地和努力方向。具体而言，近两年来我国对监狱服刑人员的反酷刑新举措如下：

（1）规范罪犯的非正常死亡处理程序。为了规制监狱服刑人员在服刑期间受到的酷刑现象，2015 年 3 月最高人民检察院、民政部、司法部联合发布了《监狱罪犯死亡处理规定》，确定了监狱罪犯死亡后的死亡通知报告制度、调查检察制度以及违法惩处制度④。重点对于罪犯由于自杀或者自然灾害、意外事故、他杀、体罚虐待、击毙以及其他外部原因作用于人体造成的非正常死亡的情况作出了规定，确立检察机关对罪犯非正常死亡的调查、检察的具体程序，规定了监狱及其工作人员在行使职权时违法使用武

---

① 参见最高人民检察院《人民检察院刑事执行检察部门预防和纠正超期羁押和久押不决案件工作规定》，2015 年 6 月 1 日。

② 最高人民检察院《2015 年最高人民检察院工作报告》，2015 年 3 月 12 日。

③ 参见《中华人民共和国刑法修正案（九）》，2015 年 8 月 29 日。

④ 参见最高人民检察院、民政部、司法部《监狱罪犯死亡处理规定》，2015 年 3 月。

器、警械殴打、虐待罪犯，或者唆使、放纵他人以殴打、虐待等行为造成罪犯死亡的所应承担的行政和刑事法律责任，严格禁止监狱内部的酷刑行为。

(2)加强了监狱生活卫生管理工作。监狱服刑人员的生存状态与监狱的生活环境息息相关，为了保证监狱服刑人员基本的生活条件，规制不人道或有辱人格的待遇或处罚现象，司法部于 2014 年 10 月发布了《关于加强监狱生活卫生管理工作的若干规定》，对服刑人员的伙食和日用品供应管理、被服管理、居所管理、罪犯疾病预防控制管理、药品管理、罪犯医疗管理作出了规定，建立了相应的监督考核机制，对违反监狱生活卫生工作规定出现严重失误或造成严重后果的，依法依规追究责任；构成犯罪的，移交司法机关依法处理①，切实维护罪犯合法权益。

(3)深化狱务公开，增强监狱执法透明度。加强监狱事务的公开与监督是酷刑现象的重要途径，十八届四中全会提出了狱务公开的要求，司法部也于 2015 年 4 月出台了《进一步深化狱务公开的意见》②。《意见》从三个方面加强了对罪犯的反酷刑措施：首先，建立反酷刑社会监督的渠道，向社会公众公开罪犯服刑期间所从事的劳动项目、劳动时间、劳动保护等情况，防止在服刑过程中监狱强加给罪犯不合理的劳动强度造成对罪犯的变相酷刑；其次，开通家属监督的途径，向罪犯家属公开监狱生活卫生管理工作，包括罪犯的食品卫生安全信息、身体健康状况、体检结果以及疾病诊治等情况，预防和纠正监狱的恶劣生活环境给罪犯造成的不人道或有辱人格的待遇或处罚现象；最后，实现当事人监督路径，向罪犯公开监狱执行刑罚和管理过程中的法律依据、程序、结果以及对结果不服或者有异议的处理方式，鼓励罪犯在遇到不合理的处罚待遇时寻求合法救济。

(三)对其他的依法限制人身自由行为的反酷刑措施

1. 对精神病人反酷刑措施

精神病人群体有别于刑事诉讼中的犯罪嫌疑人或服刑中的罪犯。首先，精神病人作为非完全民事行为能力人，对自己的行为不具有辨识力或控制力，其违法行为不具有可责性，因此对精神病人施加的酷刑行为更有悖于公平正义的理念；其次，相对于精神正常的人，精神病人缺乏必要的辨识能力或控制能力来保护自己的合法权益，更容易出现权益受到非法侵害的情况。为了预防和纠正对于精神病人强制医疗的过程中的酷刑现象，2013 年 5 月起施行的《中华人民共和国精神卫生法》明确指出，"精神障碍患者的人格尊严、人身和财产安全不受侵犯，任何组织或者个人不得歧视、侮辱、虐待精神障碍患者，不得非法限制精神障碍患者的人身自由"。③ 具体包括：首先，严格限制精神障碍住院的强制治疗范围，将强制治疗的情形仅限于危害自身或者他人的安全的精神病患者，并对将非精神障碍患者诊断为精神障碍患者的、非精神障碍患者故意作为精神障碍

---

① 参见司法部《关于加强监狱生活卫生管理工作的若干规定》，2014 年 10 月 14 日。

② 参见司法部《进一步深化狱务公开的意见》，2015 年 4 月 1 日。

③ 《中华人民共和国精神卫生法》，2012 年 10 月 26 日。

患者送入医疗机构治疗的情形规定了相应的惩罚措施；其次，禁止精神病人治疗期间的变相酷刑，包括禁止利用约束、隔离等保护性医疗措施惩罚精神障碍患者、禁止强迫精神障碍患者从事生产劳动等违法行为；再次，严禁其他的不人道或有辱人格的待遇或处罚现象，包括歧视、侮辱、虐待精神障碍患者，侵害患者的人格尊严、人身安全的、非法限制精神障碍患者人身自由的情形，并配备了相应的追责办法，全方位的构建对精神病患者的人权保障体系。

2. 对强制隔离戒毒人员反酷刑措施

强制隔离戒毒，是一种以限制人身自由为特征的强制性戒毒手段，由于强制隔离戒毒人员具有病患者、受害者与违法者的三重身份，强制隔离戒毒监管机关要对被监管人施以强制性戒毒手段的同时承担起保障被监管人的人权的双重责任，故强制隔离戒毒的过程中容易造成某些偏差，侵犯被监管人的人权。为了防止强制隔离戒毒过程中发生的酷刑现象，我国建立了强制隔离戒毒中的酷刑行为责任追究制度。2015 年 1 月《最高人民检察院关于强制隔离戒毒所工作人员能否成为虐待被监管人罪主体问题的批复》明确规定了强制隔离戒毒所监管人员的主体责任，对监管人员殴打或者体罚虐待戒毒人员，或者指使戒毒人员殴打、体罚虐待其他戒毒人员情形作出了规定，根据犯罪情节，可能以虐待被监管人罪、故意伤害罪、故意杀人罪追究监管人员的刑事责任[1]。

三、反酷刑的其他制度保障

(一) 普及对公安司法机关工作人员的法治培训教育

反酷刑事业不仅要求人权价值理念的优化、构建实在的规范与制度屏障，更要建立高素质的法治工作队伍。我国已经将"人权司法保障"的价值要求写入了十八届四中全会的《决定》之中，然而只有提高我国公安司法队伍的法治人权意识，才能在行动上落实贯彻十八届四中全会关于人权保障的具体要求，因此加强加快对公安司法人员的法治教育培训的进程刻不容缓。2015 年 6 月最高人民法院出台了《2015—2019 年全国法院教育培训规划》，重点以领导干部、审判执行一线法官、审判辅助人员、司法行政人员等司法审判工作者为培训对象，建立了教育培训的管理机制方法，对未来五年法院教育培训事业作出了总的规划[2]。在司法实践中，根据近两年的统计数据，2013 年人民法院共进行培训新任中级、基层法院院长 365 人次，培训法官和其他工作人员 51 万人次，检察院累计培训检察人员 17.2 万人次[3]；2014 年，人民法院培训干警 1.5 万人次，全

---

① 《最高人民检察院关于强制隔离戒毒所工作人员能否成为虐待被监管人罪主体问题的批复》，2015 年 2 月 15 日。

② 《2015—2019 年全国法院教育培训规划》，2015 年 4 月 7 日。

③ 《2014 年最高人民法院工作报告》，2014 年 3 月 18 日；《2014 年最高人民检察院工作报告》，2014 年 3 月 10 日。

国法院共培训干警 60 万人次①，逐步完善法治工作队伍的法治培训教育任务。

(二) 完善国家赔偿制度

我国酷刑现象还时有发生的主要原因之一在于受害者赔偿救济途径的缺位导致国家工作人员违法成本低，从而纵容了酷刑现象的发生，因此构建完善的国家赔偿制度是我国反酷刑事业的要求之一。完善的国家赔偿制度首先给予被害人有效的事后救济途径，使被害人能维护其合法权利，同时也增加国家公职人员的违法成本，减少国家工作人员的违法行为。近两年来，我国对国家赔偿制度的完善和保障措施如下：首先，将精神损害赔偿纳入到国家赔偿的范围。根据酷刑的定义可知，酷刑行为造成的伤害不仅包括身体上的也包括精神上的伤害，而在 2013 年 1 月新《国家赔偿法》施行之前，我国国家赔偿的范围仅限于身体上的伤害，而将精神损害排除在外，这一直是学界与实务界热议的话题。为了弥补这一不足，新的《国家赔偿法》将精神损害赔偿纳入到国家赔偿的范围，完善了国家赔偿的范围，加强了公民的权利保护，防止国家工作人员滥用权力。其次，合理分配举证责任，特殊情况下实行举证责任倒置。根据新的《国家赔偿法》的规定，在赔偿义务机关采取行政拘留或者限制人身自由的强制措施期间，被限制人身自由的人在强制措施执行期间死亡或丧失行为能力的，赔偿义务机关应当对于自己的行为与该人的死亡或者丧失行为能力之间是否存在因果关系提供相关证据②。此举本质上是一种举证责任倒置，该规定有助于在刑事赔偿中准确判断、认定非正常原因造成死亡等情形出现时的赔偿责任，规制行政拘留或者限制人身自由的强制措施期间的酷刑行为。最后，强调国家赔偿案件中的法律援助工作。2014 年 1 月最高人民法院、司法部出台了《关于加强国家赔偿法律援助工作的意见》③，《意见》确保符合条件的困难群众及时获得国家赔偿法律援助，加大国家赔偿法律援助工作保障力度，提升国家赔偿法律援助工作质量和效果，特别强调了对无罪被羁押的公民的法律援助措施。

(三) 拓展法律援助服务

我国酷刑现象的本质是公权力的滥用，其症结在于对公权力的监督、制约机制不完善，进一步制约公权力则成为了反酷刑斗争的应有之义。以制约权的来源为标准，可将制约公权力分为"以权利制约权力"和"以权力制约权力"两种模式。④ 其中"以权利制约权力"这种模式主要表现为公民利用其合法权利对抗国家工作人员滥用公权力。具体在酷刑现象主要发生的领域，则表现为公民利用其辩护权对抗国家工作人员滥用职权的行为。为了完善权力制约机制，有必要进一步保障公民的辩护权，让律师更进一步参与到诉讼案件的过程。对此，中共中央办公厅、国务院办公厅于 2015 年 6 月印发了《关于完

---

① 《2015 年最高人民法院工作报告》，2015 年 3 月 12 日。
② 《国家赔偿法》，2012 年 10 月 26 日。
③ 《关于加强国家赔偿法律援助工作的意见》，2014 年 1 月 2 日。
④ 秦前红：《宪法学》，武汉大学出版社 2010 年版，第 52 页。

善法律援助制度的意见》，进一步完善了法律援助工作。首先，建立了各个阶段的法律援助服务，健全了办案机关通知辩护工作机制，确保侦查、审查起诉和审判各个阶段、各个时间点的法律援助工作的进行；其次，建立多个法律援助服务点，健全了法律援助值班律师制度，在法院、看守所派驻法律援助值班律师，以保证各个空间上全面覆盖法律援助服务，让法律援助服务"触手可及"；最后，建立了重点案件的法律援助服务体系，明确了法律援助参与刑事和解、死刑复核案件办理工作机制并严格办理死刑案件承办人员资质条件，确保案件办理质量，全方位、各阶段切实发挥法律援助在人权司法保障中的作用。

（四）推进司法公开和司法监督，促进阳光司法

阳光是最好的防腐剂，为了防止酷刑现象中的公权力的滥用，必须将国家工作人员行使权力的行为置于大众的监督之下，而司法公开是实行权力监督的必由之路。为了进一步推进司法公开，最高人民法院于 2013 年 11 月出台了《关于推进司法公开三大平台建设的若干意见》，全面推进司法公开三大平台建设，即审判流程公开、裁判文书公开、执行信息公开，打造阳光司法工程①；同时，人民检察院案件全面建成全国检察机关统一的案件信息公开系统，正式运行四大平台，即案件程序性信息查询平台、法律文书公开平台、重要案件信息发布平台、辩护与代理预约申请平台，以确保检察权在阳光下运行②。除此之外，2015 年 2 月最高人民检察院出台了《关于全面推进检务公开工作的意见》，完善了对检察案件信息、检察政务信息、检察队伍信息等检务信息公开办法③，进一步提高检察工作透明度。

在完善司法公开制度的基础上，我国在司法监督制度构建上有了新的进展：首先，加强了检察员内部监督。2014 年 8 月，最高人民检察院出台了《关于加强司法办案活动内部监督防止说情等干扰的若干规定》④，对检察机关内部打探案情、为涉案人开脱、减轻责任，或者非法干预、阻碍办案，或者提出不符合办案规定的其他要求等情况建立了向有关领导和纪检监察机构报告的制度，进一步加强检察机关司法办案活动内部监督。其次，健全了案件当事人对法院的监督。2014 年 7 月，最高人民法院出台了《关于人民法院在审判执行活动中主动接受案件当事人监督的若干规定》，建立了人民法院随机抽取案件进行廉政回访的制度，并健全了多场所公布纪律作风规定及对法院工作人员举报方式的制度，同时对人民法院提出了对案件当事人主动告知关键节点信息的要求⑤。再次，建立了人民监督员制度。2015 年 3 月最高人民检察院、司法部联合发布

---

① 《关于推进司法公开三大平台建设的若干意见》，2013 年 11 月 21 日。

② 《2015 年最高人民检察院工作报告》，2015 年 3 月 12 日。

③ 《关于全面推进检务公开工作的意见》，2015 年 2 月 28 日。

④ 《最高人民检察院关于加强执法办案活动内部监督防止说情等干扰的若干规定》，2014 年 7 月 14 日。

⑤ 《关于人民法院在审判执行活动中主动接受案件当事人监督的若干规定的通知》，2014 年 7 月 15 日。

了《深化人民监督员制度改革方案的通知》，《通知》以健全确保依法独立公正行使检察权的外部监督制约机制为目标，改革了人民监督员选任和管理方式，扩大了人民监督员监督范围，完善了人民监督员监督程序，进一步拓宽了人民群众有序参与司法渠道，充分保障人民群众对检察工作的知情权、参与权、表达权、监督权①。在具体司法实务中，2014 年检察院会同司法部在 10 个省市开展深化人民监督员制度改革试点，人民监督员共监督案件 2527 件。② 最后，完善了全国人大司法监督制度。《全国人大常委会2015 年监督工作计划》中对全国人大的司法监督体提出了如下要求：包括听取和审议最高人民检察院关于刑罚执行监督工作情况的报告，重点报告减刑、假释、暂予监外执行等刑罚变更执行、刑事判决和裁定交付执行、社区矫正监督情况，监督纠正刑罚执行和监管活动中违法行为情况，改革刑罚执行监督机制情况，提高刑罚执行能力情况等③。

---

① 《深化人民监督员制度改革方案的通知》，2015 年 3 月 7 日。
② 《2015 年最高人民法院工作报告》，2015 年 3 月 12 日。
③ 《全国人大常委会 2015 年监督工作计划》，2015 年 4 月 10 日。

第六篇
《刑法修正案(九)》彰显的人权价值

李俊明 *

摘　要：《刑法修正案(九)》在宽严相济刑事政策的指导下，确立了优先保护人权的刑法价值取向，对近年来的社会热点问题作出快速精准的回应，彰显了人权价值。《刑法修正案(九)》通过完善罪刑法定原则彰显了公正与人权价值，特别重视弱势群体的人权保障，进一步强化了对失信、背信行为的惩治，加大了对恐怖和极端主义犯罪的惩治力度，并再次减少了适用死刑的罪名。

关键词：《刑法修正案(九)》　刑事立法　人权

历时近一年时间，《刑法修正案(九)》终于尘埃落定，2015 年 8 月 29 日，十二届全国人大常委会第十六次会议高票通过了该修正案。本次刑法修改坚持宽严相济的刑事政策，紧密结合司法实践的情况，对刑法作了较大幅度的完善、补充和调整，尤为值得称道的是，对近年来的社会热点问题作出了快速精准的回应，彰显了人权价值，闪耀了人权光辉。

"法律的首要或根本价值在于保障人权和自由，促进社会的进步和发展。"[1]人权保障机能是刑法的一项极其重要功能，纵观人类社会的发展史，社会的文明程度越高，刑法的人权保障机能就越发凸显。相应的，刑法人权保障机能的增强，也会促进社会文明的进步和发展。在当前全国各族人民共同投身中华民族伟大复兴的伟大实践，在"尊重和保障人权"已写入宪法的新形势、新背景下，《刑法修正案(九)》的出台无疑为当前我国的人权保障事业写下了浓墨重彩的一笔。正值《刑法修正案(九)》即将正式施行之际，笔者试从以下五个方面来对其彰显的人权价值进行再探究和再思考。

一、通过完善罪刑法定原则彰显公正与人权价值

罪刑法定原则是我国刑法三大原则中最为基础也是最为重要的一项，它表明刑法的机能不仅在于保护社会的安宁，还要立足于保障人权。我国刑法的罪刑法定原则要求罪刑规范的设置明确化、具体化。现行刑法对贪污受贿犯罪的定罪量刑标准规定了具体数

---

* 作者供职于湖北省高级人民法院。

① 张文显、于宁：《当代中国法哲学研究范式的转换》，载《中国法学》2001 年第 1 期。

额，学界和实务界对此诟病已久。在该数额标准的主导下，贪污受贿犯罪的司法适用日益偏离立法规定，犯罪数额与量刑之间出现尴尬的困局，司法实践中具体刑罚裁量无法实现罪刑均衡，既难以全面反映个罪的社会危害性，也难以使量刑公正和罪责刑相适应，使刑法的人权保障机能受到一定程度的限制，降低了公众对刑法的认同感。

令人欣慰的是，《刑法修正案（九）》积极回应了学界和实务界的关切，通过完善罪刑法定原则，对我国贪污受贿犯罪的定罪量刑标准进行了较大的修改，删去了贪污受贿犯罪规定的具体数额，原则规定数额较大或者情节严重、数额巨大或者情节严重、数额特别巨大或者情节特别严重三种情况，相应规定三档刑罚，并对数额特别巨大，使国家和人民利益遭受特别重大损失的，保留适用死刑。同时，调整了贪污受贿犯罪各档刑罚的排列顺序，回归到1979年刑法时从轻到重的刑罚排列顺序。修改后的贪污受贿犯罪定罪量刑标准更加科学，更切合惩治贪污受贿犯罪的实际，对我国反腐刑事法治的完善也大有裨益。由此，贪污受贿犯罪定罪量刑标准也被确立为概括数额和情节相结合的二元弹性标准。

刑法第383条关于贪污受贿犯罪定罪量刑标准的规定并非完全没有考虑情节因素，而是对该因素的考量贯彻得不够彻底，使得其在贪污受贿犯罪定罪量刑标准中只处于从属地位。如该条款也提到了"对犯贪污罪的，根据情节轻重，分别依照下列规定处罚……"并且规定在犯罪数额不满5000元时，情节较重的，也应当以犯罪论处并判处刑罚，情节较轻的，则由所在单位或者上级主管机关酌情给予行政处分。上述规定表明情节因素在某些贪污受贿案件的定罪量刑中也是具有较为重要的意义。正如有学者指出，根据刑法典第383条的规定，"犯罪情节"因素在贪污受贿犯罪处罚中的重要地位，尤其是作为绝对化的"数额标准"的调和角色，即"犯罪情节"因素同时也在某种程度上起着决定罪与非罪以及处罚的轻与重的分水岭作用。① 但是，一旦犯罪数额超过5000元，情节因素对定罪的意义就基本丧失了，从立法论的角度来说，即使情节再轻也无法将该行为出罪化；另外，无论是犯罪数额在5000元以上或是以下，对被告人量刑的轻重也主要是取决于其犯罪数额的大小，数额起着主导的作用，是法院判断犯罪行为社会危害性大小的根本依据，情节因素只具有一定的调节作用，其在贪污受贿犯罪定罪量刑标准中只是处于从属的地位。"一直以来，我们都对受贿罪中的数额标准及其在定罪量刑中的计算权重有着相当的迷信，数额中心论的观点甚嚣尘上，立法上也一直以受贿数额为基本标准来确定法定刑幅度。同时，长期以来在司法实践中存在的唯数额论的倾向，使受贿罪较少考虑其他情节，即使考虑，其他情节在定罪量刑时比重也相对较小。"②正是因为立法上以数额大小作为确定刑罚轻重的基本依据，使得数额标准在贪污受贿犯罪定罪量刑标准中权重过高而导致数额呈"超载"现象，加之司法实践中贪贿犯罪之"唯数额论"影响深远，对情节因素重视不够甚或忽视了对情节因素的考量，因而

---

① 于志刚：《贪污贿赂犯罪定罪数额的现实化思索》，载《人民检察》2011年第12期。

② 林竹静：《受贿罪数额权重过高的实证分析》，载《中国刑事法杂志》2014年第1期。

使得实践中出现情理法冲突、宽严失度、罪刑失衡等种种不合理状况。① 由此,个案公正和对被告人的人权保障的实现会大打折扣。

在当前党的十八届四中全会提出全面推进依法治国,建设社会主义法治国家,法治反腐常态化的大背景下,提高情节因素在贪污受贿犯罪定罪量刑中的地位,确立概括数额与情节相结合的二元弹性定罪量刑标准迫在眉睫。务必应将数额和情节都作为衡量贪贿行为社会危害程度的基本依据,同等考量,使之在贪污受贿犯罪的定罪量刑中共同发挥决定性的作用。在此意义上,《刑法修正案(九)》对贪污受贿犯罪定罪量刑标准的修改,无疑应受到高度评价,这一修正将为我国贪污受贿犯罪定罪量刑标准的科学化、合理化作出积极的贡献,也将更好地彰显刑法的公正与人权价值。

二、特别重视弱势群体的人权保障

近年来,随着网络自媒体的快速发展,猥亵儿童,虐待儿童、老年人,拐卖妇女、儿童等弱势群体受害的事件屡屡曝光,一次次地刺痛了公众的神经,在社会上引起了轩然大波,群情激愤。作为社会关系调整器的法律,特别是刑法,必须担负起保障人权、维护弱势群体权利的使命。《刑法修正案(九)》特别重视弱势群体的权利保障,对这些社会热议的问题作出了积极的回应,取消了饱受诟病的嫖宿幼女罪、弥补了"打拐"盲区、完善了虐待罪、猥亵罪等罪名,强化了对妇女、儿童、老年人等弱势群体的权利保护,人权关怀跃然纸上。

具体表现在以下三个方面:其一,取消了嫖宿幼女罪。学界对该罪名一直存在诸多争议,认为"嫖宿"一词对被害幼女有污名化之嫌。"嫖宿"在现代汉语中的解释为"和妓女或女娼住宿在一起",在人们的日常观念中,强奸罪是严重的刑事犯罪,嫖娼只能算是违法行为,不构成犯罪,强奸罪的施害方遭人们谴责,而嫖宿行为则是双方均被鄙视。据了解,全国人大常委会组成人员在审议时对取消该罪名的呼声一直很高,最终《刑法修正案(九)》决定取消了这一罪名,这意味着待该修正案正式施行后,对于奸淫幼女的犯罪将以强奸罪论,从重处罚。嫖宿幼女罪的取消,体现了立法者对民意的尊重,进一步加强了对未成年女性基本人权的保护。其二,弥补了"打拐"盲点,加大了对收买被拐卖妇女儿童行为的处罚力度。面对日益猖獗的拐卖妇女儿童犯罪,被拐卖妇女儿童的基本人身权利严重丧失,《刑法修正案(九)》积极回应社会关切,删除了收买被拐卖妇女儿童可以免除处罚的条款,进而规定,"收买被拐卖的妇女、儿童,对被买儿童没有虐待行为,不阻碍对其进行解救的,可以从轻处罚;按照被买妇女的意愿,不阻碍其返回原居住地的,可以从轻或者减轻处罚"。即收买被拐卖妇女儿童的行为将一律被认定为犯罪,追究犯罪人的刑事责任。其三,完善虐待罪和猥亵罪的规定,更全面的保障弱势群体的基本权利。关于虐待罪,现在许多非家庭成员关系的人生活在一起,彼此构成一定的照顾、扶养、教育关系,但随之也出现了突破家庭成员范围的虐待行

---

① 赵秉志:《贪污受贿犯罪定罪量刑标准问题研究》,载《中国法学》2015 年第 1 期。

为，如幼师虐童，保姆虐待老人、儿童，护工虐待老人等，当前刑法对虐待罪并没有规制发生在家庭成员之外的虐待行为，对于这些令人发指的案件，因其主体不适格，便会陷入无法可依之境地，鉴于此，《刑法修正案（九）》扩大了犯罪行为主体和保护对象的范围，有助于应对更多虐待的情形，同时，还增加告诉才处理的例外情形，"被害人没有能力告诉，或者因受到强制、威吓无法告诉的"，公权力可以适时介入，虽然该罪名仍为亲告罪，但是增加的例外情形相较于之前，加强了对弱势群体法益的保护。关于猥亵罪，目前我国刑法中对于猥亵罪的犯罪对象仅限于妇女和不满 14 岁的儿童，《刑法修正案（九）》将保护的对象增加了男性，该罪对象将不再有性别限制，将更全面的保障弱势群体的基本人权。

三、进一步强化对失信、背信行为的惩治

《刑法修正案（九）》针对当前社会诚信缺失，五花八门的诈骗等失信、背信行为多发，严重危害社会管理秩序、侵犯公民财产权利的实际情况，对刑法进行了补充性修改，进一步强化了对失信、背信行为的惩治，引领公众共同维护正确的行为价值观，为社会营造公平、公正的氛围，保障每一名社会关系参与者的基本人权发挥了积极的推动作用。

具体表现在以下三个方面：一是修改了伪造、变造、买卖居民身份证的犯罪规定。将证件的范围扩大到护照、社会保障卡、驾驶证等依法可以用于证明身份的证件，同时将在依照国家规定应当提供身份证明的活动中，使用伪造、变造的居民身份证、护照、社会保障卡、驾驶证等依法可以用于证明身份的证件，情节严重的行为，规定为犯罪。二是增加规定了组织考试作弊等犯罪。将在法律规定的国家考试中，组织作弊的，为他人提供作弊器材或者其他帮助的，向他人非法出售或者提供试题、答案的，以及代替他人或者让他人代替自己参加考试等破坏考试秩序的行为规定为犯罪，以往对于替考的，帮助作弊的行为，很多学校会对相关涉事人员进行开除处分，《刑法修正案（九）》的规定更加严格了，不仅要开除，还要追究相关人员的刑事责任。三是增加了虚假诉讼犯罪。将以捏造的事实提起民事诉讼，妨害司法秩序或者严重侵害他人合法权益的行为，规定为犯罪。

四、加大了对恐怖和极端主义犯罪的惩治力度

恐怖和极端主义犯罪是对人权的严重破坏。近年来，国内外恐怖和极端主义犯罪活动频繁，2014 年 3 月 1 日发生了昆明火车站严重暴恐案件，2015 年 8 月 17 日发生了泰国曼谷四面佛爆炸案……接连发生的血案触目惊心，公众的安全感降到谷底，基本的人身权利无法得到充分的保障，凸显当前国内外反恐、反极端主义面临的形势依旧严峻复杂。恐怖和极端主义犯罪是典型的反人类、反人权的犯罪活动。《刑法修正案（九）》针对当前恐怖和极端主义犯罪出现的新情况、新特点，总结以往的实践经验，在刑法现有

规定的基础上，进一步完善了关于恐怖主义、极端主义犯罪的规定，进一步加大了对恐怖和极端主义犯罪的惩治力度。

具体表现如下：一是列举规定了 10 余种与恐怖主义有关的罪行，包括：资助恐怖活动组织、个人或恐怖活动培训，为恐怖活动组织招募、运送人员，为实施恐怖活动准备工具，组织或积极参加恐怖活动培训，与境外恐怖组织联络，宣扬或煽动实施恐怖主义、极端主义，强制他人穿戴宣扬恐怖主义、极端主义的服饰、标志，拒绝提供他人犯罪的证据等。极端思想是恐怖主义行为的根源，传播与宣扬行为是推动极端主义思想付诸实施暴力恐怖行为的主要方式，传播行为的受众广、潜在的危害大，不可预测性多，其社会危害性、危险性甚至比暴力恐怖活动还要严重。① 特别值得注意的是，《刑法修正案(九)》加大了对宣扬和煽动极端主义犯罪的打击力度。二是提高了参加恐怖活动组织、接受恐怖活动培训或者实施恐怖活动偷越国(边)境犯罪的法定刑。三是增加了对组织、领导、参加恐怖组织罪的财产刑。

有组织、有目的的恐怖和极端主义犯罪活动，现已成为当今社会巨大的安全隐患，它就像一颗定时炸弹，无时无刻不在威胁着老百姓的安全，老百姓对它深感恐惧和深恶痛绝。《刑法修正案(九)》对恐怖和极端主义犯罪活动的组织者、策划者、实施者、培训者、资助者都明确规定为犯罪，提高了法定刑。新罪名的设立和修改涵盖了犯罪的整个链条，组织领导、策划实施、经费保障、宣扬煽动、境外联络等环节都在打击之列，符合当前反恐、反极端主义斗争的实际，对遏制恐怖和极端主义犯罪活动，提升人民安全感，保障人权起到积极显著的作用。

五、再次减少了适用死刑的罪名

死刑的立法与司法情况是一个国家刑法之人权保障的重要标志，限制、减少死刑乃至废除死刑已成为世界的潮流与趋势。② 继续深入推进死刑制度改革，是《刑法修正案(九)》的闪光点之一。近年来，我国在刑事立法上始终坚持"少杀、慎杀"理念，1997年刑法颁布前，我国刑事立法中设置死刑的罪名多达 71 种，1997 年刑法规定了 68 种死刑罪名，2011 年颁布施行的《刑法修正案(八)》首开死刑部分废除的先河，取消了 13个经济性非暴力犯罪的死刑，党的十八届三中全会提出，"逐步减少适用死刑罪名"。中央关于深化司法体制改革的任务也要求，完善死刑法律规定，逐步减少适用死刑罪名。为了更好保障人权，顺应国际限制和废止死刑的大趋势，与国际接轨，《刑法修正案(九)》对走私武器、弹药罪，走私核材料罪，走私假币罪，伪造货币罪，集资诈骗罪，组织卖淫罪，强迫卖淫罪，阻碍执行军事职务罪，战时造谣惑众罪 9 个罪名的刑罚作出调整，取消了死刑。

---

① 于浩：《刑法修正案(九)草案的七大变化》，载《中国人大》2014 年第 11 期。

② 赵秉志：《论中国刑事司法中的人权保障》，载《北京师范大学学报(社会科学版)》2006 年第3 期。

严格控制和慎重适用死刑是我国一贯坚持的刑事政策，减少死刑应根据社会发展、社会环境及犯罪情况的变化来决定，《刑法修正案(九)》减少了适用死刑罪名是具备较为成熟的条件的，减少的9个死刑罪名均为近年来较少发生，并且在司法实践中很少甚至没有适用过死刑的罪名。我国刑事立法再次减少了适用死刑的罪名体现了党中央对死刑与人权问题的高度关注，也标志着我国刑事立法关于死刑问题的态度逐步朝着更为冷静、更为理性、更注重人权保护的方向发展。